5/22

Les années TRUDEAU

La recherche d'une société juste

Couverture
- Conception graphique:
  Katherine Sapon
- Photo:
  PonoPresse Internationale

Maquette intérieure
- Conception graphique:
  Laurent Trudel

DISTRIBUTEURS EXCLUSIFS:

- Pour le Canada et les États-Unis:
  LES MESSAGERIES ADP*
  955, rue Amherst, Montréal H2L 3K4
  Tél.: (514) 523-1182
  Télécopieur: (514) 521-4434
  * Filiale de Sogides Ltée

- Pour la Belgique et le Luxembourg:
  PRESSES DE BELGIQUE
  96, rue Gray, 1040 Bruxelles
  Tél.: (32-2) 640-5881
  Télécopieur: (32-2) 647-0237
  Télex: PREBEL 23087

- Pour la Suisse:
  TRANSAT S.A.
  Route du Grand-Lancy, 2, C.P. 125, 1211 Genève 26
  Tél.: (41-22) 42-77-40
  Télécopieur: (41-22) 43-46-46

- Pour la France et les autres pays:
  INTER FORUM
  13, rue de la Glacière, 75624 Paris Cédex 13
  Tél.: (33.1) 43.37.11.80
  Télécopieur: (33.1) 43.31.88.15
  Télex: 250055 Forum Paris

Les années TRUDEAU

La recherche d'une société juste

sous la direction de
Thomas S. Axworthy et Pierre Elliott Trudeau

 le jour,
éditeur

Données de catalogage avant publication (Canada)

Vedette principale au titre

Les Années Trudeau

Traduction de: Towards a just society.

ISBN 2-89044-406-6

1. Trudeau, Pierre Elliott, 1919-   2. Parti libéral du Canada.
3. Canada — Politique et gouvernement — 1968-1979.   4. Canada — Politique et
gouvernement — 1980-1984.   I. Trudeau, Pierre Elliott, 1919-
II. Axworthy, Thomas, 1947-

FC625.T6814 1990   971.064'4   C90-096158-9
F1034.2.T6814 1990

Édition originale: *Towards a Just Society*
Penguin Books Canada Ltd
(ISBN 0-670-83015-1)

Bibliothèque nationale du Québec
Dépôt légal — 1ᵉʳ trimestre 1990

ISBN 2-89044-406-6

Un nom manque à la liste des auteurs de ce livre,
le nom d'un homme qui croyait profondément au Canada,
et passionnément à la nécessité d'y œuvrer pour la justice.
Il est mort avant de pouvoir collaborer à la rédaction
du présent volume; mais toute l'histoire qui y est racontée
ne serait pas arrivée n'eût été l'espèce de génie
pour l'action que possédait

JEAN MARCHAND

REMERCIEMENTS

C'est au cours de nos déjeuners avec des collègues et amis que l'idée du présent ouvrage a germé. Certains ont collaboré à la rédaction des essais qui suivent, d'autres non, mais nous tenons tout particulièrement à remercier Michael Pitfield, Marc Lalonde, Gérard Pelletier, Jim Coutts et Theodore Johnson pour le temps qu'ils ont consacré à disséquer et à analyser ce projet avec nous.

Les efforts des 15 auteurs ici réunis auraient été vains sans l'excellent travail de coordination et d'organisation accompli par Anne Marriott et sans l'acharnement de Denis Stevens, notre assistant à la recherche, qui a passé de nombreuses heures à la bibliothèque à rassembler les documents dont nous avions besoin et à vérifier les données dont nous faisions état. Nous tenons à les remercier pour l'enthousiasme et la bonne humeur dont ils ont fait preuve en dépit du fait que leur tâche s'est révélée plus ardue que prévu.

Grâce à leur expérience, Kathryn Dean et Cynthia Good, de Penguin Books, n'ont pas manqué de nous être d'un précieux secours sur le plan de la rédaction. Quant à Patricia Claxton et à Normand Paiement, ils ont fourni une contribution importante à cet ouvrage par leurs traductions judicieuses.

Si le présent ouvrage a pu être publié simultanément dans les deux langues officielles, c'est grâce aux efforts d'Hélène Tanghe et de l'équipe d'édition du Jour.

Nous désirons également remercier tous nos anciens collègues dont la ténacité a permis la mise en œuvre des nombreuses politiques gouvernementales dont, faute d'espace, nous ne traitons pas ici. Des centaines, voire des milliers d'individus ont participé à l'élaboration des politiques mises de l'avant par les quatre gouvernements libéraux qui se sont succédé de 1968 à 1984. Nous demeurons convaincus que le pays tout entier, nous y compris, a une énorme dette envers eux.

THOMAS S. AXWORTHY
PIERRE ELLIOTT TRUDEAU

INTRODUCTION

L'histoire n'est jamais neutre. Les valeurs qui sont les nôtres sont autant de prismes qui déforment la réalité des événements, des êtres et des causes. «Les faits historiques, écrit Carl Becker, n'existent pas dans un monde qui appartient au passé, mais bel et bien dans l'esprit de l'historien[1].»

Cela est doublement vrai dans le cas de ceux qui prétendent écrire l'histoire dont ils ont été les protagonistes. Comme le fait remarquer Gérard Pelletier dans ses excellents ouvrages *Les Années d'impatience* et *Le Temps des choix*[2], celui qui écrit ses Mémoires doit éviter de nombreux pièges. Les souvenirs deviennent vagues, l'imagination peint le passé en rose et la fiction prend peu à peu la place de la réalité. Question de ne pas trop donner prise à ce phénomène d'affabulation, nous avons donc décidé de publier cette série d'essais alors que nos souvenirs sont encore frais et que nos discours n'ont pas encore totalement perdu leur mordant.

Le présent ouvrage porte sur le changement et, plus précisément, sur la manière dont un groupe de leaders a anticipé et interprété les nombreux changements qui ont marqué le monde et la société canadienne de 1968 à 1984, et sur la manière dont ils ont réagi à ces transformations.

C'est sans doute un cliché d'affirmer que le changement a un impact considérable sur nos vies, mais ce fait n'en demeure pas moins vrai. Arthur Schlesinger fils estime que les 2 dernières générations auront connu plus de changements que les 798 générations précédentes réunies[3]. Dans la seule deuxième moitié du XXe siècle, la technologie a fait des bonds prodigieux et le nombre de nouveaux États s'est multiplié; en même temps, les nations développaient une plus grande interdépendance et les réseaux de communication sillonnaient la planète en tous sens. Henry Adams n'avait pourtant pas manqué de nous lancer un sévère avertissement: «Il est impossible de concevoir que la loi de l'accélération, définie et constante comme l'est toute loi mécanique, puisse disperser son énergie uniquement pour s'adapter aux besoins de l'homme[4].»

Le Canada ne semble guère avoir jamais été à l'abri de la loi de l'accélération formulée par Adams. Au cours des 16 années (1968-

1984) que nous passons en revue, les Canadiens ont été témoins de changements dans l'équilibre mondial du pouvoir, de la transformation des modèles économiques, de l'explosion de l'information à l'échelle planétaire, de l'émergence d'une nouvelle définition du rôle de la femme, de la naissance des préoccupations écologiques, de la montée du multiculturalisme, de l'impact soutenu du phénomène du «baby boom» sur l'éducation, l'emploi et le logement, de la forte poussée nationaliste au Québec, d'un rééquilibrage du pouvoir en faveur des provinces et de la volonté soudaine des Canadiens de voir leur gouvernement accroître et redistribuer avec équité les richesses du pays. Il ne fut pas facile de gouverner au cours de cette époque passablement tumultueuse. Avec regret, nous avons dû à plusieurs reprises admettre avec Ralph Waldo Emerson que «ce sont les événements qui tiennent les rênes de l'humanité».

Peu importe la société dans laquelle ils évoluent, tous les hommes politiques se doivent de s'adapter au changement. Même Bismarck, qu'on ne peut accuser d'avoir manqué de confiance en soi, était persuadé que les chefs d'État sont incapables de déterminer ou de maîtriser le cours des événements. Selon leur degré d'expérience et d'habileté, ils peuvent tout au mieux espérer tenir tant bien que mal la barre[5]. Une société réussit-elle à naviguer sans encombre au milieu des écueils, elle le doit au degré de sagesse de ses dirigeants.

Les essais contenus dans le présent ouvrage décrivent comment le Canada et ses habitants ont traversé la dure période comprise entre 1968 et 1984. Notre principal objectif est de montrer comment une équipe au pouvoir s'en est tirée, à cette époque, en dépit de tous les bouleversements auxquels elle a dû faire face. À l'exception de deux illustres historiens, dont les essais s'inscrivent dans une perspective plus large, tous nos collaborateurs ont pris une part importante à l'action, soit à titre de ministres, d'employés de l'État ou de conseillers politiques. En demandant à différents auteurs de décrire selon leur point de vue personnel les divers événements qu'ils ont contribué à faire naître, nous avons voulu permettre aux Canadiens de mieux saisir toute la complexité du rôle du gouvernement. Il va évidemment de soi que chacun des auteurs porte l'entière responsabilité de ses écrits. Nous invitons le lecteur à prendre part à notre table ronde.

Notre but, en publiant cet ouvrage, n'est nullement de faire une apologie. Des erreurs ont été commises, des omissions ont été faites au cours de ces années où nous avons été au pouvoir, et nous ne nous en cachons pas. Nous déplorons par-dessus tout d'avoir laissé tant de projets en plan. Lorsque nous avons quitté le gouvernement, la pauvreté avait diminué mais il y avait encore trop de pauvres au pays. Le système de sécurité sociale avait été amélioré mais nous n'avions pas réussi à venir en aide aux travailleurs démunis. Nous avions pris de nombreuses mesures afin de venir en aide aux habitants de l'ouest du pays, mais nous avions échoué dans nos tentatives d'obtenir l'appui de ces derniers. Nous avions réussi à insérer la Charte des droits et libertés dans la Constitution malgré l'opposition des provinces, mais ce fut au prix d'une «clause nonobstant» dont les effets pernicieux se font déjà sentir au moment où des Canadiens sont privés de certains de leurs droits. Pareille issue était prévisible, et nous l'avions alors déploré. Mais nous n'avions d'autre choix que d'accepter ce compromis, faute de quoi la Charte eût été mort-née. Nous avons pu rapatrier la Constitution, mais l'intransigeance des provinces a voulu que la clause d'amendement ne contînt aucun recours à un référendum, empêchant ainsi les citoyens du pays d'être les véritables arbitres de leur propre destin.

De quel moyen le lecteur dispose-t-il pour prendre la mesure de nos efforts? Dans ses Mémoires, Gérard Pelletier s'en remet au critère énoncé par Jean-Paul Desbiens: «Dès qu'une mesure se traduit, ou aurait pu se traduire, par un peu plus de sécurité ou de dignité pour des pauvres que je connais, elle a mon appui[6].» C'est tout à fait là le type de norme à laquelle nous souscrivons volontiers: ce ne sont ni les discours ni les promesses des politiciens qui comptent, mais l'amélioration véritable des conditions de vie des citoyens. Entre 1968 et 1984, la pauvreté a-t-elle diminué au Canada? L'aide extérieure a-t-elle été accrue? Le système de sécurité sociale a-t-il été amélioré? Les libertés civiles ont-elles été mieux protégées? Les revenus ont-ils augmenté en termes réels? Le degré de mainmise canadienne sur l'économie a-t-il été accru? La production artistique a-t-elle été plus florissante?

En somme, était-il plus agréable de vivre au Canada en 1984 qu'en 1968? Tel est le genre de questions que le lecteur devrait se poser en lisant les pages qui suivent. Nous ne visions pas à racheter les erreurs passées mais plutôt à établir une société plus juste au moment où cela était en notre pouvoir. Que le lecteur nous juge selon ce critère et nous accepterons son verdict.

Enfin, il existe une dernière raison pour laquelle nous croyons que les Canadiens ont intérêt à lire le présent ouvrage. Nous admettons en effet qu'un ensemble de valeurs particulières sous-tendaient les actions de notre gouvernement. Or, ces valeurs font présentement l'objet de

critiques. Par conséquent, par-delà la manière dont nous avons cana-
lisé les changements survenus entre 1968 et 1984 (ce qui est le rôle
habituel des gouvernements), et par-delà le palmarès des lois qui
furent adoptées et des décisions qui furent prises par les gouvernements libéraux successifs, il existe un aspect de la vie politique de
cette époque qui mérite qu'on s'y arrête.

Notre objectif, en nous rendant à Ottawa, ne se limitait pas à la
seule satisfaction d'y conquérir le pouvoir. Nous visions avant tout à
modifier la société selon le credo politique du Parti libéral. Notre
gouvernement s'appuyait bel et bien sur une idéologie, en ce sens que
nos actions étaient justifiées par des intentions qui leur servaient de
cadre de référence. Or, ce cadre de référence avait pour base
l'importance absolue que nous accordions à la dignité et aux droits des
individus. Comme l'un de nous l'écrivait dans le magazine *Vrai* il y a
de nombreuses années, «le but de la vie en société est le plus grand
bonheur de tous et ce bonheur ne s'obtient qu'en rendant justice à
chacun[7]».

Nous croyons que ce n'est ni le déterminisme économique, ni le
matérialisme dialectique, ni même la théorie du grand homme développée par Carlyle, mais, en fin de compte, les idées et les valeurs qui
font l'histoire. C'est la philosophie de Hegel qui exprime le mieux ce
concept, accordant la primauté aux principes qui sous-tendent les
actions de l'homme et les institutions qu'il met en place. «En fait, la
pensée est l'essence même de l'homme, écrivait Hegel; c'est elle qui
nous distingue de la bête.» Par conséquent, «ce sont les idées qui
mènent véritablement les peuples et le monde[8]». Pour Lord Acton, les
idées, et non la force ou les personnalités, ont «cette qualité spirituelle
qui donne à l'histoire sa dignité, sa grâce et sa valeur intellectuelle[9]».

Les analyses contenues dans ce livre constituent la preuve que
nous avons cherché à gouverner en nous appuyant sur des idées. De
nos jours, on tente malheureusement de saper ces idées sur tous les
fronts, qu'il s'agisse du monde des affaires, des provinces ou, ce qui
est plus grave encore, du gouvernement conservateur de Brian
Mulroney.

Même si ce livre traite du passé, les idées dont il y est question, et
qui ont inspiré notre démarche de 1968 à 1984, sont tout aussi perti-
nentes de nos jours qu'elles l'étaient au moment où nous détenions le
pouvoir. Un fossé infranchissable sépare les actions que nous avons
posées dans un passé encore récent et les hésitations du présent
gouvernement:

- Nous avons lutté afin de bâtir un Canada dans lequel les droits individuels, y compris les droits linguistiques, seraient respectés d'un bout à l'autre du pays. En vertu de l'Accord du lac Meech, le gouvernement Mulroney accorderait plutôt un statut spécial au Québec. Cela conduirait inévitablement à reconnaître que le Canada est composé de deux nations au moment même où trois des provinces signataires de l'entente ont déjà limité les droits linguistiques de leurs minorités.

- Nous avons lutté afin de mettre en place un gouvernement fédéral fort, capable de prendre les mesures appropriées pour que tous les Canadiens aient des chances égales de réussite partout au pays. Encore là, par le biais de l'Accord du lac Meech, le gouvernement Mulroney favorise une décentralisation accrue des pouvoirs en faveur des provinces. En vertu de cette entente, le Canada, qui est déjà l'un des pays les plus décentralisés de la terre, risquerait de devenir une confédération, c'est-à-dire de n'être plus qu'un simple mariage de raison entre les provinces.

- Nous avons lutté afin de faire du Canada un pays indépendant sur le plan économique et sur le plan de sa politique étrangère, de manière à y créer et à y préserver un mode de vie distinct de celui du reste du continent nord-américain. En signant l'Accord de libre-échange avec les États-Unis, en démantelant l'Agence d'examen de l'investissement étranger (AEIE) et en se faisant le défenseur d'une politique continentale en matière d'énergie et de ressources naturelles, le gouvernement Mulroney accepte et encourage une intégration plus poussée du Canada et des États-Unis.

- Nous avons lutté afin de faire du Canada un pays plus équitable et plus humain pour tous, dans lequel le pouvoir du gouvernement n'était qu'un instrument nécessaire à l'établissement d'une société plus juste. Pour le gouvernement Mulroney, la présence de l'État apparaît comme un élément du problème qui se pose et non comme une solution à ce problème, tellement il est persuadé que la loi de l'offre et de la demande peut régler à elle seule tous les problèmes.

Dans ce livre, il est question du passé et non de l'avenir. Mais ce passé s'oppose à tout ce qui se déroule à l'heure actuelle. Il appartient donc aux Canadiens de décider laquelle de ces deux visions irréconciliables leur convient le mieux. Selon nous, l'idéal d'une société juste (c'est-à-dire d'un monde plus humain, respectueux des libertés et ouvert à toutes les cultures, à toutes les traditions et à toutes les croyances) n'est pas mort: il nous sert toujours de guide.

Peut-être nos objectifs étaient-ils trop ambitieux et nos attentes trop irréalistes pour nos modestes moyens. Mais nous nous accordons pour affirmer avec Robert Browning que «les ambitions de tout homme devraient demeurer hors de sa portée, sinon à quoi lui servirait-il de croire à l'existence d'un paradis?»

THOMAS S. AXWORTHY
PIERRE ELLIOTT TRUDEAU

PREMIÈRE PARTIE

Transformations à l'échelle planétaire

D ans un discours demeuré célèbre, Harold Macmillan annonça en 1960 que la Grande-Bretagne renonçait à son empire colonial et il demanda à ses compatriotes de reconnaître qu'un «vent de changement» balayait le monde. Le Premier ministre britannique n'aurait pu employer plus juste métaphore, car, depuis 30 ans, un «vent de changement» n'a pas manqué, en effet, de modifier radicalement l'équilibre des forces dans le monde.

Dans les années soixante, les États-Unis atteignaient le faîte de leur puissance. L'autre superpuissance, l'Union soviétique, avait subi l'humiliation au moment de la crise de Cuba en 1962. Même s'ils craignaient comme toujours que leurs adversaires possèdent plus de missiles qu'eux, les Américains jouissaient alors d'une nette supériorité en matière d'arsenal nucléaire, sans compter que leur puissance économique allait de pair avec leur suprématie militaire. À tel point que Jean-Jacques Servan-Schreiber lança un cri d'alarme dans son ouvrage intitulé *Le Défi américain,* dans lequel il mettait l'Europe en garde contre la domination économique américaine.

L'une des principales leçons à tirer de cette période de l'histoire, c'est que l'activité économique constitue de loin un instrument de puissance plus souple et plus important que la force militaire traditionnelle. Depuis 1968, l'économie mondiale est devenue presque méconnaissable: le Japon est passé au rang de superpuissance économique; les capitaux internationaux se déplacent d'un bout à l'autre de la planète avec la rapidité de l'éclair; les blocs régionaux, et en particulier l'Europe, ont provoqué une mutation des modèles d'échanges commerciaux; les stratégies de production et de mise en marché sont pensées en fonction de la planète.

Les essais de Marc Lalonde sur la question de l'énergie, de Joel Bell sur la politique industrielle et de Ian Stewart sur la politique économique ne manquent pas de traiter des grands événements internationaux qui ont influencé notre économie, dont les chocs pétroliers de 1973 et de 1979, provoqués par l'OPEP, et les hausses record des taux d'intérêt que connurent les États-Unis en 1981. Deux de ces événements, la crise de l'OPEP en 1973 et la crise iranienne en 1979, contribuèrent à multiplier par 10 le prix du pétrole. La question de l'énergie fut par conséquent au cœur de la politique canadienne tout au long des années Trudeau. Les enjeux étaient si élevés que la politique énergétique devint le champ de bataille de ceux qui professaient des convictions diamétralement opposées en matière de développement économique, d'équité régionale et même de fédéralisme.

Comme Marc Lalonde le fait nettement ressortir, les Canadiens, contrairement aux Américains, n'eurent pas à faire la queue pour se procurer de l'essence. Malgré la gravité de la crise pétrolière, les Canadiens ne connurent pas d'interruption dans leurs approvisionne-ments. Après une dure lutte avec l'Alberta, nous parvînmes à établir un meilleur équilibre en matière de redistribution des revenus pétroliers. L'énergie représentait à nos yeux non seulement une matière première, mais également un élément essentiel du développement industriel et régional. C'est pourquoi nous étions partisans d'une intervention gouver-nementale dans la fixation des prix. Entre 1961 et 1973, les consomma-teurs ontariens payaient leur baril de pétrole entre 1,00 $ et 1,50 $ de plus que le prix international, de manière à favoriser l'industrie pétrolière de l'Alberta en lui garantissant un marché pour ses produits. Après la crise de 1973, les consommateurs du pays obtenaient leur pétrole pour moins cher qu'à l'étranger, car les augmentations du prix du pétrole jusqu'au niveau mondial se firent graduellement. Un même principe gouverna la Politique nationale du pétrole entre 1961 et 1973 et le Programme éner-gétique national entre 1980 et 1984: celui d'assurer aux Canadiens une plus grande sécurité économique tout en permettant la mise en valeur de nouvelles sources énergétiques à un prix raisonnable.

En matière de politique industrielle, le Canada n'eut pas à subir d'événements aussi dramatiques que dans le cas du secteur énergéti-que, mais les règles du jeu n'en furent pas moins bouleversées. Comme le démontre Joel Bell, les transformations subies par l'éco-nomie mondiale ne manquèrent pas de limiter sérieusement la capacité du Canada de manufacturer des produits de qualité à des prix concur-rentiels. Ces changements ont notamment eu un impact considérable sur le secteur des ressources naturelles, qui a toujours constitué la base de l'économie canadienne. À cause de la concurrence accrue, à l'échelle internationale, dans des domaines tels que l'agriculture, les produits forestiers et les produits miniers, il devenait impératif de bâtir

une structure industrielle qui permît aux Canadiens de devenir concur-
rentiels sur les plans de la technologie et de la recherche. Étant donné
les limites du marché canadien, nous demeurions persuadés que le
Gouvernement pouvait jouer un rôle utile — mais non prédominant —
dans cette restructuration devenue nécessaire.

Nombreux sont les gens qui doutent de la capacité du Gouvernement
d'influencer favorablement l'économie. Pourtant, grâce à une série de
mesures gouvernementales, le niveau de mainmise étrangère sur l'économie canadienne passa de 37 p. 100 qu'il était en 1971 à 23,6 p. 100 en
1986[1]. Dans ce domaine, nous avons réussi à renverser la vapeur. En
1984, M. Mulroney s'empressa évidemment d'affirmer que le Canada
était de nouveau «ouvert aux investissements», ce qui n'a pas manqué de
donner lieu, depuis, à certaines prises de contrôle par des étrangers.

Dans son essai, Ian Stewart nous montre que le déclin du consensus
keynésien correspond à la rupture que provoqua la première crise pétrolière dans l'économie mondiale. Entre 1947 et 1973, le monde avait
connu une prospérité sans précédent, marquée par une expansion
économique presque continue. Pendant les 10 années qui suivirent, tous
les pays durent affronter sans répit ces deux monstres que sont
l'inflation et le chômage. Les tenants du keynésianisme trouvaient difficilement des réponses aux problèmes causés par ce phénomène, connu
sous le nom de «stagflation». Il fallut se rendre à l'évidence que l'inflation était un adversaire implacable: elle détruisait toute confiance en
l'avenir, dressant les Canadiens en deux camps ennemis tentant désespérément de reprendre le terrain perdu, et causait tout spécialement des
ravages parmi les plus démunis et les personnes âgées.

Nous n'éprouvons aucun regret d'avoir recouru aux mesures de
restriction des prix et des salaires en 1975, d'avoir mis sur pied le
programme de restriction volontaire des salaires en 1982 ni d'avoir
fermé les yeux sur la politique restrictive pratiquée par la Banque du
Canada afin d'enrayer le fléau de l'inflation, cet ennemi juré d'une
société juste. Ces mesures anti-inflationnistes impopulaires étaient
modérées à côté du zèle manifesté par Paul Volcker à la tête de la
Réserve fédérale américaine. L'acharnement de ce dernier contre
l'inflation ébranla l'économie canadienne de façon aussi sévère que les
deux chocs pétroliers successifs. En 1980 et en 1981, M. Volcker fit
passer les taux d'intérêt américains à des niveaux sans précédent, obligeant la Banque du Canada à emboîter le pas et à fixer ses taux d'intérêt à plus de 20 p. 100. Frappée de plein fouet, l'économie
canadienne entra en récession en 1982. Ce fut d'ailleurs la seule année,

au cours de nos quatre mandats à la tête du pays, où l'on enregistra un taux de croissance négatif.

Ce fait mérite d'être souligné: malgré l'inflation et les taux d'intérêt élevés, l'économie canadienne s'est développée au cours des années Trudeau. De 1968 à 1984, l'expansion économique s'est poursuivie au rythme de 3 p. 100 par année en moyenne, soit un taux de croissance supérieur à celui des États-Unis[2]. Mais les Canadiens se portaient-ils mieux, économiquement parlant, en 1984 qu'en 1968? La réponse est affirmative. Le revenu familial réel moyen s'est accru de 33 p. 100 durant cette période, passant de 29 772 $ en 1969 (en dollars constants de 1986) à 38 721 $ en 1984[3].

Mais il est encore plus important de constater que l'économie canadienne prit suffisamment d'expansion, à cette époque, pour procurer des emplois à l'ensemble de la génération du «baby boom» et aux femmes qui entraient en grand nombre sur le marché du travail. On trouvera plus de renseignements à ce sujet dans la prochaine partie, mais on peut d'ores et déjà dire que l'impact économique de l'arrivée des jeunes et des femmes sur le marché du travail ne fait aucun doute; à tel point que le Canada connut la plus forte croissance de main-d'œuvre de tout le monde occidental. Entre 1969 et 1983, ou assista à un accroissement de 3,5 millions du nombre de travailleurs, soit de 50 p. 100 de la main-d'œuvre[4]. De 38 p. 100 qu'elle était en 1970, la proportion de femmes sur le marché du travail passa à 50 p. 100 en 1981[5]; en 1983, 60 p. 100 des femmes âgées de 25 ans et plus étaient sur le marché du travail[6]. Afin de relever l'incroyable défi de procurer des emplois aux femmes et aux jeunes désireux de travailler, le Canada dut créer plus de trois millions d'emplois entre 1969 et 1983, ce qui surpasse de loin la moyenne des pays de l'OCDE sur ce chapitre[7]. Les taux de chômage demeurèrent malheureusement trop élevés, mais, du moins, la majorité des Canadiens étaient à l'œuvre.

Mais quelles que soient les performances économiques, les résultats sont toujours en deçà de nos attentes. La chose est inévitable en régime démocratique. Mais n'est-ce pas Charles de Gaulle qui fait remarquer, dans un passage de ses Mémoires empreint de mélancolie: «Je vérifie chaque jour que l'économie, comme la vie, est un combat au long duquel il n'y a jamais de victoire qui soit décidément gagnée. Même le jour d'un Austerlitz, le soleil n'y vient pas illuminer le champ de bataille[8].»

THOMAS S. AXWORTHY
PIERRE ELLIOTT TRUDEAU

CHAPITRE PREMIER

Une politique extérieure

par Thomas S. Axworthy

Thomas S. Axworthy est directeur exécutif de la Fondation CRB et adjoint au Centre des affaires internationales de l'université Harvard. Il fut secrétaire principal du Premier ministre Trudeau de 1981 à 1984.

> *Ne pas monter bien haut, peut-être, mais tout seul!*
> Edmond Rostand, *Cyrano de Bergerac.*

Si, dans le domaine des affaires extérieures, l'effervescence du monde marqua les débuts du régime Trudeau, c'est au contraire une situation internationale au point mort qui en caractérisa la fin. Au moment où Pierre Elliott Trudeau prêta serment à titre de quinzième Premier ministre du Canada, le 20 avril 1968, les étudiants manifestaient déjà dans les rues de Paris, provoquant presque la chute du général de Gaulle. Prague semblait renaître à mesure que les Tchécoslovaques découvraient le visage humain du communisme et, aux États-Unis, le mouvement d'opposition à la guerre du Viêt-nam s'apprêtait à perturber le congrès du Parti démocrate à Chicago.

Lorsque le Premier ministre Trudeau quitta ses fonctions, le matin du 30 juin 1984, Ronald Reagan était à toutes fins pratiques assuré de se faire réélire triomphalement à la présidence des États-Unis. Pour leur part, le chancelier ouest-allemand Helmut Kohl et la Première ministre britannique Margaret Thatcher se félicitaient mutuellement d'être parvenus à doter l'OTAN d'une nouvelle génération de missiles nucléaires. Enfin, devant l'inertie des dirigeants soviétiques, héritiers de l'ère Brejnev, l'Europe de l'Est se repliait pitoyablement sur elle-même. Tant dans ses discours que par ses faits et gestes, Pierre Elliott Trudeau a tenté pendant 16 ans d'influencer les esprits de son temps sur le chapitre de la politique étrangère. Bien déterminé à procéder à de profonds changements en ce domaine, le nouveau Premier ministre posa un premier geste significatif en proclamant la volonté du Canada de reconnaître officiellement la République populaire de Chine. Comme dernière initiative importante à titre de Premier ministre, M. Trudeau entreprit, à l'échelle mondiale, une mission de paix digne des efforts de l'ex-président américain Woodrow Wilson. Pour juger des réalisations de M. Trudeau sur le chapitre des affaires extérieures, il importe non seulement d'évaluer en termes habituels ses efforts pour maintenir l'équilibre entre les intérêts, les engagements et les capacités du Canada, mais également de considérer dans une perspective plus large s'il est possible pour une nation de taille moyenne de contribuer aux efforts de paix dans le monde. Car le véritable intérêt des initiatives de M. Trudeau en matière de politique étrangère demeure qu'elles constituèrent un bel exemple d'idéalisme libéral à l'œuvre dans un monde imprégné de conservatisme.

Les deux visages de la politique étrangère

Tout au long de l'histoire, un mur s'est dressé entre partisans de l'ordre établi et partisans de la justice, entre adeptes de la stabilité politique et adeptes du changement, de même qu'entre empiristes et idéalistes, et il n'en fut pas autrement en matière de politique extérieure. Ces deux écoles de pensée, chacune ayant une perception différente de la nature humaine et chacune recevant en héritage une longue tradition intellectuelle, n'ont cessé de s'affronter dans l'espoir de s'imposer au genre humain.

Ces deux concepts philosophiques nous révèlent d'ailleurs chacun une part de vérité sur la nature humaine. Le premier tire son origine de la Grèce antique. Formulée très clairement par Thucydide, la politique de la force armée, ou «Realpolitik», s'appuie traditionnellement sur l'idée que la peur, l'ambition et la cupidité sont des traits fondamentalement ancrés en l'homme et que, s'il est possible de maîtriser de tels élans, on ne peut les dominer totalement. «Le plus fort impose sa loi, écrit Thucydide, et le plus faible doit la subir[1].»

Et il en est ainsi parce que l'anarchie règne, que la sécurité est l'objectif visé, que le pouvoir est le moyen d'atteindre cet objectif et que la force armée est l'instrument du pouvoir. Les hommes d'État déclenchent la guerre le jour où ils constatent qu'une puissance ennemie étend trop fortement son influence: «Ce qui rendit la guerre inévitable, affirme Thucydide, ce furent l'accroissement de la puissance d'Athènes et la crainte que cela suscita chez les Spartiates[2].» La politique de la force armée tirerait donc son origine, selon Thomas Hobbes, de «la lutte que livre chaque être humain contre ses semblables[3]». Lorsque la nature humaine est aussi primitive, seul l'équilibre des forces en présence permet d'éviter la guerre. Cette vision pessimiste des choses conduisit par conséquent un adepte de la Realpolitik comme Otto von Bismarck à la conclusion que «la seule politique valable pour une grande puissance consiste à défendre ses propres intérêts[4]».

L'idéalisme libéral refuse pour sa part l'idée que l'homme est foncièrement agressif, que seul le pouvoir est digne d'intérêt et que la morale est impuissante à exercer son influence sur cette jungle qu'est la politique internationale. Engendré par les Pères de l'Église, cet idéalisme gagna du terrain lors de la publication, par Grotius, du premier code de droit international public, et trouva sa pleine expression intellectuelle dans l'ouvrage intitulé *Vers la paix perpétuelle,* publié en 1795 par Emmanuel Kant. Selon ce concept, l'humanité forme une communauté, les princes devraient se soumettre eux aussi à la loi, et la raison peut et doit réglementer l'usage de la force armée.

Tout comme les partisans de la politique de la force armée, les libéraux se font peu d'illusions sur la nature humaine. Comme l'écrivait si bien Kant, «l'homme est fait d'un bois si tordu qu'on ne peut rien en tirer de bon[5]». Cela explique pourquoi, sur le plan international, «chaque nation (ou chaque dirigeant) aspire à une paix durable tout en espérant, si possible, dominer le reste du monde[6]». Mais, contrairement aux pessimistes, les libéraux demeurent persuadés que l'être humain peut accomplir des progrès et que, par une application constante de sa raison, il peut s'affranchir de la loi de la jungle. Le ferment de la raison, ajoute Kant, agit graduellement sur les mentalités, rend les gens de plus en plus aptes à faire usage de leur liberté d'action et va jusqu'à influencer les principes sur lesquels les gouvernements reposent, les amenant même à découvrir qu'il peut être profitable de traiter les hommes, qui sont à présent de simples machines, en conformité avec leur dignité humaine[7].

Conçus au Siècle des lumières, les idéaux de Kant ont pris la forme, au milieu du XIXe siècle, d'une doctrine à part entière dans le domaine de la politique étrangère. Des libéraux anglais tels que Charles James Fox, John Bright et Richard Cobden, alliés des idéalistes américains au nombre desquels était Woodrow Wilson, fondèrent une école anglo-américaine de diplomatie qui prônait le libre-échange, la non-ingérence dans les affaires internes des autres pays et la mise en place d'institutions représentatives. Cette école s'opposait au courant de pensée dominant de l'époque, lequel encourageait le colonialisme, le militarisme et l'élitisme.

L'école anglo-américaine avait une réplique pour chacun des arguments fondamentaux des tenants de la politique de la force armée. En premier lieu, sur la question de savoir si les États étaient agressifs de nature, les libéraux faisaient remarquer que les pays dotés d'un gouvernement représentatif ne manifestaient aucun signe d'agressivité. Les peuples libres ne se font pas la guerre. À propos de l'inimitié entre la France et la Grande-Bretagne, Charles James Fox fit remarquer avec justesse: «Si nos deux pays avaient simultanément des gouvernements libéraux, la cause de la race humaine serait gagnée[8].» Et, en effet, depuis l'époque de Kant, il n'y a jamais eu de guerre entre deux pays démocratiques[9].

En deuxième lieu, là où les partisans de l'équilibre des forces s'appuyaient sur la puissance militaire, les libéraux demeuraient persuadés que l'économie, et en particulier le libre-échange, devait être la force dominante. C'est ce que laissait entendre Richard Cobden, en 1851, lors du célèbre débat Don Pacifio: «Le progrès de la liberté dépend davantage du maintien de la paix, de l'expansion du commerce et de l'enseignement que des actions des gouvernements[10].»

Enfin, les libéraux rejetaient également les prétentions des adeptes de la Realpolitik selon lesquelles il était inapproprié de porter des jugements moraux sur les agissements des États. Sans objectif noble, arguaient les libéraux, l'équilibre des forces se réduirait à un simple mécanisme. Les hommes ont peut-être besoin de sécurité, mais ils ont aussi soif de justice. C'est John Bright qui exprima le mieux cette idée: «Nous possédons les principes éternels et immuables de la loi morale pour nous guider, et ce n'est que dans la mesure où nous suivrons cette ligne de conduite que nous demeurerons en permanence une grande nation et que notre peuple sera un peuple heureux[11].» À l'image du zèle, et peut-être même de l'orgueil manifesté par l'école de pensée qu'il incarna, Woodrow Wilson exprima son idéalisme en ces mots: «Si elle (la Société des Nations) ne fonctionne pas, il faut faire en sorte qu'elle fonctionne[12].»

Même s'il présente énormément d'intérêt sur le plan théorique, le libéralisme n'a jamais dominé la scène internationale sur le chapitre de la politique étrangère. À l'époque où Kant écrivait, il n'existait que trois républiques de type libéral. Charles James Fox eut beau prêcher la réconciliation avec la France en pleine révolution, William Pitt n'en fit pas moins appel à l'armée. John Bright et Richard Cobden poussèrent les hauts cris lorsque la Grande-Bretagne décida de participer à la guerre de Crimée, mais cela n'empêcha pas Palmerston de passer à l'action. Et même si Woodrow Wilson récolta les louanges du monde entier pour sa croisade en faveur des droits démocratiques, le Sénat américain refusa aux États-Unis le droit de faire partie de la Société des Nations. Dans les questions internationales, seule une minorité a toujours cru au libéralisme.

Un dissident canadien

Même s'il ne jouait pas un rôle dominant, le libéralisme pouvait au moins prétendre, au XIXe siècle et au début du XXe, rivaliser avec la Realpolitik. Ce ne fut plus le cas après la Deuxième Guerre mondiale. Hitler vint confirmer avec horreur que la dépravation humaine était sans limite et on ne manqua pas alors d'accuser l'idéalisme à la Wilson d'avoir empêché les démocraties occidentales de s'opposer efficacement au fascisme. Pendant les quelques mois qui suivirent la fin de la guerre, les partisans de Franklin D. Roosevelt gardèrent l'espoir de raviver l'esprit internationaliste, mais la guerre froide vint rapidement transformer le monde en deux camps militaires ennemis. Dans ce monde divisé qui fourbissait ses armes nucléaires, il semblait pour le moins naïf de continuer à croire en l'humanité et au progrès. Hommes d'action et théoriciens rendaient désormais simultanément hommage aux vertus de la puissance et des intérêts particuliers, ces «froids monstres» de la politique internationale, comme se plaisait à les appeler de Gaulle[13].

Ils furent peu nombreux à s'opposer à cette nouvelle orthodoxie d'après-guerre. L'un d'eux était canadien et avait nom Pierre Elliott Trudeau. Ce dernier ne cachait nullement son parti-pris, comme il l'écrivit lui-même: «Il ne faut pas chercher d'autre constante à ma pensée que celle de s'opposer aux idées reçues[14].» Imprégné des œuvres d'Acton, de Newman, de Monnier et de Maritain, cet intellectuel se fit surtout connaître en se portant à la défense du fédéralisme. Dans les années cinquante, alors que la faiblesse des provinces était notoire, il choisit de s'opposer au fédéralisme centralisateur d'Ottawa; dans les années soixante, au moment où les provinces jouissaient d'une vigueur nouvelle, il s'opposa tout aussi farouchement au fédéralisme décentralisateur. En matière de politique étrangère, fidèle à lui-même, il prit également le parti de ramer à contre-courant des idées reçues.

Dès le troisième article qu'il publia, en mai 1951, dans *Cité libre,* ce magazine qu'il contribua à mettre sur pied, le jeune Trudeau s'attaquait au problème de la guerre de Corée en développant certains thèmes qui préfiguraient ses positions futures en matière de politique internationale. La guerre, affirmait-il, ne constituait pas le pire de tous les maux, ni la paix le meilleur de tous les remèdes: «Car ce qui importe avant tout, c'est la justice; et il faut parfois prendre les armes pour la défendre[15].» Plaidant pour une politique étrangère indépendante de celle des États-Unis, il fustigea le gouvernement libéral de Louis Saint-Laurent pour son refus de reconnaître la République populaire de Chine, et déplora le fait que le gouvernement consacrait des sommes dérisoires à l'aide extérieure, par comparaison avec «le budget de guerre de cinq milliards, et les efforts consommés à former avec les pays de l'Atlantique-Nord un camp des forts[16]».

Au cours des années qui ont précédé son entrée en politique en 1965, M. Trudeau ne cessa de publier régulièrement des articles portant sur des questions internationales, notamment sur la politique extérieure du gouvernement de John Diefenbaker, sur les investissements étrangers au pays et sur la course aux armements nucléaires[17]. Il voyagea autour du monde de manière à prendre directement contact avec la réalité. Très peu de chefs politiques peuvent se vanter d'en avoir fait autant. Une fois devenu Premier ministre, Pierre Elliott Trudeau avait immanquablement le plaisir de retrouver, au cours de ses visites officielles à l'étranger, des gens qu'il avait connus sur le bateau en partance de Shanghai en 1949, ou lors d'une conférence de l'Entraide universitaire mondiale au Nigeria en 1957. Libre de tout préjugé racial et de tout fanatisme idéologique, M. Trudeau étanchait alors sa soif de savoir en roulant sa bosse autour du globe. Il fut citoyen du monde avant de devenir Premier ministre.

Il ne craignait pas non plus de prendre des risques. En 1952, alors même que le maccarthysme faisait rage aux États-Unis, il accepta l'invitation de participer à un congrès économique à Moscou et, en 1960, il retournait en Chine pour y constater les effets de la révolution. Les voyages en pays communistes étaient pour le moins rares à cette époque, compte tenu qu'au Québec la propagande anticommuniste dirigée par le clergé et le gouvernement de l'Union nationale de Maurice Duplessis allait bon train. «En réalité, la seule crainte qui eût pu nous paraître congrue», écrivent avec regret Pierre Trudeau et Jacques Hébert à propos de leur voyage en Chine, «c'était celle d'être dénoncés et vilipendés par des compatriotes lors du retour[18].»

Par le biais de ses écrits et de ses voyages, M. Trudeau avait déjà quelques idées bien arrêtées au sujet de la politique extérieure du Canada et ce, bien avant de se présenter comme candidat aux élections fédérales en 1965. Trois conclusions s'en dégagent:

- il entretenait des doutes quant à l'utilité du système d'alliances nécessité par la guerre froide et était affligé de constater que les Américains entretenaient une vision manichéenne du monde;
- il était frappé par la grande diversité de la planète et était impatient de voir le Canada s'ouvrir aux problèmes du tiers monde et saisir les occasions qui s'y présentaient (il s'intéressait notamment à la question de la reconnaissance de la République populaire de Chine);
- il était terrifié à l'idée du danger que représentaient les armes atomiques et de l'illogisme qui avait présidé à leur invention.

Au cours des quelques années où il fut député et ministre avant d'accéder, en 1968, au poste de Premier ministre, Pierre Elliott Trudeau en profita pour raffermir ses convictions en matière de politique extérieure. En 1966, il participa à diverses séances de l'Assemblée générale des Nations Unies. À titre de secrétaire parlementaire du Premier ministre Pearson, il se rendit en Afrique en 1967. Sa visite s'inscrivit dans le cadre des efforts diplomatiques entrepris par le Canada pour s'intégrer officiellement au sein des pays de la francophonie et évincer du même coup le Québec, qui tentait de se faire reconnaître par la communauté internationale. Grâce à la chance qu'il eut de collaborer étroitement avec M. Pearson, M. Trudeau put acquérir une connaissance approfondie de la complexité des questions internationales. Ce qui ne l'empêcha pas de critiquer sévèrement au moins un des aspects de l'héritage légué par M. Pearson.

À cette époque, en effet, les ministres vaquaient à leurs occupations sans guère informer les autres membres du Cabinet de leurs démarches. Paul Martin, alors secrétaire d'État aux Affaires extérieures, était donc pratiquement seul responsable de la politique extérieure du Canada et n'avait de compte à rendre qu'au Premier ministre. Il arrivait rarement aux autres membres du Cabinet de prendre connaissance des dossiers en cette matière, ce qui ne manquait pas d'offusquer plus d'un ministre. Ainsi, en mai 1967, irrité de voir que le Cabinet n'avait pas la possibilité de se prononcer sur la question de la guerre du Viêt-nam, Walter Gordon, alors ministre, dénonça publiquement la position du gouvernement canadien et demanda l'arrêt des bombardements américains. Pierre Elliott Trudeau et d'autres ne manquèrent pas d'éprouver des sentiments identiques, de sorte que, une fois devenu Premier ministre, M. Trudeau mit fin à ces chasses gardées au sein du Cabinet en plaçant au cœur de son projet de réformes gouvernementales le concept de décision partagée.

Un nouveau Premier ministre au style différent de celui de ses prédécesseurs fut élu en avril 1968. Choisi chef du Parti libéral le 6 avril, Pierre Elliott Trudeau assuma la fonction de Premier ministre le 20 du même mois, déclencha rapidement des élections fédérales et remporta une éclatante victoire le 25 juin. Ce triomphe, qui constituait la première réélection d'un gouvernement majoritaire depuis 1958, venait couronner l'une des plus fulgurantes ascensions de l'histoire politique canadienne.

Durant la course à la direction du Parti libéral, M. Trudeau avait déclaré à un auditoire de Calgary qu'il était «quelque peu tenté de se retirer de l'OTAN[19]». Au cours de sa première conférence de presse en tant que chef du Parti libéral, il laissa entendre que des changements étaient à prévoir à ce chapitre: «À l'heure actuelle, notre politique étrangère s'appuie en grande partie... sur des postulats formulés avant la guerre ou au cours de l'après-guerre immédiat... Il est essentiel de réévaluer nos positions, notamment en ce qui a trait à notre participation à l'OTAN[20].»

Fidèle à sa parole, le nouveau Premier ministre ordonna comme première mesure un réexamen complet de la politique étrangère du pays. Dans une déclaration datée du 29 mai 1968, il fut fait état de la volonté du Gouvernement d'entreprendre «un examen complet et détaillé de notre politique extérieure, y compris en matière de défense, d'économie et d'aide aux pays sous-développés[21]».

Cette déclaration en surprit plusieurs, sauf peut-être les fidèles lecteurs de *Cité libre*. Le Gouvernement y annonçait son intention de procéder à un examen sérieux de sa participation à l'OTAN et de ses relations avec l'Amérique latine et les pays de la région du Pacifique. Le Canada entendait également renforcer ses liens avec l'Afrique francophone, accroître son aide au tiers monde et, par-dessus tout, reconnaître enfin l'existence de la République populaire de Chine. Telles furent les mesures qui marquèrent le début de l'ère Trudeau.

Les bonnes intentions et la dure réalité

Même si, à l'époque de Pierre Elliott Trudeau, la politique extérieure du Canada fut marquée du sceau du libéralisme, il serait naïf (et
inexact) d'affirmer qu'elle était purement teintée d'idéalisme. Pour être
sensée, toute politique exérieure se doit de contenir un dosage approprié de bonnes intentions et de mesures destinées à les mettre en
œuvre. S'il ne tient pas compte de la dure réalité, l'idéalisme équivaut
à prêcher dans le désert. De même, si elle n'est pas guidée par un principe moral, la politique de l'équilibre des forces devient une fin en soi
et son édifice ne peut que s'écrouler avec le temps. Comme l'écrivait
Francis Bacon, «celui qui refuse de recourir à de nouveaux remèdes
doit craindre de nouveaux fléaux, car le temps est la plus grande
source de changements[22]». Les hommes d'État doivent donc apprendre
à porter les deux masques de la politique extérieure.

Pierre Elliott Trudeau était un libéral qui savait comment conquérir
le pouvoir et comment s'en servir. Il n'ignorait pas non plus l'importance
de ne pas confondre ce qui était théoriquement souhaitable et ce qui était
vraiment réalisable. En avril 1968, non sans modestie, il évaluait en ces
termes la puissance du Canada: «Nous devons avant tout nous rappeler
que nous sommes probablement la plus grande des petites nations et non
la plus petite des grandes nations[23].» Par conséquent, conclut-il, «notre
objectif ne devrait pas être de diriger le monde, mais plutôt de permettre
de faire de notre pays un endroit où il fait bon vivre[24]». Au cours des
années 1850, Richard Cobden était également persuadé que le meilleur
moyen d'assurer le rayonnement du libéralisme consistait à «donner
nous-mêmes le bon exemple [25]».

Tout en estimant à sa juste valeur le poids du Canada, M. Trudeau
ne se priva pas d'entreprendre des démarches qui débordaient le cadre
des compétences canadiennes. Dans des domaines tels que le désarmement, le développement du tiers monde, la protection de l'environnement ou le développement du droit international, le Canada prit
l'initiative de proposer des solutions différentes de celles de ses plus
puissants alliés. Un pays de taille moyenne peut se permettre de se
tromper et M. Trudeau n'ignorait pas que c'était là la force du Canada.
Nous pouvions lancer de nouvelles idées, car nous n'avions pour ainsi
dire rien à perdre. Les grandes puissances sont, au contraire, tellement
préoccupées de conserver leur prestige et leur crédibilité qu'elles
peuvent difficilement supporter de perdre la face. Comme le déclarait
le Premier ministre à la Chambre des communes en 1981, «nous ne

pouvons ignorer le rôle joué par les superpuissances, mais elles ne jouissent pas de droits exclusifs en ce domaine[26]».

Pour influencer la communauté internationale, il importe donc de posséder le courage et l'intelligence de proposer des solutions nouvelles, sans compter que, pour une puissance de taille moyenne, il existe des moyens autres que la traditionnelle force militaire pour se mettre en évidence. Le gouvernement Trudeau ne se priva d'ailleurs pas d'y recourir. Les idéalistes libéraux croient depuis toujours que le progrès économique a une plus grande utilité que la force militaire. Entre 1968 et 1984, le gouvernement Trudeau mit en œuvre un vaste programme d'expansion économique qui permit d'accroître les sommes destinées à la politique extérieure: le PNB du Canada passa de 75,4 milliards de dollars qu'il était en 1968 à 444,7 milliards en 1984, le budget fédéral bondit de 12,3 à 109,25 milliards au cours de la même période et le revenu familial moyen augmenta de 8 927 $ à 35 767 $ entre 1969 et 1984 (en dollars constants, il s'agit d'un bond impression-nant de 33 p. 100 sur le chapitre du revenu familial). Misant sur la force économique du Canada, le Premier ministre Trudeau réussit en 1976 l'un de ses plus beaux coups en matière de politique étrangère: le Canada fut admis à part entière au Sommet économique des pays occi-dentaux. En devenant membre des Sept Grands, le Canada devenait ainsi membre de l'un des clubs les plus sélects de la planète[27].

La croissance économique du pays permit presque de multiplier par 10 les montants alloués à l'aide extérieure, qui passèrent de 277 mil-lions de dollars en 1969 à plus de 2 milliards en 1984. L'Agence cana-dienne de développement international (ACDI) put ainsi devenir le troisième instrument de la politique extérieure, aux côtés du ministère des Affaires extérieures et de celui de la Défense nationale. L'offensive diplomatique était également de la partie et les efforts de certains hauts fonctionnaires canadiens, dont Maurice Strong et Alan Beesley, contribuèrent notamment à la mise sur pied de la Conférence de Stockholm sur l'environnement en 1972 et des Conférences des Nations Unies sur le droit de la mer qui se tinrent de 1974 à 1982. Quant à l'armée canadienne, elle put continuer d'œuvrer à la sauve-garde de la paix.

Enfin, M. Trudeau s'appuya également sur l'un des fondements du credo libéral, à savoir l'opinion publique, à la fois pour mener une campagne aux États-Unis contre la politique adoptée par le gouverne-ment Reagan au sujet des pluies acides et pour mener à bien la mission de paix qu'il décida d'entreprendre en 1983 afin de donner un coup de pouce aux négociations défaillantes sur le contrôle des armements. Comparant la puissance du Canada des années quatre-vingt à ce qu'elle était dans les années cinquante, alors qu'il était diplomate haut placé au ministère des Affaires extérieures, John Holmes en tire la conclusion suivante: «Il est certain que notre puissance s'est grandement étendue et accrue depuis les merveilleuses années cinquante, mais nous devons désormais faire face à une concurrence plus féroce sur ce chapitre[28].»

Comme n'importe quel État, le Canada utilisait ses pouvoirs pour défendre ses intérêts au meilleur de ses capacités. Nous verrons un peu plus loin trois exemples de la manière dont le Canada contra les efforts de la France en faveur de l'indépendance du Québec, défendit sa souveraineté dans l'Arctique et élabora sa politique de la Troisième option ou de contrepoids à la politique américaine. Mais une politique extérieure de type libéral ne peut se contenter de défendre uniquement ses intérêts nationaux: les libéraux cherchent également à faire évoluer l'ensemble de la situation internationale. Arnold Wolfers, l'éminent théoricien américain des relations internationales, précise au sujet des États qui cherchent ainsi à infuencer leur milieu environnant: «Les nations qui poursuivent de tels objectifs ne visent pas à préserver ou à étendre leurs possessions au détriment des autres, mais plutôt à transformer les conditions qui existent à l'extérieur de leurs frontières[29].»

Dès le premier discours prononcé en mai 1968 par Pierre Elliott Trudeau sur la situation au Canada et dans le monde transparut son désir — toujours tempéré par sa conscience des capacités limitées du pays — de changer la situation dans le monde. Pendant les 16 années qui allaient suivre, il ne cesserait d'ailleurs pas de se consacrer à cette tâche[30]. Au cours de son premier mandat, on assista à une avalanche de mesures concernant la politique étrangère: reconnaissance de la République populaire de Chine en 1968; retrait de la moitié des troupes canadiennes de l'OTAN stationnées en Europe en 1969; lois sur la souveraineté canadienne dans l'Arctique et sur l'environnement votées en 1970; signature du Protocole sur la coopération canado-soviétique en 1971; réorientation des priorités en matière d'aide extérieure et de diplomatie de façon à refléter davantage les racines françaises du pays; gel des dépenses militaires et accroissement substantiel de l'aide au développement.

Alors que le Canada poursuivait sa nouvelle politique extérieure tout au long des années soixante-dix, une nouvelle difficulté surgit rapidement: en 1971, le président Nixon mit fin aux liens économiques

privilégiés entre le Canada et les États-Unis en imposant toute une série
de tarifs douaniers sur les produits importés du Canada. Le Canada
devait soit se plier aux exigences du géant américain, soit s'efforcer de
développer son autonomie sur le plan économique. Le Gouvernement
choisit d'élaborer une troisième option en mettant sur pied l'Agence
d'examen de l'investissement étranger (AEIE), la Corporation de développement du Canada (CDC) et Petro-Canada. Cette stratégie de diversification permit d'établir des liens économiques avec l'Europe et le
Japon. Le désir de M. Trudeau d'accroître l'aide au développement prit
la forme, au cours des années soixante-dix, d'une participation canadienne accrue à l'élaboration du dialogue Nord-Sud. Tout au long de
cette décennie, le Canada poursuivit ses efforts pour maîtriser la puissance de l'atome en s'imposant les règlements les plus sévères du
monde en matière d'exportation de technologie nucléaire. De même, en
1977, le gouvernement canadien cessait officiellement d'accorder son
appui aux activités commerciales en Afrique du Sud.

Au moment de son quatrième et dernier mandat à titre de Premier
ministre (1980-1984), Pierre Elliott Trudeau démontrait plus d'audace
que jamais. La question des affaires extérieures occupait une portion
toujours accrue de son temps et d'ambitieux projets prenaient naissance les uns à la suite des autres. En 1980, le ministre de l'Énergie,
Marc Lalonde, dévoila le Programme énergétique national (PEN)
visant à permettre aux Canadiens de détenir au moins 50 p. 100 d'intérêts dans l'industrie pétrolière et gazière, ce qui ne manqua pas de
susciter de vives protestations de la part des États-Unis. En 1981, alors
qu'il présidait le Sommet économique d'Ottawa, le Premier ministre
Trudeau saisit l'occasion pour encourager l'établissement d'un dialogue Nord-Sud. Cette même année, il fut choisi parmi les autres dirigeants des pays industrialisés et des pays sous-développés pour
devenir coprésident de la réunion du Sommet de Cancun. Si, au cours
des années soixante et soixante-dix, le gouvernement canadien avait
été forcé de réagir aux projets des États-Unis dans l'Arctique et de la
France au Québec, au cours des années quatre-vingt, il prit l'initiative
d'élaborer le Traité de 1982 des Nations Unies sur le droit de la mer et
s'acharna à mettre sur pied un Sommet de la francophonie qui fût le
pendant du Commonwealth. En ce qui a trait aux relations Est-Ouest,
M. Trudeau annonça en 1983 qu'il entreprenait une initiative de paix
destinée à diminuer les tensions entre les deux blocs et à accélérer le
processus de contrôle des armements. En 1984, le gouvernement
Trudeau avait achevé le processus de dénucléarisation de l'armée

canadienne: toutes les armes atomiques dont il avait hérité en 1968 avaient été remplacées par de l'armement conventionnel. Comme on le voit, les objectifs destinés à créer un impact sur le milieu environnant n'ont pas manqué sous le règne de Pierre Elliott Trudeau.

Un État qui s'appuie sur les principes du libéralisme se doit de donner l'exemple et d'adopter les mesures qui sont en son pouvoir en matière de politique extérieure. Comme l'écrit Walter Lippman, le succès en ce domaine «consiste à préserver un équilibre entre les interventions et la puissance de l'État, tout en se ménageant une appréciable réserve de puissance additionnelle[31]». Voyons donc comment, dans cinq cas précis, les mesures adoptées par les divers gouvernements Trudeau ont subi l'épreuve du temps.

Les projets de la France contrecarrés

L'annonce faite en mai 1968 d'une révision de la politique extérieure canadienne comportait en préambule la déclaration suivante: «Il est de notre plus haut intérêt d'assurer la survie politique du Canada en tant qu'État souverain fédéral et bilingue[32].» Pareille insistance ne traduisait pas simplement les préoccupations majeures de Pierre Elliott Trudeau; elle constituait également une réplique à la menace que faisait peser sur le pays un allié de jadis, la France du général de Gaulle. Une fois résolue la crise algérienne, Charles de Gaulle, qui avait sauvé la France deux fois plutôt qu'une, cherchait de plus en plus à permettre à son pays de jouer un rôle accru dans le monde. Son regard autoritaire ne manqua pas de se pencher sur le Québec.

Deux ouvrages parus récemment (*Vive le Québec libre* de Dale Thomson et *L'Art de l'impossible* de Claude Morin) décrivent en détail le rôle joué par la France en vue de favoriser l'autonomie du Québec[33]. Mais, bien avant la venue du général de Gaulle au Québec, cette province avait déjà établi des missions à l'étranger. Les délégations du Québec s'occupaient dans la plupart des cas de tourisme, de commerce, de développement industriel, d'échanges culturels, etc. En 1965, le Canada et la France avaient déjà signé une entente cadre favorisant de telles activités de la part des provinces, pourvu que fût respectée la souveraineté du gouvernement fédéral en matière de politique étrangère. Les démarches du Québec servirent en quelque sorte de stimulant au gouvernement fédéral, qui trop souvent avait préféré ignorer la dimension francophone du pays dans ses politiques touchant l'aide et les relations extérieures.

Mais, au Québec, certains en réclamaient davantage. Le rôle joué par le Québec sur la scène internationale devenait pour eux un élément indispensable de leur projet de destruction de la fédération canadienne et de création d'un État francophone distinct. Le jour où le reste du monde percevrait le Québec comme un État et non plus comme une province, l'option indépendantiste acquerrait une crédibilité accrue au Québec même.

Pareille approche trouva une oreille attentive au palais de l'Élysée; dès 1963, le président de Gaulle avait pris une décision à ce sujet. À la veille de la visite du Premier ministre Pearson à Paris, de Gaulle écrivit: «Nous devons établir une forme particulière de coopération avec le Canada français et éviter que nos initiatives en sa faveur et nos initiatives communes soient diluées dans des ententes concernant l'ensemble des deux Canadas[sic!]. En tout état de cause, le Canada français formera inévitablement un État souverain et nous devons nécessairement orienter nos actions en ce sens[34].»

L'entourage du président entreprit un travail d'étroite collaboration avec les hauts fonctionnaires québécois et avec les partisans de l'indépendance du Québec. De Gaulle ne se gêna pas pour faire connaître le fond de sa pensée au cours d'une visite officielle au Canada en 1967, lorsqu'il lança son fameux «Vive le Québec libre!», qui constituait le cri de ralliement des indépendantistes. René Lévesque, qui était au nombre des dignitaires présents à l'hôtel de ville de Montréal à ce moment-là, ne manque pas de rappeler dans ses Mémoires l'effet que provoqua cette déclaration: «[…] nous nous retournâmes vers l'assistance. Rares sont les instants où l'on reconnaît aussi clairement les deux Montréal. En état de choc, figé dans une furie […]: le Montréal anglophone. Quant au Montréal français, sauf pour les gens à qui statut ou accointances imposaient le devoir de réserve, il ne cachait ni les grands sourires complices[35][…]»

Passait encore que la France se prononçât en faveur de l'indépendance du Québec, mais ses initiatives en ce sens présentaient un danger encore plus grave. Au début de 1968, de Gaulle manœuvra de telle sorte que le Gabon, allié de la France, lança au gouvernement québécois une invitation (adressée au ministre des Affaires étrangères du Québec) à assister à une conférence internationale sur l'éducation. Le gouvernement canadien ne reçut aucune invitation, ce qui constituait un défi lancé à l'autorité d'Ottawa. Le gouvernement canadien envoya une note de protestation à Paris et fit directement connaître son mécontentement au Gabon lorsque le nouvel ambassadeur canadien dans ce pays retarda la présentation de ses lettres de créance aux autorités de Libreville. En avril, la France fut l'hôte d'une deuxième conférence sur l'éducation. Ottawa en fut de nouveau exclu, de Gaulle justifiant son geste par ces paroles: «Nous n'avons pas de concessions ni de geste amical à faire à l'endroit de monsieur Trudeau, qui s'oppose au fait français au Canada[36].» L'ambassadeur canadien à Paris fut rappelé pour consultation.

Mais le gouvernement Trudeau savait faire usage du pouvoir dont il disposait. Il fit dévier le tir de la France et mit l'accent sur le développement à long terme de nouveaux liens avec l'Afrique francophone. L'État français est certes plus puissant que le Canada, mais l'appui au projet d'indépendance du Québec ne constituait, pour le gouvernement français, qu'un objectif parmi d'autres en matière de politique étrangère, et on peut même supposer qu'il ne s'agissait pas d'une grande priorité pour lui. Pour le Canada, la défense de l'intégrité de son territoire constituait au contraire un «objectif d'une extrême importance», comme l'affirma le Premier ministre Trudeau dans sa première déclaration en matière de politique étrangère. Les efforts du Canada étaient par conséquent soutenus et concentrés, alors que ceux de la France demeuraient intermittents et diffus. En 1984, il ne restait plus qu'un mauvais souvenir du défi lancé par la France au Canada et c'était au gouvernement Trudeau de se lancer dans l'organisation d'un sommet francophone.

Le Canada répliqua de diverses manières à l'offensive du général de Gaulle. Dans un premier temps, Ottawa protesta vivement contre les initiatives françaises. Il n'était pas question de faire preuve de politesse excessive au moment où un État étranger tentait de s'immiscer dans un problème de politique intérieure. Le Premier ministre fustigea publiquement les représentants français débarqués au Canada pour y semer la pagaille. Il fit comprendre à la France qu'elle aurait à payer le prix de ses interventions. Compte tenu du fait que des critiques sévères étaient adressées au général de Gaulle en France même pour son étrange attitude, les représentants français durent faire preuve de prudence devant la volonté du Canada de se défendre. Il est important de noter que le Canada n'a pas posé de gestes excessifs comme la rupture de ses relations diplomatiques avec la France ou l'annonce d'un boycott économique à son endroit (le Cabinet ne manqua toutefois pas d'envisager de telles éventualités). De Gaulle était un homme âgé qui sentait le temps le presser. Le gouvernement canadien s'efforça donc d'établir le plus possible une distinction entre les politiques du général et celles de la France, ce qui rendit la tâche plus facile aux successeurs du général de Gaulle lorsque vint le temps pour eux de s'écarter de ses politiques.

En deuxième lieu, le gouvernement canadien fit patiemment comprendre aux partenaires africains de la France les raisons pour lesquelles il pouvait difficilement admettre que le Québec fût représenté à des conférences internationales. De même, Ottawa leur fit bien comprendre qu'il était dangereux d'encourager un mouvement sécessionniste. «La politique, écrivait Max Weber, est l'art de creuser lentement mais sûrement des tunnels dans le roc[37].» Cela n'a jamais été aussi vrai que sur le chapitre de la diplomatie internationale. En 1967, alors qu'il était secrétaire parlementaire, Pierre Elliott Trudeau avait effectué une tournée en Afrique afin d'y sensibiliser les leaders du continent à la dimension francophone du Canada. Il y avait par ailleurs longtemps qu'un ministre ou qu'un représentant canadien ne s'était penché sur la question en Afrique francophone. Le Canada décida également d'appuyer de manière plus tangible cet effort diplomatique. En 1963, l'Afrique francophone ne recevait pour toute aide qu'environ 4 millions de dollars du gouvernement canadien; au début des années soixante-dix, le montant d'aide s'était accru à 100 millions de dollars, soit l'équivalent de ce que recevaient les États africains membres du Commonwealth. Sous le gouvernement Trudeau, la francophonie cessa d'être un phénomène sans intérêt et devint le pôle d'attraction de l'aide et de la diplomatie canadiennes.

La France demeure au cœur de la francophonie mais le Canada est désormais perçu comme un interlocuteur important au sein de ce «Commonwealth» des pays francophones. Cet heureux dénouement est en partie le fruit du complexe ménage à trois dans lequel vivaient la France, le Québec et le Canada à la fin des années soixante.

Le troisième élément du succès du Canada fut le changement d'attitude au pays même à l'égard du bilinguisme et du fait français. Car malgré toute l'habileté diplomatique et l'obstination dont le Canada fit preuve, malgré l'utilité de son aide économique aux nations africaines de langue française, le gouvernement fédéral n'aurait pu gagner son pari s'il n'avait eu une cause valable à défendre. Le gouvernement Trudeau fit davantage que tout autre gouvernement fédéral pour que, grâce à des politiques et à un appui financier appropriés, les Canadiens français pussent se sentir partout chez eux au pays, et pas seulement au Québec. Les droits de l'anglais et du français furent protégés dans la fonction publique fédérale, dans les services du gouvernement fédéral et dans tout le système scolaire du pays. C'était là une simple question de justice, inspirée par la nécessité de garder le Canada uni et non par des questions de politique étrangère. Mais il est clair que le Canada fut mieux en mesure de défendre sa cause auprès des pays africains parce que son Premier ministre, ses ministres et ses fonctionnaires étaient francophones. Claude Morin fait remarquer, non sans amertume: «Les politiciens et les fonctionnaires fédéraux spécialisés dans les affaires extérieures — ceux d'entre eux, en tout cas, qui étaient d'extraction québécoise et francophone — devinrent ainsi les adversaires les plus têtus de la percée internationale du Québec[38].» Les réformes au pays ne firent qu'ajouter de la cohérence et de la crédibilité aux prétentions fédérales à l'étranger.

En 1968, la France avait incité le Gabon à agir selon sa volonté et à exclure le Canada de son forum international. En janvier 1969, le Congo, moins porté à se laisser influencer par la France, invita le gouvernement fédéral à réunir une délégation canadienne dont seraient membres des représentants du Québec, cependant que la France continuait d'insister sur le droit du Québec d'avoir ses propres représentants sur la scène internationale. La question fut réglée en 1970. Au cours d'une conférence tenue à Niamey, au Niger, Gérard Pelletier, alors secrétaire d'État du Canada, en arriva à un compromis: tout en rejetant la demande de la France d'accorder au Québec le statut d'État indépendant au sein de l'Agence de coopération culturelle et technique, le Canada accepta d'y voir le Québec inscrit en tant que «gouvernement participant». La même faveur fut accordée par ailleurs au Nouveau-Brunswick. Afin de rendre le compromis plus acceptable, le Canada consentit même à verser 33 p. 100 du coût du budget initial de la nouvelle organisation, cependant que la France s'offrait à en débourser 45 p. 100[39].

Lorsque de Gaulle quitta la présidence française en 1969, son successeur, Georges Pompidou, ne manqua pas de poursuivre la politique de Charles de Gaulle à l'égard du Québec, tout comme le fit Jacques Chirac, maire gaulliste de Paris. Mais, déjà, le volcan avait commencé de s'éteindre. Lorsque Valéry Giscard d'Estaing devint président de la France, en 1974, le Premier ministre Trudeau effectua sa première visite officielle à Paris. Afin de régler les problèmes causés par l'éternel triangle, les Français optèrent pour une nouvelle formule: non-ingérence dans les affaires canadiennes, doublée du maintien de liens privilégiés avec le Québec. Lorsque le Parti québécois fut porté au pouvoir en 1976, Claude Morin, devenu ministre dans le gouvernement Lévesque, espéra qu'un vent de liberté soufflerait de nouveau pour le Québec en Afrique, mais il n'y eut pas de nouvel incident comme au Gabon.

Tout au long de cette période, le Québec dut en grande partie demeurer sur la défensive. En collaboration avec le président du Sénégal, Léopold Senghor, le Premier ministre Trudeau se fit le défenseur d'une nouvelle organisation des pays francophones et d'une rencontre annuelle des chefs de gouvernement de ces pays. La France refusait de participer à un sommet dont serait exclu le Québec. Au Sommet économique de Williamsburg, toutefois, le Premier ministre Trudeau et le président Mitterrand discutèrent de la possibilité d'organiser un sommet à deux niveaux: les chefs de gouvernement se rencontreraient de leur côté, cependant que les «participants» se rencontreraient pour discuter de questions plus techniques. On sembla bien près d'en arriver à un accord de principe, mais les pourparlers traînèrent en longueur et n'aboutirent pas. M. Trudeau avait néanmoins réussi à promouvoir l'idée d'un sommet francophone et à obtenir l'appui des pays africains. Le fait qu'il ait presque réussi à persuader la France de participer à ce sommet démontre par ailleurs de façon éclatante que les règles du jeu avaient passablement évolué depuis l'époque enivrante du «Vive le Québec libre!».

La protection de l'Arctique

En réagissant comme il le fit aux initiatives de la France en faveur de l'indépendance du Québec, le gouvernement Trudeau fit tourner la chance de son côté en faisant de la défense de la francophonie un objectif prioritaire de sa politique étrangère. De même, en matière de protection de l'Arctique, le gouvernement sut trouver une solution au problème auquel il faisait face. Ce qui apparut tout d'abord comme une menace trouva sa solution dans l'extension de la portée de la loi internationale, ce qui amena le Canada à se faire le défenseur d'un nouveau régime international de gestion du droit de la mer. John Holmes écrit que la politique canadienne dans l'Arctique «affirmait le droit d'une nation de moindre importance non seulement de remettre en question mais également d'accélérer l'adoption de lois internationales lorsque les superpuissances font preuve d'intransigeance... Elle permit au gouvernement Trudeau de prendre son initiative la plus efficace et la plus louable sur le plan international et de jouer un rôle prépondérant et hautement constructif dans ce qui constitue la plus importante contribution à l'ordre du monde depuis la création des Nations Unies à San Francisco[40]».

Les menaces que fit peser le général de Gaulle sur le Canada s'inscrivent parfaitement dans le cadre traditionnel des relations entre États. Thucydide aurait immédiatement eu conscience que le Québec manœuvrait de manière à obtenir l'appui de la France et que le président français tentait de son côté d'exercer des pressions sur ses alliés de moindre importance. Dans le cas de l'Arctique, les pressions subies par le Canada étaient davantage typiques des influences politiques complexes exercées en cette fin de XXᵉ siècle: non seulement le secteur privé s'y trouvait mêlé, mais la diversité des éléments en jeu (protection de l'environnement, droits des autochtones et droits de passage dans les régions polaires) avait de quoi en faire perdre son latin à un érudit.

En 1968, de vastes réserves de pétrole furent découvertes dans la baie de Prudhoe, située sur le versant nord de l'Alaska. Peu après, la société américaine Humble Oil, agissant pour le compte de la multinationale Exxon, annonça qu'elle enverrait le pétrolier *Manhattan* dans le passage du Nord-Ouest, au cours de l'été 1969, afin de vérifier s'il était possible de livrer du pétrole par cette voie.

Le projet de la compagnie Humble Oil obligeait le Canada à faire face à de nombreuses difficultés. On trouve dans l'Arctique l'un des écosystèmes les plus délicats de la planète. Le moindre déversement de pétrole risquait d'y endommager l'environnement pour des générations à venir et de détruire les sources de nourriture de la région et le mode de vie des Inuit. La question du transport du pétrole dans l'Arctique relève du type de choix difficiles auxquels notre époque ne cesse d'être confrontée: développement économique versus protection de l'environnement, droits des autochtones versus droits de propriété privée, besoins énergétiques du Sud versus patrimoine du Grand Nord. Dans le cas de Humble Oil, un facteur international d'une grande importance vint compliquer les choses. Les États-Unis contestaient la souveraineté du Canada sur le passage du Nord-Ouest et, par conséquent, son droit d'imposer des normes et des règlements à une société américaine. Le gouvernement américain soutenait en effet que ce passage était situé en territoire international et ne pouvait être soumis à la juridiction d'un État en particulier. Même si le Canada était un pays allié, la marine américaine trépignait d'impatience à l'idée que le Canada pût commettre un précédent en fermant l'accès à un détroit situé en «eaux internationales». Le fait de rivaliser avec la France au sujet du Québec était une chose; s'en prendre à une superpuissance pour une question de souveraineté dans l'Arctique en était une autre.

D'un bout à l'autre du pays, éditorialistes et députés de l'opposition pressaient le gouvernement de se dresser contre les États-Unis en proclamant avec vigueur sa souveraineté sur les eaux de l'Arctique. Pareilles suggestions ne peuvent que faire songer à l'adage selon lequel, pour chaque problème, il existe une solution simple, idéale... et erronée. En avril 1970, le gouvernement canadien fit connaître sa stratégie peu avant que le *Manhattan* n'entreprît son second voyage. Plutôt que de faire porter le débat sur la question de la souveraineté, Ottawa mit l'accent sur la nécessité de contrôler la pollution. (Le pétrolier *Arrow* s'était échoué en mars de la même année, libérant un million de gallons de pétrole au large des côtes de la Nouvelle-Écosse.) Plutôt que de brandir le drapeau nationaliste, le Gouvernement fit état de la responsabilité du Canada en tant que «gardien» du Grand Nord. Les limites territoriales de 3 milles furent portées à 12 milles, ce qui permettait au Canada d'accroître d'un huitième la superficie de son territoire et d'assurer un plus grand contrôle sur les détroits du Prince-de-Galles et Barrow. Même si cette expansion territoriale souleva des protestations à l'époque, 78 États ont depuis emboîté le pas et fixé leur limite territoriale à 12 milles au large de leurs côtes. Le gouvernement canadien adopta également la *Loi sur la prévention de la pollution des eaux arctiques,* par laquelle il définissait le nouveau concept de zone de contamination de 100 milles dans les eaux situées autour de l'archipel canadien, où le Canada entendait faire respecter des normes strictes. Le gouvernement Nixon protesta, mais Humble Oil accepta aussitôt de respecter les nouvelles règles du jeu.

Le Canada ne perdit pas de temps pour faire approuver sa nouvelle politique par la communauté internationale. La Suède et l'Islande se rangèrent rapidement du côté du Canada, suivies en juin 1970 par l'Union soviétique, qui possédait également des intérêts dans l'Arctique et qui se déclara opposée à la position américaine. Malte, l'instigatrice du concept, adopté par les Nations Unies, du droit de la mer, considérée comme «patrimoine universel commun», et les États côtiers de l'Amérique latine se montrèrent tout aussi bien disposés envers la législation canadienne. John Kirton et Don Munton tirent de cet incident la conclusion suivante: «Dès l'été 1970, il devint évident que les États-Unis ne possédaient plus l'appui de la communauté internationale qui leur aurait permis de faire la loi dans cette région du globe. En dépit du puissant arsenal économique, militaire et politique que Washington avait à sa disposition, le gouvernement américain choisit d'y renoncer pour la raison qu'il était seul à vouloir défendre un système éculé. Les États-Unis étaient impuissants à définir de nouvelles règles du jeu et peu désireux de chercher à rétablir seuls le vieil ordre des choses[41].»

Par ailleurs, le Canada reprit les concepts de zones de contamination, de défense de l'environnement et d'extension du droit international qu'il avait mis en œuvre dans l'Arctique et en fit l'élément clé de sa position dans le cadre de la Conférence sur le droit de la mer placée sous l'égide des Nations Unies. Cette conférence était devenue, en 1974, le lieu de discussion privilégié du concept proposé par Malte. De 1974 à 1982, la Conférence sur le droit de la mer fut au cœur des activités diplomatiques canadiennes. Lors de la première séance, la Conférence choisit un diplomate canadien, Alan Beesley, à titre de président de son comité de révision. Le principe d'une zone marine de 12 milles et d'une zone économique de 200 milles fut adopté au cours de la première séance indépendante de la Conférence à Caracas, en 1974. La *Loi sur la prévention de la pollution des eaux arctiques* trouva sa justification lorsque la Conférence adopta l'article 234 autorisant les nations côtières «à adopter et à faire respecter des lois et règlements non discriminatoires destinés à prévenir, à réduire et à contrôler la pollution des mers causée par des navires voguant dans des régions couvertes de glaces[42]».

Le Canada suggéra par ailleurs l'idée d'une taxe internationale volontaire sur l'exploitation des ressources minières du plateau continental et appuya les pays en développement qui réclamaient un meilleur partage des revenus. Pour l'administration Reagan, au pouvoir depuis 1981, il était hors de question d'étendre la portée des droits internationaux. Cédant aux pressions de l'industrie minière américaine, qui espérait réaliser un jour des bénéfices sur les fonds marins que l'on comptait redistribuer aux pays du tiers monde, le président Reagan annonça en juillet 1982 le refus des États-Unis de signer ce traité. La Première ministre britannique Margaret Thatcher en fit tout autant.

Il fallut une bonne décennie de négociations, dans le cadre de la Conférence du droit de la mer, pour en arriver à un traité contenant 320 articles portant sur à peu près tous les aspects de l'utilisation des océans. Le Canada fut l'un des premiers pays à signer ce traité; il fut suivi par 158 autres pays. Aux yeux des gouvernements conservateurs des États-Unis, de la Grande-Bretagne et de la République fédérale allemande, qui refusèrent de signer, les intérêts de l'industrie minière comptent apparemment davantage que le «patrimoine universel commun», mais les idées finissent toujours par faire leur chemin. Le Traité sur le droit de la mer constitue un point tournant dans l'histoire du droit international et le Canada peut s'enorgueillir d'avoir contribué à lui donner naissance. En temps opportun, même les pays en faveur du *statu quo* devront reconnaître que le bien commun a préséance sur les intérêts individuels.

La politique du contrepoids

Avant d'entrer en politique active, Pierre Elliott Trudeau avait souligné que 70 p. 100 de la politique extérieure du Canada était prédéterminée par les liens canado-américains, de sorte que le ministère des Affaires extérieures devait faire des efforts considérables pour utiliser au maximum les 30 p. 100 de marge de manœuvre dont disposait encore le Canada[43]. Tout en tenant compte de l'importance des États-Unis, le gouvernement Trudeau ne manqua pas d'adopter des mesures extrêmement audacieuses et controversées. Sans rien renier de l'interdépendance et des intérêts mutuels qui firent du Canada et des États-Unis des pays amis et alliés durant la période de 1968 à 1984, le gouvernement libéral mit systématiquement en place des politiques destinées à favoriser la mainmise canadienne sur l'économie du pays, à diversifier les échanges commerciaux entre le Canada et le reste du monde et à protéger la culture canadienne contre l'énorme attrait exercé par l'industrie américaine du spectacle. L'interdépendance canado-américaine demeurait fondamentale, mais rien n'empêchait de diminuer la vulnérabilité du Canada face au géant américain. Le gouvernement Trudeau s'efforça par conséquent de renforcer la capacité du Canada à tracer sa propre voie.

Il aurait fallu une bonne dose d'imagination pour accuser Pierre Elliott Trudeau d'anti-américanisme. Il avait étudié à Harvard, appréciait véritablement la contribution américaine à la théorie politique des poids et contrepoids et parvenait même à citer de mémoire les écrits d'hommes d'État américains tels que Thomas Jefferson. Mais il ne pouvait ignorer qu'à cause de la domination exercée par les États-Unis sur de nombreux aspects de la vie canadienne, il était nécessaire pour le gouvernement fédéral de tenter de contrer les forces du marché qui conduisaient inévitablement à une plus grande intégration Nord-Sud.

Pierre Elliott Trudeau résuma fort bien sa pensée à ce sujet lorsqu'il écrivit, dans *Le Fédéralisme et la Société canadienne-française*: «Mon action politique, ou ma pensée, pour peu que j'en ai eu, s'exprime en deux mots: faire contrepoids[44].» Au cours des années Trudeau, la politique canadienne à l'égard des États-Unis visa par conséquent et avant tout à «faire contrepoids».

La vulnérabilité du Canada par rapport aux revirements de situation eu égard à la politique américaine ne fut jamais aussi dramatiquement évidente que le 15 août 1971, lorsque le président Nixon mit la hache dans les accords de Bretton Woods en annonçant une surtaxe de 10 p. 100 sur tous les biens importés aux États-Unis. Ce fut également la fin de la convertibilité du dollar américain en son équivalent en or ou en tout autre élément d'actif en réserve, et on assista à la création de la Société nationale de vente à l'étranger destinée à subventionner les exportations des firmes américaines en reportant indéfiniment les taxes à l'exportation. En 1970, plus de 20 p. 100 du PNB canadien était dépendant des exportations et 65 p. 100 de ce total était dirigé vers les États-Unis. Inutile de dire que les mesures prises par le président Nixon menaçaient directement la prospérité du Canada. Ce «coup de tonnerre» réveilla certains esprits endormis. Le débat, largement académique, qui portait sur la question des investissements étrangers et de l'autonomie canadienne, se transforma en une crise économique véritable.

En l'espace de quelques mois, les pressions de la communauté internationale, dont celles exercées par le Canada, obligèrent le gouvernement américain à retraiter sur la plupart des éléments de son projet, mais le Canada avait eu chaud. En octobre 1972, le gouvernement Trudeau fit savoir son intention de mettre en œuvre une nouvelle politique de portée considérable, destinée à favoriser une plus grande autonomie de la part du Canada. Le ministre des Affaires extérieures, Mitchell Sharp, fit connaître les trois options qui s'offraient au pays: maintien du *statu quo*, intégration plus poussée avec l'économie américaine, «développement et renforcement de l'économie canadienne et des autres aspects de la vie du pays afin de réduire la vulnérabilité actuelle du Canada[45]». La stratégie de la Troisième option, expliqua M. Sharp, «représentera un défi permanent pour chacune des mesures que nous adopterons. De manière à renforcer notre économie et à diminuer notre vulnérabilité, cette stratégie de la Troisième option... mettra l'accent sur le Canada et sur les décisions qui doivent être prises par les habitants de ce pays et non sur des questions qui doivent être négociées avec les États-Unis[46]».

Cette Troisième option comportait trois éléments: le renforcement de la mainmise canadienne sur l'économie du pays, la diversification des échanges commerciaux et la protection de la vie culturelle. Le Livre blanc sur la Troisième option faisait état de la présence américaine croissante au Canada, causée en partie par «la forte pénétration des capitaux américains, dans la plupart des cas sous la forme d'investissements directs[47]». En 1971, les étrangers possédaient 37 p. 100 de tous les capitaux investis au Canada et les investissements américains directs représentaient la plus grande partie de ces capitaux (en fait, les Américains détenaient 28 p. 100 de tous les capitaux investis au Canada). Aucun autre pays du monde occidental ne se trouvait dans une situation où des investisseurs étrangers contrôlaient près de 40 p. 100 de son économie, cette proportion étant encore plus considérable dans certains secteurs (ainsi, dans l'industrie pétrolière, les investisseurs étrangers détenaient 90 p. 100 des capitaux).

Or, ces sociétés établies au Canada mais dirigées de l'extérieur prenaient parfois des mesures qui allaient directement à l'encontre des intérêts du pays. Ainsi, la compagnie Ford prit la décision de ne pas exporter de camions vers la République populaire de Chine et, au cours de la crise pétrolière de 1979, la société Exxon détourna vers les États-Unis des cargaisons de pétrole destinées au Canada. Dans d'autres circonstances, certaines filiales canadiennes de sociétés américaines durent se plier à contrecœur aux impératifs de la politique étrangère américaine. Ainsi, en 1981-1982, le gouvernement Reagan tenta d'empêcher les filiales de sociétés américaines situées à l'extérieur des États-Unis de soumissionner un projet d'oléoduc en Union soviétique. Par ailleurs, les dividendes versés par ces filiales aux investisseurs étrangers ne manquaient pas d'exercer des pressions constantes sur la balance des paiements du Canada.

Il fallait une volonté politique ferme pour tenter de renverser la vapeur. À chaque étape de ce long processus, des différends ne manquaient pas de survenir entre le Canada et le gouvernement américain. À mesure que ces disputes s'intensifiaient, elles commencèrent à déranger la communauté d'affaires canadienne. Pourtant, cette politique comportait essentiellement des mesures visant à encourager l'épargne et la formation de capital au sein du Canada. Le Régime enregistré d'épargne-retraite, les crédits d'impôt sur les dividendes et les réductions d'impôt des particuliers et des sociétés constituèrent autant de stimulants fiscaux en ce sens. Comme conséquence de ces mesures, en 1983, le taux d'épargne personnelle se situait à 14 p. 100

au Canada, comparativement à 4 p. 100 aux États-Unis. À compter de 1975, les Canadiens devinrent des exportateurs nets de capitaux, investissant davantage aux États-Unis que les Américains chez nous.

Des mesures législatives permirent également de contrôler le degré de mainmise américaine sur notre économie. L'Agence d'examen de l'investissement étranger (AEIE) vit le jour en 1973; son objectif était de procéder au tamisage des investissements étrangers et de permettre au Canada de retirer le maximum de bénéfices de ces investissements. Le gouvernement ne reculait pas non plus devant l'idée de participer directement à l'économie. En 1971, il avait créé à cette fin la Corporation de développement du Canada, qui acquit une participation dans les secteurs miniers et manufacturiers; Petro-Canada fut créée en 1975 afin de donner aux Canadiens un «droit de regard» sur l'industrie pétrolière. En 1980, le Programme énergétique national (PEN) visait une participation canadienne de 50 p. 100 dans l'industrie pétrolière.

Au milieu des années quatre-vingt, le vent avait changé de bord. Selon Statistique Canada, la mainmise étrangère sur l'économie canadienne était passée de 37 p. 100 en 1971 à 23,6 p. 100 en 1986, la part des Américains ayant baissé de 28 p. 100 à 17 p. 100 au cours de la même période[48]. Quant à l'industrie pétrolière, jadis propriété à 90 p. 100 d'intérêts étrangers, elle était contrôlée à 49 p. 100 par des intérêts canadiens en 1986, atteignant presque l'objectif fixé dans le cadre du PEN[49]. Cette diminution de la mainmise étrangère sur l'économie canadienne et l'accroissement des exportations de capitaux canadiens vers les États-Unis firent en sorte que les investissements canadiens aux États-Unis représentaient, à compter de 1985, 60 p. 100 du montant des investissements américains au Canada (une hausse spectaculaire si l'on songe qu'ils n'en représentaient que 10 p. 100 en 1973[50]). À la fin des années Trudeau, les Canadiens détenaient une plus grande part de leur propre économie et une plus grande part de l'économie américaine. Après la Première Guerre mondiale, les États-Unis rapatrièrent une grande partie de leur économie demeurée aux mains de la Grande-Bretagne. À la fin du XXe siècle, le Canada réussit semblable exploit en diminuant la proportion des intérêts américains investis au pays. Il s'agit dans les deux cas d'exemples d'une plus grande maturité économique.

Mais la question des investissements étrangers ne constituait pas la seule des grandes préoccupations des libéraux de l'époque: la politique commerciale figurait également sur la liste. Le gouvernement

Trudeau croyait aux vertus de la libéralisation et de la diversification des échanges. À cet égard, il réussit davantage à réduire les barrières tarifaires qu'à réduire le degré de dépendance du Canada par rapport au marché américain. En 1958, Pierre Elliott Trudeau précisait dans *Cité libre* que «la domination économique et la domination politique sont inextricablement liées[51]». Avant le début de la Deuxième Guerre mondiale, le Canada parvenait encore à équilibrer sa balance commerciale avec les États-Unis, la Grande-Bretagne et le reste du monde. Ainsi, en 1938, 40 p. 100 de ses exportations étaient destinées à la Grande-Bretagne, contre 23 p. 100 aux États-Unis. Même en 1960, la Grande-Bretagne absorbait encore 17 p. 100 des exportations canadiennes. Toutefois, à compter de 1970, les États-Unis recevaient désormais 65 p. 100 des exportations canadiennes, contre à peine 9 p. 100 pour la Grande-Bretagne. Le Canada mettait presque tous ses œufs dans le même panier. Comme M. Trudeau l'avait prévu dans *Cité libre,* la dépendance du Canada face à un marché unique nous rendit particulièrement vulnérables au choc provoqué par le président Nixon en 1971.

Libéralisation et diversification des échanges représentaient les nouveaux objectifs. Il devenait dès lors essentiel de renforcer les liens commerciaux multilatéraux dans le cadre de l'Accord général sur les tarifs douaniers et le commerce (GATT). Ainsi, dans le cadre du budget de 1969, le Gouvernement procéda à la mise en œuvre des baisses tarifaires adoptées au cours du Kennedy Round, et qui devaient à l'origine être implantées progressivement. Le Canada décida alors de participer activement aux négociations commerciales de Tokyo, qui se déroulèrent de 1973 à 1979. Après la création du GATT en 1947, les tarifs douaniers canadiens avaient passé de 22 p. 100 qu'ils étaient avant la guerre à 16 p. 100 dans les années soixante. Une fois appliquées les baisses subséquentes adoptées au cours des Kennedy et Tokyo Rounds, les tarifs douaniers canadiens ne s'élevaient plus qu'à 9 p. 100. De 1968 à 1984, les exportations calculées en pourcentage du PNB passèrent de 23 p. 100 à près de 30 p. 100, cependant que les articles entièrement ouvrés, qui représentaient 33 p. 100 de ces exportations en 1970, étaient passés à 42 p. 100 en 1984.

Le Canada jouissait en permanence d'un énorme excédent commercial par rapport au reste du monde (ce surplus était de 20 milliards de dollars en 1984), à tel point que notre pays connut même un modeste excédent de son compte courant dans les années quatre-vingt. (Depuis 1984, cet excédent commercial a été réduit de moitié, de sorte que le budget de 1989 de Michael Wilson prévoit un déficit de 11 milliards de dollars du compte courant, comparativement à un excédent de 3,4 milliards en 1984.) À la fin du Tokyo Round, les négociateurs canadiens avaient réussi à obtenir l'accès libre pour 80 p. 100 des exportations canadiennes vers les États-Unis. Les 20 p. 100 restants étaient taxés à peine à 5 p. 100 en moyenne. Le Canada jouissait pour ainsi dire déjà des avantages du libre-échange sans avoir à faire les concessions bilatérales, en matière d'énergie et d'investissements, auxquelles les conservateurs ont consenti avec l'Accord canado-américain qui est entré en vigueur le 1er janvier 1989.

Au cours des années Trudeau, le commerce prit certes de l'expansion, mais il fut loin de se diversifier. En 1970, 65 p. 100 de nos exportations étaient destinées aux États-Unis. En 1984, malgré l'adoption de la Troisième option, 75 p. 100 de nos exportations allaient désormais vers nos voisins du Sud. On ne peut que s'interroger sur les raisons de cette intensification.

Le Premier ministre Trudeau s'était certes engagé personnellement à élargir les liens du Canada avec le reste du monde. Avant même l'annonce, en 1972, des intentions du Gouvernement d'élaborer sa stratégie de la Troisième option, M. Trudeau avait déjà inscrit sur sa liste de priorités l'établissement de liens avec l'Asie, l'Afrique et l'Amérique latine. En 1976, il se rendit en Europe signer une entente avec la Communauté européenne et, au cours de l'automne 1976, il entreprit avec succès une mission similaire au Japon. Tournée résolument vers l'avenir, la Troisième option ne manquait pas de reconnaître la montée du Japon comme puissance économique et l'importance du marché européen (la CEE, qui comprenait 6 pays et 165 millions d'habitants en 1960, était passée à 12 pays et à 320 millions d'habitants en 1988). Mais cette option ne comportait pas de mesures suffisamment puissantes pour modifier des habitudes solidement ancrées en matière d'exportation. Les ententes intervenues étaient demeurées lettre morte.

Mais peut-être les gouvernements ne sont-ils tout simplement pas en mesure d'influer sur les décisions prises individuellement par des milliers d'exportateurs. En faisant directement l'acquisition d'avoirs étrangers par le biais d'instruments tels que Petro-Canada, le Gouvernement put accroître le degré de participation canadienne dans l'industrie pétrolière. En diminuant les droits de douane, il put libéraliser les échanges commerciaux. Mais la capacité du Gouvernement de proposer de nouveaux modèles d'échanges commerciaux était trop limitée pour permettre de transposer dans la réalité les objectifs de diversification contenus dans la Troisième option.

Malheureusement, certaines des prédictions annoncées dans le Livre blanc sur la Troisième option se sont réalisées. Mitchell Sharp fit ressortir en 1972 que si le Canada ne diversifiait pas ses échanges, il dépendrait du bon vouloir des États-Unis. Si cette bienveillance venait à s'éteindre, nous éprouverions de sérieuses difficultés. Or, c'est exactement ce qui s'est produit. En 1983, le gouvernement Trudeau réussit à repousser les attaques menées par des concurrents américains pour restreindre les exportations canadiennes de bois d'œuvre vers les États-Unis, mais de nombreuses autres requêtes ont été déposées depuis contre les manufacturiers canadiens. Dans les négociations sur le libre-échange qui suivirent, le gouvernement Mulroney abandonna la souveraineté du Canada dans les secteurs de l'énergie et des investissements en échange d'un piètre mécanisme de règlement des différends commerciaux. En échouant dans sa tentative de diversification, le Canada est devenu l'otage de certains groupes d'intérêts américains et de leur capacité d'influencer le Congrès américain.

La politique culturelle représentait le troisième volet de la démarche que le Parti libéral entendait favoriser dans ses rapports avec les États-Unis. Originaire du Canada, John Kenneth Galbraith, éminent économiste de l'université Harvard, répondit ce qui suit à une personne qui lui demandait un jour ce qui, de la culture ou des investissements étrangers, était le plus important pour le Canada: «Je préférerais de loin préserver l'identité culturelle des stations de radio et de télévision et m'assurer que le Canada possède des théâtres, une industrie du livre, des journaux, des magazines, des écoles de beaux-arts et des cercles littéraires indépendants et actifs... Voilà ce qui compte réellement[52].»

Le gouvernement Trudeau fit en sorte d'accorder toute l'importance voulue à ces questions. En 1968, sous la direction de Pierre Juneau, le Conseil de la radiodiffusion et des télécommunications canadiennes (CRTC) interdit toute mainmise étrangère sur des stations de radio et de télévision et, en 1970, une nouvelle réglementation obligea les postes de radio et de télévision à augmenter le contenu canadien de leurs émissions. En 1976, le magazine *Time* se vit retirer son exemption de taxe spéciale, ce qui permit à des publications canadiennes telles que *Maclean's* de se retrouver en meilleure position concurrentielle. Les annonceurs canadiens perdirent les privilèges fiscaux dont ils jouissaient sur la publicité qu'ils faisaient passer dans des stations américaines situées à la frontière canadienne, ce qui eut pour effet d'encourager les diffuseurs canadiens. Une nouvelle politique en matière d'édition et le Fonds de développement de la production d'émissions canadiennes suivirent dans les années quatre-vingt. Tout au long des années Trudeau, les réseaux publics de radio et de télévision reçurent un appui massif du Gouvernement.

Laissé à lui-même, le secteur privé canadien n'est pas en mesure de développer une industrie culturelle prospère. Il est tellement plus rentable d'importer des produits américains bon marché que le Gouvernement doit intervenir dans le secteur privé afin de donner aux artistes canadiens la chance de se faire valoir au pays. Le Gouvernement se doit d'aider au développement de produits culturels canadiens malgré la popularité écrasante de la culture américaine. Comme Graham Spry le mentionna jadis au sujet de la nécessité pour le Canada de se doter d'un réseau public de radiodiffusion et de télévision, nous avons le choix entre l'État et les États-Unis.

Tenter de faire contrepoids à la puissance économique américaine n'est pas chose facile. Le gouvernement Trudeau utilisa pour ce faire tous les instruments à sa disposition. Il réussit d'abord à stopper la mainmise américaine sur l'économie canadienne, puis à renverser la vapeur. Par le biais d'une politique culturelle vigilante, le Gouvernement réglementa le secteur privé de manière à s'assurer qu'on retrouvât une plus grande proportion de contenu canadien dans les industries culturelles. Mais la capacité du Gouvernement d'amener des milliers d'exportateurs canadiens à inclure l'Europe et l'Asie sur la liste de leurs marchés cibles était limitée. Le commerce prit de l'ampleur, de même que la concentration vers les États-Unis. En défendant sa politique d'autonomie, le Gouvernement opta pour l'indépendance du Canada. Il réussit à repousser les protestations du gouvernement américain, mais il eut moins de succès dans sa tentative de convaincre la communauté d'affaires canadienne de la sagesse d'une telle démarche. En 1973, John Halstead, ex-sous-secrétaire d'État associé aux Affaires extérieures, ne manqua pas de poser de sérieuses questions au sujet de la Troisième option: «Pouvons-nous prendre les mesures nécessaires pour appuyer une stratégie à long terme eu égard à la Troisième option? Notre système fédéral et notre situation géopolitique nous permettent-ils de le faire? En avons-nous le désir[53]?» Bien des années après l'instauration de la politique de la Troisième option, et dans la foulée du débat de 1988 concernant le libre-échange, nous ne possédons toujours pas de réponse définitive aux interrogations de M . Halstead.

Au-delà des intérêts nationaux

En Afrique comme dans l'Arctique, le Canada fut en mesure de gérer adéquatement ses ressources, de concentrer ses efforts sur un objectif majeur et de l'emporter à la longue sur des adversaires beaucoup plus puissants que lui. L'Afrique francophone préféra l'interprétation canadienne à celle de la France concernant le rôle du Québec sur la scène internationale. La plupart des pays optèrent pour l'interprétation canadienne plutôt que pour celle des États-Unis concernant la juridiction sur l'Arctique. Si l'une ou l'autre des deux grandes puissances avait senti que le fondement même de ses intérêts était en jeu, l'issue de ces débats aurait pu être différente. Mais comme il ne s'agissait pour elles que de questions secondaires (bien que vitales pour le Canada), le moins puissant des États gagna la partie. De même, la Troisième option faisait la promotion d'une série d'objectifs que le gouvernement Trudeau soutint avec succès malgré les protestations du gouvernement américain, bien qu'elle soulevât une énorme controverse au pays.

Ce scénario se modifia toutefois quelque peu dans les deux cas que nous examinons ci-après. Sur la question des relations Nord-Sud et du contrôle des armements entre l'Est et l'Ouest, les grandes puissances défendaient leurs intérêts vitaux. Le gouvernement Trudeau tenta d'amener ses alliés à prendre de nouvelles positions, mais l'influence du Canada était très limitée en ces domaines. En matière de politique étrangère, M. Trudeau avait obtenu du succès sur des questions touchant directement les intérêts du pays. Sur des questions touchant la communauté internationale dans son ensemble, alors que les éléments en jeu portaient sur la capacité du Canada d'influencer ses alliés et non sur la capacité du Canada de passer directement à l'action, le dossier du gouvernement Trudeau fut moins reluisant. Selon les conclusions de deux études récentes portant sur la politique étrangère du Canada au cours des années Trudeau, on peut qualifier «rétrospectivement cette époque de période de desseins contrecarrés[54]» et, «tout comme dans le cas de la tentative d'établir un dialogue Nord-Sud en 1981, la mission de paix se termina brusquement sur un échec[55]». Il est vrai qu'aucune de ces deux dernières initiatives ne connut de succès à court terme. Mais il y a du mérite à soulever de telles questions et à obliger les pays à faire face aux problèmes internationaux. M. Trudeau profita de la tribune que lui conférait sa position pour se faire le défenseur des valeurs libérales à une époque où les tendances conservatrices prédominaient. Le pire échec pour M. Trudeau eût été de demeurer silencieux.

Le partage des richesses

En 1951, Pierre Elliott Trudeau demandait tout bonnement: «Est-il à jamais exclu que le Canada profite de sa position comme petite nation pour concevoir et répandre une politique internationale qui soit orientée vers l'entraide plutôt que vers la domination, l'exploitation ou la course aux débouchés commerciaux[56]?» Au cours de sa première campagne électorale en tant que Premier ministre, il reprit, avec l'approbation de celui-ci, l'espoir formulé par le pape Paul VI que «la paix prenne désormais le nom de développement[57]».

Les performances du gouvernement Trudeau au chapitre de l'aide au développement du tiers monde ne furent toutefois jamais à la hauteur de l'éloquence du Premier ministre, ce qui explique pourquoi ses détracteurs ont presque toujours été réticents à louer ses efforts sur ce chapitre. Pourtant, sous le règne de M. Trudeau, le ministère des Affaires extérieures fit des problèmes du tiers monde l'une de ses priorités, ce qui déjà représentait un chambardement dans les traditions canadiennes en matière de politique extérieure.

En 1950, le Canada avait entrepris son programme d'aide dans le cadre du Plan Colombo et, par l'intermédiaire du Commonwealth, il demeurait en contact avec d'importants pays du tiers monde, dont l'Inde. Mais la politique canadienne demeurait principalement orientée vers l'Europe et les États-Unis. M. Trudeau vint bouleverser cet ordre des choses. Certains dirigeants de pays du tiers monde, dont Michael Manley de la Jamaïque, Julius Nyerere de la Tanzanie et Lee Kwan Yew de Singapour, avaient leurs entrées auprès du Premier ministre. La priorité nouvelle que constituaient les pays du Pacifique et de l'Afrique, telle qu'elle était contenue dans la déclaration de mai 1968, se traduisit rapidement par les nombreux voyages officiels qu'entreprit le Premier ministre dans ces pays. En 1970, deux ans avant l'ouverture manifestée par le duo Nixon-Kissinger à l'endroit de la Chine, le Canada mettait un point final aux négociations visant à reconnaître officiellement la République populaire de Chine. Cette formule (dans laquelle le Canada prenait en considération la position de la Chine face à Taiwan) fut par la suite adoptée par des pays comme la Belgique, l'Italie et le Pérou. Mais si l'une des premières mesures adoptées par le gouvernement Trudeau eut trait à l'Asie, ce fut également le cas de l'une de ses dernières: tout juste avant d'abandonner le pouvoir, le Premier ministre Trudeau créa la Fondation Asie-Pacifique du Canada, organisme voué au renforcement des liens entre le Canada et les pays du Pacifique.

Avant 1968, le modeste programme canadien d'aide extérieure était placé sous la responsabilité du Bureau de l'aide extérieure, administré conjointement par les ministères des Affaires extérieures et de l'Industrie et du Commerce. En 1968, une nouvelle institution voyait le jour: l'Agence canadienne de développement international (ACDI), dont Maurice Strong, homme d'affaires dynamique, devint le premier président. Depuis, l'ACDI n'a cessé d'être le moteur des efforts canadiens en ce qui concerne l'aide internationale. En 1970 naissait le joyau de la couronne en matière d'aide extérieure: le Centre de recherches pour le développement international (CRDI). Son conseil d'administration était composé de membres provenant de différents pays, et ceux-ci avaient l'entière liberté de fournir sans restriction de l'aide à qui bon leur semblait et de promouvoir la recherche dans les pays du tiers monde. À ces deux institutions vint s'ajouter une troisième dans les années quatre-vingt: la Corporation Petro-Canada pour l'assistance internationale (CPCAI), dont la mission était de former, dans les pays du tiers monde, des équipes de géologues, de sismologues et de spécialistes en exploration pétrolière. Enfin, en 1985, le Centre international d'exploitation des océans entreprit des transferts de technologie du Canada vers le tiers monde dans le domaine des ressources océaniques. La structure administrative destinée à soutenir les efforts du Canada en matière de développement avait pris de l'ampleur au point de devenir un instrument complexe et efficace.

En 1969-1970, le Canada octroyait 277 millions de dollars, soit 0,34 p. 100 de son PNB, à l'Aide publique au développement (APD). En 1975, ce montant s'élevait à 760 millions, ou 0,54 p. 100 du PNB, et en 1984-1985 il passait à plus de 2 milliards de dollars, soit l'équivalent de 0,49 p. 100 du PNB. Même si le Canada n'atteignit jamais son objectif de 0,7 p. 100 du PNB au cours de cette période, il parvint à se classer au cinquième rang des pays de l'Organisation de coopération et de développement économique (OCDE) sur le chapitre de l'aide extérieure, sans compter que la qualité de l'aide ainsi octroyée avait autant d'importance que les montants eux-mêmes. En 1977, le Canada effaça entièrement les dettes que les pays les moins développés avaient contractées en vertu du programme canadien d'aide au développement. En 1980, le programme de l'ACDI fut transformé de telle sorte que cet organisme n'octroyait plus que des subventions au lieu de prêts remboursables. Cette forme d'aide améliorée se doubla d'un changement d'orientation: alors qu'en 1970 seulement 5 p. 100 de l'aide canadienne était dirigée vers les pays les plus démunis de tous, ce taux passa à 30 p. 100 en 1980.

Même si l'aide extérieure du Canada ne pouvait concurrencer la générosité des pays scandinaves, elle connut une amélioration sensible au cours des années Trudeau. Il existe néanmoins un domaine où la performance canadienne fut moins reluisante: lorsque notre pays eut à choisir entre ses intérêts économiques et les besoins des pays sous-développés, trop souvent les intérêts égoïstes du Canada prévalurent. C'est ce qui se produisit notamment dans le cas des subventions conditionnelles, qui obligeaient le pays récipiendaire de l'aide canadienne à acheter des produits canadiens. Le gouvernement Trudeau prit d'importantes mesures pour réduire ce type d'aide: il décida très tôt que toute aide accordée à des organismes multilatéraux ne serait pas conditionnelle et il diminua à 80 p. 100 la partie de l'aide bilatérale conditionnelle accordée par l'ACDI. Malgré tout, environ 60 p. 100 de l'ensemble de l'aide canadienne continuait d'être conditionnelle, ce qui constituait un taux élevé pour un pays de l'OCDE.

La question de la protection de l'industrie textile canadienne constituait un autre problème: en 1973, le Canada signa l'Arrangement multifibres (renouvelé en 1981 et en 1986), qui restreignait l'importation de vêtements bon marché en provenance de pays du tiers monde. Qu'il s'agisse du lobby organisé par de puissants manufacturiers locaux ou des concurrents internationaux, les pressions exercées sur la politique extérieure sont presque omniprésentes.

En 1973, les pays du tiers monde lancèrent un appel en faveur d'un Nouvel Ordre économique mondial (NOEM). Alors que tous les efforts avaient été jusque-là concentrés sur les transferts d'aide, l'attention se déplaça vers un plus vaste ensemble de préoccupations portant sur les liens commerciaux, les fonds de matières premières et les affiliations dans le secteur de l'énergie. Le Canada avait déjà modifié ses habitudes en matière d'aide et, du milieu des années soixante-dix jusqu'à la fin des années Trudeau, notre pays se servit de sa position comme d'un tremplin pour faire prendre conscience aux pays occidentaux des problèmes du tiers monde.

L'estime que portaient généralement les dirigeants du tiers monde à Pierre Elliott Trudeau était due autant au fait que celui-ci prenait personnellement leur défense qu'aux montants accrus que consacrait le

Canada à l'aide internationale. Pareille estime ne manqua pas de se traduire pour le Canada par de nouvelles occasions d'assumer un rôle prépondérant sur la scène internationale. Ainsi, en 1976, après avoir prononcé une allocution fort éloquente à la Conférence des Nations Unies sur le commerce et le développement tenue à Nairobi, le ministre canadien des Affaires extérieures, Allan MacEachen, fut élu coprésident de la Conférence de 1976-1977 sur la coopération économique internationale, tenue à Paris. En 1981, Pierre Elliott Trudeau, fort de sa position de président du Sommet économique d'Ottawa, fit en sorte de placer la question du dialogue Nord-Sud en tête de liste des priorités de la rencontre. Il profita également de l'occasion pour presser le président Reagan d'assister, en octobre 1981, à la Rencontre internationale sur la coopération et le développement qui se tint à Cancun au Mexique. Ronald Reagan accepta l'invitation et M. Trudeau se vit par la suite offrir la présidence de la conférence. Les pays du tiers monde espéraient convaincre les États-Unis d'accorder leur appui au processus de négociations Nord-Sud dans le cadre de l'ordre du jour du NOEM. Cette tentative échoua. Le Nord et le Sud sont également responsables de cet échec. Le Groupe de 77 (la principale organisation des pays de l'hémisphère sud) était tellement sous la domination de certains pays radicaux qu'il soumit un ordre du jour que ni M. Reagan ni Mme Thatcher ne pouvaient accepter. Même un intermédiaire de la trempe de M. Trudeau fut impuissant à rapprocher les deux camps.

Plus qu'une occasion ratée, Cancun symbolisa un tournant dans les relations Nord-Sud. Alimentés par les pétro-dollars recyclés par les banques occidentales, les pays du tiers monde firent, tout au long des années soixante-dix, des progrès économiques considérables qui les amenèrent à formuler des demandes exagérées. La récession de 1981-1982, qui éclata au moment de la Conférence de Cancun, provoqua une crise de l'endettement qui réduisit le pouvoir de négociation des pays du tiers monde et rendit leur avenir économique plus problématique que jamais. Dans les années soixante-dix, on assistait à un transfert net de capitaux de 20 milliards de dollars par année vers les pays sous-développés; en 1988, le tiers monde effectua un transfert net de 50 milliards vers les pays occidentaux afin de rembourser de vieilles dettes. Plus l'hémisphère sud accélère le rythme, plus il semble prendre du recul. Les «peuples marginaux», pour reprendre l'expression de l'ex-président de la Banque mondiale, Robert McNamara, deviennent encore plus marginalisés.

Au rythme des crises

«Tordus, calcinés, liquéfiés, volatilisés... De toute une humanité, il ne restera que des traces d'ombres imprimées sur le béton des décombres, sur les pierres des champs, sur les falaises de la mer, comme autant de taches sur une mauvaise plaque photographique[58].» Faite en 1961, cette description des effets d'une guerre nucléaire exprime toute l'horreur ressentie par Pierre Elliott Trudeau face à cette perspective d'incinération collective. Celui-ci consacra une bonne partie de sa carrière à tenter d'éviter pareil holocauste.

M. Trudeau n'ignorait pas les réalités propres aux politiques des grandes nations et il était conscient du fait que chaque superpuissance désirait protéger sa zone d'influence. Il fit d'ailleurs en sorte que le Canada ne fût jamais considéré comme une menace pour la sécurité des États-Unis. (Le Canada renouvela, en 1975 et en 1981, l'accord de défense NORAD. Il manifesta par ailleurs sa solidarité envers son allié américain en permettant à ce dernier de faire l'essai de ses missiles de croisière au-dessus de l'espace canadien en 1983.) M. Trudeau ne se faisait aucune illusion quant à la nature répressive des régimes communistes: le Canada élabora la prise de position des pays occidentaux dans l'article de l'Accord d'Helsinki de 1975 portant sur les rapports humains; il supprima son aide à Cuba après la participation de ce pays aux menées militaires des Soviétiques en Angola; 13 espions soviétiques furent expulsés du pays en 1978 et le Canada boycotta les Jeux olympiques de 1980 pour protester contre l'invasion soviétique en Afghanistan. Quelles que fussent les initiatives entreprises par M. Trudeau afin de diminuer les tensions entre l'Est et l'Ouest, il le fit en tant que partenaire à part entière de l'alliance occidentale.

Pierre Elliott Trudeau avait toutefois des vues bien précises sur les mérites de la détente. Il était d'avis qu'il fallait encourager et inciter par tous les moyens l'Union soviétique et la République populaire de Chine à participer pleinement au concert des nations. Le meilleur moyen d'atténuer leur zèle révolutionnaire consistait, selon lui, non pas à les tenir à l'écart, mais, au contraire, à les rallier au reste du monde. Il fallait tisser une toile autour d'eux par le biais d'échanges commerciaux, scientifiques, touristiques et culturels. C'était pure folie que de refuser de reconnaître la Chine ou de tenter, comme le fit le gouvernement Reagan en 1981-1982, d'empêcher la construction de l'oléoduc reliant l'Europe à l'U.R.S.S. M. Trudeau pratiquait la politique de l'inclusion, non de l'exclusion.

La force militaire était essentielle pour contenir les excès des Soviétiques cependant que s'opérait le processus à long terme de normalisation, mais le Canada était rarement en mesure de recourir à la force armée. À l'occasion, le Canada pouvait participer à des opérations de paix destinées à assurer la stabilité dans certaines régions du globe, comme en 1974 lorsqu'il aida Henry Kissinger à créer la Force d'observation des Nations Unies pour le désengagement destinée à séparer Israël et la Syrie sur le plateau du Golan. Notre pays ne manquait pas non plus de remplir ses obligations envers ses alliés dans le cadre de l'OTAN et de NORAD. Toutefois, les ressources financières se faisant rares, le gouvernement Trudeau refusa d'investir outre mesure dans des préparatifs militaires.

En 1969, le Canada réduisit de moitié, soit à 5000 hommes, sa participation au front de l'OTAN en Europe centrale et il procéda au gel de ses dépenses militaires pour une période de trois ans. En 1975, alors que le processus de détente semblait enrayé, Ottawa autorisa un accroissement des dépenses militaires. Au début des années quatre-vingt, le Canada se conforma à l'objectif défini par l'OTAN d'accroître ses dépenses militaires de 3 p. 100 par année. Dans l'ensemble toutefois, entre 1968 et 1984, ces dépenses passèrent de 2,6 p. 100 à 2 p. 100 du PNB, cependant que le niveau des troupes passait de 101 676 à 80 838 hommes. Plus important encore, le Canada se défit des quatre composantes de son arsenal nucléaire. En 1968, dans le cadre d'une entente mutuelle signée avec les États-Unis, les troupes canadiennes armaient le missile à tête nucléaire Honest John stationné en Europe et le missile nucléaire antiaérien Bomarc localisé au Canada. La Division aérienne CF-104 stationnée en Europe avait pour rôle de larguer des bombes à ogives nucléaires et les intercepteurs canadiens étaient équipés de roquettes Genie à ogives nucléaires. Les missiles Honest John et Bomarc furent rapidement mis au rancart et la division aérienne de l'OTAN vit son rôle confiné au bombardement conventionnel. Lorsque, en 1984, les CF-18 à armement conventionnel vinrent remplacer les CF-101 équipés d'armes nucléaires, le Canada posséda de nouveau une armée conventionnelle.

La non-prolifération des armes nucléaires devint un sujet de préoccupation majeure dans les années soixante-dix, après que l'Inde eut fait exploser, en 1974, un engin devant servir à des fins «pacifiques». Le Canada est l'un des principaux exportateurs d'uranium et de technologie nucléaire complexe, dont les réacteurs Candu sont un exemple. En 1956, dans le cadre de son programme d'aide, le Canada avait fait parvenir à l'Inde un réacteur nucléaire de recherche. Les États-Unis avaient fourni l'eau lourde destinée à l'alimenter. Dans le cadre de ces programmes d'aide, il était strictement défendu aux pays en développement d'utiliser ces réacteurs à des fins militaires. Or, le réacteur de recherche servit à la production du plutonium que l'Inde utilisa pour provoquer une explosion nucléaire. (La République fédérale allemande avait conçu les plans de l'usine d'eau lourde et la France avait construit l'usine de retraitement des tiges de carburant usées.)

La duplicité de l'Inde provoqua la colère des Canadiens. À la suite de l'explosion, le Canada limita unilatéralement ses exportations d'uranium et annonça que les mesures de sécurité entourant l'exportation de matériel nucléaire seraient tout aussi rigoureuses en ce qui concernait les pays qui n'étaient pas partie prenante au Traité de non-prolifération des armes nucléaires (dont l'Inde et la France) que pour les pays qui avaient signé le Traité en question. Même s'il était trop tard en ce qui concernait l'Inde, le Canada passa à l'avant-garde des pays fournisseurs en imposant des règles plus strictes en matière d'exportation de technologie nucléaire. Dans le cadre de sa mission de paix, le Premier ministre Trudeau proposa en 1983 un renforcement du Traité de non-prolifération et pria des États tels que l'Inde d'y adhérer, mais Indira Gandhi refusa l'invitation.

Malgré ces obstacles, le Premier ministre Trudeau continua de s'attaquer au problème de prolifération nucléaire. En 1978, il proposa une vaste «stratégie de suffocation» destinée à entraver la course aux armements en limitant la recherche et le développement par le biais d'un traité global contre tout essai d'armes nucléaires. En 1980, les chances de faire approuver un tel traité furent réduites à néant par suite de l'invasion de l'Afghanistan par les Soviétiques et de l'élection du président Reagan aux États-Unis. Le retour à la guerre froide qui s'ensuivit ne fut pas sans rappeler la crise des missiles cubains en 1962. Liés entre eux, trois dangers qui menaçaient la planète préoccupaient au plus haut point M. Trudeau: la prolifération des armes nucléaires, l'usage de plus en plus répandu de la force armée et l'absence de tout dialogue véritable entre le Bloc de l'Est et les pays occidentaux. Au moment où les dangers se multipliaient, nos dirigeants poursuivaient leur dialogue de sourds.

En 1983, la situation devint critique. Les Soviétiques se retirèrent de toutes les négociations sur le contrôle des armements. Aucune rencontre au sommet n'était prévue entre dirigeants américains et soviétiques. Les réunions de l'OTAN visant à débattre de la stratégie occidentale donnaient dans le ridicule: les communiqués étaient rédigés d'avance et les rencontres organisées de manière à empêcher toute discussion véritable. Avant 1968, Pierre Elliott Trudeau avait ressenti une certaine frustration en constatant que les ministres n'avaient guère l'occasion, au sein du Cabinet, de faire connaître leurs points de vue sur la politique extérieure du Canada. De même, en 1983, il éprouvait de la frustration en constatant que les pays alliés n'étaient pas en mesure de faire connaître leur opinion sur la stratégie occidentale. La seule possibilité offerte consistait à faire bande à part.

En septembre 1983, les Soviétiques abattaient un avion de ligne coréen. En octobre, les Américains envahissaient la Grenade. L'ombre de Sarajevo semblait planer sur le monde. Trudeau décida de passer à l'action. Un groupe de fonctionnaires s'attela fébrilement à la rédaction d'une série de propositions et, le 27 octobre 1983, M. Trudeau annonça au reste du monde son intention d'injecter une «bonne dose d'énergie politique» afin de tenter de renverser les «tendances actuelles de la crise». Deux éminents analystes de la scène politique canadienne résument ainsi le résultat de ces efforts: «Le caractère unique, sur la scène contemporaine internationale, de l'initiative de M. Trudeau provint de ce qu'un chef d'État d'expérience s'efforçait d'inciter directement d'autres dirigeants politiques à s'engager personnellement à modifier le cours des événements en matière de gestion et de contrôle des armements nucléaires[59].» Au début de novembre 1983, M. Trudeau se rendit dans les diverses capitales de l'Europe de l'Ouest; il se rendit en Inde et en Chine à la fin du même mois, à Washington en décembre, en République démocratique allemande, en Tchécoslovaquie et en Roumanie en janvier 1984 et en Union soviétique en février de la nouvelle année. Il emportait dans ses bagages cinq propositions: renouvellement du dialogue entre l'Est et l'Ouest sur la base de la Conférence de Stockholm sur le désarmement, traité renforcé de non-prolifération, nouvelle réduction des forces conventionnelles en Europe, conférence sur le désarmement nucléaire réunissant les cinq puissances nucléaires et interdiction de tout missile antisatellite à haute altitude.

Certaines des propositions de M. Trudeau eurent un impact immédiat, mais la plupart restèrent sans effet. L'OTAN accepta de déléguer des ministres des Affaires extérieures à la Conférence de Stockholm. Les discours des chefs des pays occidentaux se firent plus conciliants, particulièrement dans le cas de M. Reagan. Ce dernier entreprit même d'énoncer publiquement l'un des principes fondamentaux de la mission de paix de M. Trudeau, à savoir qu'«une guerre nucléaire ne ferait aucun vainqueur et ne doit pas avoir lieu». Les pays participant au Sommet économique de Londres qui eut lieu en juin 1984 émirent une déclaration conjointe stipulant que «chacun d'entre nous s'engage à rechercher toute occasion utile de dialogue[60]». Les pourparlers sur la réduction mutuelle et équilibrée des forces stationnées en Europe, qui traînaient en longueur, reçurent une plus grande attention. Mais l'Inde rejeta les propositions de non-prolifération et la Grande-Bretagne rejeta l'idée du sommet des cinq nations. Les propositions concernant les missiles anti-satellite font toujours l'objet d'étude dans le cadre de diverses négociations portant sur le contrôle des armements. Au Canada, la mission de paix reçut un appui massif et le dernier texte de loi voté par le gouvernement Trudeau permit la création de l'Institut canadien pour la paix et la sécurité internationales, organisme qui se consacre à la recherche et organise des discussions publiques sur les questions concernant la paix.

Dans les médias et les milieux universitaires on ne manqua toutefois pas de critiquer vertement cette initiative de paix. De quel droit le Canada se permettait-il de faire la leçon aux superpuissances? L'opposition manifestée à ce projet de la part des Américains ne le condamnait-elle pas dès le départ à l'échec? Un fait demeure pourtant: alors qu'au cours de l'automne de 1983 aucun des grands pays occidentaux, à l'exception du Canada, n'avait de solution à proposer pour favoriser la reprise du dialogue entre l'Est et l'Ouest, au cours de l'été 1984, pour ainsi dire tous s'affairaient en ce sens. M. Trudeau fut le premier à admettre qu'il était nécessaire de briser le mur du silence, même au risque d'être critiqué et tourné en ridicule. C'est d'ailleurs la perception qu'en a l'ex-ambassadeur canadien à Moscou, Geoffrey Pearson: «En décidant d'aborder la question de la sécurité dans une perspective planétaire, M. Trudeau courait le risque de viser trop haut et trop loin. Viser haut et loin n'implique toutefois pas nécessairement qu'on manquera la cible[61].» La leçon à tirer de la mission de paix de M. Trudeau peut s'exprimer en ces termes simples: une situation de crise persistait et il fit tout ce qui était en son pouvoir pour tenter de la désamorcer.

L'héritage du libéralisme

Si on juge la politique étrangère d'une puissance moyenne d'après l'exemple qu'elle donne chez elle, alors le gouvernement Trudeau mérite certainement une très bonne note. Quelles qu'aient pu être les fautes qu'il a commises, on ne peut l'accuser d'avoir fait preuve d'hypocrisie. Il défendit les droits des francophones tant au pays qu'en Afrique francophone. Il mit l'accent sur le dialogue Nord-Sud tout en multipliant par 10 son aide extérieure. Il s'opposa à l'accélération de la course aux armements tout en réduisant les dépenses militaires au pays et en mettant au rancart les quatre systèmes nucléaires dont disposaient les Forces armées canadiennes.

Si on juge cette politique étrangère d'après l'équilibre qui existe entre la puissance et les objectifs de notre pays, les résultats sont davantage mitigés. La puissance du Canada alla certes croissant au cours des années Trudeau: l'aide extérieure devint le troisième instrument de la politique étrangère et le développement économique du Canada lui permit de siéger au Sommet économique des pays occidentaux. La mainmise canadienne sur l'économie du pays s'accrut et le commerce international prit également de l'expansion. Le Canada exerça une influence accrue auprès des pays du tiers monde, sans compter que le corps diplomatique canadien continua de s'acquitter de sa tâche avec un haut degré de professionnalisme. Le Canada possédait suffisamment de poids pour l'emporter sur des pays aussi puissants que la France et les États-Unis. Mais, en tant que puissance moyenne, le Canada ne possédait pas l'influence nécessaire pour amener ses alliés occidentaux à bouger de manière significative sur les questions du dialogue Nord-Sud et du contrôle des armements.

La question se pose dès lors de nouveau: est-ce qu'il vaut réellement la peine, pour un pays comme le Canada, de chercher à exercer son influence sur la scène internationale? Dans l'échelle de valeurs du libéralisme, la réponse est affirmative, et la tradition canadienne abonde dans le même sens. C'est Lester B. Pearson qui fixa les nouvelles normes en matière de variante canadienne de l'internationalisme libéral. Au cours de la décennie glorieuse de M. Pearson, le Canada contribua à mettre sur pied des organismes tels que les Nations Unies et l'OTAN. M. Pearson est d'ailleurs le père du concept de force de paix internationale. Les priorités de M. Trudeau étaient différentes (environnement, contrôle des armements et tiers monde), mais les deux hommes partageaient le même type d'engagement à l'égard de la communauté internationale et tous deux ne craignaient pas de voir le Canada prendre des risques.

Quel est l'héritage du gouvernement Trudeau en matière de politique extérieure? Dans le dernier discours sur l'initiative de paix qu'il prononça à la Chambre des communes le 9 février 1984, le Premier ministre Trudeau ne manqua pas de louer ses compatriotes, mais ses paroles peuvent également servir de monument approprié à sa propre carrière:

Souhaitons que l'on puisse dire du Canada et des Canadiens que nous avons vu venir la crise; que nous avons agi et pris des risques; que nous avons été loyaux envers nos amis et ouverts avec nos adversaires et que, fidèles à nos idéaux, nous avons fait tout ce qui était en notre pouvoir pour écarter le spectre de la guerre.

Chapitre 2

Énergie: la traversée du désert

par Marc Lalonde

Marc Lalonde a été chef de Cabinet du Premier ministre Pierre Elliott Trudeau de 1968 à 1972. Élu député en 1972, il a dirigé plusieurs ministères jusqu'en 1984. Depuis son retrait de la vie politique active, il est associé senior de l'étude Stikeman, Elliott.

Tout au long du règne de Pierre Elliott Trudeau, la question de l'énergie s'est posée essentiellement en termes de pétrole et de gaz naturel. De même, bien qu'il soit question dans le présent chapitre des provinces productrices de pétrole, les relations entre ces dernières et le gouvernement fédéral peuvent se résumer à celles entre Ottawa et l'Alberta.

Lorsque M. Trudeau et son équipe prirent le pouvoir en 1968, les réserves de charbon, d'uranium et d'électricité étaient amplement suffisantes pour répondre aux besoins de la population canadienne pour de nombreuses années à venir. Ces réserves avaient même été accrues peu à peu afin de subvenir à une demande extérieure sans cesse croissante. Le Canada possédait par ailleurs des installations nucléaires fiables et sûres, capables de produire des réserves supplémentaires d'énergie, et qui n'avaient pas suscité, lors de leur implantation, la controverse et l'hostilité auxquelles l'industrie nucléaire dut faire face dans de nombreux autres pays.

Par contre, l'industrie pétrolière et gazière connut sa large part de difficultés dès les années cinquante, et il en fut ainsi jusque dans les années quatre-vingt. Il y eut plusieurs raisons à cela, en particulier le fait que le pétrole et le gaz naturel étaient surtout concentrés dans une seule province, l'Alberta, dont le développement économique était de plus en plus dépendant de l'exploitation de ses gisements. Par ailleurs, l'OPEP provoqua des hausses spectaculaires des prix en 1973 et en 1979. Le marché ne connut de véritable répit qu'à compter des années quatre-vingt, par suite de la récession de 1981 et de l'augmentation de la production des pays qui n'étaient pas membres de l'OPEP. La situation fut d'autant plus pénible au pays que la «crise de l'énergie» avait été provoquée par des événements extérieurs sur lesquels le Canada n'avait aucune prise. En dernier lieu, la hausse des coûts de l'énergie exerça de fortes pressions sur la situation financière du gouvernement fédéral, de sorte que tous ces facteurs réunis firent de la question de l'énergie l'un des principaux sujets de controverse tout au long des années Trudeau.

On peut dire que l'histoire de la politique énergétique du Canada se résume, depuis les années cinquante, à une série de tentatives d'adaptation aux bouleversements économiques et politiques qui se sont produits tant au pays qu'à l'étranger[1]. Depuis cette époque, les Libéraux n'ont cessé, tout en tenant compte des circonstances, de poursuivre quatre grands objectifs en matière de politique énergétique: 1° favoriser le développement de l'économie et de l'industrie pétrolière des provinces de l'Ouest grâce à une production et à une mise en marché dynamiques; 2° assurer les approvisionnements au pays et combattre les effets de la hausse rapide des prix du pétrole sur l'économie canadienne; 3° favoriser les interventions des secteurs publics et privés de manière à permettre à l'industrie pétrolière de demeurer aux mains d'intérêts canadiens; 4° atténuer les effets négatifs de l'augmentation des prix de l'énergie sur le système fiscal en assurant au gouvernement fédéral sa juste part des revenus pétroliers. L'accroissement du fardeau fiscal provenait du fait qu'Ottawa devait à la fois permettre à l'économie canadienne de s'adapter au nouvel environnement et augmenter les paiements de péréquation destinés aux provinces dépourvues de ressources pétrolières.

Même si la politique énergétique du Canada n'a jamais cessé d'évoluer, on peut nettement distinguer trois périodes dans son développement récent: la première englobe les années soixante et le début des années soixante-dix (1960-1973), la deuxième s'étend du milieu à la fin des années soixante-dix (1973-1979), et la troisième marque le début des années quatre-vingt (1980-1984).

1960-1973: la Politique nationale du pétrole

Le rapport publié en 1959 par la Commission royale d'enquête sur l'énergie allait devenir la pierre angulaire de la politique énergétique canadienne des années 1960 à 1973. Les recommandations de la Commission Borden amenèrent le gouvernement conservateur de John Diefenbaker à adopter deux mesures importantes, à savoir la création, à la fin de 1959, de l'Office national de l'énergie et la mise en place, en février 1961, de la Politique nationale du pétrole (PNP).

Destinée à encourager l'industrie pétrolière de l'Alberta en lui garantissant une part substantielle du marché intérieur, la Politique nationale du pétrole eut pour effet de diviser le Canada en deux marchés pétroliers distincts. Le premier, situé à l'est de la vallée de l'Outaouais (la ligne Borden), aurait recours au pétrole importé, alors qu'à l'ouest de cette ligne, les consommateurs devraient s'approvisionner en Alberta. Pendant presque toute la période comprise entre 1961 et 1973, le pétrole albertain coûtait entre 1,00 $ et 1,50 $ de plus par baril que le pétrole acheté sur les marchés internationaux, qui coûtait environ 3,00 $ le baril tout juste avant l'embargo décrété par les membres de l'OPEP en 1973. Les consommateurs de l'ouest du pays payaient par conséquent leur essence plus cher que les habitants de l'Est.

Trudeau au pouvoir

Lorsque le gouvernement Trudeau arriva au pouvoir en 1968, il décida d'évaluer la Politique nationale du pétrole sur la base des principaux changements survenus au cours des sept années précédentes. Les exportations canadiennes n'avaient cessé d'excéder les quotas établis par le gouvernement américain en vertu des exemptions touchant le transport du pétrole et du gaz naturel canadiens par voie de terre. Par ailleurs, du pétrole étranger s'était retrouvé illégalement de l'autre côté de la ligne Borden. D'énormes pressions étaient exercées sur l'industrie pétrolière canadienne au moment même où sa production commençait à dépasser l'objectif d'un million de barils par jour fixé dans le cadre de la PNP.

Dans son rapport remis en 1969, l'Office national de l'énergie en venait à la conclusion que le Canada faisait face au même problème fondamental depuis 1961: nos ressources étaient plus importantes que nos débouchés, sans compter qu'il était relativement onéreux d'explorer, de mettre en valeur et de transporter ces ressources. Le rapport soulignait toutefois que l'économie canadienne en général et l'industrie pétrolière en particulier avaient grandement bénéficié de la Politique nationale du pétrole. Il fut donc décidé de poursuivre ce programme tout en cherchant de nouveaux débouchés.

Sans la collaboration des États-Unis, qui représentaient le principal débouché pour les produits pétroliers canadiens, notre pays possédait toutefois peu d'espoirs de voir la situation s'améliorer sur ce chapitre. Malheureusement, cette collaboration se fit attendre. En 1970, les États-Unis décidèrent en effet de reconsidérer l'exemption touchant le transport du pétrole et du gaz naturel canadiens par voie de terre: le Canada exportait alors presque le double des 230 000 barils par jour autorisés en vertu de cette exemption! En dépit d'une demande accrue dans les États de la Nouvelle-Angleterre, le président Nixon imposa des mesures de contrôle et une taxe sur les importations de pétrole canadien. Entre-temps, les producteurs de l'Ouest et les raffineurs ontariens ne manquaient pas de se plaindre des incursions répétées des importateurs de pétrole étranger sur le territoire situé à l'ouest de la vallée de l'Outaouais. Implantées au Québec et dans les Maritimes grâce à des subventions visant à favoriser le développement régional, de nouvelles installations de raffinage venaient en effet s'attaquer aux marchés traditionnellement desservis par les raffineries de l'Ontario, qui avaient l'obligation de s'alimenter en pétrole en provenance de l'Ouest canadien (dont le prix était plus élevé). Il s'agissait de pratiques nettement déloyales, la loi empêchant les raffineurs ontariens de s'approvisionner ailleurs.

Fin de la période d'abondance

Entre 1970 et 1973, les pays membres de l'OPEP n'hésitèrent pas à prendre des mesures destinées à mettre fin aux pratiques des grandes compagnies pétrolières (qui réalisaient le gros de leurs bénéfices en comprimant les prix à la source) et à redresser leur balance des paiements (qui souffrait de la dévaluation du dollar américain). Irritée par l'intransigeance des grandes sociétés pétrolières, qui s'opposaient à toute majoration de prix, l'Algérie nationalisa sa production de pétrole et de gaz naturel en juin 1970. La Lybie emboîta le pas en 1973 en haussant ses revenus à la source et en nationalisant Occidental Petroleum, principal producteur du pays. Signé en 1970, l'Accord de Téhéran intervenu entre l'OPEP et les grandes sociétés pétrolières prévoyait une augmentation des prix à la source, une plus grande participation du secteur public et l'établissement d'une base commune de tarification. Mais, le dollar américain ne cessant de se déprécier et les compagnies pétrolières tardant à se conformer à certaines dispositions de l'accord, celui-ci devint rapidement caduc. Un autre phénomème vint également sonner le glas de la période d'abondance qu'avaient connue les marchés pétroliers. À compter de 1970, la production pétrolière américaine entra en effet dans une phase de ralentissement qui obligea les États-Unis à importer davantage de pétrole qu'ils n'en exportaient, et cette dépendance nouvelle face aux producteurs étrangers ne fit que s'accroître tout au long des années soixante-dix.

Les premiers effets de ces changements sur la politique énergétique canadienne apparurent en août 1970, alors que l'Office national de l'énergie décida de rejeter une demande d'exportation de gaz naturel, sous prétexte que les réserves disponibles étaient insuffisantes. Afin de décourager davantage les exportateurs canadiens, l'Office entreprit une première étude approfondie de ce que devait représenter un prix adéquat pour les exportations de pétrole et de gaz naturel. Bien déterminé à permettre au Canada d'exporter ses produits pétroliers aux meilleurs prix possible tout en répondant aux besoins futurs de sa population, l'Office évalua les demandes d'exportation en tenant compte non seulement des réserves disponibles, mais également du prix des contrats.

Dans un rapport publié en décembre 1972, l'Office national de l'énergie émettait un sérieux avertissement: si les exportations se poursuivaient au même rythme, les réserves ne permettraient pas d'éviter une pénurie avant la fin des années soixante-dix. En août 1973, le prix du baril de pétrole était passé de 2,00 $ à 3,00 $ en l'espace d'un an.

Jusqu'en 1973, le gouvernement Trudeau se contenta de poursuivre une politique énergétique calquée sur celle adoptée en 1961. Il favorisa toutefois le renforcement des institutions et des organismes de réglementation et les obligea à améliorer leurs services aux producteurs. Par ailleurs, compte tenu qu'on prévoyait une stabilisation de la production albertaine vers la fin des années soixante-dix, le gouvernement fédéral encouragea fortement l'exploration des nouveaux territoires. Il multiplia également ses interventions auprès du gouvernement américain pour empêcher toute nouvelle restriction des importations de pétrole canadien. Entre 1962 et 1972, la production de pétrole canadien avait plus que doublé (passant de 700 000 barils par jour à 1,7 million), cependant que nos exportations avaient quadruplé (passant de 236 000 à 995 000 barils par jour).

1973-1979: le premier choc pétrolier

Avant même l'embargo décrété en 1973 par les membres de l'OPEP (généralement considéré comme le point de départ de la «crise de l'énergie»), l'industrie pétrolière canadienne traversait déjà une période difficile. En 1973, l'avenir de nos approvisionnements paraissait en effet incertain. Les États-Unis dépendaient de plus en plus du pétrole importé et l'industrie canadienne exportait en moyenne 825 000 barils par jour, épuisant ainsi rapidement ses réserves les plus accessibles sans chercher par ailleurs à lancer de nouveaux programmes d'exploration.

En mars 1973, le gouvernement fédéral prit des mesures destinées à restreindre les exportations pétrolières. En septembre de la même année, dans le cadre du Programme national volontaire de restriction des prix et des salaires mis sur pied pour combattre l'inflation, le Premier ministre Trudeau obligea l'industrie pétrolière à procéder au gel des prix du pétrole et du gaz naturel jusqu'au 30 janvier 1974. En octobre, le Gouvernement imposa une taxe à l'exportation. Toutes ces mesures avaient en grande partie été adoptées en réaction à la situation qui prévalait aux États-Unis. En effet, la demande était telle, chez nos voisins du Sud, qu'elle aurait rapidement absorbé toutes nos réserves à un prix dérisoire, privant ainsi les producteurs et le gouvernement canadiens de précieuses redevances tout en menaçant la sécurité de nos approvisionnements.

Décembre 1973: les nouvelles règles du jeu

À cause d'une demande accrue de la part des pays importateurs de pétrole et des mesures prises par le cartel de l'OPEP (qui menèrent à l'embargo sur le pétrole en octobre), le prix du pétrole doubla entre le 1er janvier et le 16 octobre 1973 (passant de 2,59 $ US à 5,11 $ US). L'embargo lui-même eut comme conséquence de faire de nouveau doubler le prix du pétrole (qui passa de 5,11 $ US à 11,65 $ US) le 22 décembre de la même année. Réagissant à la hausse décrétée par l'OPEP en octobre, le Premier ministre canadien fit connaître, le 6 décembre 1973, certaines mesures qui marquèrent la fin de la Politique nationale du pétrole. Ces mesures visaient à accroître l'autosuffisance énergétique du Canada et à réduire la vulnérabilité du pays par rapport aux événements internationaux.

La ligne Borden fut abolie. Il n'y eut qu'un seul marché et un même prix pour tout le pays, exception faite des coûts de transport du pétrole et du gaz naturel. Le Programme d'indemnisation des importateurs de pétrole (PIIP), subventionné en partie grâce à la taxe à l'exportation instituée en octobre 1973, permit de combler l'écart de prix entre le pétrole canadien et le pétrole importé.

Une nouvelle société d'État, Petro-Canada, fut créée en juillet 1975. Son principal objectif était d'accélérer, en collaboration avec l'entreprise privée, le processus d'exploration et de mise en valeur de nouvelles ressources pétrolières et gazières dans l'Arctique et au large des côtes du pays, et de procéder à l'extraction du pétrole contenu dans les sables bitumineux de l'Alberta. Le gouvernement fédéral décida par ailleurs de prolonger l'oléoduc interprovincial entre Montréal et Sarnia, en Ontario, travaux qui furent terminés en 1976.

Tout comme en 1961, la question se posa en 1973 de savoir si les prix du pétrole et du gaz naturel canadiens devaient être réglementés ou non. Si on laissait fonctionner les lois du marché, les produits pétroliers canadiens s'aligneraient rapidement sur les prix des marchés internationaux. Si, au contraire, on réglementait les prix, les Canadiens y gagneraient un avantage comparatif: ils paieraient meilleur marché le pétrole destiné à leur usage personnel tout en vendant plus cher le pétrole destiné à l'exportation. Cela ne pouvait qu'être bénéfique à l'industrie pétrolière canadienne. D'ailleurs, semblable système de double tarification existait déjà depuis 1961, à cette différence près que la majorité des habitants du pays devaient alors débourser davantage que le prix mondial pour leurs produits pétroliers. Pareil système tarifaire n'était d'ailleurs pas l'apanage du secteur pétrolier, puisque, à la fin des années soixante, les consommateurs canadiens avaient dû payer leur blé plus cher que le reste du monde afin de venir en aide aux fermiers de l'ouest du pays. Ce dernier système tarifaire existait toujours dans les années soixante-dix; le gouvernement l'avait tout au plus modifié de manière à permettre aux consommateurs de profiter des bas prix du blé canadien en cas de hausse inhabituelle des tarifs internationaux, ce qui ne manqua pas de se produire pendant un certain temps. Dans le cas des produits pétroliers, le gouvernement canadien opta en 1973 pour un système de double tarification, tout comme il l'avait fait en 1961, à cette différence près que les Canadiens payaient désormais moins que le prix international. Il faut dire que la décision du gouvernement américain de recourir à un système de double tarification dans le cas de ses produits pétroliers ne manqua pas d'influencer la décision d'Ottawa.

La question du partage des revenus

La nécessité de comprimer les prix des produits pétroliers à l'intérieur même du pays trahissait l'absence de mesures adéquates de partage des revenus en ce domaine. Aucun système ne permettait en effet d'assurer un partage équitable des retombées provenant de l'augmentation des revenus pétroliers. Cette grave déficience fut à l'origine d'une bonne partie des discussions et de l'acrimonie suscitées par les politiques énergétiques du gouvernement fédéral tout au long des années soixante-dix.

Tant que l'écart entre les prix pratiqués sur le marché canadien et sur les marchés internationaux était demeuré à quelques cents le baril, la question du partage des revenus avait revêtu une importance toute secondaire. D'ailleurs, au début de l'automne 1973, le gouvernement fédéral incitait l'Alberta à accroître ses redevances, laissant même entendre que, dans une telle éventualité, il était prêt à supprimer le gel des prix décrété en septembre. En novembre 1973, l'Alberta prit les dispositions nécessaires pour accroître ses revenus.

Mais lorsque l'OPEP doubla le prix de son pétrole juste avant Noël, la situation s'en trouva entièrement bouleversée. Si l'Alberta pouvait désormais espérer réaliser des gains énormes grâce au système de redevances mis en place, il en allait tout autrement pour le gouvernement fédéral, qui serait obligé d'essuyer des pertes tout aussi considérables en vertu des déductions fiscales accordées aux sociétés pétrolières qui devaient acquitter ces redevances. Le gouvernement canadien devait par ailleurs faire face à une augmentation significative de ses dépenses, à la fois sur le chapitre des paiements de péréquation destinés aux provinces répondant aux critères appropriés* et sur celui des fonds destinés à dédommager les consommateurs qui devaient s'approvisionner en pétrole importé. Il n'était nullement question, pour le gouvernement fédéral, après tant d'années consacrées à favoriser la production et à accroître la prospérité de cette région, de chercher à priver les provinces de l'Ouest de leur nouvelle richesse. Il s'agissait plutôt de trouver le moyen d'atténuer les effets négatifs de cette soudaine hausse des prix sur la situation financière du gouvernement central et des consommateurs canadiens. C'est donc à cause de l'absence de tout mécanisme adéquat de partage des revenus qu'il fallut, en dernier recours, réglementer les prix.

---

* En vertu de la formule en vigueur, même l'Ontario allait bientôt se qualifier à cet égard! Heureusement, cette province accepta à temps d'amender cette formule.

Tout au long de 1974, de nombreuses conférences fédérales-provinciales furent convoquées avec comme objectif de régler cette question. Au cours d'une réunion tenue en janvier, les Premiers ministres acceptèrent de maintenir le gel des prix décrété en septembre 1973 et approuvèrent l'idée d'un prix unique pour tout le pétrole vendu sur le marché canadien. Réunis de nouveau en mars, les Premiers ministres s'entendirent pour faire passer le prix du pétrole de 3,80 $ à 6,50 $ le baril (à l'époque, le prix international du pétrole se situait à environ 12,00 $ US). Mais on ne put en venir à une entente concernant la question du partage des revenus, l'Alberta insistant sur son droit de fixer les redevances au niveau qui lui paraissait le plus approprié et ce, en dépit du fait qu'une augmentation des droits d'exploitation ne pouvait conduire qu'à une érosion accrue de l'assiette fiscale du gouvernement fédéral.

Lorsque, plus tard dans l'année, l'Alberta décida de fixer les redevances qu'elle percevait à 65 p. 100 de toute hausse de prix supérieure à 3,50 $ le baril, le gouvernement fédéral décida de prendre des mesures pour protéger son assiette fiscale. Dans son budget de 1974, il élimina la mesure permettant aux sociétés pétrolières de déduire de leur revenu fédéral imposable les droits qu'elles versaient à l'Alberta et il augmenta du même coup leurs impôts. Même si, dans son budget de 1975, le gouvernement fédéral fit preuve de plus de souplesse en permettant aux entreprises qui exploitaient les ressources naturelles de déduire une partie de ces redevances, il s'ensuivit des années d'âpres négociations entre Ottawa et l'Alberta sur la question du partage des revenus. Ce problème fut d'ailleurs au cœur des relations fédérales-provinciales jusqu'au moment de la signature, en 1981, de l'Entente sur l'énergie entre le Canada et l'Alberta.

Encourager l'exploration

Afin d'éviter de bloquer l'exploration par suite des mesures fiscales adoptées respectivement par les gouvernements d'Ottawa et de l'Alberta, ces derniers décidèrent, à compter de 1973, de prendre les dispositions nécessaires pour inciter les compagnies pétrolières à poursuivre leurs efforts afin de prospecter et d'exploiter de nouveaux gisements. Parmi les projets les plus menacés, il fallait compter ceux qui nécessitaient d'énormes investissements et comportaient des risques élevés, dont les projets d'exploitation des sables bitumineux et d'exploration dans l'Arctique et au large des côtes atlantiques (ces régions étant considérées comme des «terres publiques»).

Ainsi, en février 1975, les gouvernements d'Ottawa, de l'Alberta et de l'Ontario se joignirent, à titre de partenaires financiers, à un consortium composé de trois membres dont l'objectif était de permettre l'exploitation, par l'usine Syncrude, des sables bitumineux situés au nord de l'Alberta. Les trois gouvernements réunis injectèrent 500 millions de dollars, somme qui correspondait à une participation de 35 p. 100 à ce projet. Le consortium eut par ailleurs l'autorisation de déduire de son revenu fédéral imposable les droits d'exploitation qu'il versait à l'Alberta et de vendre toute sa production aux prix internationaux, en plus de recevoir de nombreuses garanties quant au rendement à venir[2].

Pour l'industrie pétrolière, la priorité accordée par les gouvernements à la constitution de nouvelles réserves marquait le début d'une période au cours de laquelle l'exploration des terres publiques serait fortement subventionnée par le biais du système fiscal. Annoncées en février 1978, ces subventions étaient si généreuses que les compagnies étaient en mesure, dans certains cas, de réaliser des bénéfices uniquement grâce à leurs programmes d'exploration. Les sociétés Dome, Esso, Gulf et Mobil, qui ne manquèrent pas de tirer parti de la générosité gouvernementale, furent parmi les plus actives dans la mer de Beaufort et le long de la côte atlantique, au large de Terre-Neuve et de la Nouvelle-Écosse.

Objectif: l'autonomie

Les mesures adoptées à cette époque visaient à favoriser l'autonomie du Canada sur le plan énergétique. En mettant le plus possible en valeur leurs ressources naturelles, les Canadiens seraient davantage à l'abri de tout changement arbitraire en ce qui concerne les approvisionnements et les prix du côté des pays exportateurs. Comme le fait remarquer le document sur la politique énergétique canadienne publié en 1976 et intitulé *Une stratégie de l'énergie pour le Canada: politique d'autonomie,* le Canada comptait seulement accroître son autonomie et renonçait par conséquent à mettre en valeur des ressources dont les coûts d'exploitation auraient été prohibitifs ou que seul le Gouvernement aurait eu intérêt à mettre en valeur. Ce document préparait en quelque sorte le terrain à une réduction graduelle des programmes de subventions mis sur pied pour faire face à toute pénurie éventuelle de pétrole et de gaz naturel.

À compter de 1977, les programmes énergétiques répondaient adéquatement aux attentes des consommateurs et de nombreuses mesures furent adoptées en vue de stabiliser les marchés canadiens pour le reste de la décennie. Le pétrole albertain alimentait les raffineries de l'est du pays via le prolongement de l'oléoduc jusqu'à Montréal, la mise en production des sables bitumineux avait débuté et la production de pétrole et de gaz naturel en provenance de gisements déjà en exploitation s'était accrue. En juin 1977, le gouvernement fédéral concluait une entente avec l'Alberta permettant à cette province de hausser le baril de pétrole de un dollar tous les six mois à compter du 1er juillet de la même année, à la seule condition que le prix demeurât en deçà du cours moyen du pétrole vendu à Chicago. Cette dernière ville fut choisie comme point de référence parce qu'elle était au cœur du continent et qu'elle constituait par conséquent le gage le plus sûr de la compétitivité des prix du pétrole canadien. Les produits pétroliers faisant également l'objet d'une réglementation aux États-Unis, Ottawa et les provinces se mirent d'accord sur le fait que le prix des produits pétroliers canadiens ne devrait pas dépasser celui des produits pétroliers américains.

En vertu de cette entente d'une durée de deux ans, le prix du pétrole canadien rejoignit, le 30 juin 1978, le prix moyen du pétrole vendu à Chicago. À ces augmentations s'ajouta une taxe fédérale de 10 cents le baril sur tout le pétrole produit au pays et sur une partie du pétrole importé. Cette taxe devait permettre au consortium Syncrude de recevoir l'équivalent des prix internationaux dès le lancement de sa production au troisième trimestre de 1978. En novembre de cette même année, on décida de reporter la hausse prévue pour janvier 1979 parce que le pétrole canadien aurait coûté plus cher que celui de Chicago. L'Alberta insista néanmoins pour qu'une hausse eût lieu dès que les prix augmenteraient à Chicago.

À la fin de 1978, en dépit de toutes les disputes qui opposaient le gouvernement fédéral et les provinces productrices, il semblait que le Canada avait rejoint les autres pays pour ce qui touchait au prix du pétrole. Une certaine stabilité était donc à prévoir pour les quelques années à venir. Depuis la hausse de 1974, le prix du pétrole avait même diminué en valeur réelle et le gouvernement canadien pouvait entrevoir la possibilité d'éliminer les subventions à l'importation et de réduire les paiements de péréquation qui avaient été rendus nécessaires par la flambée des prix de l'énergie.

Le choc provoqué par la révolution iranienne

Commencée en février 1979, la révolution iranienne, en plus de démontrer jusqu'à quel point les marchés pétroliers étaient instables, provoqua des bouleversements qui rompirent instantanément l'équilibre qui régnait depuis quelques années. En l'espace de quelques mois, le prix du pétrole fit plus que doubler, passant de 14,82 $ US qu'il était en janvier 1979 à 34,50 $ US en janvier 1980. Le Canada se retrouvait à la case départ, à cette différence près que le niveau des prix avait grimpé considérablement et que les tendances inflationnistes avaient été sérieusement accélérées.

La question de la réglementation des prix du pétrole et du partage des revenus occupa de nouveau le devant de la scène politique. Les provinces productrices, et en particulier l'Alberta, étaient d'avis que, puisque nous avions atteint une première fois le niveau des prix internationaux, il était préférable de poursuivre dans cette voie. Les provinces consommatrices prétendirent au contraire qu'il n'était pas raisonnable de laisser l'OPEP imposer un nouveau fardeau aux Canadiens au moment où le pays bénéficiait d'une balance commerciale favorable en matière de produits pétroliers. Quant au gouvernement fédéral, il n'ignorait pas que de nouvelles hausses substantielles des prix du pétrole contribueraient à accroître rapidement les pressions inflationnistes et les risques d'une grave récession. Par ailleurs, tout accroissement des revenus de l'Alberta se traduirait immanquablement par une augmentation des paiements de péréquation destinés aux autres provinces. Par contre, si le prix du pétrole canadien demeurait inférieur aux prix des marchés internationaux, Ottawa devrait continuer à subventionner les importations. Compte tenu des circonstances, le gouvernement fédéral décida de laisser le prix du pétrole canadien monter à intervalles réguliers.

Malgré tous les problèmes que suscita cette nouvelle crise, le Canada ne connut aucun cas de pénurie grave. Grâce au prolongement de l'oléoduc vers Montréal, à l'accroissement des réserves qui résulta des programmes d'exploration, à la mise en production des gisements exploités par le consortium Syncrude, au programme de conservation de l'énergie et au programme d'indemnisation des importateurs de pétrole, la politique énergétique des cinq années précédentes avait permis aux Canadiens de traverser la crise mieux que les habitants de tous les autres pays dépendants des importations pétrolières. Car, contrairement à ce qui s'était passé en Europe et aux États-Unis, les

Canadiens n'eurent pas à attendre de longues heures pour se procurer de l'essence, et les écoles, les usines et les édifices publics n'eurent pas à fermer leurs portes pour cause de pénurie. Le meilleur exemple des problèmes de pénurie qui se posèrent au sud de la frontière canadienne se présenta lorsque la société Exxon ordonna à l'un de ses pétroliers, qui transportait du pétrole en provenance du Venezuela vers la raffinerie montréalaise d'Imperial Oil, filiale d'Exxon, de mettre plutôt le cap sur les États-Unis.

Les négociations entreprises par le gouvernement Clark

Après avoir pris le pouvoir en mai 1979, le gouvernement Clark tenta d'atténuer la portée des politiques et des programmes mis en place au cours des six années précédentes et, dans certains cas, les remit purement et simplement en question. Les Conservateurs souhaitaient par-dessus tout empêcher Petro-Canada de jouer le rôle moteur qui était devenu le sien pour toutes les questions énergétiques; ils songeaient même à privatiser cette société d'État. De par sa conception du fédéralisme, le nouveau Gouvernement considérait par ailleurs le Canada comme «la patrie des petites patries» du pays; il était donc disposé à céder aux provinces concernées ses prérogatives sur la mise en valeur des ressources pétrolières situées au large des côtes canadiennes.

En juin 1979, le pétrole canadien se vendait 8,50 $ de moins que le prix moyen du pétrole vendu à Chicago, qui venait tout juste de faire l'objet d'une déréglementation. Depuis 1973-1974, jamais le pétrole canadien n'avait été aussi bon marché, comparativement au prix du pétrole vendu sur les marchés internationaux. L'Office national de l'énergie signala en septembre que le pays traversait une période très délicate sur le chapitre de ses approvisionnements. Même si la production canadienne fonctionnait à pleine capacité, elle parvenait difficilement à satisfaire la demande créée par la fermeture des puits de pétrole iraniens et à remplir les engagements pris par le pays en 1979, en vertu des accords conclus dans le cadre de l'Agence internationale de l'énergie.

Le gouvernement fédéral et celui de l'Alberta se réunirent à plusieurs reprises, mais les négociations se déroulèrent tout aussi péniblement que par le passé. Le ministre des Finances du Canada, John Crosbie, résuma un jour la situation en traitant publiquement le

Premier ministre de l'Alberta de «Bokassa II», par référence au triste-
ment célèbre empereur de la République d'Afrique centrale.

En dernière analyse, la chute du gouvernement Clark peut être
attribuée directement à son incapacité de conclure avec l'Alberta une
entente juste et raisonnable au sujet des prix de l'énergie. En décembre
1979, les fonctionnaires fédéraux et ceux de l'Alberta étaient parvenus
à une entente de principe fixant les prix du pétrole conventionnel et du
gaz naturel à 85 p. 100 des prix enregistrés à Chicago et fixant le prix
du pétrole non conventionnel au niveau des prix internationaux. Mais,
au moment où le gouvernement Clark fut défait à la Chambre des
communes, le 13 décembre 1979, aucun accord officiel n'avait été
conclu.

Les Libéraux croyaient pour leur part que s'ils avaient perdu le
pouvoir au mois de mai 1979 c'était principalement à cause du
manque de leadership dont ils avaient fait preuve au cours des
dernières années de leur mandat, et parce qu'ils avaient tenté de plaire
à tout le monde en même temps. Il en avait résulté que le
Gouvernement avait semblé indécis et confus. S'ils étaient reportés au
pouvoir, ils entendaient bien ne plus mériter de tels reproches.

La défaite inattendue du gouvernement conservateur en Chambre
incita les Libéraux à mettre la dernière main au programme politique
que le comité sur l'énergie mis sur pied par le caucus du parti avait
commencé à élaborer au cours de l'été 1979. L'élection porterait de
toute évidence sur la question de l'énergie, mais les Libéraux
pouvaient difficilement consacrer deux mois à simplement dénoncer la
hausse du prix de l'essence de 18 cents le gallon proposée dans le
budget Crosbie. Ils se devaient de présenter une solution de rechange.
Le 25 janvier 1980, dans un discours prononcé devant le Board of
Trade de Halifax, Pierre Elliott Trudeau fit connaître un programme
électoral en sept points qui formerait le cœur du futur Programme
énergétique national. En vertu de ce programme, le Canada détermine-
rait lui-même le prix de son pétrole; une exploitation accrue du potentiel énergétique du pays, particulièrement dans l'Arctique et au large
des côtes canadiennes, permettrait d'offrir de meilleures garanties sur
le plan des approvisionnements; le gaz naturel et de nouvelles formes
d'énergie seraient appelés à remplacer peu à peu le pétrole; on assiste-
rait au renforcement et à l'expansion de Petro-Canada; la priorité irait
désormais à la conservation de l'énergie et aux sources d'énergie alter-
natives; le développement du secteur énergétique serait davantage
confié à des intérêts canadiens; enfin, le secteur énergétique serait

appelé à jouer un rôle stratégique dans le domaine du développement industriel et régional[3]. Ces énoncés de principe se traduisirent par autant de politiques en matière d'autonomie, de tarification, de partage des revenus et de canadianisation du secteur énergétique.

1980-1984: le Programme énergétique national

Dès qu'il eut remporté les élections avec une majorité de sièges en février 1980, le nouveau gouvernement libéral entama des négociations avec l'Alberta dans l'espoir d'en venir enfin à une entente en matière de réglementation des prix et de partage des revenus. Mais il était clair dès le départ que les négociateurs albertains n'entendaient pas renoncer à une seule des concessions qu'ils croyaient avoir soutirées au gouvernement conservateur.

Ministres et hauts fonctionnaires se rencontrèrent en vain jusqu'au début de l'automne 1980; il devint bientôt évident que les positions respectives de l'Alberta et du gouvernement fédéral étaient désormais irréconciliables. La hausse des prix se poursuivait de plus belle et, à en croire la plupart des pronostics, elle était loin de s'arrêter. Le président d'Occidental Petroleum, Armand Hammer, prédisait même que le baril de pétrole coûterait 100 $ en 1990, cependant que l'Agence internationale de l'énergie, tout en étant plus modérée, n'en prévoyait pas moins des pénuries et une flambée des prix tout au long des années quatre-vingt.

Face à une telle éventualité, le gouvernement fédéral crut qu'il était de son devoir d'agir rapidement pour éviter de rester bloqué plus longtemps dans l'impasse des négociations avec l'Alberta. Ayant à l'esprit la façon cavalière dont l'Alberta avait traité le gouvernement conservateur et la futilité des discussions qui avaient suivi les élections fédérales de 1980, les Libéraux en vinrent à la conclusion que le seul moyen de régler le contentieux consistait à modifier les règles du jeu. C'est dans cet esprit qu'est né le Programme énergétique national (PEN).

Présenté en octobre 1980 à titre de document budgétaire, le PEN proposait des changements significatifs sur le chapitre des relations intergouvernementales en matière de tarification, de partage des revenus et de gestion des ressources naturelles. Assez curieusement, ce programme se rapprochait davantage de la politique énergétique élaborée par le gouvernement Diefenbaker dans les années soixante que de celle mise en place entre 1973 et 1979, en ce sens qu'il était étroitement lié à la politique de développement économique et qu'il était orchestré par le gouvernement fédéral. Le PEN confiait au gouvernement central la responsabilité d'établir une politique énergétique portant essentiellement sur des questions de taxation et destinée à consolider le pays.

Pour éviter d'avoir à négocier publiquement, Ottawa présenta le Programme énergétique national comme une mesure strictement budgétaire, coupant ainsi l'herbe sous le pied de ceux qui auraient voulu y voir une reprise des négociations fédérales-provinciales. Ce programme s'appuyait sur trois objectifs:

1. Viser l'autosuffisance à l'aide de l'accroissement de la production de pétrole canadien et d'un programme de conservation de l'énergie ainsi que d'un programme visant à favoriser les énergies de remplacement. (La crise pétrolière de 1979 fit prendre conscience au Gouvernement que la politique d'autonomie mise de l'avant précédemment était devenue inadéquate.)

2. Donner aux citoyens du pays l'occasion de prendre part activement à l'industrie pétrolière grâce à un programme de canadianisation destiné à permettre aux Canadiens de détenir 50 p. 100 d'intérêts dans cette industrie à compter de 1990.

3. Mettre sur pied un programme de fixation des prix et de partage des revenus qui fût équitable pour tous, y compris pour les gouvernements fédéral et provinciaux.

Pour mettre en place une politique propre à faire de la question de l'énergie la pierre angulaire du renforcement du pays, il était essentiel de trouver une solution adéquate aux problèmes de tarification et de partage des revenus.

De 4,9 milliards de dollars qu'elles étaient en 1978, les liquidités de l'industrie pétrolière passèrent à 7,1 milliards en 1979 et on s'attendait à les voir progresser de 40 p. 100 en 1980 et de façon tout aussi significative au cours des années subséquentes. Le gouvernement fédéral jugeait que ces hausses substantielles de revenus étaient nécessaires si l'on voulait inciter les sociétés pétrolières à procéder, malgré les coûts élevés d'une telle opération, à la mise en valeur des sables bitumineux et des terres publiques. Le programme élaboré par le Gouvernement visait d'ailleurs à favoriser la croissance des revenus. Malgré toutes leurs protestations, les sociétés pétrolières eurent en effet droit, en gros, au même pourcentage de revenus que durant la décennie qui avait précédé. Or, ces revenus étaient destinés à croître encore davantage.

Il est toutefois vrai que le gouvernement fédéral désirait modifier le régime fiscal au bénéfice des entreprises dont les intérêts étaient majoritairement détenus par des Canadiens. En d'autres termes, une partie des profits seraient transférés des multinationales étrangères vers les entreprises canadiennes. (Le système fiscal en place favorisait nettement les grandes sociétés pétrolières, qui étaient pour la plupart des entreprises étrangères. Celles-ci détenaient la majorité des champs pétrolifères et ne manquaient pas d'utiliser le système fiscal de manière à accroître leur emprise sur le secteur pétrolier du pays.) Comme il était toutefois impensable, dans le cadre des conventions fiscales auxquelles le Canada avait adhéré, d'exercer une discrimination aux dépens des sociétés étrangères, la seule solution consistait à éliminer la plupart des déductions fiscales, qui n'étaient d'aucune utilité à l'ensemble des entreprises canadiennes, et à les remplacer par un système de subventions fixées en fonction du degré de propriété canadienne des entreprises.

Dans l'ensemble, le Programme énergétique national ne menaçait nullement les revenus de l'industrie pétrolière. La question des revenus du gouvernement fédéral se posa toutefois avec une acuité grandissante. Il était nécessaire de parvenir à un partage plus équilibré des revenus et il était temps pour l'Alberta de céder du terrain sur ce point.

Après être demeurée stagnante tout au long des années soixante-dix, la part des revenus pétroliers et gaziers du gouvernement canadien atteignit son plus bas niveau, soit 8,8 p. 100, en 1979, cependant que l'industrie pétrolière et l'Alberta se partageaient le reste du gâteau. La part des revenus de cette province avait passé de 38,2 p. 100 en 1974 à 50,5 p. 100 en 1979. De tous les pays producteurs de pétrole dotés d'un régime fédéral, le Canada détenait le douteux privilège d'être celui dont le gouvernement central recevait, et de loin, la plus faible part des revenus tirés de l'exploitation de ses richesses naturelles.

Pourtant, chaque fois que le prix du pétrole augmentait et que l'Alberta bénéficiait du même coup de l'accroissement de ses redevances, le gouvernement fédéral devait faire face à un accroissement de son fardeau fiscal. Il devait contribuer davantage aux programmes de péréquation, de conservation de l'énergie et de protection des consommateurs, en plus de procéder à des rajustements économiques afin d'indemniser les autres secteurs de l'économie touchés par ces hausses.

La situation s'annonçait encore plus difficile pour les années quatre-vingt. En vertu des ententes signées, la part de l'Alberta allait continuer de s'accroître et celle du gouvernement fédéral de diminuer de façon spectaculaire, au moment même où ses dépenses reliées à la question énergétique ne cessaient de prendre de l'ampleur.

«Canadianiser» l'industrie pétrolière

Le Programme énergétique national contenait des mesures fiscales et budgétaires destinées à accroître la part des revenus du gouvernement fédéral. Cet argent devait servir à subventionner des programmes de conservation de l'énergie, de mise en valeur d'énergies renouvelables et d'énergies de remplacement et de protection des consommateurs par l'entremise du Programme d'indemnisation des importateurs de pétrole, et de canadianisation de l'industrie grâce au Programme d'encouragement du secteur pétrolier (PESP). On s'attendait à maintenir un équilibre entre les revenus et les dépenses au cours des premières années d'implantation du PEN, mais il était évident qu'avec le temps celui-ci générerait des fonds suffisants pour permettre de réduire le déficit fédéral.

Le gouvernement canadien modifia le régime fiscal de manière à accroître ses revenus. Il élimina la déductibilité des dépenses reliées à l'exploration et au développement pour la remplacer par un système de subventions (le PESP) destiné à «canadianiser» l'industrie pétrolière. En vertu de ce programme, les petites sociétés pétrolières, pour la plupart aux mains d'intérêts canadiens, recevaient des subventions proportionnellement plus élevées que les grosses compagnies étrangères. Les entreprises désireuses de poursuivre leurs travaux en territoires inexplorés recevaient également des subventions proportionnelles à leur degré d'appartenance à des intérêts canadiens. Les sociétés œuvrant dans les terres publiques recevaient par ailleurs des subventions plus substantielles, destinées à les indemniser de leurs énormes dépenses d'exploration, parce qu'il était essentiel pour le Gouvernement de connaître le potentiel de ces régions. Le Gouvernement encourageait les entreprises étrangères qui détenaient les territoires les plus vastes et les plus prometteurs à faire appel à des sous-traitants du pays de manière à accroître la participation canadienne dans ces régions. Le Programme d'encouragement du secteur pétrolier contribuait par ailleurs à limiter les dépenses d'exploration que les multinationales étrangères pouvaient déduire de leurs impôts, ce qui compensait en grande partie pour les substantielles sorties de capitaux que provoquaient ces sociétés chaque fois qu'elles versaient des dividendes à leurs actionnaires.

En plus de limiter les déductions des sociétés pétrolières, le Gouvernement décida de leur imposer de nouvelles taxes destinées à récupérer une partie des redevances perdues à cause de l'écart entre le prix du pétrole vendu sur les marchés internationaux et celui du pétrole vendu sur le marché canadien, qui n'avait pas bougé depuis 1979. Les deux principales mesures fiscales à cet égard furent l'instauration de la Taxe sur les revenus pétroliers (TRP) et de la Taxe sur le gaz naturel et les liquides extraits du gaz naturel (TGNLGN). Fixée au départ à 8 p. 100 des revenus à la source, la TRP n'était pas déductible d'impôt; quant à la TGNLGN, il s'agissait d'une taxe à la consommation imposée à la fois sur les produits vendus au pays et sur les exportations. Parmi les nouvelles taxes, on comptait également la Redevance d'indemnisation pétrolière (destinée à remplacer la taxe Syncrude), la Redevance spéciale pour la canadianisation (destinée à financer l'accroissement de la propriété publique) et la Redevance d'indemnisation spéciale.

De tous les aspects du programme de canadianisation, le plus contesté fut le fait que l'État se réservait un intérêt de 25 p. 100 dans tous les territoires inexplorés. Le gouvernement canadien s'inspirait de programmes semblables, quoique plus étendus, que des pays comme la Grande-Bretagne, la Norvège, l'Australie et les Pays-Bas avaient mis en place pour défendre leurs intérêts nationaux en matière de richesses naturelles. Les multinationales et le gouvernement américain accusèrent aussitôt Ottawa de les exproprier sans les indemniser, même s'il est difficile d'imaginer qu'on puisse exproprier ce qui nous appartient déjà. Contrairement à certaines croyances, cette question ne constitua jamais un élément essentiel du Programme énergétique national; le Gouvernement fut même près d'y renoncer à plusieurs reprises. Mais les pressions excessives exercées par les multinationales américaines (et en particulier par Mobil Oil), soit directement, soit par l'intermédiaire du gouvernement américain, eurent pour effet de raffermir le gouvernement canadien dans ses positions.

Entente avec l'Alberta

Le gouvernement de l'Alberta cria au scandale au moment de l'annonce du Programme énergétique national. Non seulement les hésitations du gouvernement Clark avaient donné à l'Alberta une fausse image des besoins réels d'Ottawa, mais cette province avait surtout une conception erronée de ses droits constitutionnels et de son rôle en matière d'énergie. En guise de représailles, l'Alberta réduisit graduellement de 180 000 barils par jour ses livraisons vers le reste du Canada et bloqua les projets d'Alsands et de Cold Lake. Pour l'industrie pétrolière, coincée entre deux feux, la période comprise entre novembre 1980 et septembre 1981 fut certes l'une des plus difficiles.

Mais comme les négociations ne pouvaient demeurer indéfiniment dans l'impasse, des réunions non officielles eurent bientôt lieu entre hauts fonctionnaires des deux gouvernements. Celles-ci préparèrent la voie à des rencontres officielles, tant entre fonctionnaires qu'entre ministres. Le 1er septembre 1981, le Premier ministre Lougheed et le Premier ministre Trudeau étaient enfin réunis à Ottawa pour la signature d'une entente qui donnait satisfaction aux deux parties. Au cours de la conférence de presse conjointe qui suivit la cérémonie, le Premier ministre de l'Alberta qualifia en ces termes l'Entente sur l'énergie entre le Canada et l'Alberta: «[Il s'agit d']un marché équitable pour la population de l'Alberta et[...] également [d']un marché équitable pour la population du Canada. Il nous a fallu y consacrer du temps et des efforts, mais je crois que nous sommes parvenus[...] à un accord équilibré[4].»

En vertu de cette entente, de nombreux aspects du PEN furent modifiés, notamment en matière de tarification, de taxation et d'encouragement à l'exploration. Le gouvernement fédéral accepta tout particulièrement qu'il y ait des hausses plus rapides et plus substantielles des prix du pétrole conventionnel. La part fédérale passerait d'environ 10 p. 100 à 26 p. 100 du total des revenus pétroliers, cependant que celle de l'industrie pétrolière connaîtrait une diminution, passant de 43 à 37 p. 100 d'un gâteau qui ne cesserait toutefois pas de prendre du volume. Le gouvernement de l'Alberta acceptait quant à lui de voir sa part diminuer à 37 p. 100, soit une baisse de 10 points de pourcentage. C'était la première fois, depuis 1974, que les gouvernements d'Ottawa et de l'Alberta parvenaient à signer un accord à long terme portant sur l'ensemble des questions de taxation et de partage des revenus. Il devenait enfin possible de reléguer aux oubliettes les dures batailles des années précédentes et de songer à bâtir pour l'avenir un environnement économique agréable et sain pour l'industrie pétrolière. Cette entente permettait de réaliser une percée spectaculaire en matière de politique énergétique, à savoir la mise en œuvre du Programme d'encouragement du secteur pétrolier et l'adoption du concept de canadianisation. Peu après la signature de cet accord historique, le gouvernement fédéral parvenait également à conclure des ententes similaires avec la Saskatchewan et la Colombie-Britannique.

Le vent tourne

Même si la plupart des mesures concernant les dépenses contenues dans le Programme énergétique national entrèrent en vigueur
comme prévu, les mesures touchant la tarification, la taxation et le
partage des revenus connurent quant à elles des changements substantiels. Au grand désespoir des deux gouvernements d'ailleurs, ces trois
éléments de l'Entente sur l'énergie entre le Canada et l'Alberta firent
constamment l'objet de révisions telles que celles contenues dans la
mise à jour du PEN datée de 1982. En effet, les hausses anticipées du
prix du pétrole sur les marchés internationaux se firent attendre et il
devint dès lors nécessaire pour Ottawa et l'Alberta de céder une plus
large part du gâteau à l'industrie pétrolière.

Au début de 1983, les marchés internationaux furent touchés par
les conséquences de l'accroissement de la production de pétrole des
pays autres que ceux de l'OPEP et de la décision bien arrêtée de
pays tels que la Norvège et la Grande-Bretagne de vendre leur
pétrole à des prix inférieurs à ceux décrétés par l'OPEP. Grâce aux
profits générés au cours de la dernière décennie par les hausses de
prix du pétrole, de vastes programmes d'exploration et de production avaient vu le jour en de nombreux points du globe, provoquant
un excédent de réserves. À 40,00 $ le baril de pétrole, il était deve-
nu par ailleurs avantageux de recourir à d'autres sources d'approvisionnement que les pays de l'OPEP ou à des sources d'énergie alter-
natives. Les analystes avaient de plus totalement négligé un phénomène provoqué par la crise de l'énergie: devant la hausse des prix
du pétrole, la demande connut un ralentissement marqué, ce qui eut
pour effet d'exercer des pressions à la baisse sur les prix. Enfin,
couplée aux programmes de conservation de l'énergie, la récession
de 1981-1982 amena une diminution des ventes, tant au pays que
sur les marchés internationaux.

La baisse des revenus enregistrée par les compagnies pétrolières
contribua au ralentissement des programmes d'exploration. L'Alberta
et le gouvernement fédéral prirent par conséquent des mesures destinées à permettre à cette industrie de traverser cette nouvelle crise. Il ne
se passait pour ainsi dire pas un seul mois sans qu'il fût nécessaire,
pour le gouvernement fédéral, d'établir de nouveaux accords avec les
provinces productrices. Entre-temps, les compagnies qui avaient réagi
au Programme énergétique national en transférant une partie de leurs
activités vers les États-Unis commençaient à revenir au pays après

avoir constaté que l'exploration pétrolière n'était pas obligatoirement plus rentable au sud de la frontière canadienne.

Le PEN visait par ailleurs à favoriser le développement régional par le biais de la mise en valeur des gisements de pétrole et de gaz naturel situés sur les terres publiques. Ainsi, en vertu de l'Entente sur l'énergie entre le Canada et la Nouvelle-Écosse conclue en mars 1982, les deux ordres de gouvernement jouissaient d'un droit de gestion partagé sur les ressources gazières situées au large des côtes de la Nouvelle-Écosse. Cette province percevait du gouvernement fédéral des redevances égales à celles qu'elle aurait été en droit de réclamer sur son propre territoire, de même que des subventions visant à lui permettre de bâtir une infrastructure liée à la mise en valeur de ses ressources énergétiques. Il fut malheureusement impossible, malgré tous les efforts tentés jusqu'en 1984, de parvenir à semblable accord avec Terre-Neuve. De l'avis général, l'entente finalement conclue en 1986 est moins avantageuse pour cette province, en ce qui concerne les revenus, que celle qui lui fut soumise en 1983-1984.

Rétrospective

Bon nombre de Canadiens réservèrent un accueil favorable au Programme énergétique national et il en fut de même pour la plupart des gouvernements provinciaux. Seule l'Alberta s'opposa radicalement à cette politique. Il ne fait toutefois aucun doute que ce programme mécontenta l'ensemble de l'industrie pétrolière, en particulier entre le moment de son lancement, en novembre 1980, et le moment où une entente fut conclue avec l'Alberta, en septembre 1981. À cette époque, les deux gouvernements avaient en effet accaparé une bonne part des profits que les sociétés pétrolières avaient espéré réaliser.

Certains dirigeants de ces entreprises admettaient, sous le couvert de l'anonymat, la légitimité pour le gouvernement fédéral d'accroître ses revenus pétroliers, mais ils n'acceptaient pas d'avoir été pris en otages durant la bataille opposant Ottawa et l'Alberta. Ils n'avaient par ailleurs pas voulu risquer d'offenser le gouvernement albertain en prenant ouvertement parti pour le gouvernement fédéral, car ils étaient pour la plupart soumis aux règlements et aux décisions administratives de cette province. Comme ils avaient en fait davantage à gagner en appuyant le gouvernement de l'Alberta, Ottawa pouvait tout au plus espérer leur silence.

Le Programme énergétique national devint en définitive le bouc émissaire de tous les maux que connut l'industrie pétrolière au cours des années quatre-vingt. Pourtant, à cette même époque, l'industrie pétrolière du Texas et d'autres régions des États-Unis éprouva des difficultés tout aussi sérieuses, sinon plus graves, que l'industrie pétrolière canadienne. Ajoutons enfin que certains intervenants du secteur pétrolier, pris de délire panaroïaque, allèrent jusqu'à dénoncer le PEN comme un plan ourdi par les socialistes pour s'emparer de cette industrie!

Une analyse plus rationnelle permet de découvrir que la plus grande erreur des auteurs du Programme énergétique national et de l'Entente sur l'énergie entre le Canada et l'Alberta fut de tabler sur une hausse constante du prix du pétrole sur les marchés internationaux. D'après le scénario prévu, cette augmentation devait être de 2 p. 100 par année, en termes réels, ce qui aurait amené le baril de pétrole à coûter 79,65 $ en janvier 1990. On ne peut s'empêcher de grimacer en songeant à quel point ces prévisions étaient erronées. Pourtant, en 1980, la plupart des analystes, en particulier ceux de l'industrie pétrolière, considéraient alors ces projections comme tout à fait réalistes.

Si les prix avaient évolué comme prévu, les produits pétroliers coûteraient de nos jours beaucoup plus cher aux consommateurs canadiens, mais, en revanche, l'industrie pétrolière serait devenue très prospère, les provinces productrices disposeraient de fonds du patrimoine bien garnis et le gouvernement fédéral aurait probablement éliminé son déficit.

La réalité fut toutefois différente. Lorsque les prix du pétrole retombèrent à 15,00 $ le baril, le gouvernement fédéral se retrouva de nouveau avec la plus petite part du gâteau (voir Figure 1). Au moment de l'entrée en vigueur du Programme énergétique national, l'économie mondiale fut frappée par la plus grave récession depuis les années trente. Il en résulta une chute spectaculaire de la demande en produits pétroliers. Les États-Unis se retrouvèrent alors inopinément aux prises avec un surplus de gaz naturel qui réduisit, jusqu'à tout récemment, la demande américaine en gaz naturel canadien. Les mesures prises par divers pays à la fin des années soixante-dix et au début des années quatre-vingt pour favoriser la conservation de l'énergie réduisirent également la demande, cependant que la production de pétrole des pays autres que ceux de l'OPEP ne cessait de s'accroître. Toutes les hypothèses échafaudées sur une hausse ininterrompue des prix se retrouvèrent au fond du panier.

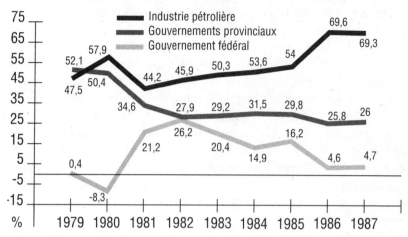

Figure 1
Partage des recettes: industrie et gouvernements
(en pourcentage du revenu total — dépenses nettes)

Source: Énergie, Mines et Ressources Canada, Agence de surveillance du secteur pétrolier.

La complexité du Programme énergétique national constitua sa deuxième grande lacune. Elle était due notamment au fait qu'il avait fallu remplacer les encouragements fiscaux par un régime de subventions afin de favoriser la canadianisation de l'industrie. C'était là le seul moyen d'éviter de violer les conventions fiscales internationales, mais cette mesure eut pour effet d'imposer à l'ensemble de l'industrie pétrolière un système administratif complexe qui pesa lourd sur les petits producteurs auxquels le PEN comptait venir en aide. Ces derniers n'étaient malheureusement pas outillés pour remplir les documents et se lancer dans les difficiles exercices de comptabilité que le nouveau programme exigeait d'eux. Tel est le dilemme auquel doivent constamment faire face ceux qui rédigent la *Loi de l'impôt:* ou ils émettent des directives relativement simples à suivre, mais qui sont susceptibles de donner lieu à des échappatoires, ou ils essaient de prévoir toutes les éventualités et doivent alors recourir au jargon juridique.

Si on analyse l'ensemble de la situation dans le secteur énergétique, on peut toutefois conclure que le Canada s'en est tiré au moins aussi bien, sinon mieux, que les autres pays industrialisés. À compter de 1984, la production pétrolière canadienne permettait à toutes fins pratiques au pays d'être autosuffisant, alors qu'en 1977 et en 1978 le pays connaissait des importations nettes d'un million de barils par jour. Cet objectif fut atteint grâce à des hausses graduelles et modérées des prix. Non seulement les consommateurs canadiens ne connurent pas de montées en flèche des prix, mais ils n'eurent pas non plus à attendre en file pour se procurer de l'essence, contrairement à ce qui se produisit en Europe et aux États-Unis.

Le Canada possédait par ailleurs le dossier le plus enviable des pays de l'OCDE en matière de conservation de l'énergie. Certes le plus complet parmi ceux de tous les pays du monde, le programme canadien de conservation de l'énergie fit rapidement la preuve de son efficacité. Même s'il fallut d'importantes subventions pour réaliser ce programme, qui touchait l'industrie du transport ainsi que les secteurs résidentiel, industriel et gouvernemental, les économies d'énergie et d'argent ainsi réalisées furent considérables et elles se répètent encore chaque année, notamment en vertu du Programme d'isolation thermique des résidences canadiennes mis de l'avant dans les années soixante-dix et quatre-vingt.

En matière d'énergies de substitution, on mit sur pied des programmes fédéraux et provinciaux visant le remplacement du pétrole par le gaz naturel, l'électricité et d'autres formes d'énergie partout où la chose était rentable. Des subventions destinées à la construction de gazoducs au Québec et en Ontario permirent de trouver de nouveaux débouchés pour le gaz naturel canadien et de réduire par le fait même les importations de mazout. La fin des hausses du prix du pétrole força toutefois l'abandon du coûteux projet de prolongement du gazoduc vers les Maritimes, mais les récentes découvertes au large de l'île des Sables permettaient de croire qu'une nouvelle source de gaz naturel pourrait bientôt approvisionner les Maritimes et la Nouvelle-Angleterre.

L'objectif du programme de canadianisation, qui visait une participation canadienne de 50 p. 100 dans l'industrie pétrolière pour 1990, était, quant à lui, tout à fait réaliste. En 1984, le Canada était déjà bien engagé sur cette voie. De 26,2 p. 100 qu'elle était en 1979, cette participation canadienne avait en effet grimpé à 41,3 p. 100 en 1984. Cet objectif avait reçu un tel appui à l'échelle nationale que le nouveau gouvernement conservateur dut l'endosser, même s'il fait preuve d'une certaine nonchalance à cet égard.

Les mesures tarifaires adoptées en vertu du Programme énergétique national et de l'Entente sur l'énergie entre le Canada et l'Alberta servirent à protéger les consommateurs canadiens contre toute hausse soudaine des prix du pétrole tout en permettant à l'industrie pétrolière de vendre immédiatement son pétrole non conventionnel presque au prix des marchés internationaux et de vendre assez rapidement son pétrole conventionnel au prix des marchés internationaux. Encouragements fiscaux et subventions permirent également à l'industrie pétrolière de poursuivre avec dynamisme ses programmes d'exploration et d'exploitation. Malheureusement pour cette industrie, ce n'est pas le prix du pétrole canadien qui a augmenté, ces dernières années, mais plutôt le prix du pétrole des marchés internationaux qui a connu une baisse marquée.

La période comprise entre 1974 et 1984 fut celle des nouvelles découvertes et des mégaprojets: découverte de pétrole et de gaz naturel dans l'Arctique et au large des côtes du pays; construction d'usines gigantesques dans la région des sables bitumineux; projets de pétrole lourd; prolongement de gazoducs au pays et vers les États-Unis; création de Petro-Canada, la plus grosse société pétrolière intégrée appartenant à des intérets canadiens, qui permit la poursuite des explorations à partir de la zone d'Hibernia tout en faisant concurrence aux multinationales étrangères qui avaient littéralement la mainmise sur le marché canadien.

Enfin, grâce au Programme énergétique national, il fut possible de mettre sur pied un système moderne et intelligent de gestion des terres publiques, l'Administration du pétrole et du gaz des terres du Canada (APGTC), dont les principes sont encore utilisés de nos jours. Depuis la chute des prix du pétrole et du gaz naturel, l'industrie pétrolière a vu son intérêt dans les terres publiques s'évanouir quelque peu. Mais cette situation n'est que temporaire: dès que les prix connaîtront de nouvelles hausses, les projets d'exploration et d'exploitation reverront sûrement le jour. Déjà, certaines compagnies ont déposé des demandes auprès de l'Office national de l'énergie en vue d'exporter d'énormes quantités de gaz naturel à partir du delta du Mackenzie. La région de l'Arctique et la côte atlantique renferment toujours les plus vastes réserves de pétrole et de gaz naturel du pays. Si l'APGTC parvient à jouer pleinement son rôle à mesure que ces territoires seront exploités, elle saura protéger les intérêts du pays sur tous les plans: en matière de protection de l'environnement et de retombées économiques pour les autochtones et autres communautés avoisinantes aussi bien qu'en matière de défense des intérêts canadiens dans le secteur pétrolier.

Cela étant dit, je ne puis m'empêcher de regretter que l'Alberta ait manifesté si rapidement une telle hostilité à l'égard du Programme énergétique national et que cette hostilité persiste dans une certaine mesure de nos jours en dépit de l'entente mutuellement satisfaisante conclue entre cette province et le gouvernement fédéral en septembre 1981, et en dépit de la collaboration étroite qui existe depuis entre les deux gouvernements. Il faut dire que la lutte pour conquérir le cœur et l'esprit des Albertains était probablement perdue d'avance. Stratégiquement parlant, le gouvernement fédéral est en effet désavantagé chaque fois qu'il doit plaider la cause de l'intérêt national aux dépens d'un gouvernement provincial qui se considère lésé dans ses droits par de nouvelles mesures fédérales. Étant originaire du Québec, je sais par expérience que pareille attitude n'est pas l'apanage de l'Alberta. Il était prévisible que l'Alberta blâmât sévèrement le gouvernement fédéral dans sa tentative de redistribuer une large part de la richesse de cette province, où l'industrie pétrolière était la plus active. Je regrette toutefois de n'avoir pu convaincre la population de l'Alberta d'appuyer le PEN sur la base de ses mérites propres.

L'après-PEN

Que s'est-il produit, depuis 1984, qui puisse se comparer aux réalisations qui ont précédé? Depuis que les Conservateurs sont au pouvoir, le Canada a abandonné sa souveraineté en matière d'énergie. C'est du moins ce qui ressort de l'Accord de libre-échange entre le Canada et les États-Unis entré en vigueur le 1er janvier 1989. C'est la première fois, dans l'histoire du Canada, que notre pays adopte une politique continentale en matière d'énergie. Des sources américaines bien informées laissent même entendre que les dispositions sur cette question contenues dans l'Accord y furent inscrites à la demande expresse du gouvernement canadien, qui désirait ainsi éviter qu'un autre Gouvernement puisse un jour utiliser la politique énergétique à des fins nationalistes. Il existe sans doute peu de pays au monde où un Gouvernement considère qu'il est plus avantageux de s'en remettre à une puissance étrangère que de se fier à son électorat et aux futurs gouvernements pour défendre les intérêts nationaux.

En ce qui concerne l'engagement des Conservateurs à l'égard du programme de canadianisation, il est moins qu'évident. Après avoir atteint un sommet à 48,2 p. 100 en 1985, le degré de participation canadienne dans l'industrie pétrolière devrait tout juste franchir la barre des 40 p. 100 en 1990 (voir Figure 2). En amont seulement, la situation est encore plus inquiétante: la mainmise canadienne y est passée, de

47,9 p. 100 qu'elle était en 1985, à 37,6 p. 100 en 1988, soit une baisse de 10,3 points de pourcentage en l'espace de trois ans à peine.

Figure 2
Participation et contrôle canadiens dans l'industrie du pétrole selon les revenus réalisés en amont et en aval

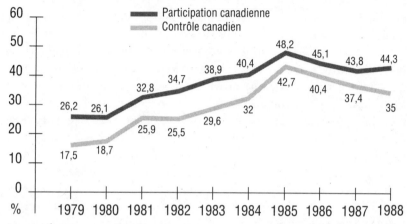

Source: Énergie, Mines et Ressources Canada, Agence de surveillance du secteur pétrolier.

Par ailleurs, le prix moyen à la source du pétrole canadien fut moins élevé en 1988 qu'en 1982. En dépit du fait que l'industrie pétrolière reçoit une plus large part du gâteau que jamais, le nombre de puits forés entre 1985 et 1989 ne fut pas substantiellement plus élevé qu'entre 1981 et 1985. D'ailleurs, le nombre total de puits forés en 1986 était inférieur à celui de toute autre année de cette décennie. Pendant ce temps, la ministre fédérale de l'Énergie, des Mines et des Ressources se vantait dans tout le pays d'avoir mis un terme aux «ravages» causés par le Programme énergétique national. Au cours des trois dernières années pour lesquelles les chiffres sont disponibles (1986-1988), le nombre de puits forés dépassait à peine celui des trois premières années d'implantation du PEN (1981-1983), à savoir 21 215 contre 20 423. Quant à l'utilisation moyenne des installations de forage, elle fut passablement moindre ces dernières années qu'entre 1981 et 1983 (38,2 p. 100 contre 48,3 p. 100), ce qui indique un important surplus de capacité de production. Un rapport publié récemment indique par ailleurs qu'au cours des six premiers mois de 1989, les compagnies pétrolières importantes ayant récemment fait des acquisitions avaient effectué 70 p. 100 moins de forages qu'au cours de la première moitié de 1988[5].

Et pourtant, l'industrie pétrolière ne s'indigne pas sur la place publique du fait qu'elle soit «décimée». Il ne fait aucun doute que les événements des dernières années ont jeté une bonne douche de réalisme sur cette industrie et permis de calmer les attentes farfelues que certains avaient eues en 1979-1980. Un autocollant populaire traduisait bien le changement d'attitude qui prévalait à Calgary il y a quelques années à peine: «Seigneur, donne-moi la chance de connaître un nouveau boum pétrolier. Je promets de ne pas cracher dessus.»

Or, les nouvelles politiques gouvernementales sont loin de refléter une telle attitude. Il semble qu'on soit revenu à l'époque où l'on croyait que nos réserves de pétrole et de gaz naturel étaient illimitées. Aux États-Unis, la production de pétrole brut se situe à un niveau inférieur à celui qui prévalait au cours des années soixante et les importations atteignent presque les sommets de 1975-1976. L'achat de voitures à haute consommation d'essence augmente aux États-Unis et l'Agence internationale de l'énergie prévoit une hausse annuelle d'environ 1 p. 100 de la consommation de pétrole dans l'ensemble des pays occidentaux. Comme l'affirmait récemment le secrétaire américain à l'Énergie, les Américains sont actuellement plus vulnérables à une interruption des livraisons de pétrole qu'ils ne l'étaient au moment de la crise du pétrole en 1973. En vertu des dispositions en matière d'énergie contenues dans l'Accord de libre-échange, les Canadiens sont désormais embarqués dans la même galère que les Américains.

La devise d'Ottawa semble être devenue: «Liquidons tous nos stocks!» Le gouvernement conservateur ne semble nullement prendre en considération les besoins futurs des Canadiens. Le 23 décembre 1988, le Parlement votait une disposition qui excluait l'eau (une ressource renouvelable dont nous possédons d'abondantes réserves) du champ d'application de la *Loi de mise en œuvre de l'Accord de libre-échange Canada – États-Unis*. Or, cette même loi met à la disposition des Américains nos réserves actuelles et futures de pétrole et de gaz naturel (qui sont par définition des ressources non renouvelables et limitées) en leur garantissant un accès à ces réserves identique à celui dont bénéficient les Canadiens. Sans doute les Conservateurs pratiquent-ils involontairement l'humour noir!

Tous les éléments sont désormais en place pour qu'une nouvelle crise de l'énergie se produise avant la fin du siècle. Je crains que le Canada et les autres pays occidentaux n'aient «craché» sur la période de répit que nous avons connue au cours des années quatre-vingt par suite de l'accroissement des réserves et de la chute des prix du pétrole.

CHAPITRE 3

Une politique industrielle canadienne

par Joel Bell

Pendant 10 ans, Joel Bell a agi à titre de conseiller dans divers ministères et organismes gouvernementaux et, vers la fin, à titre de conseiller économique du Premier ministre. M. Bell a par la suite été vice-président exécutif de Petro-Canada et président-directeur général de la Corporation de développement des investissements du Canada.

Tous les gouvernements, même ceux qui n'accordent pas la priorité aux questions industrielles, reconnaissent l'importance fondamentale d'une industrie saine et prospère, dont l'influence est déterminante sur le taux de chômage, le niveau de vie de la population et la croissance économique. Les gouvernements qui ignorent cette réalité ne tardent d'ailleurs pas à apprendre son importance à leurs dépens. Le gouvernement Trudeau ne faisant pas exception à cette règle, il manifesta très tôt son intention de s'attaquer aux problèmes industriels du pays. Il mit sur pied divers programmes d'envergure destinés à favoriser le développement régional, les investissements étrangers et la concurrence, en plus de consacrer de nombreux efforts à l'élaboration d'une stratégie industrielle digne de ce nom.

Pour être efficace, la politique industrielle d'un pays ne peut toutefois se limiter à quelques initiatives isolées. Elle doit plutôt s'inscrire dans un ensemble de politiques et de programmes généraux et spécifiques, variés mais interdépendants, qui contribuent à la mobilisation de capitaux et qui ont une influence directe sur le rendement et la structure de l'économie: encouragements fiscaux, politiques commerciales, programmes de subventions gouvernementales, politiques concernant le marché des capitaux, politiques reliées aux sciences et à la technologie, modes d'approvisionnement, formation de la main-d'œuvre et poli-

tiques touchant des secteurs clés tels l'énergie et les ressources naturelles, le logement, l'agriculture, les transports, les communications, la
culture et la défense.

Le présent essai constitue un survol du contexte industriel de
l'époque où le gouvernement Trudeau fut au pouvoir. Le lecteur y
trouvera une brève description des initiatives prises par ce dernier,
ainsi qu'une évaluation sommaire des résultats obtenus.

La situation du secteur industriel
à la fin des années soixante

À cause de l'importance des richesses naturelles du pays, l'économie canadienne en a toujours été fortement dépendante. Les politiques industrielles et fiscales du gouvernement fédéral et les sociétés
d'État mises sur pied par les provinces afin d'exploiter ces richesses
ont d'ailleurs contribué à accentuer cette tendance tout au long de
notre histoire. La population relativement peu nombreuse du Canada a
ainsi pu jouir d'un niveau de vie élevé; malheureusement, elle n'a pas
senti le besoin de se doter d'industries à contenu technologique avancé. Or, notre économie spécialisée nous rendait vulnérables aux
moindres fluctuations des prix des richesses naturelles, sans compter
que, pendant des décennies et jusqu'en 1968, ces prix n'ont cessé de
décroître par rapport aux prix des produits manufacturés et des
services. (La hausse abrupte des prix du pétrole provoquée par l'OPEP
constitue un simple accident de parcours.) À cet égard, les pays dont
l'économie était axée sur la technologie et le secteur manufacturier,
dont le Japon et l'Allemagne, ont davantage su tirer leur épingle du jeu
que les pays qui, comme le Canada, comptaient sur les ressources
naturelles pour assurer leur croissance.

Le cadre dans lequel s'est effectuée l'expansion industrielle du
Canada était pour le moins différent de celui des pays auxquels nous
serions tentés de nous comparer. En effet, nous ne possédions pas un
vaste marché intérieur. Or, au moment où le degré de protectionnisme
demeurait très élevé partout dans le monde, la Grande-Bretagne
cessait d'accorder aux pays du Commonwealth les tarifs douaniers
préférentiels dont, dans une certaine mesure, notre secteur manufacturier avait longuement bénéficié.

Certains pays avaient par ailleurs des coûts de main-d'œuvre plus
faibles. Comme nous devions notre prospérité en grande partie au
secteur des richesses naturelles, les détenteurs de capitaux du Canada

n'avaient ni l'expérience ni l'habitude des investissements dans les secteurs manufacturiers et technologiques, exception faite de la fabrication d'équipement agricole et de l'industrie des pâtes et papiers. Tout comme nos voisins du Sud, nous devions restructurer et moderniser les secteurs traditionnels du textile, de l'acier, de l'automobile et de l'équipement agricole, en sérieuse perte de vitesse à cause de la vive concurrence exercée par les pays nouvellement industrialisés, dont les produits étaient meilleur marché.

Selon certains, les Canadiens sont moins portés que les habitants des autres pays à prendre des risques. En réalité, les sources de capitaux sont relativement nouvelles et plus limitées au pays, sans compter que les investisseurs canadiens, comme nous venons de le voir, ont moins l'expérience du secteur manufacturier. L'histoire démontre même que bon nombre de nos réussites dans le secteur des richesses naturelles sont dues à des investissements étrangers. On commençait d'ailleurs à s'inquiéter publiquement de cette situation pour le moins paradoxale pour un pays industrialisé et les disparités régionales étaient perçues, de plus en plus, comme des «injustices».

Pour provoquer des changements significatifs à cet égard, la seule voie possible consistait à encourager l'industrie canadienne. Mais, à cause de notre situation historique, nous allions devoir relever des défis autres (et plus grands) que ceux auxquels avaient eu à faire face les autres pays industrialisés.

Lorsqu'il prit le pouvoir en 1968, le gouvernement Trudeau s'attendait par ailleurs à voir le secteur manufacturier canadien — déjà déficient — soumis à de nouvelles pressions. Les nouvelles technologies avaient réduit considérablement la protection assurée jusque-là par les distances et les barrières tarifaires, le nombre de nouveaux emplois créés dans le secteur manufacturier était restreint, le déficit commercial allait en augmentant et la croissance de la productivité canadienne demeurait plutôt faible par rapport à celle des autres pays industrialisés. Notre avenir dépendait de notre capacité de rattraper notre retard dans le secteur manufacturier et les industries de pointe.

Des changements devenus nécessaires

Seuls des changements structurels appropriés, tant au niveau du type d'entreprises manufacturières susceptibles de s'implanter au Canada que de leur mode d'organisation, pouvaient permettre au secteur industriel canadien de surmonter les défis qui l'attendaient.

Trois raisons motivent les fabricants à installer leurs usines à un endroit en particulier: la mise au point de nouvelles technologies ou inventions; la nécessité de surmonter les difficultés causées par la distance ou les barrières tarifaires; des coûts de production moindres. Chacune de ces raisons marque une étape du cycle de vie d'un produit et à chaque étape correspond une réduction de la marge bénéficiaire. Les innovations technologiques étaient trop rares pour justifier l'implantation d'usines au Canada et les coûts de production n'y ont jamais été bas.

Une bonne part du secteur manufacturier canadien fabriquait à cette époque des produits inventés par d'autres et souvent introduits au Canada par des filiales appartenant à des intérêts étrangers qui avaient décidé d'implanter des usines au pays pour la deuxième raison invoquée: se rapprocher des marchés locaux. Ces «succursales» n'avaient généralement pas le mandat de créer de nouveaux produits ou de moderniser leurs installations, ce qui minimisait d'autant la maîtrise qu'elles auraient pu avoir sur leur propre avenir. Elles étaient par ailleurs peu susceptibles d'étendre leurs marchés en pratiquant l'exportation (elles auraient pu entrer en concurrence avec leur siège social ou une autre filiale) ou de se procurer au Canada les biens et services nécessaires à leurs activités. De plus, à cause bien souvent de la trop grande diversité de leur production, ces filiales pouvaient difficilement faire face à la concurrence étrangère. Si elles ne subissaient aucun changement notable, ces entreprises allaient devenir vulnérables à la concurrence accrue qui était à prévoir à l'échelle mondiale.

Dès le départ, il devint prioritaire pour le gouvernement Trudeau de tenir compte des conditions nécessaires au succès du secteur industriel et, particulièrement, du secteur manufacturier: mettre au point de nouveaux procédés technologiques (y compris des procédés de fabrication destinés à réduire les coûts) et de nouveaux produits; réunir les capitaux destinés à l'investissement; trouver les débouchés qui permettraient aux industries canadiennes de réaliser des économies d'échelle et de se doter de programmes de recherche adéquats tout en garantissant aux investisseurs un rendement suffisant; rationaliser la production de manière à la rendre plus concurrentielle tant au pays qu'à l'étranger et à permettre aux Canadiens de s'approprier une plus large part de l'économie mondiale. Dans le cas des richesses naturelles, le coût d'extraction des matières premières continuerait d'être le facteur déterminant, mais rien n'empêchait de tenter de faire baisser les barrières tarifaires étrangères touchant les produits finis et semi-finis et de développer le secteur canadien de la transformation. L'industrie des services, ou du moins des services haut de gamme, continuerait quant à elle de dépendre fortement des besoins de l'industrie locale et de la demande exercée par les couches aisées de la population.

Dans l'ensemble, la situation demeurait préoccupante mais elle n'était certes pas aussi sombre que certains auraient voulu le croire. Le marché local et le domaine des richesses naturelles avaient permis au pays de connaître le succès dans certains secteurs manufacturiers comme la machinerie agricole, les pâtes et papiers et la sidérurgie même si, là également, une restructuration devenait nécessaire pour faire face à la nouvelle concurrence. Par ailleurs, les politiques gouvernementales n'avaient pas manqué de contribuer à l'émergence de réussites industrielles remarquables:

- La situation de monopole conférée à Bell Canada (le Gouvernement entendait protéger le marché de Bell) avait permis à cette dernière d'assurer la prospérité de sa filiale, Northern Telecom.
- Sorte de libre-échange, le Pacte de l'automobile permit une rationalisation de ce secteur en offrant certaines garanties, concédées par l'industrie automobile et le gouvernement américains, quant à un niveau minimum de production canadienne (excluant toutefois la mise au point de nouveaux produits).
- Les programmes gouvernementaux de prêts et de subventions et les programmes d'aide extérieure avaient permis à de nombreuses entreprises de tirer parti des besoins des marchés locaux étrangers ou de se lancer dans des projets à risques partagés, ce qui leur avait permis de devenir hautement concurrentielles, y compris dans le secteur de la haute technologie. Parmi les bénéficiaires de ces programmes se trouvaient des noms connus tels que CAE, Marconi Canada, Bombardier, Lavalin, SNC, Pratt & Whitney, McDonnell-Douglas, IBM et Michelin.

Comme ce fut le cas dans de nombreux autres pays, les gouvernements fédéraux et provinciaux de toutes allégeances avaient créé diverses sociétés d'État qui jouaient un rôle actif dans une économie désormais «mixte». De telles initiatives ne s'appuyaient sur aucune philosophie politique particulière: pour des raisons purement pragmatiques, les gouvernements voulaient permettre à une économie de taille réduite de mettre sur pied de gros projets jugés essentiels au maintien du niveau de vie des habitants du pays.

Malgré la forte concentration des marchés de capitaux et les difficultés qu'éprouvaient les petites entreprises ou les entreprises à risque à y avoir accès, les Canadiens économisaient suffisamment, dans les années qui précédèrent l'arrivée au pouvoir du premier gouvernement Trudeau, pour subvenir aux besoins en capitaux de l'économie. Le problème était plutôt l'absence d'intermédiaires entre les capitaux à risque, d'une part, et, d'autre part, la technologie, les compétences et l'expertise requises pour mener à terme les projets novateurs (notamment dans le secteur manufacturier), de même que pour trouver les débouchés servant à justifier leur réalisation. Hormis les institutions financières, les grands bassins de capitaux étaient peu nombreux et concentraient leurs investissements dans les secteurs des matières premières, des transports et de l'immobilier plutôt que dans le secteur manufacturier. En outre, tout comme aux États-Unis, l'accent était mis sur le rendement à court terme. L'épargne des Canadiens favorisa néanmoins l'implantation de sociétés de placement au pays, ce qui permit aux industries étrangères de recourir aux marchés de capitaux canadiens pour une bonne partie de leurs investissements.

Les mesures prises par les autres pays

De nombreux pays avaient mis l'accent sur le développement industriel en érigeant des barrières commerciales ou en adoptant des mesures de soutien appropriées. Leur engagement politique et social à cet égard fut tel que les entreprises financées par l'État furent dispensées, du moins à court terme, de satisfaire aux critères habituels de rentabilité. Les initiatives américaines qui permirent d'envoyer l'homme sur la Lune, par exemple, ou d'assurer la défense de leur pays, n'étaient nullement motivées par des questions de rentabilité. Les efforts de reconstruction de l'Allemagne et du Japon, après la guerre, s'inscrivaient également dans la perspective d'une vaste entreprise nationale échappant à toute analyse de coût/rendement. Il s'agissait là de défis de taille à relever pour les pays concurrents.

Voici quelques faits intéressants, tirés d'une liste qui ne cesse de s'allonger:

- La moitié des dépenses consacrées à la recherche et au développement aux États-Unis était le fait du Gouvernement. Les politiques d'achat du Gouvernement et des organismes publics américains, de même que les obligations municipales non imposables, procurèrent également des avantages importants aux manufacturiers de ce pays.

• Au Japon, les secteurs public et privé consacraient depuis longtemps des capitaux à la recherche et à l'innovation dans certains domaines cibles: la protection des marchés intérieurs au bénéfice des entreprises locales; la mise au point de nouveaux procédés manufacturiers (en absorbant, par exemple, presque la totalité des risques financiers reliés au développement de la robotique); l'obligation pour les pays bénéficiaires des investissements japonais de s'approvisionner au Japon; l'utilisation des marchés intérieurs comme moyen d'amener d'éventuels fournisseurs étrangers à s'implanter au pays (ce fut notamment le cas en aéronautique). De pays «imitateur» qu'il était peu après la guerre, le Japon a rapidement évolué grâce à ces politiques.

• Les gouvernements européens ont investi conjointement des sommes considérables dans le projet aéronautique Airbus, la mise au point d'avions militaires et la création de l'Agence spatiale européenne. La Norvège a accordé des permis d'exploitation pétrolière en mer du Nord en fonction d'engagements dans d'autres secteurs. La France consentit des efforts à la mise au point du Concorde et du train à grande vitesse (TGV) et au développement de son industrie informatique. Le gouvernement français fit par ailleurs ses acquisitions auprès de certaines entreprises «sélectionnées» afin de favoriser leur expansion et il lia ses importations pétrolières à certaines exportations de technologie de pointe. Le gouvernement allemand effectua des investissements destinés à stimuler l'industrie pétrochimique et l'industrie aéronautique. Certains de ces efforts furent inutiles, notamment dans des secteurs en perte de vitesse tels que la sidérurgie et la construction navale. Mais peu à peu l'accent porta sur le rattrapage du retard technologique, ce qui eut des répercussions majeures sur certaines industries plus avant-gardistes et amena la restructuration ou l'abandon de certains secteurs en déclin. La Communauté européenne a, quant à elle, concentré ses interventions dans le domaine de la recherche et du développement et dans certains secteurs d'avenir.

Il n'existe aucune garantie que les sommes investies dans la recherche et le développement déboucheront sur des innovations rentables. Mais ce n'est sûrement pas l'effet du hasard si, dans les pays où les gouvernements ont mis l'accent sur de tels programmes au cours des années soixante et soixante-dix (Japon, Allemagne, France), la croissance industrielle fut remarquable dans la décennie quatre-vingt. Inversement, les pays qui ont tergiversé sur ce point (États-Unis, Royaume-Uni) ont perdu du terrain. La participation conjointe des secteurs public et privé et les dépenses publiques destinées à encourager les sociétés privées constituèrent sans doute les voies privilégiées pour ce type d'investissement. On pouvait ainsi récolter des fonds additionnels par l'entremise de subventions gouvernementales, se permettre de vérifier la faisabilité des projets et accroître les chances de bénéficier de leurs retombées. Dans certains cas, le client était le Gouvernement lui-même; dans d'autres, un débouché inespéré se présentait, parfois grâce aux politiques où à la protection gouvernementales.

Avant et pendant le premier mandat du gouvernement Trudeau, certains indices laissèrent entendre que le gouvernement américain allait prendre des mesures pour faire face aux difficultés industrielles du pays. Le Canada ne devait donc pas trop compter sur ses voisins du Sud pour affronter la nouvelle conjoncture internationale:

- Avant le début des années soixante-dix, le gouvernement américain tenta à plusieurs reprises de mettre un frein aux importations de pétrole canadien afin de protéger ses producteurs locaux. Le Canada dut lutter longtemps contre l'établissement de quotas de la part des Américains, jusqu'au jour où ces derniers comprirent qu'il était dans leur intérêt à long terme d'avoir accès aux réserves canadiennes.

- Les États-Unis ordonnèrent un arrêt des importations d'uranium canadien en 1964.

- En 1963, les États-Unis instituèrent une taxe destinée à niveler les taux d'intérêt américains et ceux des autres pays. Le Canada s'efforça d'obtenir une exemption en soulignant que les entreprises américaines auraient à souffrir de ces mesures et en promettant d'exercer une surveillance étroite de ses mouvements de capitaux.

- En août 1971, en vertu de la politique économique pratiquée par le président Nixon, les Américains imposèrent une surtaxe à l'importation, adoptèrent des mesures d'encouragement fiscal à l'exportation destinées à rapatrier une partie de la production des filiales américaines à l'étranger, instaurèrent des droits compensatoires et réclamèrent une diminution de nos exportations de produits manufacturés vers leur pays, en dépit du fait que la balance de notre compte courant était largement déficitaire lorsque le secteur des services était pris en considération.

On ne peut véritablement parler d'animosité à l'égard du Canada de la part des États-Unis. Ces mesures étaient simplement le reflet de la façon dont les Américains percevaient le nouveau contexte industriel. Elles relevaient également du fait que les États-Unis, aux prises avec leurs propres difficultés, étaient moins en mesure de satisfaire les exigences du Canada, en dépit de la qualité des relations qui existaient entre les deux pays.

Encore une fois, certaines conclusions s'imposaient:

1. Fondé sur l'étude des forces du marché, le modèle néoclassique de l'économie ne permettait pas à lui seul d'expliquer la réussite industrielle de pays comme le Japon et la Suède. Les projets militaires et aérospatiaux des Américains échappaient, eux aussi, à cette conception. Désormais, les gouvernements venaient chambarder les modèles d'implantation et de développement industriels.

   Le Canada allait devoir s'adapter à cette nouvelle forme de concurrence tout en s'attaquant, dans le cadre de négociations internationales, à la remontée du protectionnisme.

2. La force d'un pays se mesure à ses exportations. Or, l'impact des mesures protectionnistes adoptées par les gouvernements étrangers était pour le moins évident dans le fait que ces pays exportaient principalement des produits manufacturés par des entreprises subventionnées ou bénéficiant des nouvelles politiques gouvernementales.

   Si nous souhaitions prendre part à la croissance des secteurs manufacturier et tertiaire, nous nous devions d'encourager le développement technologique au pays, à la fois pour mettre au point des inventions susceptibles de produire des retombées sur le plan industriel et pour bénéficier à temps des découvertes technologiques auxquelles nous avions accès à l'étranger. Nos programmes de recherche et de développement devaient se mettre au pas de l'industrie; ils devaient déboucher sur des applications pratiques, convenir aux besoins du marché et être commercialisables. Telles étaient les conditions de leur succès.

3. Tout en conservant nos liens privilégiés avec les États-Unis, nous avions intérêt à établir de nouvelles relations commerciales avec les économies montantes de l'Europe et de la région du Pacifique.

Les initiatives politiques

1. Mesures fiscales, prêts et subventions

Afin de stimuler les investissements dans le secteur de la fabrication et de la transformation, le gouvernement canadien réduisit les impôts des sociétés et consentit à ces dernières certaines déductions fiscales. Il procéda de la même manière pour favoriser la recherche et le développement. Par la suite, le crédit d'impôt pour la recherche scientifique devait permettre de pousser plus loin cette démarche en offrant les mêmes encouragements fiscaux aux entreprises désireuses d'investir dans la recherche et le développement mais qui n'étaient pas soumises à l'impôt et en encourageant les fonds privés de placement à appuyer la recherche scientifique. Ce concept de crédit d'impôt se fondait certes sur de bonnes intentions, mais sa mise en œuvre comporta de graves lacunes. Certaines entreprises commirent des abus: elles tirèrent profit de ces mesures mais ne firent aucun effort pour mener à bien leurs programmes de recherche. Ces déductions fiscales furent également utilisées au bénéfice de certaines régions dont le taux de croissance était faible et le taux de chômage élevé, ainsi que de certains secteurs clés (dont les ressources naturelles, l'habitation et la culture). Ajoutés à d'autres dispositions fiscales, ces crédits s'avérèrent trop généreux: ils aveuglèrent le jugement des investisseurs qui, assurés de réaliser des bénéfices, renoncèrent à se préoccuper de la valeur intrinsèque et du rendement éventuel de ces projets de recherche. En dernière analyse, les mesures fiscales ont davantage servi à canaliser les capitaux vers des activités cibles que les programmes de dépenses et de subventions.

Le ralentissement de l'économie à l'échelle mondiale s'accompagna d'une baisse des liquidités des compagnies, suivie d'une incapacité de leur part de réagir adéquatement lorsque les occasions de croissance se présentèrent de nouveau. Le Gouvernement modifia le régime fiscal de manière à atténuer ce phénomène et les effets nuisibles de l'inflation sur les fonds des sociétés et sur l'épargne en général, et à encourager l'achat d'actions (notamment par une déduction pour les intérêts versés sur les emprunts destinés à l'achat de compagnies canadiennes). Les mesures fiscales favorisèrent également l'épargne destinée à combler les besoins en capitaux de l'industrie du pays. Ces stratégies constituèrent un apport important pour notre économie.

Les programmes de prêts et de subventions servirent en partie à venir en aide aux entreprises qui n'étaient pas en mesure de faire usage des stimulants fiscaux et en partie parce qu'ils étaient moins coûteux dans le cas de certains projets précis. L'aide au financement des exportations, les programmes destinés à la mise sur pied de nouvelles entreprises ou à la mise au point de nouveaux produits et les programmes de modernisation industrielle (dont celui qui permit de moderniser l'industrie des pâtes et papiers dans les années soixante-dix) ne sont que des exemples de dépenses gouvernementales qui furent nécessaires pour soutenir les positions ou permettre l'expansion du secteur industriel canadien.

De même que diverses décisions en matière de placement auront des effets différents, ainsi certaines industries ayant bénéficié de l'aide gouvernementale ont su se placer en position dominante sur le marché actuel.

2. Les barrières douanières

Les barrières tarifaires furent passablement réduites au moment où les pays cherchaient à percer de plus vastes marchés et à rationaliser le système économique. Au cours des premières années du gouvernement Trudeau, la première démarche en ce sens fut la mise en œuvre, dans le cadre de l'Accord général sur le commerce et les tarifs douaniers (GATT), du Kennedy Round. Par suite des négociations menées par le Gouvernement précédent, le Canada avait réduit ses barrières tarifaires moins que ses partenaires commerciaux. Aussi, au début des années soixante-dix, le gouvernement canadien décida-t-il d'une baisse unilatérale de certains de ses tarifs, en grande partie afin de combattre l'inflation, dont le taux tendait nettement à se rapprocher de celui des autres pays. Le Gouvernement mit également sur pied un programme destiné à diminuer les tarifs douaniers lorsque les compagnies canadiennes prenaient des ententes de rationalisation avec leurs filiales étrangères. Lorsqu'il participa aux négociations de Tokyo qui se déroulèrent de 1974 à 1979, le gouvernement canadien appuya fermement l'idée d'une nouvelle baisse des tarifs douaniers sur les produits transformés et proposa même une réduction des barrières non tarifaires, qui constituaient une nouvelle forme de protectionnisme et dont l'importance s'était accrue face à la baisse généralisée des barrières tarifaires.

Ces initiatives démontrent que le gouvernement Trudeau aurait souhaité éliminer les distorsions dont souffrait le marché à cause des interventions des gouvernements de la planète plutôt que d'avoir à adopter à son tour des mesures destinées à contrer ces effets de restriction. Compte tenu de la taille et de l'influence du Canada par rapport aux États-Unis, au Japon et à la Communauté européenne, nous étions mal placés pour combattre les mesures que ces pays déterminés entendaient prendre pour défendre la cause de leurs industries respectives.

Lorsque le gouvernement Trudeau entra en fonction en 1968, les tarifs douaniers sur les importations canadiennes étaient en moyenne de 16 p. 100. En 1987, alors que prenait fin la période d'introduction progressive des réductions tarifaires convenues lors des négociations de Tokyo, cette moyenne était passée à 4 ou à 5 p. 100. En ce qui avait trait aux produits soumis à des droits de douane, le degré de protection s'établissait en moyenne à 9 ou à 10 p. 100 en 1987, comparativement à 15 p. 100 en 1979; en 1968, il oscillait entre 22,5 et 25 p. 100. Du côté des exportations, les produits canadiens taxables destinés au marché américain étaient soumis, en moyenne, à des droits de douane de 5,7 p. 100 en 1987, cependant que cette moyenne s'établissait à 4 p. 100 pour l'ensemble des produits manufacturés au Canada (les produits suivants étaient exemptés de douane: automobiles et pièces d'automobiles, avions ainsi que moteurs et pièces d'avions). Les matières premières étaient également exemptées de douane. Les exportations canadiennes vers la CEE étaient sujettes à des droits de douane variant entre 4 et 7 p. 100 dans 60 p. 100 des cas, le reste étant exempté de douane (il s'agissait surtout de matériaux industriels non transformés).

Vers la fin de son mandat, le gouvernement Trudeau entama des pourparlers avec les États-Unis en vue d'une entente sectorielle de libre-échange. L'objectif était de permettre une rationalisation des échanges et de mettre en place des mécanismes nationaux et bilatéraux destinés à soutenir la croissance dans certains secteurs particuliers. Ces négociations visaient à aborder d'un point de vue pratique la question des programmes de soutien mis en place par les deux gouvernements. On espérait ainsi voir les marchés bénéficier de cette libéralisation, mais pas au point de créer un «bloc» commercial susceptible de nuire aux relations multilatérales que le Canada souhaitait établir sur le plan international. Une association canado-américaine par trop étroite aurait en effet pu gêner les efforts du Canada pour créer des liens indépendants avec les nouvelles puissances industrielles de l'Europe et de la région du Pacifique. Les autres pays seraient par conséquent demeurés libres de négocier eux aussi des ententes sectorielles avec le Canada.

Les négociations avec les États-Unis ont échoué pour plusieurs raisons. Le mandat du gouvernement Trudeau tirait à sa fin et il lui restait trop peu de temps pour les mener à terme. Les États-Unis accordaient par ailleurs la priorité à certains secteurs ou à certaines questions qui posaient un problème au Canada (par exemple: le secteur du divertissement, la question des investissements américains au Canada et celle des brevets pharmaceutiques) et qui auraient nécessité des négociations plus globales. Enfin, au sein même du Gouvernement, les avis étaient partagés quant au degré de compatibilité de ces initiatives bilatérales avec le souhait d'accomplir des progrès sur le plan du commerce multilatéral. Dans l'ensemble toutefois, le Gouvernement continuait depuis longtemps à se faire le défenseur de l'idée de participer aux échanges internationaux (à la fois sur les plans multilatéral et bilatéral), ce qui permit à notre pays de progresser sur la voie d'une plus grande libéralisation de son commerce avec l'extérieur.

Pour le gouvernement Trudeau, la politique commerciale n'était pas une fin en soi: elle devait avant tout permettre la réalisation des objectifs industriels du pays. Elle ne prétendait nullement se substituer à une politique industrielle efficace destinée à appuyer l'économie canadienne dans un monde plus ouvert mais aussi plus concurrentiel.

Il est à noter que l'Accord canado-américain de libre-échange conclu récemment reporte de cinq à sept ans l'étude de la très importante question des pratiques reliées au développement industriel, qui constitue la forme moderne du protectionnisme. Cet accord ne permet pas non plus aux fournisseurs canadiens d'avoir véritablement accès au secteur américain de la défense, qui représente le moyen par excellence d'encourager le développement industriel et qui aurait pu servir de stimulant aux secteurs manufacturier et technologique canadiens. Pourtant, le Canada ne se fit pas prier pour céder sur les deux éléments qui constituaient sa force en permettant l'accès à ses ressources naturelles et en se rendant aux exigences des États-Unis en matière de politique industrielle.

3. La recherche et le développement

En 1971, le Gouvernement créa le ministère d'État aux Sciences et à la Technologie afin de promouvoir ses politiques dans ces domaines. Ce ministère fit en sorte d'inciter tous les autres ministères à porter attention à ces questions et de les aider à coordonner leurs efforts en ce sens.

Tout au long des années soixante-dix, le secteur privé fut chargé de mener à bien de nombreux programmes de recherche subventionnés par le Gouvernement, mais il y eut une certaine stagnation sur ce chapitre dans les années quatre-vingt. Le ministère des Communications entreprit également des recherches pour son compte et en collaboration avec l'industrie, dans le cadre de son mandat visant à permettre à ce secteur d'avenir de prendre de l'expansion.

Mais les efforts entrepris, tant au niveau de la recherche et du développement que de la technologie, aboutirent à des résultats mitigés. Même s'il y eut des réussites remarquables, les dépenses à ce chapitre, calculées en pourcentage du PIB, furent loin de soutenir la comparaison avec les niveaux atteints par nos partenaires commerciaux. Alors que les pays les plus prospères consacrent entre 2,5 et 3 p. 100 de leur produit intérieur brut à la recherche et au développement (l'objectif du Japon est 3,5 p. 100), le Canada s'est contenté de 1 à 1,5 p. 100 au cours des années Trudeau. (Ce niveau a encore diminué depuis.)

Par ailleurs, le nombre d'applications industrielles auxquelles les programmes de recherche gouvernementaux ont donné lieu est peu élevé. Même si certaines initiatives ont permis une collaboration remarquable entre les secteurs privé et public (comme dans le cas de Spar et du laboratoire du ministère des Communications), d'autres projets (dont celui de Telidon élaboré par ce même ministère) ont été paralysés par la lenteur bureaucratique ou n'offraient pas de débouchés intéressants.

Les succès qu'ont connus d'autres pays en matière de recherche et de développement sont dus aux efforts combinés du gouvernement central et des entreprises de ces pays ainsi qu'aux engagements pris aux plus hauts échelons des secteurs public et privé. Il semble que le Canada ait été privé, jusqu'à présent, de ce type de collaboration.

4.   Le développement régional

Le développement régional (cette question est abordée plus en détail au chapitre 10) a fait l'objet de subventions massives destinées à la mise en place d'une infrastructure industrielle. Il a aussi fait l'objet de tensions entre les impératifs d'efficacité propres au développement industriel et le prix à payer pour une distribution plus équitable de l'activité économique entre les diverses régions du pays. Le Gouvernement a malgré tout fini par admettre que trop de projets voyaient le jour pour des questions d'emplacement au détriment de la logique industrielle. Au bout du compte, l'accent mis sur le développement régional a permis de réduire les disparités dans le domaine de l'infrastructure industrielle, mais il a eu très peu d'effet sur les disparités en matière de revenus. Seule une étude plus approfondie permettrait de déterminer si l'écart aurait été encore plus grand sans ces mesures.

5. Les politiques d'achat du Gouvernement

Les politiques d'achat du Gouvernement en matière de défense, de transport et de communications ont permis de soutenir (bien qu'il eût sans doute été possible de faire mieux et plus) la capacité de production canadienne dans ces secteurs. Un bel exemple de réussite en ce domaine fut donné lors de l'acquisition, par le Canada, de son premier satellite de communications (ANIK 1). On obligea le fournisseur étranger (Hughes) à s'associer à une firme canadienne et à permettre à cette dernière de bénéficier d'un transfert de technologie. L'entreprise canadienne put ainsi devenir le maître d'œuvre du projet de construction d'un nouveau satellite. Grâce au soutien du Gouvernement et à la collaboration des laboratoires du ministère des Communications, la compagnie Spar Aérospatiale fut en mesure de participer à ce projet, puis d'assumer la direction du deuxième et, enfin, d'œuvrer partout dans le monde, d'abord aux côtés de Hughes, et seule désormais.

6. Autres initiatives gouvernementales

L'espace nous manque pour examiner en détail les principales initiatives prises par le gouvernement Trudeau en matière de politique industrielle: les retombées industrielles de la politique énergétique, les améliorations apportées au secteur des ressources naturelles, l'utilisation du pétrole et du gaz naturel pour développer l'industrie pétrochimique, les efforts consacrés à l'expansion des marchés de capitaux et à la protection de la propriété intellectuelle (brevets, droits d'auteur et marques de commerce), etc.

Toutefois, avant de nous pencher sur quelques-unes des initiatives les plus marquantes en matière de politique industrielle, il est important de noter que certaines des politiques dont le lecteur vient d'avoir un aperçu franchirent diverses étapes et connurent certains changements qui ne manquèrent pas de semer la confusion dans le milieu des affaires. Ainsi, au départ, le système fiscal fut le principal responsable de l'appui accordé à la recherche et au développement. Le Gouvernement fit ensuite appel aux subventions pour encourager en partie ces programmes. Toujours à la recherche du meilleur moyen de stimuler la recherche, il décida enfin de revenir aux encouragements fiscaux.

Parallèlement, la poursuite d'objectifs sociaux tout aussi légitimes donna lieu à des tracasseries administratives et à des distorsions dont l'efficacité et la compatibilité avec les objectifs du secteur industriel étaient loin d'être toujours évidentes. Le Gouvernement tenta de répondre à certaines des plaintes qui lui étaient formulées en établissant un système de coordination entre les ministères en vue d'harmoniser et de simplifier ces divers programmes et politiques.

Cette analyse «rationnelle» des politiques gouvernementales doit par ailleurs être atténuée par le fait que tous les gouvernements font face aux mêmes réalités, à savoir qu'ils doivent tenter de régler des crises industrielles dont ils ne sont pas responsables, d'accorder leurs projets au diapason des initiatives provinciales et de résoudre des dilemmes insolubles lorsque les entreprises menacent de fermer leurs portes si elles n'obtiennent pas de subventions. Prises individuellement, les décisions d'appuyer tel projet ou telle entreprise pourront sembler incohérentes avec les objectifs énoncés ci-dessus. Certaines des décisions du Gouvernement étaient justifiées, d'autres ont conduit à des déceptions, d'autres encore ont été regrettables, sans doute aux yeux mêmes de leurs auteurs. (Il s'agissait parfois d'échecs dus aux aléas de la politique plutôt qu'à des erreurs de jugement, même si la frontière entre les deux est parfois mince.) En politique, il est souvent facile de se rappeler les erreurs et d'oublier les réussites des gouvernements. Si, en matière de politique industrielle, le gouvernement Trudeau a commis des erreurs, il a aussi connu des réussites.

Quelques initiatives importantes

Certaines des politiques associées au gouvernement Trudeau méritent une attention particulière, notamment: la politique au sujet de la concurrence, celle concernant les investissements étrangers, la création de la Corporation de développement du Canada (CDC) et de la Corporation de développement des investissements du Canada (CDIC), de même que les efforts déployés pour la mise sur pied d'une «stratégie industrielle».

1. La concurrence

Dès le début de son premier mandat, le gouvernement Trudeau soumit un projet d'amendement à la *Loi relative aux enquêtes sur les coalitions* afin de supprimer le caractère criminel de certaines activités économiques et de mettre l'accent sur un système d'évaluation de ces opérations administré par un tribunal spécialisé. Fusions d'entreprises et ententes destinées à rationaliser certaines activités et à en améliorer l'efficacité seraient permises, à condition uniquement de se traduire par une diminution des prix aux consommateurs ou par la survie d'une entreprise qui, autrement, aurait dû fermer ses portes. Les ententes permettant à une compagnie canadienne d'exercer sa domination ou même un monopole sur le marché pourraient se justifier dans la mesure où la présence de concurrents étrangers garantissait aux consommateurs canadiens un traitement équitable. Pour défendre sa cause, une compagnie ayant des visées monopolistiques pouvait aller jusqu'à suggérer une baisse des tarifs douaniers à l'égard d'importations concurrentes.

Cette nouvelle approche se détachait nettement de la philosophie qui avait prévalu jusqu'alors au pays et qui prévalait toujours aux États-Unis, selon laquelle on évaluait une situation de monopole principalement en fonction de critères tels que le pourcentage de la part du marché. Ce changement d'attitude du Gouvernement ne peut s'expliquer qu'à la lumière de la nécessité qu'il y avait, comme nous l'avons vu plus haut, d'améliorer l'efficacité des entreprises, de faire face à la concurrence étrangère et de rationaliser l'économie. Dans le milieu des affaires, on craignait toutefois que cette nouvelle politique n'entraînât un contrôle gouvernemental excessif et on doutait même de sa capacité de permettre réellement aux entreprises de relever les défis qui se présentaient.

Ce nouveau concept d'efficacité économique ne s'est toutefois pas imposé sur-le-champ. Il fallut de nombreuses années avant d'en inscrire peu à peu les principes dans des textes législatifs et on commence à peine à en mesurer les effets concrets.

2. Les investissements étrangers

Au moment où l'équipe de M. Trudeau prit le pouvoir, la mainmise étrangère sur l'économie canadienne était élevée: elle atteignait 58 p. 100 dans le cas du secteur manufacturier, 65 p. 100 dans celui du secteur des mines et des fonderies, 64 p. 100 dans celui de l'industrie pétrolière et gazière, 95 p. 100 dans le cas de la fabrication de produits de caoutchouc et 99 p. 100 dans le cas de l'industrie des sous-produits houillers et pétroliers. Par ailleurs, le gouvernement canadien, les investisseurs canadiens et les investisseurs étrangers détenaient respectivement un tiers des capitaux placés dans les sociétés établies au pays, les Américains détenant à eux seuls 80 p. 100 des placements étrangers. Le Gouvernement en vint à la conclusion qu'il serait désavantageux d'interdire carrément tout investissement étranger au pays. Il fallait toutefois se rendre à l'évidence que les filiales étrangères se comportaient souvent différemment des sociétés canadiennes ou des multinationales ayant leur siège social au Canada, notamment sur le chapitre des approvisionnements, des exportations et de la mise au point de nouveaux produits. Bon nombre de ces filiales étrangères tiraient peu parti du fait qu'elles étaient rattachées à une organisation internationale pour la bonne raison qu'elles renonçaient à rationaliser leurs activités. Les Canadiens se voyaient ainsi privés d'une bonne part des retombées que l'activité économique aurait sans doute pu engendrer au pays.

Le Gouvernement n'entendait nullement porter de jugement de valeur sur la provenance des capitaux investis au Canada. Il continua d'ailleurs, par ses politiques et ses programmes, d'apporter son soutien à toutes les initiatives industrielles, indépendamment de la nationalité de leurs promoteurs. L'objectif visé était plutôt d'assainir l'infrastructure industrielle et de maximiser le rendement économique présent et futur à travers une intégration plus poussée aux marchés internationaux.

Dans le cadre de cette nouvelle politique, le Gouvernement décida d'évaluer au mérite les initiatives étrangères en ce qui concerne le rachat d'entreprises et des investissements d'envergure, tout en offrant aux intéressés l'accès au marché canadien, qui demeurait passablement lucratif. À travers ses objectifs de favoriser la fabrication de produits adaptés aux marchés internationaux et de permettre aux filiales canadiennes d'élargir leurs activités, l'Agence d'examen de l'investissement étranger (AEIE) entendait susciter un nouveau partage de l'activité économique et modifier les rapports entre ces filiales et leurs maisons mères étrangères. Cette approche visait à atténuer les effets, pour le Canada, des pressions exercées par les gouvernements d'autres pays, qui adoptaient eux aussi des politiques nationalistes. Advenant la réussite de ce programme, le Canada pouvait s'attendre à une réduction du chômage, à un nouvel essor technologique, à une baisse des prix et, de façon générale, à un avenir industriel prometteur.

Le Gouvernement avait l'intention de concentrer ses efforts là où les enjeux étaient importants et où ses interventions avaient le plus de chance de porter fruit, de même que dans les secteurs plus «sensibles» de la culture, de la haute technologie et des richesses naturelles. L'AEIE avait également comme mandat d'examiner les situations problématiques et de faire des recommandations au Gouvernement. On espérait ainsi modifier les politiques gouvernementales de manière à permettre aux entreprises de s'adapter de façon réaliste aux exigences de l'industrie canadienne. On comptait que cette approche déboucherait, avec le temps, sur de nouvelles politiques et sur de nouvelles pratiques industrielles susceptibles d'améliorer la position canadienne. On misait en somme sur l'établissement d'une série de «pactes de l'automobile» qui, combinés aux politiques industrielles déjà mentionnées, auraient eu pour effet de permettre aux entreprises implantées ou désireuses de s'implanter au Canada de jouer un rôle accru sur la scène internationale.

On doit cependant dire que, dans les faits, les responsables de l'application de ces mesures ont raté la cible. Ils ont notamment négligé de soustraire les projets de moindre importance aux tracasseries administratives. La loi avait doté l'AEIE d'importants moyens lui permettant de recueillir les données nécessaires pour repérer les cas les plus épineux, mais le Gouvernement avait escompté voir la majorité des projets soumis à l'Agence approuvés systématiquement, un peu comme cela se produisait dans le cadre des mesures antimonopole adoptées aux États-Unis. Les dirigeants de l'AEIE choisirent au contraire d'examiner pour ainsi dire chaque cas à la loupe, provoquant ainsi des réticences et des délais inutiles. Une hausse subséquente des critères de sélection ne fit qu'aggraver le problème.

Les administrateurs de l'Agence refusèrent par ailleurs d'utiliser les mécanismes de négociation, qu'ils jugeaient trop compliqués, qui auraient permis d'exercer une influence positive sur les politiques et les programmes industriels du Gouvernement. Ils s'en tinrent à la lettre de leur mandat et une occasion d'innover fut ainsi perdue.

Il serait intéressant de savoir, par le truchement d'une étude éventuelle, si les directeurs des filiales étrangères établies au Canada ont tenté, à partir des renseignements fournis par l'AEIE, de se lancer dans de nouvelles activités; ou si l'infrastructure industrielle a bénéficié de cette mesure; ou encore si les entrepreneurs canadiens ont pu conquérir des marchés qui, autrement, leur seraient demeurés inaccessibles.

Lorsque le gouvernement Trudeau termina son dernier mandat, le degré de mainmise étrangère sur l'économie canadienne avait néanmoins diminué. Sans doute à la fois grâce à la maturité économique du Canada et aux politiques gouvernementales, le degré de mainmise étrangère sur l'actif non financier des compagnies canadiennes passa de 35,3 p. 100 en 1968 à 23,8 p. 100 en 1984. Au cours de la même période, le degré de mainmise étrangère passa de 58 à 44,1 p. 100 dans le cas de l'industrie manufacturière, de 65 à 35 p. 100 dans le cas du secteur des mines et des fonderies, de 64 à 57 p. 100 dans le cas de l'industrie pétrolière et gazière, de 95 à 92 p. 100 dans le cas de la fabrication de produits de caoutchouc et de 99 à 59 p. 100 dans le cas de l'industrie des sous-produits houillers et pétroliers.

3. La Corporation de développement du Canada et la Corporation de développement des investissements du Canada

La Corporation de développement du Canada (CDC) fut créée en 1971 afin de constituer un bassin supplémentaire de capitaux destinés prioritairement au secteur manufacturier canadien. La société d'État Polymer fut transférée à la CDC, devenant ainsi la première compagnie industrielle appartenant à l'État à être privatisée lorsque, par la suite, le public put acquérir des actions de la CDC.

La CDC avait comme mandat de se tourner vers l'avenir et d'investir, seule ou conjointement, dans des projets prometteurs afin d'assurer une présence canadienne dans de nouveaux secteurs industriels intéressants. Elle n'avait pas pour mission d'investir dans des industries dépassées. Le Gouvernement n'ignorait pas que la structure financière mixte de cette entreprise, détenue conjointement par les secteurs public et privé, empêcherait cette dernière de devenir le véhicule exclusif des politiques de l'État. En tant qu'actionnaire majoritaire, le Gouvernement espérait néanmoins entretenir des relations ouvertes avec les dirigeants de la compagnie et bénéficier de leurs conseils et de leur expérience pour tout ce qui touchait aux questions industrielles. Sauf lorsqu'elle avait des raisons stratégiques ou commerciales d'investir ses capitaux, la CDC ne représentait pas une source de revenu.

Dans les faits, les rapports entre la CDC et le Gouvernement furent très tendus. Malgré les garanties données par le Gouvernement, la société d'État craignait une trop forte ingérence de sa part. Elle diversifia par ailleurs son portefeuille dans le secteur des ressources naturelles plutôt que dans le secteur manufacturier, s'endetta lourdement et connut des difficultés avec certaines de ses acquisitions. Comme le Gouvernement n'était pas un actionnaire actif, il laissa les dirigeants de la compagnie décider de la stratégie à adopter et des décisions à prendre. Malheureusement, là Corporation de développement du Canada ne répondit pas aux attentes du Gouvernement.

Au printemps 1982, le Gouvernement choisit de mettre fin aux tensions en liquidant son actif dans la société, tout en cherchant la solution la plus équitable possible pour celle-ci et pour ses actionnaires. La Corporation de développement des investissements du Canada (CDIC) fut chargée de s'occuper de ce dossier et de divers autres placements gouvernementaux qui requéraient également des soins intensifs.

L'un de ces canards boiteux était Canadair, qui avait pendant longtemps été le plus grand fabricant de fuselages d'avions du Canada. Mais la société mère américaine, General Dynamics, avait décidé, pour des raisons de stratégie interne, de mettre fin, en 1975, aux activités de Canadair, qui n'était pas en mesure de fabriquer les nouveaux modèles plus perfectionnés d'avions que la compagnie américaine entendait produire dorénavant.

Le Canada constituait un marché considérable pour l'industrie aéronautique et le gouvernement canadien n'avait pas manqué d'exiger depuis toujours des compensations des manufacturiers étrangers. (Ceux-ci devaient permettre aux entreprises canadiennes de fabriquer certains éléments des appareils dont le Gouvernement faisait l'acquisition.) En 1975, les dirigeants canadiens de Canadair persuadèrent le Gouvernement de se porter acquéreur de l'entreprise en affirmant qu'elle serait viable entre les mains d'un actionnaire désireux de voir l'entreprise poursuivre ses activités et qu'elle pourrait être revendue à profit au bout de quelques années. Privés des ressources stratégiques et commerciales de leur maison mère, les dirigeants de Canadair se donnèrent comme défi de construire un appareil au complet, un réacté pour gens d'affaires qu'ils baptisèrent à juste titre Challenger. Les coûts estimés de conception s'élevaient à un peu plus de 106 millions de dollars, répartis sur deux ans, et un an plus tard, des dépenses maximales de 128 millions seraient nécessaires à l'achat d'équipement et à la mise en production. Le Gouvernement dissimula mal sa colère et sa déception lorsque, à la fin de 1982, il constata que la note s'élevait à quelque 1,5 milliard de dollars (intérêts compris) et que l'échéancier s'était étiré sur six ou sept ans. On avait négligé de mettre le Gouvernement au courant des difficultés et il fallait désormais intervenir de toute urgence. La CDIC fut chargée de cette mission. Ce fut une piètre consolation que de constater que d'autres gouvernements s'étaient embourbés dans des situations semblables.

Les malheurs du gouvernement canadien se répétèrent lorsqu'il décida de financer en grande partie la conception d'un autre aéronef, le Dash 7 de la société de Havilland, qui se voulait dans la lignée du célèbre Twin Otter. La société mère britannique, Hawker Siddeley, se retira du projet en 1974, alors qu'il en était à un stade assez avancé, prétextant qu'elle avait un projet d'avion léger sur la planche à dessin dans son pays. Animé de la même logique que dans le cas de Canadair et armé d'une étude de la société Boeing qui prédisait des débouchés intéressants pour ce type d'aéronef, le Gouvernement racheta la compagnie en 1974 et se lança dans la production aéronautique. Sur le plan technique, le Dash 7 était une réussite, mais les débouchés promis ne se concrétisèrent pas. La société tourna alors tous ses espoirs vers un nouveau modèle, le Dash 8. À l'étape de la production, on constata toutefois que les installations n'avaient pas été modernisées depuis un bon moment, ce qui fit passablement monter les coûts. Par ailleurs, les retombées du Dash 7 se faisaient attendre et les autres produits de la compagnie avaient déjà saturé leurs marchés respectifs, privant de Havilland de précieuses liquidités. Pour ajouter aux malheurs de cette dernière, l'industrie aéronautique connut une profonde dépression par suite de la récession du début des années quatre-vingt. À la fin de 1982, au moment où la CDIC prit les choses en main, de Havilland était en sérieuses difficultés.

Le Gouvernement tira de ces événements la conclusion que ses propres mécanismes de contrôle n'étaient pas au point: ses placements dans le secteur industriel étaient mal gérés, on ne l'avait pas averti des risques encourus et il n'avait nullement tenté de tenir ces diverses compagnies bien en laisse (comme doit le faire tout actionnaire important). Ces deux sociétés et d'autres détenues par le Gouvernement s'étaient écartées des pratiques habituelles de saine gestion. Même les gens d'affaires siégeant au conseil des sociétés d'État semblaient persuadés qu'ils n'avaient plus à répondre à de tels critères. Pourtant, une fois sa décision prise de poursuivre d'importants objectifs industriels, le Gouvernement entendait également satisfaire des critères d'ordre commercial.

La CDIC hérita en novembre 1982 du mandat suivant: prendre en charge le contrôle des investissements gouvernementaux et informer périodiquement le public de l'évolution de la situation; corriger les situations problématiques; mettre en place, pour l'ensemble du portefeuille gouvernemental, un système répondant à des critères de saine gestion; mettre le cap sur des objectifs réalistes et rendre ainsi ces compagnies plus attrayantes pour d'éventuels actionnaires privés; enfin, liquider judicieusement ces avoirs, sans perdre de vue l'objectif industriel à l'origine de leur acquisition. Si le Gouvernement avait eu au départ de bonnes raisons de faire ces investissements, il avait négligé de réexaminer sa position et même de songer à liquider ses actions après un certain temps, ce qui lui aurait permis de réaffecter certains capitaux à de nouvelles priorités. Il confia donc cette tâche à la CDIC.

En plus de s'occuper de la participation gouvernementale dans la CDC et dans les deux sociétés aéronautiques, la CDIC prit également en charge les autres placements du Gouvernement qu'il n'avait politiquement plus de raison de détenir (à supposer que de telles raisons puissent exister). Parmi ces intérêts on comptait notamment Eldorado, Téléglobe Canada et Massey-Ferguson. La société Eldorado avait été acquise en temps de guerre, alors qu'une grande effervescence entourait tout ce qui touchait l'uranium et l'énergie nucléaire. L'achat de Téléglobe avait été effectué après la guerre, au moment où les pays du Commonwealth en étaient venus à la conclusion que le domaine des télécommunications internationales devait demeurer entre les mains des gouvernements pour des raisons de sécurité. Le Gouvernement avait par ailleurs acquis une faible participation dans Massey-Ferguson au début des années quatre-vingt, alors que cette société cherchait désespérément des fonds qui lui auraient permis d'éviter la faillite. On souhaitait voir la CDIC acquérir l'expertise qui permettrait au Gouvernement de venir à bout de ce genre de problèmes, qui ne manqueraient certainement pas de se répéter tôt ou tard. Le rôle de la CDIC était donc de conseiller le Gouvernement, de solliciter la participation de partenaires commerciaux (afin de réduire les frais du Gouvernement et de mieux sonder les marchés), de gérer et de surveiller les investissements placés sous son égide, de renseigner le Gouvernement et de liquider les avoirs périmés. Sans ignorer les orientations du Gouvernement, elle devait agir selon des critères d'ordre commercial — sauf avis contraire du Gouvernement et dans le cas d'octrois spéciaux.

Le Gouvernement ne fit pas languir la CDIC longtemps avant de lui confier une nouvelle mission de taille: les pêcheries de la côte est étaient en difficulté et, tout comme pour Chrysler et Massey-Ferguson quelques années plus tôt, leur survie dépendait d'une restructuration en profondeur de leurs activités et d'une aide financière importante. Il en résulta, en 1983, la création de Fisheries Products International à Terre-Neuve et la restructuration de National Sea Products en Nouvelle-Écosse et de Pêcheries Cartier au Québec.

La CDIC s'était acquittée remarquablement bien de son premier mandat: Canadair redevint rentable à compter d'avril 1984 et sa marge bénéficiaire n'a cessé de croître depuis. (Si on compare les résultats — coûts de financement non compris —, la compagnie a alors vu ses pertes mensuelles de l'ordre de 25 à 30 millions de dollars se transformer en bénéfices mensuels de 1 million de dollars.) La CDIC réussit également à réduire considérablement le déficit de la société de Havilland et des autres placements de son portefeuille. Elle procédait à un examen stratégique de chaque compagnie, l'évaluait, préparait les projets de liquidation de ses avoirs et entamait des pourparlers avec d'éventuels acquéreurs.

Le Gouvernement avait enfin commencé à mettre un peu d'ordre dans ses placements industriels et à réexaminer ses positions sur une base continue, de manière à liquider ses avoirs lorsqu'il n'y avait plus de motif politique pour justifier son intervention ou lorsque, pour d'autres raisons, il jugeait préférable d'accorder la priorité à d'autres secteurs. Compte tenu des expériences limitées qu'a connues le Gouvernement, il est encore trop tôt pour dire si ce dernier finira par limiter ses interventions, si le nombre de situations dans lesquelles il devra intervenir pour «sauver les meubles» ira en diminuant ou s'il saura dorénavant faire preuve de plus de discipline sur le plan financier. Le gouvernement Mulroney ne manque pas d'aller dans le sens des démarches entreprises, mais la CDIC a vu ses moyens passablement réduits.

4. La stratégie industrielle

Un certain nombre de facteurs obligèrent le Gouvernement à se doter plus rapidement que prévu d'une stratégie industrielle: la grande diversité des demandes d'aide qui lui étaient présentées; le fait qu'un grand nombre de pays, peu importât leur orientation idéologique, adoptaient des politiques interventionnistes; et les voix de plus en plus nombreuses de ceux qui pressaient le Gouvernement tantôt de résoudre telle crise, tantôt de mettre en œuvre tel programme. Il devenait essentiel de définir la route à suivre et la stratégie à adopter sur le

plan industriel. Certains des pays les plus prospères avaient effectivement choisi, du moins pour quelque temps, certains secteurs industriels comme cibles de leurs interventions. Ils n'avaient pas fermé la
porte aux autres industries, mais les avaient simplement laissées se
tirer d'affaire par leurs propres moyens. Un pays d'importance
moyenne ne pouvait subvenir à tous les besoins et il semblait logique,
pour le Canada, de concentrer ses ressources limitées là où elles
étaient le plus susceptibles d'avoir un impact. Après tout, pour être
efficace, une stratégie d'investissement ne se doit-elle pas d'être sélec-
tive?

À mesure qu'il intensifiait ses efforts, le gouvernement canadien
éprouva des difficultés à réconcilier deux concepts opposés. Pour
certains, le rôle du Gouvernement consistait à favoriser un environnement économique sain, générateur d'efficacité et de compétitivité. Il
devait pour cela implanter des politiques macro-économiques éprou-
vées à l'intérieur du pays et se faire le défenseur d'une plus grande
libéralisation des échanges et d'une meilleure coordination économique sur le plan international. Il ne lui resterait plus par la suite qu'à
laisser la libre concurrence s'exercer dans le cadre des règles établies.
Ses interventions devraient se limiter à répondre aux demandes du
marché ou à corriger les mécanismes qui causaient des problèmes.

Pour d'autres, les interventions gouvernementales mentionnées ci-
dessus étaient nécessaires, mais insuffisantes pour rendre justice au
potentiel que recelait notre pays ou pour affronter le fait que partout
dans le monde les gouvernements consacraient d'immenses efforts à
attirer et à encourager le développement industriel à l'intérieur de leurs
frontières. L'intervention gouvernementale était peut-être une chose
regrettable mais nécessaire; le gouvernement canadien se devait par
conséquent de mettre au point ses propres techniques d'intervention.
Pareille conception n'était pas incompatible avec l'idée que les forces
du marché, la compétitivité et les impératifs de la technologie devaient
être les éléments déterminants de la réussite industrielle. Toute la
question était plutôt de savoir jusqu'à quel point une aide gouvernementale bien dosée pouvait permettre à certaines industries, à certains
secteurs ou à certaines entreprises d'en tirer un avantage sur la concurrence étrangère. La majorité des ministres du gouvernement Trudeau
partageaient cette seconde manière de voir les choses. On peut dire,
après coup, qu'il manquait au gouvernement canadien certains
éléments pour mettre au point un plan d'action efficace. Dans d'autres
pays, comme le Japon, l'Allemagne et les États-Unis, les conditions

étaient différentes. En Allemagne et au Japon, on remarquait une nette volonté nationale de reconstruire une économie anéantie par la guerre; aux États-Unis, le programme de défense et le programme d'exploration spatiale servaient de stimulants à l'économie. Au Canada, rien de tel qui aurait pu créer un consensus autour de certaines priorités dans le domaine industriel. Le concept de stratégie industrielle ne pouvait suffire seul à cette tâche.

Au Canada, le secteur privé ne voyait pas l'utilité d'une stratégie misant sur certaines priorités destinées à faire progresser le secteur industriel. Cette attitude était sans doute due en partie au fait que les technologies et les inventions dont bénéficiait ce secteur provenaient de sociétés mères situées à l'extérieur du pays. La mise sur pied de programmes canadiens de recherche et de développement n'était pas essentielle pour ces filiales. Le Canada pouvait donc se permettre d'être moins sélectif ou de faire moins d'efforts de spécialisation puisque le développement industriel n'y était pas une priorité: nous pouvions compter sur le monde entier à cet égard!

Les différents ministères fonctionnaient largement sur le mode réactif, c'est-à-dire qu'ils réagissaient aux problèmes et ne s'engageaient qu'à reculons dans certains projets, avec comme résultat qu'ils ne s'occupaient guère que des points faibles de notre économie. Il était particulièrement difficile de refuser de l'aide à une entreprise en difficulté, surtout lorsque aucune solution de rechange ne s'offrait aux populations affligées. Dans un tel contexte, les politiques commerciales revêtaient une importance beaucoup plus grande que les politiques industrielles, à la fois comme mesures destinées à créer un environnement favorable à l'expansion des marchés et comme moyen d'influencer les rapports entre les sociétés mères et leurs filiales.

Le Gouvernement consacra néanmoins des efforts à mettre au point une stratégie industrielle appropriée: il étudia diverses approches destinées à stimuler le développement technologique; il mit l'accent sur d'autres éléments qui constituent la clé du succès en ce domaine, à savoir les capitaux de risque, l'accessibilité aux marchés et la médiation industrielle; il mit en œuvre des politiques visant à développer certains secteurs industriels. Le Gouvernement entreprit également des consultations intensives qui lui permirent de se doter de la base de données de loin la plus importante qu'il ait jamais colligée sur l'industrie canadienne. S'y est ajoutée la liste des vœux de chacun des secteurs de l'industrie, qui tous espéraient voir le Gouvernement intervenir en leur faveur et, paradoxalement, diminuer les contraintes que ses politiques exerçaient sur la liberté d'action des entreprises.

Tout en cherchant à mettre au point une stratégie ·industrielle appropriée, le Gouvernement n'avait nullement l'intention d'implanter un système d'économie planifiée, mais il n'a pas non plus atteint les objectifs qu'il s'était fixés, à savoir: se doter d'un cadre lui permettant de répondre adéquatement aux demandes de subsides et de restructuration; déterminer dans quels secteurs et de quelle manière il était préférable de concentrer ses interventions; définir une stratégie davantage axée sur les secteurs d'avenir que sur le sauvetage des canards boiteux. Le milieu des affaires craignait pour sa part tout interventionnisme de l'État. Il était loin de partager les vues du Gouvernement concernant la mise sur pied de projets à risques partagés destinés à mettre l'accent sur des priorités conjointement définies.

Par ailleurs, le cadre dans lequel les politiques industrielles canadiennes pouvaient être mises en œuvre était lui-même fragmenté, puisque ces politiques relevaient à la fois du gouvernement fédéral et des provinces. Assez curieusement toutefois, on note au Québec une meilleure concertation entre les secteurs public et privé, bien déterminés à bâtir une économie solide fondée sur les investissements publics. Ainsi, la Caisse de dépôt et placement du Québec utilise une partie des fonds provenant des régimes d'assurance et de rentes de cette province pour permettre aux entreprises québécoises de prendre de l'expansion; de même l'exploitation des ressources hydro-électriques a clairement permis de favoriser de nombreuses entreprises québécoises qui, fortes de cette expérience, jouent depuis un rôle majeur sur la scène internationale. Dans la majorité de ses interventions, le gouvernement québécois s'est toutefois généralement abstenu de prendre le contrôle des opérations, se contentant d'en partager les risques financiers.

Que les tentatives du gouvernement fédéral de mettre au point une stratégie industrielle aient constitué une bonne idée ou non, elles donnèrent lieu à d'amères déceptions.

Conclusion

L'évaluation que fit le gouvernement Trudeau des forces et des faiblesses de l'économie, tant canadienne que mondiale, semble avoir été exacte. Les gouvernements du monde entier n'ont cessé d'intervenir dans l'espoir d'implanter sur leurs territoires des industries qui, à cause de l'ouverture des marchés provoquée par l'utilisation accrue des nouvelles technologies et par la baisse des barrières tarifaires, ont désormais l'embarras du choix; la technologie joue un rôle de plus en plus important dans la croissance industrielle et l'augmentation des revenus; enfin, les secteurs industriels les plus vigoureux témoignent souvent de l'étroite collaboration entre le Gouvernement et l'entreprise.

Le gouvernement canadien était persuadé que la réussite ne pouvait provenir que d'une économie saine, administrée selon des principes éprouvés et régie par les lois du marché, y compris celles dictées par les marchés internationaux; cette réussite dépendait également de l'adoption de mesures et de politiques générales de soutien; enfin, elle dépendait dans certains cas, et par nécessité plutôt que par choix, de la volonté du Gouvernement d'intervenir directement pour régler certains problèmes. Ces interventions directes n'avaient lieu que lorsque aucune autre solution ne se présentait. Mais le Gouvernement préférait de loin s'attaquer aux mesures protectionnistes qui régnaient encore de par le monde en mettant l'accent sur les négociations internationales.

Trop d'interventions gouvernementales directes n'ont été que des réactions face à des situations de crise et des tentatives de remettre sur pied des entreprises mal en point. Rien de surprenant à ce que les politiques industrielles du Gouvernement aient acquis une si mauvaise réputation. Ces expériences ont démontré que le Gouvernement faisait un piètre actionnaire. Même lorsque son objectif est de favoriser le développement industriel, il devrait éviter de prendre la direction des entreprises qu'il entend stimuler. Il devrait plutôt s'associer à un partenaire issu du secteur privé et en mesure d'appliquer les principes d'une saine gestion, comme en témoigne l'exemple du Québec.

Dans l'ensemble, notre pays a su traverser sans encombre la période turbulente comprise entre la fin des années soixante et le début des années quatre-vingt, ce qui n'est pas peu dire quand on compare sa performance industrielle à celle d'autres pays. On ne peut toutefois parler d'essor fulgurant. La crise de l'énergie n'a pas manqué d'avoir des conséquences durables sur notre économie qui, pour des raisons géographiques, climatiques et industrielles, est très sensible aux prix de l'énergie. Cette époque a également été témoin d'une baisse prononcée des barrières tarifaires (grâce, en partie, aux efforts du Canada); de l'apparition, sur les marchés internationaux, d'une nouvelle concurrence à la production nord-américaine traditionnelle; et de la transformation prodigieuse de l'environnement technologique. Le Canada a réussi, malgré tout, à maintenir sa position par rapport à ses concurrents et à conserver somme toute une vitesse de croisière respectable pour une économie de taille moyenne, compte tenu des particularités historiques du pays. Nos exportations de produits finis (exception faite des produits comestibles) ont presque triplé en volume entre 1971 et 1984. Ce qui représentait, et de loin, la croissance relative la plus significative de tous les secteurs de l'économie canadienne. Pendant cette même période, nos importations de produits manufacturés ont augmenté considérablement sans pour autant avoir d'effets négatifs sur notre autosuffisance à l'égard de ces produits, ce qui indique que la production canadienne s'est spécialisée ou rationalisée. La valeur de notre production de biens manufacturés est passée de 42 milliards de dollars qu'elle était en 1968 à 230 milliards en 1984, un taux d'augmentation certes plus faible que dans le cas des services (tendance que connaissent tous les pays industrialisés), mais nettement plus élevé que celui du secteur des ressources naturelles. Il semblerait que le secteur manufacturier canadien (à savoir la sidérurgie, l'industrie automobile, l'industrie des produits chimiques et les petites entreprises) soit sorti revigoré de cette période, au point de puiser désormais sa confiance dans l'Accord canado-américain de libre-échange — ce qui aurait été impensable il n'y a pas si longtemps encore. D'autres secteurs (par exemple: l'industrie agro-alimentaire, l'industrie du meuble, l'industrie textile et les fabricants d'appareils électroménagers) semblent plus inquiets et moins bien préparés à affronter la concurrence étrangère.

Il s'agit, en somme, d'une performance respectable et dont les résultats cadrent bien avec les attentes du Gouvernement, même si tous les intervenants du secteur industriel et du secteur public étaient en droit d'avoir des aspirations plus élevées.

Le gouvernement Trudeau semble avoir entamé son premier mandat avec une foi démesurée à l'égard de ses politiques industrielles. Au cours de ses dernières années de pouvoir, il en vint plutôt à la conclusion que même les meilleures politiques du monde ne suffisent pas à produire les résultats escomptés. La situation au Canada et dans le monde industrialisé lui indiquait par contre que l'économie de marché ne pouvait être laissée à elle-même. Sans une politique gouvernementale cohérente et une collaboration étroite entre l'État et le secteur privé, le Canada risquait de se trouver désavantagé par rapport à ses concurrents. Toute intervention massive du Gouvernement devrait nécessairement être précédée d'une mobilisation générale des parties intéressées et de leur étroit engagement en faveur d'objectifs explicites de croissance industrielle. Mais pareille intervention aurait peu de chance de se produire, compte tenu de l'absence de volonté collective à cet égard.

Les défis auxquels le gouvernement Trudeau dut faire face sont toujours présents. La concurrence extérieure est plus féroce que jamais, les pays étrangers sont de plus en plus en mesure de nous approvisionner sur tous les plans, la recherche décroît en pourcentage de notre PIB, l'accroissement de notre productivité est lent, le rendement de la main-d'œuvre a diminué et la recrudescence du nombre de fusions d'entreprises nous donne une idée des défis que doivent relever les compagnies canadiennes pour survivre dans un monde qui s'internationalise de plus en plus.

Ces défis se posent par ailleurs dans un climat économique et politique qui rend difficile toute action concertée. Les succès du Japon et des pays nouvellement industrialisés sur le plan de la production de biens de consommation sont à l'origine des déficits croissants de la balance commerciale du Canada et des États-Unis, dont les usines tirent de plus en plus de l'arrière en matière de productivité. À cause de l'inflation provoquée par la crise du pétrole, et qui fut suivie d'une récession mondiale accompagnée de sévères mesures de restriction monétaire et de dépenses accrues du secteur public (dont la majorité étaient dues à des programmes de soutien prévus par la loi), les dettes accumulées ont provoqué d'énormes déficits qu'il a été impossible de réduire malgré une période soutenue de croissance et des augmentations d'impôt.

Dans ces circonstances, le gouvernement fédéral se trouve désormais financièrement limité dans sa capacité de mettre sur pied des politiques destinées à relever de nouveaux défis. C'est toute la crédibilité du secteur public qui est dorénavant en cause. Le phénomène de la planétarisation ne fait que restreindre la capacité des gouvernements de régler certains de ces problèmes; pour se développer, les économies doivent désormais affronter la concurrence des pays qui utilisent les technologies les plus perfectionnées et qui possèdent les coûts de production les plus faibles. Cette évolution du contexte industriel international a eu des effets différents sur les diverses régions du pays, exacerbant du même coup les tensions régionales. Il est toutefois important pour le Canada, s'il veut maintenir son importance face à la concurrence internationale sur le plan industriel, s'il veut faire contrepoids aux nouvelles forces qui favorisent les échanges Nord-Sud depuis l'entrée en vigueur de l'Accord de libre-échange et s'il entend réaliser des objectifs qui dépassent le seul domaine économique, de renforcer les liens entre les diverses régions du pays.

Car si l'Accord canado-américain de libre-échange nous donne accès à un vaste marché, il nous impose par le fait même certaines restrictions. En vertu des termes de cet accord, il nous sera en effet plus difficile d'utiliser la demande intérieure en général et de faire appel aux dépenses et aux politiques d'achat du Gouvernement en particulier en tant que leviers pour développer l'industrie et la technologie canadiennes.

Néanmoins, plus les conditions extérieures nous rendent la tâche difficile, plus il devient urgent de stimuler les industries les plus dynamiques et de leur fournir un appui efficace de la part du secteur public. Les leçons tirées de nos expériences devraient nous servir de guides à cet égard en nous incitant à choisir des moyens plus efficaces de combiner les efforts des secteurs privé et public dans une stratégie visant à améliorer notre compétitivité. Nous n'avons pas les moyens d'échouer sur ce chapitre.

CHAPITRE 4

Une nouvelle politique économique

par Ian A. Stewart

Né à Toronto et ayant reçu une formation en économie aux universités Queen's, Oxford et Cornell (où il obtint son doctorat), Ian Stewart s'est joint à la Banque du Canada en 1966 après avoir terminé ses études aux États-Unis. Entré à la fonction publique en 1972, il œuvra par la suite à divers postes au sein de différents organismes gouvernementaux. Il fut notamment conseiller économique auprès du Bureau du Conseil privé, sous-ministre des Finances et sous-ministre de l'Énergie, des Mines et des Ressources. Depuis qu'il s'est retiré de la fonction publique en 1986, il habite Ottawa, où il agit à titre de conseiller, de chercheur et de rédacteur.

P our bien des raisons, j'hésite quelque peu à donner mes impressions sur les politiques économiques élaborées au cours des années Trudeau. Il nous manque le recul nécessaire, je crois, pour jeter un regard objectif sur cette époque. Seul le temps permettrait d'identifier les enjeux et de démêler les circonstances particulières qui ont entouré l'adoption de certaines mesures, de juger de la pertinence de ces choix et d'en évaluer la portée[1]. Par ailleurs, si l'on s'entend généralement sur le fait qu'il nous a été donné d'assister à de profonds bouleversements au cours de cette période, nous sommes encore loin d'un consensus qui mettrait en lumière les principaux facteurs qui ont façonné le cours des événements, ou qui ont modifié le déroulement de l'histoire. Pareil désaccord ne peut guère mener à une vision éclairée du contexte socio-économique de l'époque, ni permettre une évaluation sereine des interventions qui auraient pu ou qui auraient dû être effectuées à ce moment-là[2].

Voilà qui n'est pas de nature à me faciliter la tâche. Pis encore, même à la retraite, un serviteur de l'État continue de se sentir lié par un code déontologique en vertu duquel il est très mal vu de faire étalage de ses opinions politiques. Cela étant dit, je me permettrai tout de même de faire certaines observations.

Après la guerre, un large consensus s'était établi, tant à l'échelle nationale qu'internationale, à propos des structures et des politiques à adopter en matière de gestion économique. Les bouleversements économiques survenus à la fin des années soixante et au début des années soixante-dix allaient toutefois ébranler profondément cette belle unanimité. Les diverses écoles de pensée économique se sont alors fragmentées, ce qui a contribué à créer de nouvelles tensions politiques. Le monétarisme, le néo-classicisme, le néo-keynésianisme, l'économie de l'offre, pour ne nommer que celles-là, ont toutes eu leur pendant politique, exprimé en autant de nuances néo-conservatrices ou néo-libérales.

Alors qu'une nouvelle génération d'économistes remettait en question, du moins en théorie, le rôle de l'État comme agent économique, les théoriciens de la politique s'efforçaient, eux, de mettre en pratique ces nouveaux modèles économiques. Le concept de non-ingérence de l'État gagnait du terrain à mesure qu'on se rendait à l'évidence: les gouvernements des pays industrialisés arrivaient de plus en plus difficilement à exercer un contrôle réel sur l'économie. L'estime qu'on portait aux institutions et aux politiques gouvernementales s'en trouva fortement diminuée. Ce fut une époque de dissensions et de tensions politiques considérables, bien que les choses aient été relativement plus calmes au Canada que dans certains autres pays.

De ce fil allait inévitablement se tisser la trame des politiques partisanes. Il est peut-être déplacé pour un ex-fonctionnaire de s'aventurer sur de telles avenues, mais je crois tout de même pouvoir donner des événements un aperçu qui, s'il est loin d'être complet ou objectif, offrira néanmoins aux futurs historiens un appui sur lequel asseoir leur impression d'une époque[3].

Bref historique

On était loin de se douter, en 1968, que l'ère Trudeau allait être marquée par de véritables séismes économiques, par des bouleversements profonds dans l'équilibre mondial et par la disparition, à toutes fins pratiques, du consensus keynésien.

Ce consensus avait incité les gouvernements, sous prétexte de favoriser le plein-emploi, à corriger certains déséquilibres du marché ou à redistribuer les biens et les richesses, et à multiplier les interventions dans l'économie. Durant les années soixante, après une période plutôt turbulente, l'économie canadienne et celle du monde industrialisé atteignirent une vitesse de croisière qui se traduisit par une nouvelle ère de prospérité et par une croissance soutenue. On croyait alors avoir résolu les problèmes du plein-emploi et de la stabilité économique, et on souhaitait s'attaquer dorénavant à l'aspect qualitatif de la croissance économique par l'entremise d'une meilleure répartition de la prospérité nationale entre les individus et entre les régions.

Les gouvernements précédents n'avaient certes jamais totalement négligé ces questions, mais le Canada a tout de même mis du temps à entrer dans la ronde et à mettre en place les fondements de ses politiques sociales. Ce ne fut que dans les années qui ont immédiatement précédé l'élection du premier gouvernement Trudeau que les principales politiques sociales canadiennes furent mises en place. Les accords constitutionnels et provinciaux de cette époque nous ont légué le Régime de pensions du Canada et le Régime des rentes du Québec, l'adjonction du programme de Supplément de revenu garanti à celui de la Sécurité de la vieillesse, un système universel de soins médicaux, le Régime d'assistance publique du Canada, qui prévoyait le partage des dépenses relatives à l'aide sociale avec les provinces, et une ébauche de programme de partage des dépenses reliées à l'enseignement post-secondaire.

On sentait malgré tout le besoin de raffermir ces politiques et d'en implanter de nouvelles. Car même si le modèle canadien de l'État-providence faisait son chemin et si la redistribution des richesses faisait l'objet d'efforts politiques constants, la pauvreté et l'indigence demeuraient des fléaux profondément enracinés au pays. Le Conseil économique du Canada et le Comité spécial du Sénat sur la pauvreté (le Comité Croll[4]) alertèrent bientôt l'opinion publique sur cette question. Mise sur pied par le Premier ministre John Diefenbaker, la Commission royale d'enquête sur la fiscalité (la Commission Carter) proposait de son côté, dans un rapport choc, une nouvelle politique d'équité économique qui ne manqua pas de provoquer une vive réaction du monde des affaires[5].

Il fallait de toute évidence mettre en branle d'importantes réformes fiscales. Par ailleurs, le climat de prospérité de l'époque avait alimenté les sentiments nationalistes d'une partie de la population, qui réclamait le rapatriement des capitaux étrangers et un plus grand contrôle de l'État sur l'économie du pays. On cherchait aussi à permettre au tiers monde de bénéficier de cette croissance nouvelle, et on voulait profiter de ces années fastes pour inventer de nouvelles façons de stimuler l'économie mondiale.

À la même époque, de nouveaux enjeux d'un tout autre ordre se présentaient, mais on gardait bon espoir de voir le Gouvernement leur apporter des solutions appropriées. Le marché du travail se voyait envahi par la première vague de la génération du «baby boom», qui quittait l'école pour venir grossir les rangs des jeunes chômeurs. Au Canada comme aux États-Unis, on s'inquiétait de la situation. À la suite de l'exode rural de l'après-guerre et des mouvements massifs vers les grands centres, le moment était venu de s'attaquer aux problèmes des villes et de l'urbanisation. Par ailleurs, l'ouvrage de Rachel Carson, *The Silent Spring**, publié en 1962, semble avoir marqué le début d'une prise de conscience de l'existence des problèmes environnementaux.

Bref, malgré ses réalisations antérieures, le Gouvernement avait encore du pain sur la planche. On ne prévoyait cependant pas d'obstacle majeur à cet égard, hormis les défis particuliers engendrés par chaque situation; rien ne semblait s'opposer, dès lors, au projet d'établir une «société juste».

1968-1973: la fin de l'ordre économique de l'après-guerre

On peut dire, après coup, que les bouleversements économiques qui sont survenus étaient prévisibles dès 1968. L'inflation, par exemple, qui n'avait jamais pris de proportion inquiétante depuis la guerre, mise à part une courte percée pendant le conflit en Corée, allait connaître une remontée sournoise au cours des années soixante, ne laissant rien présager de bon pour notre avenir économique.

Par ailleurs, si on avait été doué de prescience, on aurait sans doute vu que l'engagement militaire américain au Viêt-nam donnait lieu à des pratiques économiques irresponsables, qui ne pouvaient que jeter de l'huile sur le feu et contribuer davantage au déséquilibre économique mondial. On ne pouvait cependant prévoir, à l'époque, ni la crise de l'énergie qui attendait au détour, ni l'impact de la révolution

---

* En français: *Printemps silencieux,* Paris, Plon, 1968. (*N.D.T.*)

informatique. La croissance rapide accusée durant la période d'après-guerre avait en effet été rendue possible grâce à la baisse des prix, en termes réels, des ressources énergétiques; cette situation, comme on le sait, allait bientôt être renversée. On voyait par ailleurs poindre à l'horizon d'importants progrès technologiques, particulièrement en informatique, mais on était encore loin d'imaginer les bouleversements que provoqueraient le micro-ordinateur et la micro-électronique.

Ni les États-Unis ni les autres pays signataires des accords de Bretton Woods ne sentaient encore la menace que représentait pour leur hégémonie économique la naissance d'un nouveau peloton de pays industrialisés, ayant à leur tête le Japon. Les Canadiens, à cette époque, et le Cabinet libéral lui-même, se bornaient à discuter de la vitesse de croisière respective des différents programmes déjà mis en place, sans s'attarder à remettre en question les fondements de leurs politiques économiques et sociales.

Il ne faut pas croire pour autant que, durant son premier mandat, le gouvernement Trudeau ait été complètement indifférent à ces prémices. Les principales innovations de cette époque furent de nature structurelle et visaient soit à faire face aux problèmes naissants, soit à implanter le concept de «société juste».

Parmi les principales initiatives prises pour prévenir les maux économiques, on note la création de la Commission de révision des prix agricoles, chargée d'examiner la question des prix et de recommander des mesures de restriction, et à laquelle succéda la Commission des prix et des revenus, vouée à la réconciliation des intérêts divergents de la main-d'œuvre et du patronat. Ces deux organismes avaient pour objectif de maîtriser l'inflation grâce à une analyse rationnelle de ses causes, d'une part, et à la recherche d'un consensus pouvant mener à son élimination, d'autre part. On n'a pas songé, il faut le dire, à appuyer ces initiatives sur des politiques monétaires ou fiscales, de même qu'on a sous-estimé les parti-pris et l'intransigeance des parties impliquées.

Quand, au cours de l'hiver 1969-1970, l'activité économique accusa un court mais appréciable ralentissement, le Gouvernement abandonna toutefois rapidement ces mesures de restriction. N'eût été de la montée en flèche du taux de chômage, il aurait normalement été porté à tolérer cette situation, au nom de la lutte à l'inflation. Malheureusement, le Canada était alors loin d'être le seul pays industrialisé à vouloir stimuler son économie. Au moment où l'économie mondiale entra dans une phase d'expansion rapide, tous les éléments étaient en place pour les événements fatidiques de 1973, comme nous allons le voir.

Une autre initiative qu'on pourrait qualifier de «visionnaire» fut la création, en 1971, du département d'État chargé des Sciences et de la Technologie, dont le mandat était de conseiller le Gouvernement et le Conseil du Trésor en matière de développement et de recherche scientifique, ainsi que sur l'octroi des subsides. La création de cet organisme illustre la prise de conscience du Gouvernement face à la révolution technologique imminente et face au retard assez important pris par le Canada par rapport à ses concurrents industriels. Dans la même veine, en commandant en 1971 une étude importante, publiée en 1973, sur la politique énergétique, le gouvernement avait indirectement préparé le pays aux bouleversements que provoquerait bientôt l'OPEP[6].

Mises à part ces actions «prémonitoires», la majorité des politiques du Gouvernement continuaient de refléter l'engagement qu'il avait pris, au début de son règne, d'établir une «société juste». Parmi les mesures adoptées, on note la création du département d'État chargé des Affaires urbaines, du ministère de l'Expansion économique régionale (MEER) et du ministère de l'Environnement; la mise sur pied de divers programmes de création d'emploi destinés aux nouveaux arrivés sur le marché du travail; l'extension et la refonte du programme d'assurance-chômage pour tenir compte des disparités régionales et accroître le montant des prestations; et l'élargissement du mandat de l'Agence canadienne de développement international (ACDI). La fin de cette période fut marquée par le dépôt du *Document de travail sur la réforme de sécurité sociale au Canada*, et par le début de négociations fédérales-provinciales qui devaient constituer une étape importante de la mise en place de l'État-providence[7].

Cette période vit également la naissance de la Corporation de développement du Canada (CDC) et de l'Agence d'examen de l'investissement étranger (AEIE), deux organismes chargés respectivement d'assurer la «canadianisation» du secteur industriel et de permettre aux Canadiens de bénéficier des retombées des investissements étrangers. Ces initiatives, bien sûr, ne manquèrent pas de rallier les tenants du nationalisme canadien. Toutefois, si on les place dans le contexte de la longue et pénible lutte pour faire accepter les réformes fiscales proposées par la très radicale Commission Carter[8], on peut voir que ces politiques interventionnistes ne firent qu'alimenter l'animosité du monde des affaires envers le Gouvernement.

Cet antagonisme ne fit qu'ajouter aux tensions qui régnaient déjà entre patrons et employés. Le consensus keynésien, on le sentait, tirait à sa fin tant au Canada qu'au niveau international, alors que tous les pays industrialisés faisaient face, après le dernier grand essor de l'après-guerre, à des limites de production dans tous les secteurs, particulièrement ceux du pétrole et de l'alimentation. Les ravages de l'inflation se faisaient sentir, et les systèmes monétaires et de crédit internationaux étaient la proie d'une instabilité chronique. Les États-Unis laissèrent flotter le dollar, puis imposèrent des restrictions aux prix et aux salaires. Malgré tout, pour la courte période de 1972-1973, le système fiscal canadien parvint à dissimuler le malaise naissant, en permettant à la croissance des dépenses fédérales de se poursuivre.

1973-1975: naissance de la stagflation

En 1973, les prix subirent une montée en flèche sur deux fronts, dont l'un demeura curieusement méconnu de la population canadienne. Alors que la hausse des prix du pétrole et du gaz naturel faisait la manchette, on ne parlait guère de l'augmentation, pourtant astronomique, des prix des aliments, notamment des céréales. Le prix du blé ne cessa de grimper tout au long de 1972 et de 1973, en réaction à un accroissement de la demande et de l'activité économique mondiale. On commençait à prendre au mot les sinistres prédictions du Club de Rome, selon lequel une pénurie de ressources allait bientôt imposer une limite à la croissance.

Cette augmentation des prix des aliments, et particulièrement du blé, constitua le premier indice de la crise qui allait bientôt ébranler l'économie mondiale. Pour un pays exportateur de céréales tel que le Canada, cette situation représentait cependant non pas une entrave, mais un stimulus qui favorisa un nouvel essor et une réduction du chômage. Alors que l'inflation faisait rage partout dans le monde, les Canadiens furent épargnés, pour un moment.

Mais la véritable crise n'allait pas tarder à venir. Le prix du pétrole quadrupla rapidement, ce qui eut pour effet cumulatif, avec la hausse des prix des aliments, de plonger presque tous les pays du monde dans une profonde récession. La croissance économique réelle que les pays industrialisés avaient connue presque sans interruption depuis la Deuxième Guerre mondiale fut complètement arrêtée, exception faite, bien entendu, des pays exportateurs de pétrole.

Certains pays en voie d'industrialisation ont pu profiter d'une injection massive de pétro-dollars, mais ce ne fut pas le cas pour la majorité des pays industrialisés. Impuissants à relancer leur économie, ces derniers furent livrés au chômage et à l'inflation. La période faste de l'après-guerre était bel et bien terminée, et on entrait en pleine période de stagflation.

Le Canada, en maintenant un équilibre quasi parfait entre ses importations et ses exportations d'énergie, réussit toutefois à se mettre à l'abri des effets les plus pernicieux de la crise du pétrole sur l'économie. Le pays se dota par ailleurs de deux importantes mesures protectrices. La politique pétrolière de «prix unique» permit, entre autres, à l'industrie et aux consommateurs canadiens de profiter, pendant un certain temps, de prix nettement inférieurs à ceux du marché international.

Les deux budgets successifs du ministre des Finances de l'époque, John Turner, eurent d'autre part un impact tout aussi stimulant sur l'économie du pays. Dans son budget du printemps 1973, le ministre indexa les taux d'imposition, de manière à éviter de surtaxer les revenus, gonflés artificiellement par l'inflation. Le budget de l'automne 1974 présenta quant à lui des réductions d'impôt destinées à soutenir la consommation[9].

Il en résulta que le Canada fut le seul des pays industrialisés à ne pas connaître de récession en 1974-1975. Le pays ne put se soustraire, cependant, à l'effondrement de la croissance de la production que subirent tous les pays développés, ni aux conséquences directes de sa politique expansionniste: une inflation beaucoup plus marquée que dans les autres pays. Alors que la récession avait eu pour effet, partout ailleurs, d'endiguer quelque peu le courant de l'inflation, le coût de la main-d'œuvre par unité au Canada, lui, ne cessa de grimper par rapport à celui des autres pays. (Cet indice mesure le rapport entre l'augmentation des salaires et la croissance de la productivité.)

Au cours de l'automne 1975, le Gouvernement créa la Commission de lutte contre l'inflation (CLI), qui imposa des restrictions sur les prix et les salaires. Cette mesure n'eut apparemment pas l'heur de plaire à tous. Pour le patronat, le soulagement éprouvé devant la réduction des coûts de production fit vite place à un sentiment de répugnance face à l'ingérence de l'État dans le secteur privé. Quant aux relations avec les travailleurs, de tendues qu'elles étaient au départ, elles dégénérèrent carrément en hostilités. Le Congrès du travail du Canada se retira, en guise de protestation, de tous les comités gouvernementaux auxquels il siégeait. Le grand public, quant à lui, interpréta l'imposition des restrictions comme une volte-face du Gouvernement et comme la rupture d'une promesse électorale qui avait permis, selon plusieurs, au Premier ministre Trudeau de conserver sa popularité.

La mort du consensus keynésien

Si la période de croissance de l'après-guerre connut sa fin dans les affres de la crise pétro-alimentaire de 1973, on peut dire que la mort du keynésianisme au Canada est survenue peu après la création de la CLI. Cet événement, en effet, marqua un tournant dans l'histoire du «consensus keynésien» et des grands courants économiques, politiques et intellectuels qui l'avaient jusqu'alors alimenté. Pour bien comprendre la nature même de ce consensus, il importe de revoir les éléments qui avaient composé et nourri les orientations économiques et politiques avant la crise de 1973, non seulement au Canada, mais dans tous les pays industrialisés.

Économistes et dirigeants occidentaux étaient largement d'avis que les politiques fiscales se devaient de contrer les tendances cycliques de l'économie, afin de maintenir le niveau d'emploi et, partant, de soutenir la demande. Cette idée n'a d'ailleurs pas manqué d'en susciter deux autres, à savoir, d'une part, que les gouvernements avaient la responsabilité de redistribuer les revenus et la prospérité nationale, et qu'ils devaient, d'autre part, à la fois prévenir et corriger par leurs politiques interventionnistes les «faiblesses du marché». La crise des années trente et les visions d'un État-providence qu'on avait nourries pendant et après la guerre, et qu'on s'était engagé à réaliser, avaient bien préparé le terrain à cette nouvelle orientation économique. Tous les pays industrialisés instaurèrent, à divers degrés, de nombreux programmes sociaux et diverses politiques d'intervention économique. La période de prospérité qui marqua l'après-guerre semblait, en outre, confirmer le bien-fondé de ces politiques.

Nous avons vu plus haut que l'avènement de l'État-providence canadien s'est fait quelque peu attendre, et qu'il n'a jamais atteint un niveau comparable à celui de la plupart des autres pays industrialisés. Cela est dû à plusieurs facteurs, dont le système fédéral canadien lui-même est l'un des plus importants. En effet, le processus de création des programmes nationaux s'est trouvé ralenti par l'existence du double système administratif provincial et fédéral. De plus, le sens canadien de la justice et de l'équité exigeait qu'on s'attaquât non seulement aux écarts individuels mais aussi aux disparités régionales et provinciales.

La notion d'État-providence n'éveilla jamais de véritable opposition, déclarée ou non, ni au Canada ni ailleurs, du moins tant et aussi longtemps que l'effervescence d'après-guerre continua d'assurer le plein-emploi et de permettre un accroissement des revenus des particuliers. Par ailleurs, cette prospérité engendrait des revenus fiscaux suffisants pour permettre le financement des activités du Gouvernement et des programmes sociaux des provinces.

Toutefois, chacun des facteurs de tension économique qui se firent sentir au début des années soixante-dix aurait suffi à lui seul à ébranler ce consensus. Conjointement, il va sans dire, ils ont signifié son érosion rapide. Partout dans le monde, la période d'expansion de 1971-1973 avait été soutenue par des politiques fiscales et économiques qui eurent pour effet d'accélérer considérablement l'inflation, laquelle n'avait pas cessé de se manifester depuis 10 ans. On se querelle encore de nos jours sur la nature et les origines de cette période inflationniste, et quant à savoir si les politiques gouvernementales ont contribué à améliorer ou à aggraver la situation. Peu importe, puisque l'existence même de l'inflation renfloua l'arsenal de ceux qui remettaient en question l'intervention de l'État et l'efficacité des programmes gouvernementaux, ou qui mettaient en garde contre les périls du plein-emploi préconisé par le keynésianisme.

L'unification de l'OPEP et l'éruption des prix du pétrole firent bien plus que provoquer un simple choc budgétaire. Pendant près de 30 ans le faible coût des ressources énergétiques avait servi de moteur à l'industrialisation; or, voilà que la montée des prix du pétrole brut, en termes réels aussi bien que relatifs, remettait en question les structures de production et de consommation de l'ensemble du monde industrialisé. Au même moment, le Japon et certains autres pays en voie d'industrialisation menaient une lutte économique serrée aux pays occidentaux. De plus, l'exploitation des matières premières et des ressources minérales de certains pays du tiers monde menaçait dorénavant de déloger les grands pays exportateurs de matières premières, dont le Canada. Enfin, il devenait évident que le rythme effréné des changements technologiques allait jouer un rôle important dans la nouvelle répartition des richesses nationales et régionales.

Même si la révolution électronique ne prendrait toute son ampleur que dans les années quatre-vingt, ses effets commencèrent à se faire sentir dès les années soixante-dix, particulièrement dans les secteurs des services et de la main-d'œuvre spécialisée, ainsi que dans le secteur manufacturier qui, tout en contribuant à la croissance économique, employait de moins en moins de gens. On cherche encore à expliquer et à comprendre les facteurs qui ont mené, à ce moment-là, à l'arrêt quasi total de l'accroissement de la productivité qui avait permis au gouvernement canadien de taxer, de dépenser et de redistribuer les richesses sans appauvrir les contribuables. Ce ralentissement, auquel s'ajoutaient un taux élevé de chômage et une inflation débridée, eut pour effet de miner considérablement la confiance de la population à l'endroit du système économique, en plus de provoquer une remise en question des fondements théoriques des politiques gouvernementales.

Comme nous l'avons vu, certains aspects de la conjoncture étaient propres au Canada. Au début des années soixante-dix, le pays avait profité de l'augmentation des prix de certaines ressources naturelles; inversement, la chute des prix qui suivit la récession du milieu des années soixante-dix, ajoutée à l'apparition de nouvelles ressources ailleurs dans le monde, contribua à l'effondrement de notre croissance économique à la fin de la décennie. On s'inquiétait à la fois du déclin du secteur manufacturier et du sort du Canada dans la course à la technologie. L'inflation causa quant à elle plus de ravages au pays qu'ailleurs, en partie à cause de la stratégie canadienne qui avait permis d'éviter la récession de 1974-1975; par ailleurs, les relations ne cessaient de se détériorer entre le patronat, les syndicats et le Gouvernement.

1976-1979: à la recherche d'un nouveau consensus

Tout en réglementant les prix et les salaires, le Gouvernement prit l'engagement d'appliquer une politique de restriction fiscale et monétaire. Il accorda son soutien à la Banque du Canada dans ses efforts pour contenir la croissance de la masse monétaire à l'intérieur de certaines limites et promit que les dépenses fédérales n'augmenteraient pas plus rapidement que le produit national brut. Dans un énoncé paru au cours de l'automne 1976, intitulé *La voie à suivre,* le gouvernement fédéral admettait que la période florissante d'après-guerre était terminée, reconnaissait l'existence d'une nouvelle concurrence internationale et proposait une restructuration des politiques canadiennes[10]. Il admettait en outre que des interventions gouvernementales excessives et mal préparées, ou mal situées dans le temps, pouvaient être inefficaces, susciter des attentes irréalistes face à l'économie ou même contribuer à relancer l'inflation. On rejetait donc l'approche interventionniste, mais on se gardait bien de favoriser une politique de laisser-faire. On recherchait plutôt un juste milieu, une sorte de consensus keynésien revu et corrigé, adapté à cette période de «vaches maigres».

Le gouvernement Trudeau entendait concilier, grâce à cette nouvelle orientation, l'idée de «société juste» et celle, aux conséquences plus immédiates, de responsabilité fiscale et monétaire. On prévoyait aussi réduire le nombre et l'importance des interventions directes du Gouvernement dans l'économie. On tenta d'obtenir la collaboration du patronat, des syndicats et des provinces, dans l'espoir de se doter d'une politique qui continuerait de promouvoir l'équité entre les individus et les régions. En somme, on proposait «une société plus juste, plus tolérante [...] qui met l'accent sur la création et la distribution équitable des richesses parmi la population et dans les régions». Parallèlement, on comptait plus explicitement sur l'économie du marché pour soutenir la croissance nécessaire à la poursuite de ces objectifs.

De 1976 à 1979, alors que l'inflation se résorbait et que le dollar canadien subissait une dévaluation prononcée, la croissance économique sembla reprendre, sans qu'il y eût toutefois de changement marqué sur le plan de la productivité. Au cours de cette période, le Gouvernement ne cessa de défendre ses politiques dans le cadre d'une série de conférences officielles ou improvisées. Pendant ce temps, les provinces productrices et l'industrie pétrolière en étaient arrivées à une entente précaire avec Ottawa sur la question des prix des ressources pétrolières et gazières. La lutte pour une répartition équitable des redevances avait mené à une entente qui fixait le prix canadien du pétrole bien en deçà du prix mondial, même s'il devait s'en rapprocher au fil des années. Comme les prix sur le marché international demeuraient toutefois inchangés par rapport au prix des autres ressources (ils diminuèrent même quelque peu en termes réels), les tensions se calmèrent au pays.

C'est dans ce contexte qu'eut lieu une série de conférences fédérales-provinciales des Premiers ministres. Pour la première fois, on établit un régime qui, espérait-on, allait permettre un plus grand contrôle des dépenses reliées à l'éducation et à la santé, tout en assurant le maintien de la qualité de ces services. Révisée en 1977, la *Loi sur les arrangements fiscaux entre le gouvernement fédéral et les provinces* permit en effet à Ottawa de rattacher le financement des programmes de santé et d'éducation postsecondaire à la croissance de l'économie, supprimant du coup l'obligation qu'il avait de rembourser 50 p.100 des dépenses des provinces.

À deux reprises en 1978, les Premiers ministres se réunirent de nouveau pour étudier la question des politiques industrielles, dans l'espoir de mieux comprendre les phénomènes qui influaient sur la santé économique du pays et de formuler des politiques susceptibles de provoquer une reprise plus rapide. Entre-temps, des rencontres informelles eurent lieu avec les syndicats et le patronat afin de fixer les modalités du retrait des restrictions sur les prix et les salaires, et d'en venir à une entente sur la mise en place de certaines politiques économiques.

Alors que la politique monétaire du pays visait un faible accroissement de la masse monétaire, la politique fiscale permit une légère expansion, jusqu'au budget de 1978. Ce budget constituait une tentative de stimulation de l'économie, par le biais d'une réduction des impôts. Au cours de l'automne 1978, le Premier ministre Trudeau annonçait des compressions de l'ordre de 2 milliards de dollars dans les programmes fédéraux, la moitié de cette somme devant servir à de nouvelles mesures sociales et industrielles, l'autre moitié constituant une économie budgétaire permanente. Deux programmes importants allaient voir le jour à la suite de cette nouvelle ventilation des dépenses.

Le plus marquant de ces programmes, sans doute, fut le crédit d'impôt pour enfants, qui vint puiser une part importante des économies que les restrictions budgétaires avaient permis de réaliser. Ce programme visait à rétablir un certain équilibre social à un moment où la croissance du revenu familial était en perte de vitesse. Mais au-delà d'une simple réduction d'impôt, il constituait la preuve qu'on pouvait intégrer certaines dépenses sociales au régime fiscal, par le biais d'un impôt «négatif». Cette idée a fait son chemin depuis, et les révisions subséquentes du système d'impôt sur le revenu des particuliers en ont grandement tenu compte. Avec le temps, on pourra considérer que ce programme fut la première étape du long processus de création d'un régime de revenu annuel garanti au Canada.

La deuxième initiative fut la création de la Commission de développement économique, qui allait prendre le nom de département d'État au Développement économique régional, puis celui de ministère de l'Expansion économique et régionale. La Commission fut tout d'abord instituée pour permettre aux ministres fédéraux chargés de la mise en œuvre de la politique industrielle d'échanger sur les différentes stratégies rendues possibles depuis les modifications budgétaires. Une grande part des ressources ainsi réaffectées allait être consacrée à la modernisation des secteurs de la foresterie et du bois d'œuvre, et de l'industrie des pâtes et papiers. On peut attribuer de plein droit un grand mérite aux visées de ce programme de modernisation, mais c'est au niveau organisationnel qu'il allait avoir son plus grand impact, constituer l'une des politiques budgétaires les plus novatrices de toute l'ère Trudeau et permettre de façonner à l'image de la Commission de développement économique le ministère de la Santé nationale et du Bien-être social, celui des Affaires extérieures et celui de la Défense nationale.

En 1979, l'économie canadienne semblait en voie de recouvrer la santé. L'inflation se résorbait, bien qu'on ne sût trop ce qui, de la baisse de l'activité économique ou des restrictions imposées par l'État, en était responsable. De plus, grâce surtout à la dévaluation du dollar, le Canada reprenait de la vigueur face à la concurrence étrangère. Par ailleurs, et indépendamment des politiques économiques du Gouvernement, les années soixante-dix avaient été marquées par l'arrivée massive de nouveaux venus sur le marché du travail; compte tenu de la taille relative de l'économie canadienne, l'absorption de cette main-d'œuvre nouvelle avait donc constitué un tour de force inégalé dans le monde industrialisé. Malgré un ralentissement prononcé de la croissance (en termes de revenu réel moyen par habitant), celle-ci s'était quand même maintenue, pendant toutes ces années, à un niveau comparable à celui des pays les plus avancés du monde industrialisé.

Il faut noter, cependant, que les efforts déployés par le Premier ministre Trudeau et son équipe n'ont jamais atteint le résultat escompté, à savoir l'institution d'un nouveau consensus social comparable à celui du keynésianisme. Selon certains, il s'est même révélé inutile et coûteux pour le Gouvernement de chercher à obtenir l'appui du milieu des affaires grâce à une série de réductions d'impôt dans sa tentative de révision des politiques économiques[11]. Malgré l'abandon, à l'automne 1978, des mesures de restriction des prix et des salaires, les travailleurs, eux, demeurèrent hostiles au Gouvernement et se retirèrent à toutes fins pratiques du processus de consultation. Quant au public canadien, il laissa entendre, au printemps 1979, que la restructuration des politiques économiques du pays n'avait guère ranimé la confiance défaillante qu'il portait déjà depuis un bon moment au Gouvernement.

1980-1984: un nouveau mandat

Combiné aux divers embargos décrétés à la suite de l'éclatement du conflit Iran-Iraq, le second choc pétrolier provoqué par l'OPEP allait façonner directement le cours de l'économie tout au long des années quatre-vingt. Signe avant-coureur des événements à venir, les pays importateurs de pétrole (dépendants des marchés internationaux pour leur approvisionnement) semblaient cette fois-ci s'accommoder beaucoup plus aisément des nouvelles hausses de prix. Il n'y eut pour ainsi dire pas d'interruption de la croissance réelle et, en 1980, on prévoyait survivre à la crise pétrolière sans réveiller le géant de l'inflation. Même s'ils n'envisageaient pas la possibilité d'une pénurie totale, les pays commençaient toutefois à s'habituer à l'idée de devoir toujours payer plus cher leurs approvisionnements en pétrole. L'accroissement de la dépendance des États-Unis face aux importations d'énergie ne faisait d'ailleurs que renforcer cette idée.

La seconde crise de l'OPEP allait constituer pour le gouvernement Clark une véritable épée de Damoclès. Après la hausse des prix sur les marchés internationaux, le Canada était devenu un pays exportateur de ressources énergétiques, et son économie ne s'en trouvait que plus florissante. Cette situation ne contribua cependant pas à améliorer les rapports entre les provinces productrices, d'une part, et les provinces consommatrices et le gouvernement fédéral d'autre part. Le litige portait sur la fixation du prix canadien du pétrole et sur les modalités de partage des revenus. Tout comme le gouvernement libéral en 1974, le gouvernement conservateur n'arrivait pas à mettre en place des mécanismes appropriés. Il était de plus en plus prévisible que l'industrie et les consommateurs auraient à payer le prix de la politique énergétique du Canada si le Gouvernement ne procédait pas à une hausse graduelle des prix jusqu'au niveau international. Aussi, les négociations devant mener à une politique cohérente de partage des revenus ayant échoué, le gouvernement fédéral demanda de nouveau aux provinces productrices d'envisager la possibilité de hausser graduellement les prix. On convint finalement d'une politique visant à faire bénéficier tous les Canadiens de prix inférieurs aux prix internationaux, plutôt que de tenter de redistribuer aux provinces les revenus générés par des prix plus élevés.

Avant d'être reportés au pouvoir au printemps 1980, M. Trudeau et son équipe s'étaient engagés à reprendre les négociations avec les provinces productrices (et en particulier l'Alberta) en vue d'établir soit un système de partage des revenus, soit un échéancier d'indexation moins serré que celui envisagé par les Conservateurs. Le Gouvernement ne cachait pas, non plus, qu'il était urgent de procéder à une réforme qui redonnât à l'économie canadienne une plus grande autonomie face au secteur pétrolier, indépendamment du résultat des négociations sur les prix. Cette réforme s'était déjà suffisamment fait attendre, et l'heure n'était plus aux tergiversations.

On s'attendait à voir désormais le prix du pétrole grimper à un taux annuel supérieur de 2 p. 100 à l'augmentation moyenne des prix de tous les autres produits et denrées, ce qui ne manquerait pas d'avoir des répercussions sérieuses, à l'échelle de la planète, sur les secteurs énergétique, industriel et financier. Pour toutes ces raisons, le gouvernement Trudeau revint au pouvoir bien décidé à accélérer le processus de rapatriement de l'industrie des ressources naturelles. En plus de vouloir établir une politique énergétique durable, le nouveau Gouvernement s'engageait à procéder à une réforme globale de la fiscalité et des structures économiques du pays.

Ces ambitieux projets se trouvèrent au cœur même du budget fédéral présenté au cours de l'automne 1980. Le Programme énergétique national[12] visait bien plus qu'à définir une politique énergétique: les recettes qu'il allait engendrer devaient également permettre au Gouvernement de s'attaquer à d'importants enjeux industriels, de mettre en place une politique de conservation de l'énergie, d'affecter certaines sommes au développement global de l'économie et de consolider sa position dans les autres secteurs. Dans le contexte de la reprise de 1980, le Gouvernement put ainsi songer à augmenter légèrement ses dépenses, à assurer une meilleure redistribution de l'activité économique dans les régions et à réduire graduellement la masse de son déficit budgétaire.

La nouvelle politique monétaire des États-Unis constitua le dernier mais non le moindre, et de loin, des chocs qui secouèrent l'économie mondiale sous le règne de M. Trudeau. Bien décidées à contrer les tendances inflationnistes dans leur pays, les autorités américaines déclenchèrent un spectaculaire programme de restriction monétaire. Au cours du printemps et de l'été 1981, les taux d'intérêt américains atteignirent des niveaux record et, à cause du phénomène d'intégration ou d'«internationalisation» accélérée de l'économie, le reste de la planète fut contraint d'emboîter le pas. Dès l'automne 1981, tous les éléments étaient en place pour la récession mondiale qui allait suivre, et qui allait affaiblir sérieusement le Canada tout en permettant à nos voisins du sud de mieux s'en tirer qu'en 1974-1975.

Les déficits commercial et budgétaire qui affligent présentement le monde entier ont vu le jour à ce moment. La politique monétaire américaine, doublée d'une politique fiscale visant à soutenir l'offre par l'entremise de fortes réductions d'impôt, contribua à cette situation, même si elle permit aux États-Unis d'éviter une trop grave récession dans leur pays. Le ralentissement de l'activité économique dans les pays industrialisés et les taux d'intérêt élevés achevèrent de paralyser l'économie mondiale et portèrent un coup mortel à celle des pays du tiers monde. Cette situation allait mettre douloureusement en lumière la précarité engendrée par l'endettement massif du tiers monde, qui était en partie le résultat direct du recyclage des pétrodollars et de la complicité tacite, depuis plus de 10 ans, des banques occidentales.

Les négociations avec l'Alberta relativement au Programme énergétique national aboutirent à une entente au cours de l'automne 1981, alors même que les événements internationaux venaient remettre en question les prévisions qui avaient servi de cadre aux pourparlers[13]. De même, au moment où, dans son budget de 1981, le gouvernement fédéral déployait des efforts considérables pour contenir le déficit, en procédant à une refonte de la fiscalité et à une réduction de la croissance des transferts aux provinces, l'activité économique du pays frisait la catastrophe et rendait inévitable une hausse rapide des déficits. La réforme du système des transferts aux provinces visait d'abord à consolider le régime de péréquation et à réduire sa vulnérabilité face à tout changement éventuel de l'assiette fiscale et des taux d'imposition. De plus, le gouvernement Trudeau était d'avis que la tendance à la décentralisation, qui gagnait du terrain depuis une vingtaine d'années, devait être stoppée. Les gouvernements provinciaux et municipaux s'appropriaient déjà plus de 60 p. 100 des revenus fiscaux du pays et étaient responsables de plus de 50 p. 100 des dépenses gouvernementales[14].

La réforme fiscale visait à contrer le double fléau de l'inflation et de la hausse des taux d'intérêt, qui ensemble menaçaient de réduire les revenus fédéraux tout en incitant les propriétaires fonciers et les entreprises qui offraient à leurs employés des avantages autres que pécuniaires à pratiquer l'évitement fiscal. Le fardeau fiscal, dans ces conditions, n'était plus réparti équitablement, et c'étaient les travailleurs salariés qui devaient payer la note[15]. Juste au moment où l'économie commençait à fléchir, ces travailleurs réclamèrent alors des hausses salariales dans l'espoir de rétablir l'équilibre et de rattraper l'inflation. Encore une fois, à cinq années d'intervalle, le Canada allait se retrouver en perte de vitesse par rapport à ses partenaires commerciaux.

Au moment du dépôt du budget de 1981, le Gouvernement publia un énoncé de politique industrielle dont le but avoué était d'atténuer les contenus irritants des politiques d'investissement nationalistes qui avaient précédé et de proposer un modèle de répartition régionale de l'activité économique[16]. Parallèlement à cette approche, le Gouvernement procéda à une restructuration importante ayant pour objectif l'intégration des politiques industrielle et régionale et l'affectation, dans les provinces, de représentants du ministère de l'Expansion économique régionale (MEER) chargés de la coordination des initiatives fédérales et provinciales. Mais la récession imminente et les remous occasionnés par l'inflation n'allaient pas manquer de donner du fil à retordre à la réforme fiscale, à la refonte du système de transferts aux provinces et à la politique industrielle.

Au cours de l'été 1982, le Gouvernement eut une fois de plus recours à une forme de restriction des prix et des salaires, laquelle ne s'adressait cette fois qu'au secteur public: le «Programme des six et cinq». Des consultations eurent néanmoins lieu auprès des syndicats et du patronat en vue de solliciter la participation volontaire du secteur privé à ce programme. Comme ce fut le cas dans les années soixante-dix, ces mesures furent bientôt suivies d'un ralentissement de l'inflation, bien que certains se demandent encore aujourd'hui à quel point ce répit était relié aux actions du Gouvernement.

Au cours de l'automne 1982, on voyait enfin poindre les premiers signes d'une pénible reprise économique. L'inflation avait essuyé une solide mise en échec, mais l'activité économique de la planète n'en menait guère plus large. Le chômage sévissait partout, particulièrement en Europe; le développement du tiers monde était à toutes fins pratiques stoppé. Les premiers à sentir les effets graduels de la reprise furent les pays de l'Asie du Sud-Est, avec en tête le Japon. Cette remontée annonçait l'étape suivante dans la transformation du paysage industriel mondial.

La révolution micro-informatique battait alors son plein, modifiant radicalement le paysage industriel et laissant présager l'avènement d'une société postindustrielle basée sur les technologies de l'information. La récession mondiale avait de nouveau provoqué une baisse des prix des ressources naturelles, obligeant les Canadiens à s'interroger une fois de plus sur la dépendance quasi totale du pays face à ce secteur industriel, toujours perçu comme le moteur de l'économie. À mesure que progressait la reprise, il devenait impératif de formuler des politiques économiques fondées sur l'intégration globale de l'économie.

Conclusion

Dans *Shifting Involvements,* Albert Hirschman décrit les tendances des sociétés à osciller périodiquement et collectivement entre la gauche et la droite. Aux périodes d'engagement profond pour le bien de la communauté et de ses institutions succèdent, peu après, des moments tout aussi intenses où dominent les préoccupations à caractère individualiste ou personnel[17]. Il est évident que le début de l'ère Trudeau a coïncidé avec les derniers moments de ce que nous avons appelé le «consensus keynésien», et avec la fin de la remarquable période de croissance économique de l'après-guerre qui avait rendu ce consensus possible. Toute une série d'événements d'ordre économique allaient ensuite provoquer des changements d'attitude dans tous les pays industrialisés, et pas seulement au Canada. Il semble pourtant que les réactions aient été moins prononcées au Canada que chez bon nombre de ses partenaires de l'OCDE, notamment les États-Unis et le Royaume-Uni. Les notions, chères aux Canadiens, de justice et d'équité pour tous, partout au pays, n'ont pas cessé, tout au long de ces années, de guider la nation dans ses efforts pour mettre en place les politiques les plus susceptibles d'engendrer une «société juste».

Néanmoins, le monde venait de connaître une série de changements technologiques accélérés et de bouleversements économiques profonds. Pour maintenir sa prospérité, le Canada se devait d'être plus concurrentiel que jamais à l'intérieur de ce qu'il est convenu d'appeler le «village planétaire». La dure réalité, et non plus une simple fantaisie ou un changement idéologique passager, imposait pareille réorientation. Certains pourront, à la rigueur, accuser le gouvernement canadien d'avoir trop longtemps cherché, dans le cadre de ses politiques économiques, à renouveler le consensus keynésien et à rétablir un ordre désormais révolu. Il ne faut toutefois pas oublier que les politiques économiques des années 1968 à 1984, au Canada comme dans tous les pays industrialisés, auront été le fruit d'un long processus d'adaptation à un monde en profonde mutation.

Deuxième partie

Une société en ébullition

«Les temps changent», chantait Bob Dylan au cours des années soixante. Cette formule résume on ne peut mieux l'état d'esprit qui prévalait alors. Autour de nous, des empires s'écroulaient, de nouveaux pays naissaient et l'économie du monde se dirigeait implacablement vers une interdépendance toujours plus grande. À l'intérieur même du Canada, des mouvements populaires virent le jour, des vérités de toujours furent remises en question, de nouveaux problèmes surgirent et les structures établies furent ébranlées. Au sujet d'une autre époque tout aussi troublée, Wordsworth avait écrit: «Quel bonheur d'être encore en vie au lever du jour! Mais le véritable paradis, c'est d'être encore en pleine jeunesse.»

Lorsqu'on examine l'histoire du Canada, il est facile d'oublier que notre pays n'est entré que tardivement de plain-pied dans le XXe siècle. En effet, le Canada n'est légalement devenu indépendant qu'au moment de la déclaration du Statut de Westminster en 1931 et il fallut attendre la Deuxième Guerre mondiale avant de le voir se doter d'une industrie moderne. Même si les immigrants avaient commencé à transformer le visage encore majoritairement anglophone et francophone du pays, comme l'ouvrage de John Porter, *The Vertical Mosaic,* publié en 1965, l'illustre bien, les élites traditionnelles avaient réussi à consolider leur emprise sur le pays.

Mais, dans les années soixante, le barrage éclata. La «Révolution tranquille» qui se produisit au Québec constitue probablement le meilleur exemple de la manière dont toute une génération de Canadiens s'efforça de moderniser ses institutions, mais les réformateurs étaient partout à l'œuvre au pays. Dans un essai important, Jacques Hébert énumère bon nombre des principaux facteurs qui modelèrent cette époque: les enfants du «baby boom», cette marée de six millions de Canadiens qui déferla au point de mettre à l'épreuve la capacité du pays de les instruire, de leur procurer des emplois et de les loger et qui, dans un avenir rapproché, fera subir une dure épreuve à

nos régimes de pension et d'assurance maladie; le mouvement féministe, qui vit en 1982 sa longue lutte pour l'égalité inscrite dans les
articles 15 et 28 de la Charte des droits et libertés; les autochtones du
pays, si longtemps bafoués et ignorés, qui ont enfin réussi à proposer
au reste du pays une série de changements majeurs; et cette «troisième
force» que constituent les Canadiens d'origine autre que française et
britannique, dont l'existence fut officiellement reconnue en 1971 dans
notre politique sur le multiculturalisme et qui, en 1982, eurent la satisfaction de voir l'article 27 sur la valorisation du patrimoine multiculturel inscrit dans la Charte.

Dans son essai, John Roberts met l'accent sur un problème qui fut
porté pour la première fois à l'attention du public au cours des années
soixante, à savoir le droit de chaque Canadien, qu'il soit riche ou
pauvre, à un environnement sain. M. Roberts décrit la prise de conscience des problèmes environnementaux qui s'est produite entre 1968
et 1984, de même que le rôle joué par le Gouvernement à cet égard.
Dès 1970, le Livre blanc sur la politique extérieure faisait de la question environnementale l'une des six grandes priorités du Gouvernement. Pareil engagement donna lieu à des mesures législatives destinées à protéger l'environnement dans l'Arctique, à étendre le
réseau des parcs nationaux et à solliciter la collaboration américaine
afin de préserver les Grands Lacs et de réduire les émissions responsables des pluies acides.

Il était question, au cours des années soixante-dix, de «société de
conservation»; de nos jours, l'expression à la mode est celle de
«développement durable». Mais, comme John Roberts le mentionne
clairement, il faudra malheureusement plus que de belles paroles pour
faire de ces slogans une réalité. Les premières mesures destinées à
protéger l'environnement furent prises entre 1968 et 1984, mais il
faudra consacrer encore de nombreux efforts à ce problème.

Durant les quatre mandats de notre parti à la tête du pays, la question de la sécurité sociale fut à la fois une source de frustration et de
vive satisfaction, comme le rapporte Jim Coutts. D'une part, les
ressources disponibles furent insuffisantes pour nous permettre de
réaliser tous les projets que nous avions en tête; d'autre part, malgré le
manque de moyens, nous avons réussi à faire régresser la pauvreté en
orientant notre tir vers des objectifs précis. Notre première tâche fut
d'assurer le financement et la consolidation des grandes réformes
sociales mises en branle par le gouvernement Pearson. En 1969, nous
avons procédé à un gel des dépenses militaires pour une durée de trois

ans tout en prenant délibérément la décision d'accorder plus d'importance aux secteurs de la santé et du bien-être social. Par le biais de l'indexation, nous avons assuré le maintien du réseau de sécurité sociale et la protection des revenus réels des Canadiens moyens contre les ravages de l'inflation. À compter de 1972, les pensions de la Sécurité de la vieillesse connurent une indexation annuelle identique à la hausse de l'indice des prix à la consommation. En 1973, nous mettions en place un système d'indexation trimestrielle des pensions de la Sécurité de la vieillesse et du Supplément de revenu garanti destiné aux personnes âgées. En 1974, c'est tout le système fiscal qui connaissait une indexation, garantissant à chaque citoyen du pays une réduction d'impôt égale au taux d'inflation. À compter de 1975, enfin, les allocations familiales furent pleinement indexées tous les trimestres. (Tous ces avantages ont été sévèrement réduits au cours des dernières années: en 1985, le gouvernement Mulroney a presque éliminé l'indexation du système fiscal et des allocations familiales. Il tenta également de désindexer les pensions de vieillesse, mais dut battre en retraite devant la colère générale que suscita son projet[1]. Dans son budget de 1989, le ministre des Finances Michael Wilson fit également part de l'intention du gouvernement de ne plus subventionner le programme d'assurance-chômage et de laisser par conséquent les employeurs et les travailleurs en assumer seuls les coûts.)

Dans les années soixante-dix, après avoir consolidé les acquis du précédent gouvernement libéral, nous nous attaquâmes aux priorités qui étaient les nôtres. Les travailleurs, les familles et les enfants étaient sur la liste de nos principales préoccupations. En 1971, les réformes apportées par Bryce Mackasey au régime d'assurance-chômage accordèrent une plus grande sécurité à des millions de Canadiens. En 1973, le montant des allocations familiales tripla, passant à 20 $ par mois par enfant, puis il fut indexé. Les avantages destinés aux familles connurent de nouvelles améliorations en 1978: en nous fondant sur le principe d'universalité et de supplément de revenu destiné aux plus démunis, lequel avait fait ses preuves dans le cas du régime de Sécurité de la vieillesse et du Supplément de revenu garanti, nous avons ajouté un crédit d'impôt pour enfants (de plus de 600 $ par enfant, à l'heure actuelle) au régime universel d'allocations familiales. Remboursable, non imposable dans le cas des familles dont le revenu annuel était inférieur à 25 000 $ et remis annuellement, le Crédit d'impôt pour enfants constituait le premier avantage fiscal consenti au Canada sous forme de crédit plutôt que d'exemption ou de déduction. Si jamais Ottawa instaure un régime de revenu annuel garanti, tout le crédit en reviendra à Monique Bégin qui, en 1978, mit en place les prémices d'un tel régime.

Dans les années quatre-vingt, nous nous sommes tout spéciale-ment attaqués au problème de la pauvreté chez les personnes âgées. Les montants accordés dans le cadre du Supplément de revenu garanti furent augmentés en 1980, puis de nouveau en 1984, et plus de 700 000 personnes âgées dans le besoin reçurent une somme addition-nelle de plus de 1000 $. En tout, les montants accordés en vertu de la Sécurité de la vieillesse passèrent de 76 $ par mois en 1968 à 272 $ par mois en 1984, cependant que le Supplément de revenu garanti accordé aux aînés dans le besoin passa de 30 $ par mois à 295 $ par mois au cours de la même période. Au total, les montants remis chaque mois aux personnes âgées dans le besoin passèrent de 106 $ en 1968 à 567 $ en 1984 dans le cas des particuliers, et de 214 $ à 950 $, au cours de la même période, dans le cas des familles. Par conséquent, selon Statistique Canada, le nombre de Canadiens vivant sous le seuil de la pauvreté diminua de plus d'un tiers au cours de cette période, passant de 23 p. 100 en 1969 à 12,8 p. 100 en 1984[2]. Preuve de notre engagement envers les aînés, le taux de pauvreté des familles dont le chef est âgé de 65 ans ou plus est passé de 41 p. 100 en 1969 à 14 p. 100 en 1980, puis à 9,5 p. 100 en 1986[3]. Cet accroissement de la sécu-rité des familles, des enfants et des personnes âgées traduisait l'une des priorités contenues dans le slogan de «société juste», à savoir venir d'abord en aide aux plus démunis.

THOMAS S. AXWORTHY
PIERRE ELLIOTT TRUDEAU

CHAPITRE 5

Le législateur au service de la liberté

par Jacques Hébert

Jacques Hébert a fondé et dirigé le journal Vrai *(1954-1959) et collaboré à* Cité libre. *Il est le fondateur des Éditions de l'Homme et des Éditions du Jour, et l'auteur d'une vingtaine de livres sur le voyage, les droits de la personne et les pays en voie de développement. Président-fondateur de Jeunesse Canada Monde et de Katimavik, officier de l'Ordre du Canada, il est membre du Sénat depuis 1983.*

Quand Pierre Elliott Trudeau apparut sur la scène politique, le Canada, comme le reste du monde, faisait face à toutes sortes de bouleversements profonds. Par surcroît, le Québec, cet élément vital de l'âme canadienne, était en pleine effervescence séparatiste. La «société juste» proposée par Trudeau aux Canadiens devenait infiniment plus qu'un slogan électoral: c'était une réponse aux aspirations latentes d'une société démocratique et prospère qui souhaitait une plus grande équité pour tous ses citoyens, y compris ceux qui constituaient des minorités comme les autochtones, les jeunes, les personnes âgées et les ethnies, sans parler de cette majorité traitée en minorité, les femmes.

Le nouveau Premier ministre possédait une qualité rare chez les hommes d'État: des principes solides au service d'une implacable volonté de changer la société, de la rendre plus libre et plus juste.

«La première manifestation, le premier effet de toute liberté, déclarait-il, c'est le changement. L'homme libre exerce sa liberté en se modifiant lui-même et, nécessairement, en modifiant son milieu. Il s'ensuit que le libéral ne peut pas ne pas être très positivement et très activement ouvert au changement, puisque le changement est l'expression même de la liberté[1].»

Il va sans dire que l'action de cet homme n'était jamais dictée par les sondages qui, par exemple, n'auraient pas incité un gouvernement à abolir la peine de mort ou à enchâsser une charte des droits dans une Constitution rapatriée…

Une des originalités du gouvernement Trudeau, c'est d'avoir donné une voix à des catégories de citoyens qui, jusque-là, n'en avaient pas ou n'en avaient guère. Les groupes féministes voulaient-ils sensibiliser l'opinion publique à leur cause et manquaient-ils de moyens? L'État les leur procurerait. Les autochtones avaient-ils du mal à défendre leurs droits? On les subventionnerait pour qu'ils puissent s'en prendre plus efficacement au gouvernement.

Tout au long de son mandat, l'équipe Trudeau a multiplié les mesures législatives audacieuses qui offraient aux citoyens une plus grande variété de choix, et l'occasion de s'exprimer, d'agir, de participer au processus démocratique. Il s'agissait de rendre plus libre chaque individu, quels que soient ses handicaps: pauvreté, isolement, ignorance, appartenance à une minorité. Aussi longtemps qu'un seul Canadien n'exercerait pas toute sa liberté, semblait dire le législateur, les autres ne devraient pas se sentir vraiment libres.

Dans ce chapitre, forcément incomplet et schématique, nous évoquerons les principales initiatives gouvernementales et les lois nouvelles qui ont ouvert des horizons plus vastes à tous les groupes minoritaires.

La promotion de la femme

À partir des années soixante, la situation de la femme canadienne a changé radicalement. Nous revenions de très loin…

Dans le hall du Sénat, on peut voir le buste en bronze de Cairine Wilson, la première femme nommée sénateur… en 1930 — c'est-à-dire 63 ans après la Confédération! Et cela ne fut possible qu'à la suite d'un long procès intenté par cinq femmes (de l'Alberta, comme il convient) afin d'établir que les femmes étaient véritablement des «personnes au sens de la loi». La Chambre des communes avait devancé le Sénat en accueillant la première femme député, Agnes Macphail, en 1921. Mais la deuxième ne fut élue qu'en 1935…

Entre 1968 et 1984, 39 femmes devinrent députés à la Chambre des communes et le nombre de candidates passa de 36 à 217; d'autre part, le Premier ministre Trudeau appela 12 femmes au Sénat. Il nomma 37 femmes juges dont la première à une cour supérieure et la première à la Cour suprême du Canada. Il établit un précédent en désignant quatre femmes à d'importants postes de sous-ministre, dont la présidence de l'ACDI. C'est également au cours de son mandat que nous avons eu la première femme lieutenant-gouverneur (en Ontario), la première femme présidente du Sénat, la première femme présidente de la Chambre et la première femme gouverneur général.

On pourrait parler de gestes «symboliques» ne réglant pas les vrais problèmes si, par ailleurs, le Gouvernement n'avait eu une politique dynamique de la promotion de la femme.

Déjà, les femmes avaient commencé à prendre leur place sur le marché du travail, occupant de plus en plus de fonctions traditionnellement réservées aux hommes. Elles s'imposaient dans certaines professions comme la médecine, la médecine vétérinaire, la pharmacie, le droit. Leur présence, encore trop discrète, se faisait sentir dans le monde des affaires, les partis politiques, les assemblées législatives, le gouvernement fédéral, la fonction publique. Mais c'est au cours de la période 1968-1984 que le mouvement pour l'égalité de la femme a vraiment pris son essor, et il doit une part de ses réussites à l'accueil fait à ses revendications par le gouvernement Trudeau.

À la suite du dépôt, en 1970, du rapport de la Commission royale d'enquête sur la situation de la femme, on nomma un ministre responsable de la Condition féminine en 1971, ainsi qu'une coordonnatrice de la Condition féminine. L'un et l'autre avaient pour mission d'élaborer une politique cohérente et de défendre les intérêts des femmes à l'intérieur et à l'extérieur du gouvernement.

De son côté, le Secrétariat d'État établissait un programme de subvention à l'intention des groupes de promotion de la femme qui œuvraient au niveau national, provincial ou local. Cette aide financière permit aux femmes de mieux organiser leur action et de défendre leur cause avec une rare efficacité, entre autres auprès des gouvernements.

En 1973, le gouvernement Trudeau créait le Conseil consultatif canadien sur la situation de la femme qui contribua à sensibiliser la population d'une part et à stimuler les initiatives du pouvoir fédéral d'autre part.

À ceux qui prétendraient que la nomination d'un ministre et la création d'un conseil consultatif n'étaient qu'une apparence d'action gouvernementale, rappelons d'autres mesures très concrètes qui ont marqué les 16 années du régime Trudeau.

1969: Décriminalisation de l'avortement recommandé par un comité thérapeutique et pratiqué dans un hôpital.

1970:   Établissement de la Division de la planification familiale du ministère de la Santé et du Bien-être social.

1971:   Prestations de maternité intégrées au régime d'assurance-chômage révisé.

Amendement au Code du travail du Canada qui exige, à travail égal, un salaire égal pour les hommes et pour les femmes.

Déduction pour fins d'impôt des frais de garde d'enfants dans le cas des mères au travail.

Établissement d'un Bureau de la promotion de la femme au sein de la Commission de la Fonction publique.

Indexation des allocations familiales.

1972:   Création de la Direction de l'antidiscrimination pour faire enquête sur les plaintes relatives à l'emploi dans le secteur public.

Amendement au Régime d'assistance publique du Canada qui permettait d'augmenter l'aide aux familles à bas revenu en ce qui concerne la garde des enfants.

1976:   Amendement au Code criminel pour assurer aux victimes de viol et d'autres offenses sexuelles une plus grande protection dans les cours. En 1983, une nouvelle loi a remplacé la notion de *viol* par celle d'*agression sexuelle* et, pour la première fois, a assujetti les maris à cette loi.

1977:   Adoption de la *Loi canadienne sur les droits de la personne* qui, entre autres choses, interdisait toute discrimination fondée sur le sexe.

1982:   Introduction dans la Charte des droits du principe de l'égalité des sexes. La Charte s'applique également aux hommes et aux femmes.

Quel gouvernement, depuis la Confédération, a fait autant pour la promotion de la femme et pour donner une voix à cette partie de la population canadienne dont on n'était pas sûr, en 1930, si elle était constituée de «personnes au sens de la loi»?

En fait, dans ce domaine, le Canada s'est mis à l'avant-garde des pays industrialisés, comme le déclarait, dès 1974, Mme Katie Cooke, présidente du Conseil consultatif canadien sur la situation de la femme. Selon Mme Cooke, la formation de la Commission royale d'enquête sur la situation de la femme et la création d'un ministère responsable de la Condition féminine représentaient des efforts nettement supérieurs à ceux des autres pays pour assurer des droits égaux aux femmes et aux hommes.

Les droits des autochtones

Descendants des premières nations du Canada, les autochtones vivaient dans ce pays bien longtemps avant l'arrivée des Européens. Depuis, ils sont victimes de l'injustice causée par la discrimination, l'isolement culturel, l'analphabétisme, les problèmes économiques et sociaux. C'est notre tiers monde bien à nous.

Le sort fait aux autochtones restera une tache indélébile sur la réputation du Canada. D'un gouvernement à l'autre, depuis 1867, on constatait que les problèmes allaient en s'aggravant mais la population ne semblait pas s'en émouvoir. Quant aux politiciens, ils ne paraissaient guère pressés d'agir.

Pas plus que ses prédécesseurs, le gouvernement Trudeau n'a réussi à trouver toutes les solutions. Mais davantage que les autres, il a été à l'écoute des revendications des Premières nations, il a contribué à leur défense en subventionnant les groupes de pression, il a réalisé des études en profondeur et, en 1981, il a conclu une entente historique, qualifiée par la Fraternité des Indiens et le Conseil des autochtones du Canada de «nouveau départ pour les Indiens du Canada», voire de «grand pas en avant».

Si les autochtones ont réussi à mener à bien certaines de leurs négociations avec le ministère des Affaires indiennes et du Nord, c'est, pour une large part, parce que le gouvernement canadien (grâce au Programme de financement de base institué en 1971) leur avait fourni les moyens financiers d'organiser leurs associations à tous les niveaux, de promouvoir leur cause auprès du public, de faire de la recherche, de s'assurer le concours d'experts: avocats, économistes, constitutionnalistes, etc. Une fois de plus, l'État donnait des armes à la revendication.

C'est par cette action que le gouvernement fédéral a pu jouer un rôle discret dans les négociations entre les Cris et les Inuit d'une part, et le gouvernement du Québec d'autre part, négociations qui ont abouti en 1974 à l'Entente de principe relative à la Baie James et au Nord québécois et, en 1975, à un accord final. En vertu de cet accord, le gouvernement Trudeau — à qui on a abusivement reproché d'être «centralisateur» — cédait au gouvernement provincial une grande partie de ses responsabilités quant à l'éducation, à la santé, à l'inscription des bénéficiaires et au gouvernement local de la population autochtone du Nouveau-Québec.

Au cours de la Conférence des Premiers ministres en 1979, le Premier ministre Trudeau proposa d'ajouter un nouveau point à l'ordre du jour: «Les autochtones du Canada et la Constitution». L'année suivante, il invita les représentants des Premières nations à participer aux discussions sur la Constitution et leur offrit les fonds nécessaires à l'élaboration de leur position constitutionnelle.

La Constitution de 1982 devait reconnaître les droits ancestraux et issus de traités des peuples autochtones: cela ouvrait la voie à des négociations visant à mieux définir ces droits. L'article 25 a pour but d'empêcher qu'un autre article de la Charte ne soit interprété de manière à porter atteinte aux droits des autochtones. D'autre part, l'article 35 de la Partie II de la *Loi constitutionnelle de 1982* inclut les Inuit, les Indiens et les Métis dans la définition des peuples autochtones dont il confirme les droits «existants»: droits découlant des traités et des droits ancestraux. Enfin, la nouvelle Constitution prévoit que les droits des peuples autochtones et les questions constitutionnelles qui les intéressent particulièrement seront inscrits à l'ordre du jour des futures Conférences des Premiers ministres et devront être débattues avec la participation des représentants des Premières nations du Canada.

En 1982, on amenda l'article 35 en supprimant le mot «existants» qui qualifiait les droits des autochtones, mot ambigu dont les intéressés avaient quelque raison de se méfier. Dorénavant, on ne pourra parler que des droits existants *et* des droits futurs acquis par le règlement des revendications. De plus, il fut précisé que les droits reconnus par le même article valaient autant pour les femmes que pour les hommes autochtones.

En 1984, la *Loi sur les Cris et les Naskapis du Québec* fut votée par le Parlement, remettant ainsi leur administration locale à ces deux nations. C'étaient les premiers Indiens du Canada qui bénéficiaient de cette mesure, déjà prévue par la Convention de la Baie James et du Nord québécois et la Convention du Nord-Est québécois. La même année, le gouvernement fédéral signait l'Entente finale des Inuvialuit avec les Inuit de l'Arctique de l'ouest.

Voilà autant de pas dans la bonne direction, mais la marche vers une société juste pour tous les autochtones du Canada sera longue et exigera des Canadiens une prise de conscience qui tarde à venir. Le gouvernement Trudeau a fait les gestes essentiels: il a reconnu les droits fondamentaux des autochtones et l'injustice de la situation présente et a ouvert, par la Constitution, toutes les portes aux négociations futures.

Au cours de la Conférence fédérale-provinciale de mars 1984 sur les affaires constitutionnelles des autochtones, M. Louis Bruyère, au nom du Conseil des autochtones du Canada, déclarait au Premier ministre Trudeau, qui présidait la conférence: «Je profite de l'occasion, Monsieur le président, pour vous remercier publiquement des services que vous avez rendus aux autochtones canadiens au cours des 16 dernières années. Notre cause a progressé sous votre mandat. Il nous appartient désormais de continuer sur la voie que vos actions ont ouverte.»

Une société bilingue et multiculturelle

Depuis ses origines, le Canada est une mosaïque de cultures diverses. Bien avant l'arrivée des Français et, 150 ans plus tard, des Britanniques, le Grand Nord était peuplé par les Inuit alors que 59 nations amérindiennes s'épanouissaient dans les diverses régions du vaste territoire qui deviendrait le Canada.

Selon Statistique Canada, près de 40 p. 100 de tous les Canadiens sont d'origine ethnique autre que française ou britannique. Mais c'est seulement en 1971, à la suite des recommandations de la Commission royale d'enquête sur le bilinguisme et le biculturalisme, que le gouvernement canadien a reconnu officiellement les groupes ethniques autres que les groupes d'origine française, britannique ou autochtone. Le Canada resterait un pays bilingue mais il ne tenterait pas d'imposer une culture «nationale», ni même une forme de biculturalisme. Il reconnaissait à chaque Canadien le droit de s'épanouir dans la culture de son choix et à tous les groupes ethniques (on en compte aujourd'hui 105[2]) de sauvegarder leur propre patrimoine culturel et linguistique, tout en respectant les droits des autres et en acceptant de choisir l'une ou l'autre des deux langues officielles.

Le 8 octobre 1971, devant la Chambre des communes, le Premier ministre Trudeau résumait en ces termes l'esprit de la nouvelle politique, une étape majeure dans l'évolution du Canada: «Le multiculturalisme dans un cadre bilingue apparaît au gouvernement comme le meilleur moyen de préserver la liberté culturelle des Canadiens. Une politique de ce genre devrait permettre de réduire la discrimination et la jalousie qu'engendrent les différences de culture. Pour que l'unité nationale ait une portée personnelle profonde, il faut qu'elle repose sur le sens que chacun doit avoir de sa propre identité; c'est ainsi que peuvent naître le respect pour les autres, et le désir de partager des idées, des façons de voir. Une politique dynamique de multiculturalisme nous aidera à créer cette confiance en soi qui pourrait être le fondement d'une société où régnerait une même justice pour tous.»

La politique du multiculturalisme reçut l'appui unanime du Parlement. Contrairement à nos voisins américains, nous refusions de sacrifier, au nom de l'unité nationale, la diversité et la richesse que nous procure le multiculturalisme. Nous renoncions à la notion d'une culture monolithique, au melting-pot à l'américaine. Nous adhérions au principe selon lequel une société libre et juste doit accepter le pluralisme et permettre à chaque citoyen de choisir le style de vie, les coutumes et la culture qui lui conviennent, peu importe qu'ils émanent de son groupe ethnique ou d'un autre.

En 1972, le gouvernement créait une Direction du multiculturalisme relevant du Secrétariat d'État, et le Premier ministre Trudeau nommait au Cabinet, pour la première fois dans notre histoire, un ministre responsable du multiculturalisme. Ces deux mesures avaient pour objectif d'encourager les groupes ethniques à acquérir un sentiment d'appartenance au Canada tout en conservant les trésors culturels de leur pays d'origine, trésors dont bénéficieraient tous les Canadiens. Ils parleraient l'anglais ou le français, mais le gouvernement les aiderait à préserver leur langue maternelle si tel était leur vœu.

Une fois de plus, l'État allait subventionner des groupes de citoyens, parfois minuscules, et leur permettre de défendre leurs valeurs. De plus, il façonnait lui-même des programmes pour lutter contre la discrimination raciale, stimuler la recherche ainsi que la publication et la traduction d'œuvres reflétant la diversité culturelle du Canada, encourager les manifestations artistiques des ethnies. Ces programmes ont constitué un puissant stimulant pour les groupes ethniques, comme l'écrivait la sociologue Jean Burnet: «Plusieurs des programmes du gouvernement fédéral qui s'intéressent à l'intégration culturelle, à la communication interculturelle, au développement des organismes et à la promotion des arts facilitent l'octroi de subventions aux associations bénévoles des groupes ethniques; un certain nombre de provinces et de municipalités donnent aussi une assistance morale et financière à ces associations. Le fait que les gouvernements, à divers niveaux, reconnaissent la contribution que les associations bénévoles des groupes ethniques apportent à la société canadienne a encouragé leur création et leur épanouissement peut-être davantage que les subventions elles-mêmes[3].»

Le Conseil consultatif canadien du multiculturalisme a été inauguré en 1973 pour contribuer à la mise en œuvre de la nouvelle politique. En 1983, avec un mandat élargi, l'organisme est devenu le Conseil canadien du multiculturalisme.

Toutefois, 1982 restera la grande année du multiculturalisme, dorénavant reconnu par l'article 27 de la Charte canadienne des droits et libertés qui stipule que «toute interprétation de la présente Charte doit concorder avec l'objectif de promouvoir le maintien et la valorisation du patrimoine multiculturel des Canadiens».

À partir de 1982, le Canada a résolument opté pour la plus grande liberté qu'offre une société pluraliste. C'était là une nouvelle vision qui faisait de notre pays une société unique au monde et l'une des plus tolérantes.

Faire confiance à la jeunesse

Les jeunes, notre richesse la plus précieuse, constituent le cinquième de la population canadienne. Et pourtant, l'État ne s'en préoccupe guère, sans doute parce qu'ils sont le plus désorganisé des groupes de citoyens et parce que leur voix ne réussit pas à se faire entendre.

Les 16 années du gouvernement Trudeau resteront une sorte d'âge d'or pour la jeunesse du Canada. Dès 1971, le Secrétariat d'État a imaginé un programme à la fois audacieux et original: Perspectives Jeunesse. Le Premier ministre Trudeau en a résumé les objectifs devant la Chambre des communes le 16 mars 1971: «[...] Le Gouvernement croit de même que les jeunes s'efforcent vraiment d'améliorer la société et tiennent à travailler et à se livrer à des activités propres à faire du Canada un pays où il fait bon vivre. Le Gouvernement veut donc les encourager à mettre leur énergie, leur imagination et leur altruisme au service de projets qui profiteront à l'ensemble de la population. Le programme de possibilités d'emploi pour la jeunesse alliera les ressources du Gouvernement à l'ingéniosité des jeunes. Cela revient à dire aux jeunes Canadiens que nous accueillons favorablement leur désir de combattre la pollution; que nous croyons qu'ils se préoccupent vraiment d'améliorer le sort des défavorisés, et que nous avons confiance dans leur système de valeurs. Nous leur disons également que nous voulons mettre à l'épreuve leur résistance et leur autodiscipline pour voir s'ils pourront mettre en pratique ce qu'ils prêchent.»

Jusque-là, jamais un chef du gouvernement du Canada n'avait lancé un pareil défi ni témoigné une telle confiance aux jeunes Canadiens. Il leur offrait des millions de dollars pour leur permettre d'imaginer des projets utiles à leur communauté, qu'ils pourraient réaliser eux-mêmes (sans *l'aide* des fonctionnaires!) tout en développant leurs talents propres, leur sens de la responsabilité, leur esprit de service.

De 1971 à 1974, Perspectives Jeunesse a donné l'occasion à 94 467 jeunes de réaliser 9694 projets concrets et valables dans des milliers de communautés canadiennes réparties dans les 10 provinces, les Territoires du Nord-Ouest et le Yukon.

Les critiques de Perspectives Jeunesse ont monté en épingle un petit nombre de projets qui avaient connu des échecs, comme pour faire oublier que l'ensemble du programme était une remarquable réussite. On est moins sévère pour les adultes, gouvernants ou fonctionnaires, dont le Vérificateur général du Canada nous signale chaque année les erreurs catastrophiques qui coûtent des sommes pharamineuses aux contribuables!

Programme d'été, Perspectives Jeunesse s'adressait essentiellement aux étudiants. Mais l'expérience ayant prouvé que des groupes de citoyens pouvaient très bien administrer des fonds publics, le gouvernement décida de créer un autre programme, Initiatives locales, destiné aux chômeurs, particulièrement nombreux chez les jeunes. Ce programme favorisait le recyclage et permettait de réaliser des projets communautaires qui, autrement, n'auraient pas vu le jour.

Le gouvernement Trudeau a également subventionné en tout ou en partie deux autres programmes pour les jeunes, gérés par des organisations non gouvernementales: Jeunesse Canada Monde à partir de 1971, et Katimavik à partir de 1977. Il s'agissait de programmes ouverts à tous les jeunes Canadiens de 17 à 21 ans et dont l'objectif était le développement personnel des individus, leur engagement dans des projets communautaires souvent reliés aux problèmes d'environnement, l'apprentissage d'une autre langue, la découverte de diverses régions du Canada et, dans le cas de Jeunesse Canada Monde, la sensibilisation aux problèmes du développement international. Bien que cela ne fît pas partie des objectifs de ces programmes, ils ont contribué plus que tout autre à resserrer les liens entre les jeunes Canadiens de provinces ou d'origines ethniques différentes, à les rendre plus tolérants, plus généreux, plus ouverts sur le monde. Et plus libres.

Entre 1968 et 1984, le gouvernement Trudeau a fait un effort considérable pour venir en aide aux jeunes chômeurs en instaurant un grand nombre de programmes d'emploi et de formation. Il a augmenté considérablement le budget du programme canadien de prêts aux étudiants qui passa de 9,4 millions de dollars en 1968-1969 à 229 millions de dollars en 1984-1985. Quant au programme d'aide aux provinces dans le domaine de l'éducation post-secondaire, il a fait un bond de deux milliards de dollars, passant de 107 999 940 $ en 1968 à 2 243 787 286 $ en 1984.

En 1984, le Gouvernement faisait adopter la *Loi sur les jeunes contrevenants* pour remplacer la *Loi sur les jeunes délinquants* qui datait de 1908. La nouvelle loi, plus juste et plus humaine, tenait compte à la fois de la protection du public et des droits et des responsabilités des jeunes contrevenants âgés de 12 à 18 ans. Devant le Comité permanent de la justice et des questions juridiques de la Chambre des communes, l'Association du barreau canadien a résumé en ces termes l'esprit de la législation proposée: «La loi cherche à établir un équilibre raisonnable et acceptable entre les besoins des jeunes contrevenants et les intérêts de la société. On a dit de la nouvelle loi qu'elle possédait l'envergure et la souplesse requises pour assurer la protection du public, tout en recherchant en même temps des mesures meilleures et plus efficaces pour s'occuper des jeunes délinquants. La loi propose la fusion des trois principes suivants:

«1. Les adolescents doivent être davantage tenus responsables de leur comportement, mais pas entièrement, étant donné qu'ils n'ont pas encore atteint la pleine maturité.

«2. La société a le droit d'être protégée des comportements illégaux.

«3. Les adolescents ont les mêmes droits à la procédure judiciaire et au même traitement juste et équitable que les adultes, et ces droits doivent être assurés par des garanties spéciales[4].»

Enfin, pour marquer l'intérêt majeur de son Gouvernement pour les jeunes, le Premier ministre Trudeau créait le poste de ministre d'État à la Jeunesse en 1984, donnant enfin une voix au Cabinet à près du cinquième de la population canadienne.

Les personnes âgées, les handicapés, les réfugiés

Selon plusieurs démographes, en l'an 2031, c'est-à-dire dans une quarantaine d'années, 20 p. 100 de la population canadienne sera âgée de plus de 65 ans, compte tenu du faible taux de natalité, de l'espérance de vie de plus en plus élevée et de la timidité de notre politique d'immigration. L'essentiel de ces prévisions était déjà connu en 1968. Dans les limites de la juridiction fédérale, le gouvernement Trudeau a mis sur pied plusieurs programmes destinés à assurer le bien-être et la dignité des personnes âgées.

La première *Loi des pensions de vieillesse* date de 1927. Depuis, elle n'a cessé de s'améliorer, notamment à partir de 1970: indexation au coût de la vie, réduction de l'âge d'admissibilité, augmentation du supplément. En 1975, on a encore ajouté l'Allocation au conjoint (veuf ou veuve) âgé de 60 à 65 ans s'il ne dispose que d'un faible revenu. Une exemption d'impôt est prévue pour les personnes âgées de 65 ans et plus.

En 1972, le Gouvernement lançait un programme de culture et de loisir à l'intention des personnes du troisième âge: Nouveaux Horizons, dont la formule s'inspirait de Perspectives Jeunesse.

Enfin, en 1980, on établissait le Conseil consultatif national sur le troisième âge, et, en 1981, le Bureau du troisième âge, l'un et l'autre rattachés au ministère de la Santé et du Bien-être social.

Un autre groupe de citoyens sans voix a retenu l'attention du gouvernement Trudeau: les handicapés, qui forment 13,2 p. 100 de la population canadienne et restent trop souvent en marge de la société.

En 1980 fut créé le Comité spécial de la Chambre des communes relatif aux invalides et aux handicapés. Mais c'est à partir de 1981, l'Année internationale des personnes handicapées, que le gouvernement fédéral passa à l'action en incluant la déficience physique ou mentale parmi les motifs de discrimination illicite décrits dans la Charte des droits et libertés et dans la *Loi sur les droits de la personne.*

En 1983, le Parlement adopta une politique nationale sur le transport des personnes handicapées. Dans les domaines de juridiction fédérale, elle assure des services efficaces et fiables au million de Canadiens qui éprouvent de la difficulté à se mouvoir sans aide.

Un groupe spécial de handicapés avait suscité la compassion du gouvernement en 1968: les réfugiés handicapés. Cette année-là, en accord avec la plupart des provinces, le Canada accueillait 400 réfugiés qui étaient également des handicapés.

En 1969, le Canada signait la Convention internationale de Genève relative au statut des réfugiés. Ce fut le point tournant de notre politique à l'égard du nombre toujours croissant des réfugiés qui croupissent dans les camps des pays de premier asile, tous des pays pauvres.

Au cours des années, le gouvernement Trudeau a établi des programmes ponctuels afin d'accueillir en priorité certains groupes de réfugiés: ceux de la Tchécoslovaquie en 1968 (12 000 réfugiés), du Tibet en 1970 (228 réfugiés), de l'Ouganda en 1972 (7000 réfugiés), du Chili en 1973 (1200 réfugiés), du Viêt-nam et du Cambodge en 1975 (69 000 réfugiés), du Liban (11 000 réfugiés) et de pays latino-américains en 1976. Pour des raisons d'ordre humanitaire, le Gouvernement acceptait ces groupes de réfugiés sans tenir compte des critères habituels d'admission et, pour accélérer le processus, envoyait sur place des équipes de fonctionnaires du ministère de la Main-d'œuvre et de l'Immigration.

En août 1977, la nouvelle *Loi de l'immigration* était votée par le Parlement et en avril 1978, on créait le Comité consultatif du statut de réfugié.

Un des objectifs de la loi était de permettre au Canada de remplir toutes ses obligations internationales à l'égard des réfugiés, telles qu'elles étaient définies par la Convention de Genève, et de maintenir sa tradition de pays ouvert aux persécutés de la terre. La nouvelle loi offrait enfin à tous ceux qui réclamaient le statut de réfugié une protection juridique adéquate, y compris le droit d'en appeler de la décision du ministère de la Main-d'œuvre et de l'Immigration. De plus, tout réfugié répondant à la définition de la Convention ne pouvait être refoulé hors des frontières canadiennes, sauf s'il était un criminel ou si l'on croyait qu'il pouvait porter atteinte à la sécurité du Canada.

Des lois pour les personnes

Faire participer l'ensemble des citoyens au processus social, politique, économique; protéger la liberté de tous contre toute discrimination quelle qu'en soit la cause; permettre aux plus démunis d'obtenir justice et d'être à l'abri des abus du pouvoir; autant de principes qui ont déterminé les nombreuses réformes apportées à nos lois pendant les 16 années du gouvernement Trudeau.

Les deux dates les plus significatives demeurent évidemment 1977 et 1982. La première à cause de l'adoption de la *Loi sur les droits de la personne* qui garantissait à tous l'égalité des chances sans discrimination, protégeait la vie privée, donnait aux individus accès aux dossiers contenant des renseignements personnels sur leur compte. La loi créait également la Commission des droits de la personne dont la mission consiste à offrir un recours aux victimes de discrimination et à lutter contre les causes de préjudice au moyen de programmes de recherche et d'information. La date la plus mémorable restera celle de l'adoption d'une Charte des droits enchâssée dans la *Loi constitutionnelle de 1982*. Avec la Charte, le Canada entrait dans une ère nouvelle, sous le signe de la primauté des droits individuels.

Nous avons déjà évoqué quelques-unes des mesures législatives qui ont amélioré la vie des femmes, des autochtones, des groupes ethniques, des jeunes et d'autres catégories de défavorisés. Mais entre 1968 et 1984, on compte une infinité de décisions administratives, d'amendements aux lois existantes et de promulgations de lois nouvelles par lesquels on voulait répondre, dans le sens de la liberté, à l'évolution de la société canadienne.

Dès son arrivée au pouvoir, le gouvernement Trudeau a apporté plusieurs amendements au Code criminel qui n'ont pas été accueillis favorablement par tous les citoyens, comme la *Loi sur l'avortement* de 1969, déjà mentionnée, et celle qui rendait légales les pratiques homosexuelles privées entre adultes consentants.

Ces deux mesures firent couler beaucoup d'encre bien qu'elles proposassent tout simplement de laisser les citoyens agir en ces matières sous la dictée de leur conscience.

«Je crois, avait déclaré Pierre Trudeau, que les modifications proposées au Code criminel sont valables, parce qu'elles tentent de concrétiser l'idée qu'en matière juridique, il existe une différence entre le péché et le crime, et qu'il n'incombe pas au législateur ni à la police de punir le péché. C'est un problème que chacun règle avec sa conscience, avec son curé ou avec son Dieu, mais pas avec la police[5].»

Un grand nombre d'autres lois, inspirées par le même souci d'instaurer plus de justice au sein de la société, ont causé moins d'émoi ou sont passées presque inaperçues. On pense à cet amendement au Code criminel qui fait un crime de l'incitation à la haine contre des personnes à cause de leur appartenance à un groupe racial ou religieux (1969). On pense à la création de la Commission de réforme du droit dont le mandat est très vaste puisqu'elle doit réviser toutes les lois du Canada et proposer des amendements pour les moderniser et les rendre plus équitables. De 1972 à 1984, le système correctionnel du Canada a rapidement évolué dans le sens de l'équité à la suite de la publication de trois rapports traitant de la libération conditionnelle[6]. Tout en reconnaissant les droits des délinquants, la nouvelle législation tenait compte de la protection de la société contre la criminalité.

À partir de 1972, grâce à des ententes fédérales-provinciales, le Gouvernement a fourni un appui financier aux programmes d'aide juridique qui devaient assurer aux citoyens moins nantis d'être bien défendus devant les cours de justice. En 1973, le Gouvernement a nommé un Enquêteur correctionnel, une sorte d'ombudsman au service des détenus qui auraient à se plaindre de la façon dont ils sont traités dans les prisons fédérales. En 1982, le Parlement a voté la *Loi portant sur la liberté d'accès à l'information dans les services gouvernementaux* et la *Loi sur la protection des renseignements personnels.*

Mais comment ne pas ajouter à cette nomenclature encore une loi controversée, celle qui amenda le Code criminel pour abolir la peine de mort?

Entre 1867 et 1962, plus de 700 Canadiens ont été pendus, en conformité avec la loi du pays. Parmi eux, sans l'ombre d'un doute, se trouvaient quelques innocents. Alors qu'une trentaine de pays du monde avaient renoncé à la peine de mort, la plupart après la Deuxième Guerre mondiale, le Canada hésitait encore.

Au début des années soixante, la population commençait peut-être à se poser des questions sur cette pratique autant primitive qu'inefficace. De plus en plus, les jurés hésitaient à envoyer les assassins à la potence, tandis que le Cabinet commuait systématiquement les peines de mort. Situation qui, à l'époque, avait arraché ce cri du cœur à un célèbre procureur de la Couronne: «C'est rendu à un point qu'on ne peut plus faire pendre personne!» Toutefois, c'est seulement en 1976 que le gouvernement fédéral a eu le courage d'abolir une loi qui nous rattachait encore à une époque moins civilisée.

On peut certes parler de courage politique quand on sait, par les sondages, que la majorité des Canadiens étaient favorables à la peine de mort comme ils le sont encore aujourd'hui, ce qui explique sans le justifier le pénible débat sur le principe du rétablissement de la peine capitale qui, en 1987, a tenu le Parlement en haleine pendant de longs mois.

Un inventaire plus exhaustif aurait permis de faire état d'un grand nombre d'autres mesures législatives qui témoignent du souci majeur du gouvernement Trudeau: rendre la société plus libre, plus juste et plus humaine.

Dans un discours prononcé le 2 avril 1968, Pierre Elliott Trudeau avait révélé ses intentions sans équivoque: «Légiférer, mettre en œuvre une politique, c'est améliorer le sort quotidien de personnes humaines en chair et en os. Et mieux les gouvernements sont adaptés, ajustés aux problèmes qu'ils doivent résoudre, meilleures sont leurs chances de faire des lois pour les personnes humaines[7].»

Seize ans après cette déclaration de principes, le Premier ministre du Canada quittait la scène politique: sans doute l'Histoire dira qu'il avait alors accompli l'essentiel de son œuvre.

CHAPITRE 6

Faire face aux problèmes environnementaux

par John Roberts

Homme politique et homme de science, John Roberts a partagé sa carrière entre la politique active, l'enseignement universitaire et la recherche. Dans les différents gouvernements dirigés par Pierre Elliott Trudeau, il a tour à tour été secrétaire d'État, ministre d'État aux Sciences et à la Technologie, ministre de l'Environnement et ministre de l'Emploi et de l'Immigration. En 1984, il se porta candidat à la direction du Parti libéral. Il a été reçu à titre de conférencier ou d'invité dans de nombreuses universités, tant au Canada qu'aux États-Unis, en Grande-Bretagne et en Australie.

L a vague qui, en 1968, porta Pierre Elliott Trudeau et son équipe au pouvoir n'était que le reflet d'un phénomène plus profond qui agitait la société canadienne tout entière. Les Canadiens (ou du moins bon nombre d'entre eux) prenaient de plus en plus conscience des méfaits de l'économie du monde moderne sur l'environnement et des menaces que ce déséquilibre faisait peser sur l'existence même de notre société.

L'évolution des consciences

C'est vers la fin des années soixante que l'on commença, un peu partout dans le monde, à s'intéresser aux problèmes environnementaux. Tant dans le secteur manufacturier que dans ceux des transports, des communications et de l'exploitation des richesses naturelles, les changements technologiques à l'origine du phénomène de l'industrialisation et de l'urbanisation avaient entraîné avec eux une profonde détérioration de notre environnement. Or, ces problèmes n'étaient pas le seul fait du hasard ou la conséquence de quelques erreurs de parcours, mais plutôt le résultat de l'accumulation des méfaits causés par un système d'exploitation fondé sur notre conception de l'activité économique.

Deux ouvrages parus à cette époque décrivent de façon remarquable la fragilité des écosystèmes et les conséquences de la production industrielle sur l'environnement: *Silent Spring**, publié par Rachel Carson en 1962, et *Spaceship Earth* (Le vaisseau spatial Terre), publié par Barbara Ward en 1966. D'après ces deux auteures, la science et la technologie possédaient le pouvoir de contaminer et de détruire cette fragile couche située entre l'atmosphère et la Terre dont dépend la survie de l'humanité. Deux désastres écologiques vinrent d'ailleurs confirmer l'ampleur des dangers qui nous menaçaient: le naufrage du pétrolier *Torrey Canyon* dans les eaux britanniques et celui de l'*Arrow* dans la baie Chédabouctou, au nord de la Nouvelle-Écosse.

De nombreux économistes commencèrent également à s'inquiéter des conséquences environnementales et sociales de cette croissance irréfléchie. Publié en 1972, le rapport du Club de Rome intitulé *Halte à la croissance* entrevoyait que la poursuite du développement aurait un impact terrible sur l'environnement de toute la planète. En 1973, la crise de l'énergie fit durement comprendre aux consommateurs des pays occidentaux que l'ère des surplus d'énergie bon marché tirait à sa fin. Les prédictions d'économistes tels Galbraith et Heilbroner ne firent que renforcer l'idée qu'il était temps pour les pays industrialisés et prospères de mettre fin au gaspillage.

Les préoccupations environnementales de la fin des années soixante procédaient d'une double nécessité: d'une part, trouver des solutions à des problèmes immédiats et précis et, d'autre part, transformer notre conception du développement économique et social. Pour les écologistes, il importait non seulement de prendre des mesures adéquates pour enrayer la pollution existante, mais également de provoquer un changement sur le plan des mentalités. Il devenait urgent de transformer la société de consommation qui avait pris naissance à la fin de la Deuxième Guerre mondiale en une société capable de pratiquer les vertus de l'économie, de la protection, du recyclage et de la saine gestion des ressources naturelles.

---

* En français: *Printemps silencieux*, Paris, Plon, 1968. *(N.D.T.)*

La montée du mouvement écologique canadien

Cette nouvelle prise de conscience des problèmes environnementaux ne s'est manifestée avec autant d'intensité nulle part ailleurs qu'au Canada. Les Canadiens étaient depuis longtemps conscients de l'étroite interdépendance de l'économie et de l'environnement. Le pays s'était en effet présenté à nos ancêtres comme une immense corne d'abondance dans laquelle ils pouvaient puiser à loisir. Basé sur la pêche à la morue, le commerce des fourrures, la culture du blé, l'extraction des métaux et la mise en valeur des richesses énergétiques, le développement économique du pays se résumait alors à l'histoire de ces pionniers partis découvrir et exploiter les immenses richesses naturelles que recelait la partie septentrionale du continent nord-américain.

Au milieu des années soixante, toutefois, un changement d'attitude se produisit qui donna naissance au mouvement écologique canadien. En 1964 eut lieu la Conférence fédérale-provinciale sur les ressources et notre avenir (au cours de laquelle fut créé le Conseil canadien des ministres des ressources), qui se pencha sérieusement sur la situation des richesses naturelles au pays. Un volumineux rapport intitulé *Les Ressources du Canada: perspectives* fut publié par la suite; celui-ci proposait de mettre l'accent sur ce que nous appelons de nos jours le «développement durable». Au cours de l'automne 1966, le Conseil canadien des ministres des ressources convoqua une conférence sur la pollution et l'environnement. Associations de quartier, comités de citoyens et simples individus s'attelèrent à la tâche de combattre les méfaits de l'activité industrielle. Ils s'attaquèrent aux sites d'enfouissement, aux plages contaminées, aux contenants non consignés, aux déchets qui jonchaient les terrains de camping et les pistes de randonnée et à tout ce qui était susceptible de présenter une menace pour l'environnement. On assista à la naissance de l'Association canadienne du droit de l'environnement et de divers organismes voués à la lutte contre la pollution ou à la protection de l'environnement, dont l'objectif commun était de sensibiliser le public et les gouvernements à la nécessité de s'attaquer aux problèmes environnementaux. Les universités se mirent également de la partie. L'université York mit sur pied une faculté d'études environnementales en 1968, bientôt suivie par les universités de Calgary, de Waterloo et de la Colombie-Britannique.

Dans un premier temps, le mouvement écologique s'attaqua à la pollution locale, c'est-à-dire à des problèmes liés à des sites spécifiques ou à des sources de pollution précises et facilement identifiables à l'œil nu... ou à l'odeur: émanations provenant des usines de pâtes et papiers, fumées émises par les centrales alimentées au charbon, dépotoirs à ciel ouvert, etc. On tentait par tous les moyens de débusquer les pollueurs et de les obliger à cesser leurs activités en pressant les gouvernements d'intervenir et d'adopter des mesures susceptibles de rappeler les contrevenants à l'ordre. Mais il fallut bientôt se rendre à l'évidence: pareille tactique était impuissante à empêcher la dégradation de l'environnement. Il était essentiel d'avoir une approche globale pour régler la question.

Tel était également l'avis du Conseil des sciences du Canada, qui publia, à la fin des années soixante et au début des années soixante-dix, une série de rapports sur les conséquences de la croissance économique. Pour le Conseil, le passé était loin d'être garant de l'avenir et l'accélération de la croissance risquait de nous mener tout droit à la catastrophe. Il importait donc de tempérer notre soif de prospérité par une prise de conscience accrue des effets de la croissance et du fait que l'être humain est une créature vivante indissociable de son environnement et de la biosphère terrestre.

Le Conseil se fit le défenseur de ce qu'il appela une «société de conservation», c'est-à-dire une société qui accorde la priorité à la gestion responsable et à la préservation de ses richesses naturelles, de même qu'au recyclage des produits manufacturés et à la protection des fragiles écosystèmes.

Les 10 premières années
de la politique environnementale

On assista, au cours des années soixante, à de vifs débats sur la question de l'environnement. Le nouveau gouvernement Trudeau ne pouvait ni ne comptait ignorer les préoccupations des écologistes. Il décida de s'attaquer vigoureusement aux problèmes environnementaux et de mettre sur pied une structure gouvernementale capable d'intervenir efficacement.

On se rendit bientôt compte que de puissants agents étaient à l'œuvre et qu'ils étaient responsables, notamment, du phénomène d'urbanisation et des progrès technologiques à l'origine des problèmes environnementaux. Au cours du débat qui suivit le discours du Trône, M. Trudeau fit clairement savoir, le 24 octobre 1969, que son gouvernement se préoccupait de la situation:

«Nous nous proposons de nous attaquer à la question de l'environnement, non seulement dans le Grand Nord, mais partout au Canada, en faisant porter nos efforts principalement sur les deux grandes sources de pollution: l'urbanisation et l'envahissement de la technologie moderne...

La même technologie qui a donné lieu à de véritables miracles dans le domaine des communications et des transports, dans l'avancement des sciences appliquées, demeure néanmoins le plus redoutable adversaire d'une saine biosphère...

Trop souvent [l'homme] a utilisé les ressources de son intelligence et de son instinct, non pas tant pour relever les défis qui le confrontent que pour porter un défi à sa propre survivance. Ce faisant, il menace non seulement son espèce, mais aussi bien toute la vie de notre planète.

Le gouvernement actuel est déterminé à éviter, Monsieur le président, que des actes aussi démentiels ne puissent, du moins au Canada, se perpétuer inconsidérément.»

Les préoccupations que soulevait le développement technologique allaient mener à la création du ministère d'État aux Sciences et à la Technologie, cependant que l'inquiétude causée par les problèmes d'urbanisation se traduisait par la création du département d'État chargé des Affaires urbaines et par une série de mesures dont l'aboutissement fut la Conférence des Nations Unies sur les établissements humains (Habitat) qui eut lieu à Vancouver en 1976. Malheureusement, les limites imposées par la Constitution empêchèrent le gouvernement fédéral de jouer un rôle aussi actif que certains l'auraient souhaité dans les affaires urbaines.

La création du ministère de l'Environnement

La mesure la plus visible adoptée par le gouvernement Trudeau pour faire face aux problèmes de l'environnement fut la création du ministère de l'Environnement (aussi appelé Environnement Canada). Après qu'on eut annoncé sa création le 8 octobre 1970, ce ministère fut institué par décret le 26 novembre de la même année et son existence fut officiellement reconnue lors de la proclamation, le 11 juin 1971, de la *Loi sur l'organisation du gouvernement*.

Le nouveau ministère avait une orientation globale: il devait favoriser une saine gestion des richesses naturelles du pays, non par l'entremise d'une série de programmes distincts chargés de surveiller modestement les divers secteurs industriels, mais par le truchement d'un seul et unique programme environnemental capable d'établir un équilibre entre la sauvegarde des ressources naturelles et les multiples usages auxquels elles pouvaient servir.

Jack Davis, qui fut le premier ministre de l'Environnement du pays, ne manqua pas, dans la description du nouveau ministère qu'il fit à la Chambre des communes, le 27 janvier 1971, de faire savoir que le ministère de l'Environnement se devait d'avoir une approche globale et intégrée des problèmes environnementaux:

> «Le nouveau ministère fédéral de l'Environnement traitera des ressources renouvelables du Canada, des organismes vivants, faune, forêts et poisson. Son action s'exercera également dans le domaine des ressources nécessaires à la vie telles que l'air, les eaux et la terre. L'ensemble de ces ressources nécessaires à la vie font un tout naturel et interdépendant. Leur gestion et leur protection doivent être assurées de façon complète et détaillée. Elles doivent être exploitées sur la base d'un rendement soutenu.»

Au milieu de 1973, l'essentiel de la structure administrative du ministère de l'Environnement était en place. Elle s'occupait de trois grands secteurs d'activités: le Service de l'environnement atmosphérique, auquel avait été intégré l'ancien bureau météorologique; le Service de gestion de l'environnement (qui devint par la suite le Service de défense de l'environnement), auquel avaient été intégrés le Service forestier, le Service canadien de la faune, la Direction des eaux intérieures et la Direction générale des terres; et le Service de protection de l'environnement, qui constituait un élément nouveau au sein du Ministère. Ce dernier service exerçait son action dans les domaines de la pollution atmosphérique, de la pollution des eaux, de la gestion des déchets (y compris la sauvegarde des ressources et la conservation de l'énergie), des produits contaminants, de l'évaluation et du contrôle des incidences environnementales, des urgences environnementales et des relations avec l'industrie et les gouvernements provinciaux pour tout ce qui touchait aux questions environnementales. Il servit également d'organe de communication entre le public et le Ministère et de point de contact entre les divers ministères et organismes fédéraux pour tout ce qui concernait la protection de l'environnement.

Le Gouvernement prit par ailleurs l'importante décision de créer, en mars 1972, le Conseil consultatif canadien de l'environnement, chargé de conseiller privément le ministre de l'Environnement. Contrairement aux craintes exprimées au moment de sa création (à savoir qu'il était trop lié au ministre et au ministère de l'Environnement pour agir en toute indépendance), le Conseil a toujours réussi à émettre franchement ses avis.

Il a également permis de porter à l'attention du Gouvernement les sentiments de centaines d'organismes soucieux de la question environnementale. Les commentaires parfois bien sentis mais toujours dénués d'animosité du Conseil ont pu, à l'occasion, embarrasser le Ministre ou le Ministère, mais ils ont servi de stimulant essentiel à l'action en plus de constituer une source précieuse et indépendante de renseignements.

Collaboration entre le gouvernement fédéral et les provinces en matière d'environnement

Dans les années soixante-dix, un important train de mesures législatives permit de consolider les pouvoirs du nouveau ministère. Mais, dans la mesure où la juridiction du gouvernement fédéral en matière d'environnement n'était pas clairement définie, des obstacles subsistaient encore. Les Pères de la Confédération n'ayant pas jugé utile de départager les responsabilités environnementales, les gouvernements fédéral et provinciaux s'étaient réparti plus ou moins équitablement les pouvoirs en ce domaine. Ottawa détenait l'autorité sur les eaux internationales, frontalières et côtières (et même, selon certains, sur les voies navigables interprovinciales). De même, de par la juridiction qu'il exerçait en ces domaines, le gouvernement fédéral détenait l'autorité, en matière d'environnement, sur la navigation, les pêches, l'agriculture, le droit pénal et le commerce. Les gouvernements provinciaux détenaient pour leur part des droits de propriété sur les terres de l'État et les ressources naturelles situées sur leur territoire respectif.

Par ailleurs, comme la Constitution ne se prononçait pas clairement sur le partage des responsabilités en matière d'environnement, il fut tout aussi difficile, à compter des années soixante, de définir qui, du gouvernement fédéral ou des provinces, détenait vraiment le pouvoir sur cette question que d'établir des normes environnementales applicables à l'échelle du pays. L'enjeu était de savoir si le Canada allait se doter d'une politique de protection de l'environnement morcelée fondée sur l'autorité des provinces, ou d'un programme national cohérent et coordonné. Cette question fut débattue en profondeur au cours de la conférence constitutionnelle qui eut lieu du 14 au 16 septembre 1970. Il en ressortit que le gouvernement fédéral aurait la responsabilité de défendre l'environnement contre tout danger d'ordre international et qu'il aurait la responsabilité d'établir des normes applicables à l'échelle nationale. La mise en application de ces normes devait toutefois relever de la juridiction de chaque province, à l'intérieur des limites de son territoire. Il fut également convenu que la réalisation de nombreux programmes (dont le programme de gestion des eaux) ferait l'objet d'ententes intergouvernementales et recevrait de l'aide financière du gouvernement fédéral. On en vint par conséquent à la conclusion qu'une plus grande collaboration était nécessaire entre les divers ordres de gouvernement.

Pour favoriser cette collaboration, le ministère de l'Environnement mit sur pied la Direction générale des affaires intergouvernementales, chargée d'établir les communications avec les autorités provinciales. Le Conseil canadien des ministres des ressources et de l'environnement a aussi grandement facilité les relations entre les deux ordres de gouvernement en favorisant la circulation des renseignements et les échanges de vues. Avec à sa tête les ministres fédéraux et provinciaux des Richesses naturelles et de l'Environnement, assistés d'un secrétariat permanent, le Conseil se réunissait chaque année; on y discutait de problèmes communs et on y passait en revue les programmes environnementaux.

Des mesures législatives appropriées

De 1968 jusqu'au milieu des années soixante-dix, une production législative continue améliora grandement la capacité du gouvernement fédéral de protéger l'environnement. La *Loi sur les pêcheries*, la *Loi sur les eaux intérieures* et la *Loi canadienne des transports* furent amendées afin de permettre au Gouvernement de déclarer certaines substances nuisibles et d'interdire leur déversement soit dans la mer soit dans les eaux intérieures interprovinciales. Ces lois ont permis d'établir, à l'échelle du pays, des normes réglementant l'usage du mercure et du phosphore et les émanations des industries papetières, ainsi que de mettre sur pied un mécanisme approprié pour détecter et nettoyer les déversements de pétrole et d'autres matières dangereuses.

La *Loi sur les produits antiparasitaires* fut révisée en 1969 de manière à réglementer la fabrication, l'entreposage, la distribution et l'utilisation des pesticides au Canada. La *Loi de 1970 sur les ressources en eau du Canada*, tout en encourageant la recherche, permit de planifier et de mettre en place des programmes relatifs à la sauvegarde, au développement et à l'utilisation des ressources aquatiques. Pour la première fois, un accord détaillé de coopération visant à assurer la gestion de la qualité des eaux était conclu entre les gouvernements fédéral et provinciaux. Cette loi prévoyait également la création d'organismes conjoints de gestion qui devaient mettre sur pied et exploiter des usines de traitement des eaux usées et surveiller l'application des normes en matière d'eaux usées, mais ces organismes ne virent jamais le jour. Toutefois, lorsque la qualité des eaux frontalières et interprovinciales relevait de l'intérêt national, la loi autorisait le gouvernement fédéral à prendre des mesures unilatérales à ce sujet et à obliger les responsables de la pollution des eaux à en payer les coûts de nettoyage.

La *Loi sur la mer territoriale et les zones de pêche* fut amendée en 1970 de manière à permettre l'extension des eaux territoriales canadiennes jusqu'à 12 milles des côtes et l'augmentation de la dimension des zones de pêche canadiennes dans le golfe du Saint-Laurent, dans la baie de Fundy et au large des côtes de la Colombie-Britannique.

La *Loi de 1970 sur la prévention de la pollution dans les eaux arctiques* servit de mesure de protection de l'environnement, bien sûr, mais elle fut aussi utile pour affirmer la souveraineté canadienne sur ces eaux, comme le souhaitaient de nombreux Canadiens inquiets depuis que le pétrolier américain *Manhattan* avait franchi le passage du Nord-Ouest. Cette loi stipulait clairement que les eaux de l'Arctique étaient ouvertes à la navigation à la seule condition que fût respectée l'écologie fragile de cette région. Le gouvernement canadien décida, pour fin de contrôle de la pollution, d'étendre sa juridiction jusqu'à 100 milles des côtes du pays dans le cas de la navigation commerciale et à l'étendre davantage dans le cas de l'exploitation commerciale du plateau continental. La loi interdisait également le déversement de déchets dans les eaux placées sous la juridiction canadienne.

La *Loi de 1970 sur la lutte contre la pollution atmosphérique* donna au gouvernement fédéral le pouvoir de mettre sur pied, d'exploiter et d'entretenir un système de stations de surveillance de la pollution atmosphérique à travers tout le Canada, de mener des recherches sur la pollution atmosphérique, de fixer des objectifs nationaux en matière de qualité de l'air, d'établir des normes concernant les émissions polluantes et d'émettre des directives nationales concernant la qualité de l'air, d'élaborer des projets destinés à contrôler et à réduire la pollution atmosphérique, de lancer des projets pilotes et de publier des renseignements destinés à informer le public sur la question.

La *Loi de 1971 sur la sécurité des véhicules automobiles* permit au Gouvernement d'établir des normes concernant les émissions provenant des véhicules automobiles et d'obliger les compagnies pétrolières à réduire le pourcentage de plomb dans l'essence. En 1983, le Gouvernement prit même la décision d'interdire toute utilisation d'additif au plomb dans l'essence.

La *Loi de 1973 sur la faune canadienne* permit au Gouvernement de prendre les mesures appropriées pour protéger toute espèce en voie de disparition, pour acquérir et gérer les terres destinées à la sauvegarde des oiseaux migrateurs, à l'interprétation de la nature et à la recherche, ainsi que pour conclure des accords de coopération avec les provinces ou des organismes privés afin d'assurer la protection de la faune. D'autres mesures tout aussi importantes permirent d'améliorer la gestion des espèces migratrices. Des négociations entreprises à cette époque avec les États-Unis aboutirent à la signature, en 1987, de l'Entente sur la gestion de la horde de caribous de la Porcupine.

La *Loi de 1975 sur les contaminants de l'environnement* fut adoptée afin de prévenir l'émission de toute substance potentiellement dangereuse dans l'environnement. Cette loi donnait au gouvernement fédéral le pouvoir d'exiger des industries qu'elles fournissent des renseignements à la fois sur les matières déjà en usage et sur celles qu'elles comptaient mettre sur le marché, et qui étaient susceptibles de nuire à l'environnement ou à la santé des êtres humains. La loi prévoyait diverses mesures de prévention, qui allaient de la limitation ou du contrôle jusqu'à l'interdiction de l'usage, de la fabrication et de l'importation de tout produit dangereux.

La *Loi de 1975 sur l'immersion des déchets en mer* visait à protéger les sites de pêche, les lieux de villégiature et les eaux côtières du pays de toute contamination par les navires naviguant en eaux canadiennes. Des permis étaient requis en cas d'immersion, de dragage, d'incinération en mer, de destruction de navire et d'abandon sur la glace; ces permis n'étaient en général pas accordés dans le cas de matières jugées nocives pour l'environnement marin.

Les nombreuses lois votées entre 1968 et le milieu dès années soixante-dix visaient dans l'ensemble à combattre les effets directs et visibles de la pollution. Les premiers efforts du gouvernement Trudeau pour protéger l'environnement (qu'on qualifia de première génération de politiques environnementales) consistèrent à établir des normes visant à restreindre et à contrôler la pollution.

Le Processus fédéral d'évaluation et d'examen en matière d'environnement

Une deuxième phase de réflexions sur l'environnement contribua à définir la pollution en terme de mauvais usage des ressources naturelles. À la faveur d'un changement d'attitude du public — qui commençait à s'intéresser, au début des années soixante-dix, au concept de société de conservation — et par suite de la crise de l'énergie qui éclata en 1973, les gouvernements prirent conscience du fait qu'on n'obtenait que de piètres résultats en tentant d'enrayer la pollution après coup. Grâce à une meilleure compréhension des relations complexes qui existaient entre les ressources, l'énergie, la technologie et la croissance des populations, on commença à prévoir les conséquences de l'activité humaine sur l'environnement et à intégrer la gestion des ressources et de l'environnement au développement économique du Canada.

Bref, à mesure que les années soixante-dix passaient, les politiques environnementales visaient moins à réparer les dégâts causés à l'environnement qu'à les prévenir. Il devenait donc nécessaire de recueillir le plus de renseignements possible au sujet de l'environnement et d'en comprendre les mécanismes fondamentaux. Une fois en possession de ces données, le Gouvernement pourrait prendre des mesures de protection environnementale appropriées dès la conception de tout projet d'exploitation des ressources naturelles auquel il participerait. Grâce à des évaluations environnementales, il deviendrait alors possible d'élaborer des projets convenables bien avant de les mettre à exécution.

Devant la nécessité de prévenir la pollution, le Cabinet mit sur pied, en 1973, le Processus fédéral d'évaluation et d'examen en matière d'environnement (PFEEE). En vertu de ce programme, des études étaient menées dans le cas de tous les projets fédéraux susceptibles d'avoir une incidence significative sur l'environnement et les résultats de ces évaluations étaient utilisés à chacune des étapes de la planification, de la prise de décisions et de leur mise en application.

Il ne fait aucun doute que la mise sur pied du PFEEE constitua une mesure progressive en dépit des sérieuses lacunes qu'il comportait. Environnement Canada cherchait certes à protéger l'environnement, mais les autres ministères, et en particulier ceux dont les priorités portaient sur la mise en valeur des ressources naturelles, ne partageaient pas obligatoirement le même enthousiasme à l'égard de la philosophie écologiste. Les responsabilités étant partagées, certaines tensions ne manquaient pas de survenir entre le ministère de l'Environnement d'une part, et le ministère de l'Énergie et celui des Affaires indiennes et du Nord d'autre part, ces derniers étant tous deux responsables de la mise en valeur des ressources naturelles.

Certains accusèrent le Processus fédéral d'évaluation et d'examen en matière d'environnement de comporter de sérieuses déficiences parce qu'il était l'œuvre du Cabinet plutôt que du Parlement. Ils craignaient de voir les ministères refuser de se soumettre à ce processus sous prétexte qu'il comportait des exigences trop sévères.

En réalité, la plupart des grands projets susceptibles d'avoir une incidence sur l'environnement furent soumis à ce processus. Néanmoins, un décret vint en renforcer les pouvoirs en juin 1984. D'après l'interprétation que le juge Cullen donna des nouveaux règlements en 1989, tous les ministères devaient obligatoirement soumettre leurs projets au processus de révision environnementale.

Le pipeline de la vallée du Mackenzie

Même si elle ne s'inscrivit pas dans le cadre du PFEEE, l'enquête sur le pipeline de la vallée du Mackenzie menée par le juge Thomas Berger constitue un excellent exemple d'évaluation environnementale. Outre la création du ministère de l'Environnement, cette enquête représenta la mesure la plus importante adoptée par le gouvernement Trudeau en matière d'environnement. En plus de faire date et d'avoir un profond retentissement sur le public, ce rapport, tout en favorisant une meilleure compréhension de la culture autochtone, sensibilisa les esprits aux problèmes environnementaux causés par le développement économique de régions écologiquement fragiles. Il démontra pas ailleurs que la politique environnementale s'intéressait tout autant aux conséquences sociales du développement économique qu'à ses conséquences écologiques.

L'enquête sur le pipeline de la vallée du Mackenzie visait à permettre une évaluation complète des conséquences environnementales tant sur les populations autochtones que sur leur milieu environnant, avant que la moindre décision ne fût prise concernant la construction d'un gazoduc dans cette région. Le juge Berger en vint à la conclusion que ce projet causerait de sérieux dommages à l'environnement et que les autochtones s'y opposeraient résolument. Il recommanda l'abandon du projet et le Gouvernement s'en tint à cet avis.

Le Canada sur la scène internationale

Il a été question jusqu'à présent de l'évolution de la politique environnementale à l'intérieur même du pays. Mais le gouvernement canadien a également joué un rôle important — pour ne pas dire prépondérant — dans la défense de l'environnement à l'échelle planétaire.

En compagnie de la Suède, le Canada fut le parrain de la résolution des Nations Unies qui mena à la mise sur pied de la Conférence sur l'environnement humain qui eut lieu à Stockholm en 1972. L'idée de cette conférence avait reçu un appui massif au sein même du Canada. Onze audiences publiques eurent lieu à travers le pays (on compta près de 1200 participants et 400 mémoires furent soumis, oralement ou par écrit, au Gouvernement) afin de susciter l'intérêt du public à l'endroit de cette conférence et de recueillir des conseils et des avis sur la position que le Gouvernement devait adopter. Le ministre canadien de l'Environnement, Jack Davis, fut élu au nombre des vice-présidents de la conférence et un autre Canadien, Maurice Strong, en fut élu secrétaire général. Le Canada réussit à faire inclure deux principes fondamentaux dans la déclaration de cette conférence, à savoir: a) qu'il est de la responsabilité des États d'assurer que toute activité placée sous leur juridiction et leur contrôle ne cause aucun dommage à l'environnement en dehors de leurs frontières et b) que les États devraient collaborer à l'amélioration de la législation internationale concernant l'indemnisation des victimes de dommages causés par des activités placées sous leur juridiction à l'extérieur de leurs frontières.

La Conférence de Stockholm adopta une déclaration sur l'environnement humain dont les principes devaient servir à l'élaboration d'une loi internationale; elle adopta 109 résolutions devant servir de plan d'action destiné à s'attaquer aux problèmes environnementaux de la planète; elle recommanda également la création d'un nouvel organisme placé sous les auspices de l'ONU et proposa la création d'un fonds international destiné à encourager toute initiative susceptible d'avoir des retombées positives sur l'environnement. Soumises à l'Assemblée générale des Nations Unies en septembre 1972, ces recommandations donnèrent lieu à la création de l'organisme Habitat, à la nomination d'un sous-secrétaire des Nations Unies aux affaires environnementales et à la mise sur pied du Programme environnemental des Nations Unies. Non sans raison, Maurice Strong qualifia la Conférence de Stockholm de «première étape d'un voyage rempli d'espoirs pour l'avenir de l'humanité».

La *Loi de 1975 sur l'immersion des déchets en mer* dont il a été question plus haut constitue une autre des mesures adoptées par le gouvernement Trudeau qui eut des répercussions sur la scène internationale. Cette loi tire son origine de la signature par le Canada, en 1972, de la Convention de Londres, qui constitue un accord international placé sous les auspices de l'ONU destiné à prévenir la pollution des océans. Cette convention interdit tout déversement délibéré en mer de déchets ou de toute autre matière à partir de navires, d'avions, de plates-formes ou de toute autre structure faite de main d'homme. Cette convention, de même que la loi canadienne, s'inscrit dans le cadre d'un consensus international visant à éviter que les océans ne deviennent les dépotoirs des sociétés industrialisées.

Les Conférences sur le droit de la mer

Le Canada participa tout aussi activement aux Conférences sur le droit de la mer qui débutèrent en juin 1974 et qui, au cours des huit années qui suivirent, se penchèrent sur toutes les questions touchant les océans: exploration et exploitation des ressources minérales des fonds marins; étendue et nature de la juridiction des États côtiers sur les ressources vivantes; étendue de la juridiction des États côtiers sur les ressources situées près de la bordure continentale; droits de navigation et de survol en haute mer, en eaux territoriales et dans les détroits; délimitation des frontières entre États limitrophes et États situés sur deux rives opposées; droits des États sans littoral et désavantagés sur le plan géographique; protection de l'environnement marin; droit d'entreprendre des recherches scientifiques en milieu marin ainsi que sur le règlement pacifique des litiges. Dirigée par Alan Beesley, qui était également président du comité de rédaction de la Conférence, l'équipe de négociateurs canadiens contribua grandement à faire de cette conférence un succès et à promouvoir les intérêts maritimes du Canada. Comme le réclamait notre pays, le droit des États de disposer de Zones exclusivement économiques (ZEE), assorti du droit de gestion sur les ressources vivantes et inorganiques situées à 200 milles de leurs côtes et sur les plateaux continentaux situés au-delà fut reconnu lors de la Conférence. Le Canada put ainsi étendre sa juridiction sur quelque 400 000 milles carrés de territoires marins. D'égale importance pour le Canada fut la reconnaissance par la Conférence du droit des États d'adopter et de faire respecter des lois et règlements non discriminatoires destinés à combattre la pollution dans les territoires couverts de glace situés dans leurs zones économiques exclusives. C'est ainsi que la *Loi canadienne sur la prévention de la pollution des eaux arctiques* fut entérinée par la communauté internationale. Une autre mesure adoptée par la Conférence revêtait une importance considérable pour notre pays: l'interdiction de la pêche au saumon au-delà de la limite de 200 milles.

Les dispositions générales contenues dans la Convention sur le droit de la mer signée en 1982 revêtaient toutefois une importance encore plus grande. Elles permettaient en effet de développer divers aspects du droit de la mer portant, notamment, sur l'obligation de signaler tout cas de pollution, l'élaboration de programmes d'urgence destinés à réagir rapidement à tout accident écologique, le déversement des déchets et autres formes de pollution en mer. Même si le nombre de signataires est insuffisant pour lui donner force de loi (le consensus est loin d'être établi sur la question des droits miniers sur les fonds marins), l'ensemble des droits et obligations inclus dans la Convention constitue néanmoins le cadre de référence dont tous les pays reconnaissent implicitement la validité. La Convention sur le droit de la mer constitue certes l'accord le plus ambitieux jamais ratifié concernant les océans. Le Canada peut être fier d'avoir contribué à la conclusion de cette entente historique.

Le Canada prit également une part active, dans le cadre de l'Organisation de coopération et de développement économique (OCDE), aux rencontres sur l'environnement qui se déroulèrent à compter des années soixante-dix. Il présida de nombreux comités de l'OCDE chargés d'établir des normes internationales concernant l'essai, l'étude et le traitement des produits chimiques. Ces comités mirent au point un système international d'évaluation et de classification de ces produits, leur attribuant même un «passeport» permettant d'éviter les dépenses inutiles et la confusion, de même que la duplication des efforts qu'engendrerait inévitablement l'établissement, par chaque pays, de normes qui lui seraient propres. Ces comités ont également ébauché des accords portant sur l'élimination des déchets dangereux de la planète.

Le gouvernement canadien fut également l'un des premiers à lutter contre la diminution de la couche d'ozone causée par les produits chimiques industriels et, tout spécialement, par les chlorofluorocarbones (CFC). Tout comme les États-Unis et les pays scandinaves, le Canada interdit presque systématiquement l'emploi, dans les années soixante-dix, des CFC dans les bombes aérosol et il joua un rôle important au Comité de coordination de la couche d'ozone, dans le cadre du Programme environnemental des Nations Unies. Il en découla la signature, en 1985, de la Convention de Vienne sur la protection de la couche d'ozone (que le Canada fut le premier à ratifier) et la signature, en septembre 1987, du Protocole de Montréal relatif à des substances qui appauvrissent la couche d'ozone, entériné par 24 pays, qui permit la mise sur pied d'une structure internationale chargée de promouvoir la recherche et de mettre au point des méthodes de contrôle destinées à enrayer les dommages causés à la couche d'ozone.

Les relations canado-américaines en matière d'environnement

Sur le plan de la coopération internationale en matière d'environnement, la question des relations canado-américaines ne manquait évidemment pas de venir en tête de liste des préoccupations du gouvernement canadien. Il pouvait difficilement en être autrement, compte tenu de l'importance de la frontière qui sépare les deux pays et de la quantité d'air, d'eau et d'espèces migratrices qui franchissent constamment cette frontière. Les deux pays avaient en commun un nombre élevé de problèmes environnementaux, de sorte que les mesures prises par l'un avaient presque immanquablement des répercussions chez son voisin.

Ce n'est pas d'hier que les deux pays font preuve de coopération en matière de protection et de sauvegarde de leurs ressources aquatiques communes. Le Traité des eaux frontalières de 1909 sert de fondement à la coopération internationale en ce qui a trait à la gestion de ces ressources. Celui-ci stipule que «les eaux frontalières et les eaux qui traversent la frontière ne doivent être polluées ni d'un côté ni de l'autre, de manière à ne causer aucun préjudice à la santé ou à la propriété de l'autre partie». La création de la Commission mixte internationale permit de résoudre tout litige en la matière. Celle-ci était habilitée à examiner les faits et circonstances entourant tout problème porté à son attention par l'un ou l'autre des deux gouvernements et à

soumettre un rapport à ce sujet. Le gouvernement Trudeau fut longuement préoccupé par le problème des eaux frontalières, et particulièrement par la qualité de l'eau des Grands Lacs.

Les accords canado-américains relatifs
à la qualité de l'eau des Grands Lacs

Vers le milieu des années soixante, la découverte de mercure dans
les Grands Lacs et le niveau de pollution élevé du lac Érié ne manquèrent pas d'alerter l'opinion publique. Divers rapports soumis à la
Commission mixte internationale par l'Institut des Grands Lacs de
l'université de Toronto vinrent confirmer que les eaux du lac Érié
étaient dans un état avancé d'eutrophisation et que le même danger
menaçait le lac Ontario. La Commission découvrit que les municipalités et les industries situées à proximité de ces lacs étaient les principales responsables de cette pollution: elles y déversaient leurs eaux
usées, qui contenaient notamment du phosphore. La Commission émit
deux grandes recommandations: d'une part, établir comme objectif
prioritaire l'amélioration de la qualité de l'eau en adoptant des mesures
de redressement au niveau local; d'autre part, obliger les gouvernements à s'entendre sur des programmes et des échéanciers menant à
la réalisation de cet objectif. La Commission suggéra également qu'on
lui confiât le pouvoir de coordonner ces programmes, d'évaluer la
qualité de l'eau et de veiller à l'application des conditions de l'entente
dans les provinces et les États concernés.

Les deux gouvernements acceptèrent les principales recommandations de la Commission, qui devinrent partie intégrante de l'Accord
relatif à la qualité de l'eau des Grands Lacs que le Premier ministre
Trudeau et le président Nixon signèrent à Ottawa le 15 avril 1972.
Depuis, on a réussi à éliminer la plupart des déversements dans ces
lacs. La réduction de la pollution par les phosphates et des
programmes plus efficaces de traitement des eaux usées ont permis
d'améliorer l'état des Grands Lacs, au point qu'on put de nouveau y
pratiquer la pêche commerciale et sportive.

Mais il devint bientôt évident que les phosphates et les déchets
solides ne représentaient que la pointe de l'iceberg. Lorsque l'on constata que l'incidence du cancer ne cessait d'augmenter chez les poissons
et qu'on dut ajouter de nouvelles espèces sur la liste des poissons
impropres à la consommation et, surtout, lorsqu'on apprit l'étendue des
ravages causés par la pollution en provenance du canal Love, le public

et le Gouvernement s'inquiétèrent de nouveau au sujet du degré de contamination des Grands Lacs.

Il s'ensuivit une révision, signée en novembre 1978, de l'Accord canado-américain relatif à la qualité de l'eau des Grands Lacs. De nouvelles dispositions visaient à éliminer presque entièrement les déversements de matières toxiques dans les Grands Lacs et à mettre en place des systèmes d'alarme à cette fin. On fixa de nouveaux objectifs concernant la qualité des eaux des Grands Lacs dans leur ensemble. D'autres mesures visaient à s'attaquer aux problèmes de pollution engendrés par les activités agricoles et les polluants atmosphériques. Enfin, on améliora les conditions de surveillance de manière à mesurer avec plus de précision l'efficacité des programmes de contrôle.

La lutte contre les produits toxiques sera longue et difficile: aucune victoire ne sera acquise facilement. Certes, les accords conclus entre le Canada et les États-Unis dans les années soixante-dix constituèrent un pas dans la bonne direction dans le cas des Grands Lacs, mais le problème de la lutte contre la pollution ne cessa pas pour autant d'être au cœur des préoccupations du gouvernement canadien pendant les années quatre-vingt.

Bilan de 10 années de politique environnementale

Lorsqu'il fit le bilan des années soixante-dix dans l'*Exposé annuel 1979-1980* publié par le Conseil consultatif canadien de l'environnement, Don Chant, président de cet organisme, se permit de dresser la liste des succès remportés pendant ces 10 ans en matière de lutte contre la pollution:

1. Interdiction de certains pesticides particulièrement dangereux, meilleur contrôle général des pesticides et utilisation accrue de produits non chimiques.

2. Contrôles rigoureux exercés sur un grand nombre de polluants dangereux.

3. Financement accru de la recherche sur l'environnement.

4. Préservation des parcs, régions sauvages, marais, etc.

5. Mesures destinées à prévenir l'aménagement sauvage et la destruction de certains centres urbains.

6. Mise au point de systèmes permettant le recyclage et l'élimination des déchets ainsi que la sauvegarde de l'environnement.

7. Enfin, changement significatif des mentalités, au point que certains de nos partis politiques ont élaboré des programmes qui tien-

nent compte du phénomème environnemental, et même une Charte des droits de l'environnement.

Pourtant, même s'il y avait lieu de s'enorgueillir des résultats obtenus pendant ces 10 années, il restait encore un long chemin à parcourir, comme le faisait remarquer le Dr Chant.

Une stratégie mondiale de conservation de l'environnement

Lorsque je devins ministre de l'Environnement en 1980, ma tâche consistait à bâtir l'avenir à partir des acquis des 10 années précédentes. Comme première mesure, nous avons adopté, en 1981, la Stratégie mondiale de la conservation (SMC) telle qu'elle avait été élaborée par le Fonds mondial pour la nature et l'Union internationale pour la conservation de la nature et de ses ressources, suivant les recommandations du Programme environnemental des Nations Unies. Cette stratégie était le fruit d'un consensus à l'échelle planétaire quant au rôle de la conservation dans le développement international. Elle préconisait une série d'objectifs que les divers gouvernements avaient pour mission de poursuivre:

1. Préserver les processus écologiques vitaux et les ressources nécessaires à la vie.

2. Préserver la diversité des espèces.

3. Assurer une utilisation durable des espèces et des écosystèmes.

Le Canada prit l'engagement d'appliquer les principes élaborés dans la Stratégie mondiale de conservation et le gouvernement canadien s'attela sérieusement à cette tâche.

Le programme des Parcs nationaux constitua l'élément clé de cet effort. Au moment où Jean Chrétien était ministre des Affaires indiennes et du Nord, au début des années soixante-dix, le gouvernement Trudeau décida de procéder à une expansion massive des parcs nationaux du pays, notamment en créant trois nouveaux parcs nationaux dans le Nord. Cette mesure et les programmes visant à la création de sites historiques, la préservation des systèmes d'écluses, la création de zones récréatives et la mise sur pied de la Fondation canadienne pour la protection du patrimoine le 1er avril 1973 contribuèrent largement à assurer la sauvegarde de régions typiques du Canada.

Afin de préserver l'équilibre écologique et la diversité des espèces, le Gouvernement participa au Programme biologique international. Avec des organisations non gouvernementales, les gouvernements fédéral et provinciaux financèrent un vaste ensemble de régions désignées destinées à sauvegarder l'habitat des espèces menacées, uniques ou importantes et à protéger les écosystèmes uniques et les espèces représentatives de ces écosystèmes. Au milieu des années quatre-vingt, le Programme biologique international avait déjà identifié près de 1000 emplacements types à travers le Canada et plus de la moitié d'entre eux furent protégés à titre de parcs nationaux ou provinciaux, réserves naturelles, régions naturelles, parcs sauvages, réserves écologiques ou sanctuaires d'oiseaux.

Grâce à la *Loi sur la Convention concernant les oiseaux migrateurs* et à la *Loi canadienne de la faune,* le ministère de l'Environnement pouvait acquérir des terres considérées comme des régions naturelles sauvages. Au milieu des années quatre-vingt, il avait déjà acquis 40 de ces régions. On accéléra le processus de préservation des terres humides canadiennes par la signature, en 1981, de la Convention relative aux zones humides d'importance internationale. Le Canada avait déjà signé, en 1975, la Convention sur le commerce international des espèces menacées d'extinction qui réglementait l'importation des espèces désignées et, en 1976, la Convention du patrimoine mondial qui permit de désigner neuf sites du patrimoine au Canada. En 1982, le gouvernement fédéral et les provinces adoptèrent unanimement les Lignes directrices pour l'élaboration d'une politique de la faune qui reprenaient explicitement les objectifs que la Stratégie mondiale de la conservation s'était fixés en matière de gestion de la faune et de son habitat.

Le Gouvernement prit également des mesures afin de respecter l'engagement pris à l'égard de la Stratégie mondiale de la conservation d'assurer une exploitation durable des espèces et des écosystèmes. Il adopta pour ce faire une série de mesures individuelles adaptées au secteur des richesses naturelles.

Le Gouvernement adopta en 1980 la Politique fédérale sur l'utilisation des terres afin de s'assurer que les politiques et programmes fédéraux encouragent une exploitation éclairée des ressources terrestres. On émit certaines directives en vue de préserver les terres agricoles, de combattre la dégradation des sols, de protéger les sites écologiques importants et de sauvegarder les habitats importants des animaux.

Le gouvernement fédéral adopta en 1981 une stratégie destinée à la sauvegarde du secteur forestier canadien; l'année suivante, la publication d'un programme de renouvellement des forêts conduisit à une entente à frais partagés d'une durée de cinq ans avec les provinces. Cet

accord visait à favoriser le renouvellement des forêts, le développement de ressources humaines spécialisées en foresterie ainsi que la
recherche et le développement. Deux ans plus tard, on assistait à la
naissance du Groupe de travail sur la conservation dans le Grand Nord
formé de membres provenant du Gouvernement, de l'industrie et du
monde universitaire. En décembre 1984, le Groupe de travail produisit
un rapport qui servit de base à la conception d'une politique globale de
conservation du Grand Nord.

En janvier 1984, Environnement Canada mit sur pied une
enquête sur la politique fédérale des eaux, dont l'objectif était
d'évaluer pour la première fois et de façon détaillée le rôle du
gouvernement fédéral dans la gestion des ressources aquatiques. Le
rapport recommanda la création d'un programme national de conservation des eaux destiné à permettre au gouvernement fédéral
d'établir, selon les besoins et en collaboration avec les provinces,
divers programmes à frais partagés.

Avec l'adoption de la Stratégie mondiale de conservation et des
premières mesures destinées à en implanter les principes, la lutte
contre la pollution était véritablement engagée. Les écologistes se
rendirent toutefois compte que cette lutte serait beaucoup plus longue
et ardue qu'ils ne l'avaient tout d'abord imaginé. Après les combats
menés dans un premier temps contre les sources flagrantes de pollution et après l'adoption, dans un deuxième temps, de mesures préven-
tives, il était évident que le Canada faisait toujours face à des
problèmes environnementaux d'une grande complexité technique et
dont la portée s'étendait souvent à la scène internationale.

À compter de 1980, deux de ces problèmes figuraient en tête de
liste des priorités du Gouvernement: celui des matières toxiques et
celui des pluies acides.

La lutte contre la pollution par les produits toxiques

La pollution par les produits toxiques constitue le revers de la
médaille de la révolution industrielle qui nous a apporté tant de bien-
faits depuis la Deuxième Guerre mondiale. Véritables sous-produits de
la technologie moderne, des poisons tels que les BPC, les dioxines et
le mirex, largement répandus dans la nature, représentent des risques à
long terme pour l'environnement et pour la santé. Dans la mesure où
les dommages causés par les produits chimiques n'ont pas été prévus,
ceux-ci constituent un exemple particulièrement grave du genre de

problèmes auxquels fait face le Gouvernement lorsqu'il veut assurer un meilleur contrôle des progrès technologiques.

Par ailleurs, en dépit des nombreux progrès accomplis dans l'élimination des déversements de déchets dans les Grands Lacs, la pollution par les produits toxiques constituait, au début des années quatre-vingt, la plus grande menace pour l'écosystème des Grands Lacs. Des scientifiques canadiens et américains en vinrent à la conclusion que les quelque 40 millions de personnes vivant dans la région des Grands Lacs étaient davantage exposées aux produits chimiques toxiques que toute autre population comparable en Amérique du Nord. Le déversement de produits toxiques qui se produisit dans la rivière Niagara en provenance du canal Love ameuta certes l'opinion publique, qui réclama une solution à ce problème. Mais il ne fut pas facile de la rassurer. Malgré les perfectionnements de la technologie, qui nous permettent de détecter des quantités de plus en plus infimes de substances toxiques présentes dans les airs, dans l'eau et sur terre, nous ignorons toujours comment les éliminer et quel danger elles représentent véritablement.

La science ne nous permet pas d'affirmer qu'une matière est absolument sans risque, car nous ne connaîtrons que demain le résultat des recherches entreprises aujourd'hui. Faute de mieux, il nous fallait par conséquent classer les produits toxiques d'après le degré de risque acceptable qu'ils présentaient. Il est évidemment difficile de convaincre l'opinion publique que le moindre risque puisse être acceptable, mais il est malheureusement impossible de donner l'assurance que tout risque a été éliminé.

Le gouvernement Trudeau lutta de trois manières contre les substances toxiques. Comme nous l'avons vu, il y eut tout d'abord la révision, en 1978, de l'Accord canado-américain relatif à la qualité de l'eau des Grands Lacs, afin de mettre l'accent sur les produits chimiques toxiques. Le Gouvernement mit ensuite sur pied, en collaboration avec les États-Unis, le Comité sur les produits toxiques de la rivière Niagara, avec comme objectif de dresser un plan d'action pour nettoyer cette rivière, ce qui permit un meilleur contrôle des déversements industriels. Enfin, Environnement Canada institua en 1980 le Programme de gestion des produits chimiques toxiques. La clé de voûte en était le Centre de gestion des produits chimiques toxiques, sorte de «poste de commandement» pour toutes les activités de contrôle de ces produits. Ce centre s'occupait notamment de procéder à l'élimination des produits toxiques présents dans l'environnement, de mettre au point des stratégies de contrôle fondées sur une meilleure évaluation des risques que présentaient certains produits chimiques et de concevoir une nouvelle approche en matière de manutention des produits toxiques, de manière à empêcher tout nouveau produit toxique dangereux de se retrouver dans l'environnement.

La *Loi de 1980 sur le transport des marchandises dangereuses* établissait, pour tout le pays, des conditions de manutention et de transport des produits dangereux et réglementait l'importation et l'exportation des déchets dangereux. Le transport des déchets toxiques fut soumis à des conditions sévères: un système permettait de suivre le déplacement de ces déchets depuis le moment de leur production jusqu'au moment de leur élimination; l'entreposage, le traitement et l'élimination des déchets devaient obligatoirement avoir lieu dans des installations approuvées par les gouvernements provinciaux.

Nous n'avons pas «résolu» le problème des produits chimiques toxiques; nous avons notamment été incapables de régler le problème des déchets accumulés. Nous avons néanmoins mis en place, au début des années quatre-vingt, des structures destinées à gérer ces problèmes.

Les pluies acides

La deuxième grande bataille que le gouvernement Trudeau dut livrer pour la sauvegarde de l'environnement au cours des années quatre-vingt fut la lutte contre les pluies acides.

Les précipitations acides sont causées par l'émission, dans l'atmosphère, de bioxyde de soufre et d'oxyde d'azote. Ces substances, qui peuvent se déplacer sur des centaines de milles, retombent à la surface du sol sous forme de poussière, de pluie ou de neige, et peuvent présenter un degré d'acidité comparable à celui du vinaigre. L'effet cumulatif de ces précipitations ou leur entrée massive dans les lacs, au moment du dégel printanier, contribue à endommager les réseaux fluviaux des régions les plus touchées et à y détruire toute forme de vie aquatique.

Les précipitations acides ont également des conséquences sur la santé humaine, notamment sur la santé des personnes qui souffrent de maladies respiratoires. Elles influencent la qualité de l'eau potable en introduisant des substances toxiques dans les réserves d'eau et elles accélèrent l'érosion et la dégradation des édifices, dont la réparation coûte chaque année des centaines de millions de dollars en Amérique du Nord seulement. Au Canada, elles touchent autant la pêche sportive que la pêche au saumon de l'Atlantique. L'industrie forestière canadienne, qui emploie 1 Canadien sur 10, est aussi menacée, les pluies acides retardant la régénération des forêts. L'accumulation progressive d'acidité dans le réseau fluvial canadien, avec ses conséquences sur les sols, menace donc à la fois la santé humaine et les grands intérêts économiques du Canada.

En 1977, le ministre de l'Environnement de l'époque, Roméo LeBlanc, décrivit les pluies acides comme «une bombe à retardement prête à exploser à tout moment».

Le contrôle des pluies acides ne dépend toutefois pas uniquement de la volonté du Canada. La moitié des précipitations acides que connaît le Canada proviennent d'industries situées au nord-est des États-Unis. Elles tombent sur des régions sensibles et peu en mesure d'atténuer les dégâts causés au sol et sont responsables de plus des deux tiers des dommages causés par les pluies acides au Canada. À cause des systèmes éoliens et de la proximité des deux pays, il s'agit donc d'un problème commun au Canada et aux États-Unis. Depuis la fin des années soixante-dix, le Canada n'a cessé de considérer le problème sous cet angle et de tenter de conclure une entente avec les États-Unis en vue de mener la lutte à deux.

Au début, alors que le président Carter était encore en poste, ces efforts ont connu un certain succès. En août 1980, le Canada et les États-Unis ont signé un mémoire d'entente engageant les deux pays à:

a) négocier un accord destiné à contrôler la qualité de l'air qui traverse la frontière canado-américaine;

b) faire respecter rigoureusement les lois et règlements en vigueur contre les émissions de soufre et d'azote responsables des précipitations acides;

c) mettre sur pied des groupes de travail chargés de recueillir les données scientifiques et techniques nécessaires à la formulation des dispositions de la future entente.

Les groupes de travail se mirent presque aussitôt à la tâche de rassembler des renseignements sur l'impact des pluies acides, d'élaborer des stratégies de contrôle et de mettre sur pied la technologie nécessaire pour combattre les pluies acides. Le Canada espérait que les problèmes de pollution de l'air seraient traités étape par étape, selon le même processus qui avait permis d'entreprendre le nettoyage des Grands Lacs, c'est-à-dire grâce à une série d'ententes dont les objectifs seraient précisés à mesure que la recherche et les expériences permettraient d'améliorer les méthodes de contrôle. Nous possédions suffisamment de renseignements pour savoir qu'il était essentiel de passer à l'action et pour établir les premières mesures de contrôle. Il serait toujours possible de les améliorer à mesure que nos connaissances nous le permettraient.

Mais il devint bientôt évident que le gouvernement Reagan, nouvellement élu, voyait les choses d'un tout autre œil. Toute réglementation en matière d'environnement lui apparaissait comme un frein à la productivité économique. Lorsque le gouvernement canadien réclama, comme le prévoyait le mémoire d'entente, une application rigoureuse des règlements existants, on lui répliqua que, puisque la réglementation prévoyait des exceptions, leur stricte application n'excluait pas un recours accru aux clauses d'exemption. Pressé de conclure le traité promis sur la pollution atmosphérique interfrontalière, le gouvernement Reagan répliqua que de nouvelles recherches étaient nécessaires avant la mise en place de mesures coûteuses dont on ignorait si elles répondaient à un besoin réel.

Certains affirment parfois que, tout en pressant les États-Unis à passer à l'action, les gouvernements du Canada étaient eux-mêmes peu enclins à réduire leurs propres émissions acides. Rien n'est plus faux. S'appuyant sur des recherches effectuées par Environnement Canada, le gouvernement de l'Ontario exigea de la fonderie Inco de Sudbury et des centrales thermiques d'Hydro-Ontario qu'elles réduisent leurs émissions acides. En 1982, le gouvernement du Canada et les provinces conclurent un accord destiné à réduire, avant 1990, les précipitations acides à moins de 20 kilos par hectare, et à permettre par conséquent, si l'on en croit les théories scientifiques, une diminution notable de ces précipitations. En 1984, une révision de cet accord prévoyait une diminution de 50 p. 100, avant 1994, des émissions responsables des pluies acides.

Le Canada ne ménagea par ailleurs pas ses efforts pour dégager un consensus international sur la nécessité de contrôler les émissions acides dans les pays industrialisés. Ces efforts aboutirent à la «Déclaration d'Ottawa» de juin 1984, en vertu de laquelle 21 pays prenaient l'engagement de réduire leurs émissions de bioxyde de soufre de 30 p. 100 avant 1993 (en prenant 1980 comme année de référence).

La lutte menée par le gouvernement Trudeau contre les pluies acides s'appuyait sur trois éléments principaux:
- *La recherche scientifique* nécessaire pour déterminer, dans chaque région, le degré de soufre et d'azote contenus dans l'air et dans les

précipitations, pour mener à bien les opérations du réseau pancanadien d'échantillonnage des précipitations et pour élaborer et tester des modèles permettant de comprendre le mécanisme de production des pluies acides.

- *La mise au point de stratégies de contrôle* afin de mesurer et de contrôler les sources de pollution qui contribuent à la production des pluies acides.

- *Les campagnes d'information* destinées à faire connaître au public la signification des pluies acides afin que l'opinion publique oblige les gouvernements provinciaux à appuyer la réglementation des émissions polluantes et, sur le plan international, qu'elle force les États-Unis à prendre des mesures pour lutter contre les pluies acides.

Lorsqu'il devint évident que l'administration Reagan s'opposait obstinément à toute mesure concrète, le gouvernement Trudeau misa de plus en plus sur les campagnes d'information dans l'intention bien arrêtée de faire savoir aux Américains que leur propre santé et leurs propres intérêts économiques étaient menacés par le fléau des pluies acides.

En 1981, le gouvernement canadien entreprit un blitz publicitaire aux États-Unis. Il s'agissait là d'une mesure inhabituelle, qui s'écartait passablement de la tradition de «diplomatie tranquille» qui avait depuis toujours caractérisé les relations canado-américaines. On fit appel à tous les moyens imaginables, à l'exception des spots publicitaires à la télévision et des panneaux publicitaires (Environnement Canada craignait d'obtenir par ces moyens le contraire de l'effet souhaité), afin d'informer les Américains des causes et des conséquences des pluies acides.

On exerça des pressions sur les membres du Congrès à Washington, qui reçurent de la documentation appropriée et des invitations à visiter certaines régions dévastées par les pluies acides; on mit sur pied un comité de parlementaires canadiens qui débattirent de la question avec leurs homologues américains; on convainquit des journalistes américains de venir se rendre compte par eux-mêmes des ravages causés par les pluies acides au Canada; on demanda aux gouverneurs et aux hommes politiques des États les plus touchés par les pluies acides de faire connaître publiquement leur opinion sur la question; le Gouvernement encouragea un groupe de citoyens canadiens (la Coalition sur les pluies acides) à ouvrir un bureau de renseignements à Washington; le Gouvernement travailla également en collaboration avec divers groupes écologistes américains afin de faire mieux connaître le problème des pluies acides; le ministre canadien de l'Environnement prononça une série de discours à travers les États-Unis; les Américains en visite dans nos parcs nationaux reçurent de la documentation sur le phénomène des pluies acides; l'Office national du film produisit deux documentaires chocs sur les pluies acides (*Les pluies acides: à la croisée des chemins* et *Une pluie acide du ciel*) qui reçurent une publicité inespérée lorsque le département américain de la Justice les qualifia de «propagande gouvernementale étrangère».

Cette campagne massive destinée à sensibiliser l'opinion publique eut un résultat positif en dépit des ennuis inévitables qu'elle causa au gouvernement américain. Plutôt que de songer à vider de son contenu la loi américaine sur la pollution atmosphérique (tel semblait du moins être l'objectif bien arrêté du gouvernement Reagan lorsqu'il prit le pouvoir), le Congrès proposa de renforcer cette loi de manière à permettre une lutte efficace contre le problème des pluies acides. Malheureusement, même si nous avons réussi à sensibiliser les Américains à cette question, les progrès se font toujours attendre de l'autre côté de la frontière.

Bilan des réalisations du gouvernement Trudeau en matière d'environnement

Lorsqu'il quitta ses fonctions en 1984, le gouvernement libéral avait accompli du bon travail en matière de protection de l'environnement. Si, dans une première étape, la lutte contre la pollution était reliée à des problèmes spécifiques, on procéda, dans une deuxième étape, à la mise en place de structures destinées à prévenir la pollution. Il était désormais temps de passer à une nouvelle étape.

Au milieu des années quatre-vingt, les responsables du ministère de l'Environnement étaient conscients que, pour agir efficacement sur l'environnement, il importait de développer une approche à long terme basée sur une meilleure gestion de nos ressources naturelles, de manière à leur permettre de se maintenir et de se renouveler tout en gardant le développement économique à l'intérieur de limites écologiques précises.

Au sein d'Environnement Canada, cette façon de voir donna lieu à des travaux de recherche sur les systèmes écologiques et se traduisit par un appui au programme des Nations Unies intitulé l'Homme et la Biosphère et par un appui à la recherche prospective. Par l'entremise de divers projets destinés à favoriser l'économie des ressources, le Ministère mena une série d'études sur leurs implications sociales, environnementales, technologiques et économiques. Le point culminant de cette démarche fut la publication, en 1984, de deux études commanditées par Environnement Canada (*Global 2000: Implications for Canada* et *Global 2000: Canadian Economic Development Prospects, Resources and the Environment*), dans lesquelles il était clairement fait état à la fois des limites que l'environnement imposait à l'exploitation des richesses naturelles canadiennes et de la nécessité de permettre à l'environnement de se renouveler.

En dépit du fait que les efforts d'Environnement Canada s'inspirèrent des principes propres à la société de conservation, les autres ministères ne partageaient pas nécessairement le même point de vue. Pour être efficaces, les mesures environnementales doivent pouvoir s'appuyer sur la volonté de l'ensemble du Gouvernement et non sur celle d'un seul ministère. Or, il appert qu'Environnement Canada n'a pas toujours su faire partager ses convictions par les autres ministères. En 1984, il apparaissait nécessaire de doter le ministère de l'Environnement de pouvoirs accrus, d'établir des liens plus efficaces avec les provinces et de mieux faire comprendre aux principaux responsables du Gouvernement (à savoir ministres et hauts fonctionnaires) tous les avantages qu'il y avait à appliquer les principes de conservation.

L'élection du gouvernement Mulroney vint modifier les perspectives en matière d'environnement. Plaçant sa confiance dans les forces du marché, le nouveau Gouvernement sembla tout d'abord considérer que les mesures destinées à protéger l'environnement n'étaient au mieux que des pitreries inutiles et qu'elles constituaient, au pire, un frein à la productivité. Les contre-mesures qu'il adopta faillirent mener le pays à la catastrophe.

Le premier budget conservateur retrancha 46 millions de dollars du budget d'Environnement Canada. Le Gouvernement ferma le Laboratoire d'écologie marine de Bedford, en Nouvelle-Écosse; il annula la création du Centre de recherche toxicologique de Guelph-Toronto et le Programme de recherche sur les ressources aquatiques; il réduisit du quart le personnel et de 20 p. 100 le budget du Service canadien de la faune; il ordonna une réduction des programmes de recherche sur les sources d'énergie renouvelable, les BPC et le recyclage; et il réduisit de 10 p. 100 la participation canadienne au Programme environnemental des Nations Unies. Devant le mécontentement populaire, il dut rétablir certains de ces programmes, mais il négligea d'en financer adéquatement les projets et d'embaucher le personnel approprié, de sorte qu'ils se poursuivirent au détriment d'autres projets. Si l'on tient compte des effets de l'inflation sur les programmes gouvernementaux, Environnement Canada perdit plus de 300 employés (en majorité des scientifiques, des chercheurs et des techniciens) et un montant de 80 millions de dollars durant les quatre années du premier gouvernement Mulroney.

Après sa rencontre au sommet avec le président Reagan à Québec, le Premier ministre Mulroney anéantit d'un coup nos efforts (et ceux de nos alliés au Congrès américain) contre les pluies acides lorsqu'il libéra le gouvernement américain des engagements pris par les États-Unis dans le cadre du Mémoire d'entente de 1980 en proposant que de nouvelles recherches soient entreprises sur les précipitations acides.

Promulguée le 30 juin 1988, la *Loi canadienne sur la protection de l'environnement,* qui devait renforcer la responsabilité du gouvernement fédéral en matière d'environnement, délégua contre toute attente aux provinces le pouvoir d'appliquer les règlements en ce domaine, sapant ainsi la crédibilité des normes nationales sur l'environnement.

L'Accord de libre-échange négocié par le gouvernement Mulroney (qui comprend, en plus des États-Unis, la région de Maquiladora au Mexique) pourrait lui aussi diminuer l'impact des normes environnementales dans la mesure où les compagnies chercheront à s'établir dans les régions les moins soumises aux réglementations (et où les salaires sont les moins élevés). Par ailleurs, dans une zone de libre-échange où nos ressources naturelles deviendront automatiquement accessibles aux consommateurs américains, quelle sera la nécessité d'élaborer des politiques *nationales* de sauvegarde de ces richesses?

Le gouvernement Mulroney a beau parler désormais de «développement durable», il semble vouloir interpréter cette expression à la mode en termes de poursuite de la croissance économique plutôt que de limitation imposée au développement afin de préserver l'environnement. Cette idée de «croissance durable» trahit d'ailleurs éloquemment la grande préoccupation du gouvernement conservateur: satisfaire les intérêts du secteur privé avant de répondre aux besoins de la collectivité. Certains indices donnent heureusement à penser que l'inquiétude grandissante de la population obligera les Conservateurs à adopter de nouvelles mesures de protection de l'environnement.

Quoi qu'il en soit, l'héritage du gouvernement Trudeau est là pour durer: la création du ministère de l'Environnement, des mesures législatives étendues permettant de faire face adéquatement aux problèmes environnementaux, la mise en place du Processus fédéral d'évaluation et d'examen en matière d'environnement, la célèbre enquête sur le pipeline de la vallée du Mackenzie, le leadership exercé par le Canada sur la scène internationale lors de la Conférence de Stockholm et des Conférences sur le droit de la mer, l'Accord canado-américain relatif à la qualité de l'eau des Grands Lacs, l'adoption de la Stratégie mondiale de la conservation, le Programme de gestion des produits chimiques toxiques et la lutte contre les pluies acides. La lutte pour l'édification d'une société à l'environnement sain est loin d'être terminée (nous avons encore un long chemin à parcourir avant d'adopter les principes d'une société de conservation et d'un développement durable), mais les divers gouvernements libéraux qui se sont succédé au cours des années Trudeau peuvent être fiers d'avoir mené le Canada sur la bonne voie.

CHAPITRE 7

Des politiques sociales novatrices

par Jim Coutts

Jim Coutts est président de la société de gestion Canadian Investment Capital, qui possède des actions d'entreprises manufacturières canadiennes et américaines. Après avoir vécu sa jeunesse dans le sud de l'Alberta, il pratiqua le droit à Calgary au début des années soixante. Tout au long de sa carrière, il n'a cessé d'entretenir des liens plus ou moins étroits avec le monde de la politique. Il fut notamment secrétaire privé du Premier ministre Lester B. Pearson et secrétaire principal du Premier ministre Trudeau. M. Coutts partage sa vie entre Toronto et Nanton, en Alberta; il publie des articles traitant de questions politiques dans des journaux nationaux et est membre du conseil d'administration du Toronto Hospital for Sick Children, de l'Ontario College of Art et du Conseil Commercial Canada Chine, ainsi que du conseil consultatif du Centre d'études canadiennes de l'université Johns Hopkins.

Quiconque qualifierait simplement de généreux efforts les politiques sociales adoptées par les différents gouvernements Trudeau non seulement jetterait le discrédit sur tout ce qui fut accompli dans ce domaine, mais révélerait du coup son ignorance du contexte de l'époque. Ce serait par contre faire preuve d'exagération et ignorer l'histoire que de dire de ces politiques qu'elles ont marqué leur temps. La vérité, comme toujours, est plus nuancée.

Les réalisations majeures n'ont pas manqué en matière de sécurité sociale, comme en font foi les améliorations apportées à la *Loi sur l'assurance-chômage* et l'adoption du crédit d'impôt pour enfants. Des programmes tels que le Supplément de revenu garanti bénéficièrent par ailleurs d'un accroissement de leurs ressources. Mais le plus important est que ces 16 années virent la naissance de nouvelles idées et permirent un élargissement du concept de politique sociale. On tenta d'établir un lien entre les initiatives économiques et sociales, de permettre aux citoyens de participer plus activement à la création de ces programmes ainsi que de créer plus d'emplois et d'assurer de meilleurs revenus aux travailleurs de toutes les régions du Canada. D'excellentes idées virent le jour et certaines d'entre elles furent mises en œuvre, notamment dans le cas du développement régional, des jeunes, des femmes, des autochtones et des personnes handicapées. On planifia soigneusement la mise sur pied de toute une série de programmes touchant le revenu garanti, les allocations pour le logement, la protection de la jeunesse, la réforme des pensions, etc.

Les idées ne manquent pas de s'entrechoquer chaque fois qu'un gouvernement tente de mettre en œuvre des programmes sociaux visant à améliorer la qualité de vie des personnes les moins favorisées. Au Canada, les éléments les plus réactionnaires de la société ne se sont jamais privés pour contester la moindre mesure susceptible de déranger l'ordre établi. Mais au cours du dernier mandat du gouvernement Trudeau, les attaques contre les politiques sociales mises en place se firent tout particulièrement virulentes. La bataille fut livrée à la fois sur les plans juridique et idéologique. Les professionnels et le milieu des affaires dirigèrent des attaques de plus en plus enflammées contre les coûts et les prétendus gaspillages engendrés par les programmes sociaux. Certaines provinces livrèrent même une lutte longue et acharnée contre la mise en œuvre de nouveaux programmes nationaux, cependant que d'autres provinces faisaient de leur mieux pour miner les programmes déjà en place.

Compte tenu du climat politique qui régnait à cette période, on peut dire que les réalisations du gouvernement Trudeau en matière sociale ont résisté à l'épreuve du temps. Ce fut une période constructive dans l'histoire des politiques sociales du Canada — beaucoup plus productive assurément qu'on pourrait le croire à première vue ou en ne faisant qu'une lecture superficielle du bilan de ces années. Pour avoir une juste idée des choses, il importe de comparer les réalisations de cette période à celles des périodes antérieures et des autres pays, tout en tenant compte du climat politique particulier qui régnait alors au Canada.

Les origines des politiques sociales du Canada

Depuis l'arrivée de Mackenzie King, pionnier en cette matière, le Parti libéral avait toujours accordé une place de choix, dans son programme, aux politiques sociales. En tant que sous-ministre, puis comme ministre du Travail entre 1908 et 1911, il fut le premier au Canada à mettre en évidence les liens qui existaient entre l'économie et les problèmes sociaux. Défendant l'idée que les deux éléments étaient étroitement liés, il parvint à la direction du Parti libéral, qui adopta une importante résolution à son congrès de 1919:

«[Le Canada a besoin d']un système adéquat d'assurance contre le chômage, la maladie, l'état de dépendance qui accompagne la vieillesse et contre toute autre incapacité, et qui comprendrait des pensions de vieillesse, de veuvage et de maternité. Ce système devrait être institué par le gouvernement fédéral, en collaboration avec les gouvernements des diverses provinces[1].»

C'est ainsi que prirent naissance les premiers éléments de réflexion en matière de sécurité sociale au Canada. Il fallut des décennies avant que les plans conçus en 1919 ne deviennent réalité et ne soient adoptés par les divers gouvernements qui se sont succédé par la suite. Le bilan cumulatif de ces mesures est pour le moins impressionnant. Au cours des décennies qui suivirent l'année 1919, les gouvernements canadiens adoptèrent:

• la première *Loi sur les pensions* (1927);
• la *Loi sur l'assurance-chômage* (1940);
• la *Loi sur les allocations familiales* (1944);
• un régime d'aide financière aux universités (1951);
• la *Loi sur la sécurité de la vieillesse* pour tous les Canadiens âgés de 70 ans et plus, et pour ceux de 65 ans dans le besoin (1952);
• un régime national d'hospitalisation (1958);
• le Régime de pensions du Canada (1965);
• le programme de Supplément de revenu garanti (1966);
• le Régime d'assistance publique du Canada, la *Loi sur la formation professionnelle des adultes* et la *Loi sur les soins médicaux* (1966-1967).

Au milieu des années quarante, le Canada possédait de modestes régimes de pensions et d'assurance-chômage. Il s'agissait là d'un progrès, mais de telles politiques étaient loin de répondre à tous les besoins. Deux choses étaient claires dans les années d'après-guerre: d'une part, les Canadiens étaient déterminés à ne plus jamais revoir les misères infligées aux familles au cours de la crise des années trente et, d'autre part, ils craignaient un retour de la dépression si aucune initiative n'était prise pour favoriser l'économie en temps de paix. De nature économique et sociale, ces mesures devaient permettre de créer des emplois, tout en prenant soin des personnes qui ne seraient pas en mesure de profiter de la nouvelle prospérité économique.

Dans les discours du Trône de 1943 et de 1944, le Gouvernement fit l'audacieuse promesse de se doter d'une «charte de Sécurité sociale pour l'ensemble du Canada». Cette promesse fut tenue en 1945. Deux documents (le *Document blanc du Gouvernement sur le travail et les revenus* et le *Livre vert sur la reconstruction)* exposaient dans leurs grandes lignes les objectifs des 40 années à venir.

C'est ainsi que commença une longue et laborieuse période d'incubation qui allait donner des fruits dans les années cinquante et soixante. Deux questions constituèrent toutefois d'importants obstacles. En vertu de la Constitution, la question de la sécurité sociale relevait en grande partie des compétences provinciales. Il était donc essentiel, pour le gouvernement fédéral, d'obtenir un accord de l'ensemble des provinces avant de procéder à quelque réforme que ce fût. La tâche ne serait pas facile, car les provinces avaient retardé pendant plus de 10 ans l'adoption de la *Loi sur l'assurance-chômage.* Par ailleurs, un grand débat s'ouvrit, opposant les tenants des contributions volontaires aux tenants d'un régime universel.

Cette dernière question fut résolue en 1950, alors que le Premier ministre du temps, Louis Saint-Laurent, nomma un comité parlementaire sur les affaires sociales présidé par Jean Lesage et mené par David Croll (aujourd'hui sénateur). Ce comité influença grandement l'opinion publique en faveur de l'universalité des programmes par leur rejet de toute idée d'examen préalable des ressources personnelles des bénéficiaires.

Pour ce qui est des relations fédérales-provinciales, les querelles des années vingt et des années trente ne firent que s'envenimer. La Deuxième Guerre mondiale avait favorisé un centralisme fort et les structures de distribution et d'imposition mises en place pendant la guerre avaient accordé plus d'argent et plus de pouvoir au gouvernement fédéral. Cela avait eu pour effet de transformer les gouvernements provinciaux en fiefs paroissiaux où les vues étaient passablement étriquées. Les provinces perdaient plus de batailles qu'elles n'en gagnaient et elles entendaient bien maintenir fermement leurs positions sur les questions de la sécurité sociale et de l'éducation.

La prospérité d'après-guerre, la croissance de la population et les progrès technologiques, combinés au fait que le Canada était composé de régions sur lesquelles le pouvoir central tentait d'exercer sa domination, contribuaient à stimuler l'ambition des provinces. Mais en dépit des querelles incessantes, on enregistrait des progrès. Ottawa mit sur pied un régime d'allocations familiales en 1944 et un régime universel de Sécurité de la vieillesse en 1952. Après avoir livré pendant 10 ans une bataille rangée avec les provinces et avoir fait taire les éléments les plus réactionnaires à l'intérieur de ses rangs, le gouvernement fédéral créa enfin le régime d'assurance hospitalisation.

Lorsque Lester B. Pearson entreprit de rebâtir le Parti libéral et de se lancer à l'assaut du pouvoir, la question des réformes sociales était au cœur de ses préoccupations. Lui et les éléments progressistes qu'il avait recrutés dans tout le pays étaient en parfait accord avec l'opinion publique au moment de mettre au point le programme des politiques sociales. Mais ils avaient probablement mal jaugé les forces provincialistes en présence, qui étaient également en train d'élaborer leurs programmes de réformes sociales.

Mises en œuvre entre 1965 et 1967, les quatre principales mesures sociales adoptées par le gouvernement Pearson furent: le Régime de pensions du Canada, le Régime d'assistance publique du Canada, le Supplément de revenu garanti et, par la *Loi sur les soins médicaux*, un régime d'assurance maladie. Pour manœuvrer à travers le champ de mines que constituaient les relations fédérales-provinciales, M. Pearson se guidait sur ce qu'il appelait le «fédéralisme coopératif». Il définit ce qu'il entendait par là dans son discours d'ouverture à la conférence fédérale-provinciale qui eut lieu à Ottawa en novembre 1963:

«[Le fédéralisme coopératif] implique, en premier lieu, un respect mutuel pour les compétences et les responsabilités du Canada et des provinces. Il implique, en deuxième lieu, que des consultations bilatérales menées en temps opportun et basées sur la confiance doivent servir d'élément de coordination aux actions que le Canada et les provinces doivent entreprendre parallèlement sur des questions d'intérêt commun. Troisièmement, il implique que si et quand certains champs d'imposition sont partagés, ce partage devrait avoir lieu de manière à respecter les responsabilités respectives des autorités fédérales et provinciales. Et, quatrièmement, il implique la garantie que ce partage ait lieu de façon équitable non seulement entre le gouvernement fédéral et les provinces en général, mais également entre les provinces elles-mêmes, de sorte que chacune individuellement puisse s'acquitter de ses responsabilités[2].»

Tous les Premiers ministres des provinces réservèrent un accueil favorable à cet énoncé d'une prudence toute diplomatique. Le Québec toutefois, en pleine «Révolution tranquille» avec Jean Lesage à sa tête, semblait vouloir suivre son propre cours. Tout en manifestant son enthousiasme à l'égard des réformes proposées par Ottawa, le gouvernement du Québec comptait en effet faire cavalier seul à l'égard des pensions, de l'assurance maladie et de l'aide aux défavorisés. D'ailleurs, le projet québécois de régime de retraite, dont les caractéristiques avaient été dévoilées au cours du débat sur le Régime de pensions du Canada, surpassait celui d'Ottawa, ce dont les autres Premiers ministres ne purent manquer de s'apercevoir.

La crise de 1964 marqua simplement une nouvelle étape de la bataille constitutionnelle qui se poursuivait depuis 40 ans, principalement au sujet de la sécurité sociale. L'enjeu était de décider si l'on allait mettre sur pied des programmes susceptibles d'offrir un niveau de vie décent à tous les Canadiens ou si le régime de sécurité sociale prendrait la forme d'un cadeau offert par les régions prospères à leurs seuls habitants, sans égard aux régions défavorisées.

Comme toujours, le dilemme aboutit à un compromis, dont Tom Kent, le principal conseiller politique de M. Pearson, fut l'architecte. On lui confia la tâche de combler les écarts entre les deux versions proposées, sans pour autant mettre en cause le fédéralisme coopératif. Au nombre des membres de son comité on comptait Joe Willard, Don Thorson, Claude Morin, Claude Castonguay et Maurice Sauvé. Ensemble, ils réussirent à concevoir un programme qui allait par la suite se traduire par la conception du Régime des rentes du Québec et du Régime de pensions du Canada.

Face à une difficulté, M. Pearson avait l'habitude de doubler la mise. Ainsi, en 1965, au milieu de la bataille au sujet du régime de retraite, il déclencha des élections générales dont la question des soins médicaux devint le thème central. Il s'ensuivit la réélection d'un gouvernement minoritaire, pour ainsi dire identique au précédent. Le Gouvernement se sentit néanmoins justifié d'inclure la question des soins médicaux au menu législatif. La *Loi sur les soins médicaux* fut débattue et adoptée en 1966-1967, mais sa mise en œuvre fut retardée jusqu'en 1968.

Vers la fin du règne de M. Pearson, il semblait désormais possible de remporter la guerre à la pauvreté. Grâce aux progrès accomplis sur le front des relations fédérales-provinciales et aux amendements constitutionnels qui en avaient résulté, le gouvernement Pearson put faire adopter la *Loi sur les soins médicaux* et mettre en place le Régime d'assistance publique du Canada et le programme de Supplément de

revenu garanti. Parti de presque rien, notre réseau de sécurité sociale
était devenu un fourre-tout bien garni. Conçu peu à peu et par nécessité, ce système élémentaire de sécurité sociale — il n'était pas encore
question de rêver d'un régime de sécurité du revenu — pourrait néanmoins permettre aux futurs responsables politiques de corriger leur tir,
de combler des lacunes et d'étendre la protection des citoyens.

Les mesures sociales adoptées par le gouvernement Trudeau
pouvaient difficilement égaler celles adoptées par les gouvernements
Pearson et Saint-Laurent, mais certains progrès notables furent accomplis malgré tout. Nous examinerons, dans les pages qui suivent, quatre
aspects de la politique sociale ainsi que les mesures adoptées dans
chaque cas: l'expansion du système de sécurité sociale, l'utilisation des
éléments déjà en place, la recherche d'une nouvelle orientation et la
protection des acquis.

L'agitation des années soixante-dix et quatre-vingt

Après presque 100 ans d'existence, le Canada n'avait toujours pas
réussi à combler une des plus importantes lacunes de son système de
sécurité sociale: l'absence de régime de supplément de revenu garanti
pour les personnes à l'âge de la pré-retraite. Il existait bien des
programmes fédéral et provinciaux d'assistance sociale destinés aux
personnes sans ressources, mais aucun programme digne de ce nom ne
venait en aide aux chefs de familles monoparentales en chômage ou
qui ne travaillaient qu'à temps partiel ou dont le salaire ne leur permettait pas de briser les chaînes de la pauvreté. La création d'une telle
mesure, dont le nom changea à plusieurs reprises (revenu garanti,
impôt négatif, supplément de revenu), fut envisagée dès les années
vingt et constitua un élément de discussion tout au long des années
Trudeau.

Le crédit d'impôt pour enfants, qui ne vit le jour qu'en 1978, constitua la première véritable mesure destinée à procurer un supplément
de revenu par l'entremise du système fiscal. Les familles à faible revenu ou à revenu moyen avaient désormais droit à un crédit d'impôt;
quant aux familles dépourvues de revenu, elles avaient droit à un
versement annuel de 200 $ par enfant. Ce régime fut établi de telle
sorte qu'une famille à faible revenu qui comptait trois enfants avait
droit à un crédit de 600 $, alors qu'une famille de classe moyenne qui
touchait un revenu de 22 000 $ et comptait un enfant ne recevait
aucun crédit.

Mais qu'est-il advenu du concept de revenu garanti entre 1968 et 1978? Pourquoi, réunion après réunion, cette question figurait-elle toujours au bas de la liste des priorités du Gouvernement en dépit de l'appui réitéré que lui accordaient les diverses instances du Parti libéral, et notamment une bonne partie des ministres et des membres du caucus parlementaire?

En premier lieu, de nombreux Canadiens étaient d'avis que le pays avait adopté, dans les années soixante, un train de mesures sociales qui dépassaient ses capacités financières. Deuxièmement, au moment où le gouvernement Trudeau terminait son premier mandat, la prospérité économique qui aurait permis d'élaborer un nouveau programme de mesures sociales tirait à sa fin. Troisièmement, en 1972, on utilisait le gros des énergies à repenser le système plutôt qu'à mettre en place les éléments manquants. Enfin, impatients d'agir, les membres plus réformistes du Cabinet firent en sorte d'adapter les programmes existants aux nouveaux besoins plutôt que de créer un nouveau régime qui aurait compris un programme de revenu garanti.

Le gouvernement Pearson avait permis au Canada d'atteindre un niveau de démocratie sociale jusque-là inconnu au pays, et nombreux étaient ceux qui craignaient désormais d'en faire les frais. Mais comment pouvait-on savoir si les programmes sociaux des années cinquante et soixante avaient surtaxé l'économie ou non? Pour en avoir une idée, il suffit d'établir le rapport entre l'augmentation de la dette nationale due en partie aux nouveaux programmes et la taille et la croissance de l'économie (rapport exprimé en pourcentage). Il est ironique de constater qu'entre la fin des années soixante et le début des années soixante-dix — alors que les inquiétudes étaient à leur comble —, la dette nationale exprimée en pourcentage du PNB atteignait son niveau le plus bas depuis le début du siècle. Elle avait grimpé de façon spectaculaire au cours de la Grande Dépression et de la Deuxième Guerre mondiale — au point où la dette publique représenta plus de 100 p. 100 du PNB! Or, au milieu des années Trudeau, la dette nationale ne représentait plus que 25 p. 100 du PNB, soit le niveau le plus bas depuis la Première Guerre mondiale. L'économie canadienne suscite souvent bien des inquiétudes, mais nous n'avions pas à craindre de voir les programmes sociaux taxer outre mesure notre économie. Dès son premier mandat, le gouvernement Trudeau aurait dû saisir l'occasion qui se présentait de mettre sur pied un programme de sécurité du revenu. À compter de 1972, il était déjà trop tard. Le Gouvernement était pris au piège d'une économie défaillante et il ne pouvait échapper à la conjoncture.

Dans un document publié en 1986 et intitulé *Social Policy in Canada* (La politique sociale au Canada), Al Johnson ne manqua pas de faire référence à «l'agitation des années soixante-dix et quatre-vingt». Selon lui, ces deux décennies virent «l'émergence de nouvelles forces économiques qui influencèrent la perception que notre société avait des politiques sociales[3]». Le monde était en pleine transformation. Pour la première fois, des pays du tiers monde devenaient une force avec laquelle il fallait compter. Ils commençaient à avoir un avant-goût de la prospérité et du pouvoir qui l'accompagne. Il se produisit une évolution en matière d'échanges commerciaux. La demande était en baisse dans les marchés dont dépendaient l'économie canadienne et celle des autres pays industrialisés. Tous les pays exportateurs étaient victimes de ce ralentissement économique et des rumeurs de protectionnisme commençaient à se faire entendre partout dans le monde, tant du côté des pays riches que des pays pauvres. C'était le commencement de la fin des privilèges dont avaient bénéficié les puissantes nations occidentales dans leurs pratiques commerciales avec l'étranger. Des marchés autrefois captifs menaçaient soudain de s'envoler et le Canada comptait au nombre des pays les plus susceptibles d'en souffrir.

Pour la première fois depuis des années, le taux de croissance du Canada connut un ralentissement et, à compter du milieu des années soixante-dix, il cessa pour ainsi dire d'évoluer. Le chômage monta en flèche et l'inflation en fit autant. Le terme *stagflation,* inventé pour décrire ce nouveau phénomène, entra aussitôt dans le langage courant.

Le Canada connut une croissance particulièrement rapide de sa main-d'œuvre au cours de cette période. Les enfants du «baby boom» entraient sur le marché du travail par centaines de milliers. Bien décidées à sortir de leur foyer, les femmes vinrent encore grossir les rangs de la main-d'œuvre disponible. Malgré le fait qu'on créait de nouveaux emplois à un rythme record au pays, c'était insuffisant pour absorber la masse croissante des demandeurs d'emploi. Pour la première fois depuis les années trente, le chômage franchit la barre des 10 p. 100.

Par ailleurs, d'autres difficultés surgirent. En 1976, le Parti québécois prenait le pouvoir. Ce n'était pas la première fois que le gouvernement fédéral était préoccupé à l'idée de voir le Québec se retirer des programmes fédéraux mais, à compter de l'élection provinciale de 1976, la menace de sécession devint réelle. Devant une telle éventualité — que tous les membres du gouvernement canadien se refusaient à considérer comme inéluctable —, les principaux responsables politiques du pays se détournèrent des problèmes sociaux. Ce n'est qu'une fois la question de l'indépendance du Québec réglée, par suite de la défaite des troupes nationalistes lors du référendum de 1980 sur la souveraineté-association, qu'Ottawa put enfin pousser un soupir de soulagement.

Mais d'autres facteurs retinrent également l'attention du Gouvernement. Dès 1976, il était engagé sérieusement dans la lutte à l'inflation, provoquée en partie par la crise du pétrole. Cette année-là, le jour même de l'Action de Grâce, le Gouvernement mettait en place des mesures de restriction des prix et des salaires. Deux ans plus tard, le Premier ministre annonçait d'importantes compressions dans les dépenses gouvernementales. Le pays luttait pour sa survie économique. Ces mesures furent prises au moment même où Ottawa cherchait à imposer des limites à la croissance des transferts fiscaux vers les provinces quant au financement des programmes reliés à la santé et à l'enseignement secondaire.

En dépit de ces difficultés d'ordre économique et politique, le Canada tenta à deux reprises d'étendre la portée de ses programmes sociaux. On assista, dans le premier cas, à une révision en profondeur des programmes en place et, dans le deuxième, à la naissance du crédit d'impôt pour enfants. Les circonstances qui entourèrent ces initiatives auraient difficilement pu être aussi différentes que dans ces deux cas.

Un plan directeur pour l'avenir

Après les élections de 1972, le gouvernement Trudeau mit en branle une révision en profondeur du système de sécurité sociale du pays. Loin d'être une simple étude, cette révision avait pour but précis de provoquer des changements importants. Le Premier ministre avait nommé l'un de ses collaborateurs les plus fiables, Marc Lalonde, au ministère de la Santé et du Bien-être social et il l'avait doté d'un adjoint de tout premier ordre en la personne d'Al Johnson, l'un des fonctionnaires les plus compétents d'Ottawa, qui devint sous-ministre de la Santé et du Bien-être social. MM. Lalonde et Johnson furent les grands architectes de ce qui allait par la suite être connu sous le nom de Livre orange, et qui constituait l'effort le plus ambitieux entrepris en matière de politique sociale depuis la publication du Livre vert en 1945 et du rapport de la Commission Kent au début des années soixante.

Le Livre orange de 1973 procédait à un examen approfondi de la situation et il établissait un plan directeur pour l'avenir. Il s'appuyait sur la mise en œuvre de cinq grandes stratégies:

«[...] une *stratégie d'emploi* qui viserait à procurer un «revenu quasi universel relié à l'emploi» et qui impliquerait la création d'emplois; une *stratégie d'assurance sociale*, qui permettrait à un programme d'assurance sociale de devenir la première ligne de défense contre les imprévus de la vie; une *stratégie de supplément de revenu*, grâce auquel le revenu d'emploi ou le revenu tiré de l'assurance sociale se verrait majoré de manière à répondre aux besoins des familles, par l'entremise à la fois d'un supplément universel et d'un supplément qui serait fonction du revenu; un *programme de soutien du revenu*, jumelé à un programme de supplément de revenu, qui viserait à répondre aux besoins fondamentaux des personnes qui ne seraient pas en mesure de travailler, qui seraient incapables de se trouver du travail ou dont on ne pourrait s'attendre à ce qu'elles puissent travailler; et enfin, une *stratégie de services sociaux* et connexes à l'emploi, grâce auxquels les services sociaux seraient dispensés et dont l'objectif (grâce à des mesures incitatives contenues dans les programmes de supplément de revenu) serait de contribuer au fonctionnement personnel optimum et à l'autonomie des bénéficiaires[4].»

M. Johnson ajoutait que «deux propositions simples étaient contenues implicitement dans ces stratégies, la première étant qu'un système de sécurité sociale viable dépend d'une politique économique viable, c'est-à-dire qui mène au plein emploi de toutes les ressources humaines. La seconde était qu'un système de sécurité sociale viable dépend d'un système efficace de supplément et de soutien du revenu, qui procure aux bénéficiaires une incitation financière à retourner au travail le plus tôt possible et des services sociaux permettant d'accélérer ce processus de retour au travail pour les bénéficiaires[5].»

Une personne à l'esprit libéral pouvait-elle trouver à redire aux réflexions contenues dans ce document de travail? Celui-ci était d'autant plus remarquable que le processus de révision et de rédaction avait duré moins de trois mois. Il proposait en outre une nouvelle approche admirablement bien conçue en matière de partage des responsabilités: les provinces auraient en effet la liberté de créer leur propre régime de sécurité du revenu et d'adapter les programmes fédéraux de supplément du revenu à leurs besoins particuliers. Selon M. Johnson, cette flexibilité constituait le principe même de cet exercice de révision. Les provinces, dont le Québec, trouvèrent cette nouvelle formule tout à fait acceptable.

La qualité principale du Livre orange était cependant de constituer un schéma directeur plutôt qu'un plan d'action, car deux obstacles à ces réformes étaient apparus avant même la fin de cette étude: l'économie commençait à éprouver des difficultés et les provinces se dressaient de nouveau sur leurs ergots. Car même si le gouvernement fédéral avait offert de payer la plupart des coûts excédentaires du programme, les provinces se demandaient si ces contributions pouvaient suffire. Elles opposèrent une résistance accrue au gouvernement fédéral, même si certaines d'entre elles reprirent par la suite certains des principes énoncés pour les transposer en lois provinciales, comme en témoignent le Programme québécois de supplément au revenu de travail, adopté en 1979, et le Programme manitobain de supplément du revenu destiné aux personnes qui ont des enfants, adopté en 1980.

Produire en trois mois à peine un document de la teneur du Livre orange pouvait sembler un exploit, mais ce n'était rien en comparaison des trois jours qu'il fallut pour mettre sur pied le crédit d'impôt pour enfants. Mais, comme cela se produit souvent en politique, les crises peuvent parfois faire avancer les choses.

Les difficultés économiques du milieu des années soixante-dix forcèrent le Gouvernement à lancer, au cours de l'été 1978, un programme de compressions budgétaires de l'ordre de 3 milliards de dollars, mené par le secrétaire du Conseil du Trésor, Bob Andras, et ses fonctionnaires. Certains des membres du Cabinet qui n'étaient pas enthousiasmés par cette idée évoquèrent la possibilité de mettre au point un plan qui aurait permis de réinjecter le tiers des sommes épargnées dans l'économie en les redistribuant aux personnes à faible revenu. Je me souviens qu'un jour, à l'issue d'une des réunions où on en discutait, Bruce Rawson, alors sous-ministre de la Santé et du Bien-être social, vint me trouver pour me parler d'un projet qui couvait dans son ministère à propos d'un programme de crédit d'impôt pour enfants qui avait comme caractéristique importante de se fonder sur ce principe de redistribution. Il s'agissait en fait d'un impôt négatif qui avait la particularité d'être à la fois un crédit d'impôt et un subside tout en tenant compte de la taille et du revenu de chaque famille.

En trois jours, nous parvînmes à convaincre le ministre des Finances et d'autres ministres importants de la faisabilité de ce projet. Le ministre des Finances y fit référence au moment de l'annonce de son programme de compressions budgétaires et de redistribution des revenus. Cette mesure constituait indéniablement une étape importante vers l'établissement d'un programme de supplément de revenu.

Le passé garant de l'avenir

En ajoutant des mesures détaillées au programme de supplément de revenu, les différents gouvernements Trudeau connurent certains succès dans leurs tentatives d'étendre le système de sécurité sociale. Mais ils parvinrent à des résultats similaires avec encore plus de succès en étendant la portée des programmes déjà existants ou en les modifiant. Les changements apportés en 1971 à la Loi sur l'assurance-chômage, les efforts accomplis en matière d'habitation à la Société centrale d'hypothèques et de logement[*] (SCHL) au milieu des années soixante-dix et les améliorations apportées au programme de Supplément de revenu garanti entre 1979 et 1984 furent particulière-ment significatifs à cet égard.

Mais la mesure la plus audacieuse, et celle qui demeura la plus controversée, fut prise au cours du premier mandat du gouvernement Trudeau. Il s'agissait de la réforme de 1971 de l'assurance-chômage, dont l'objectif était d'assurer une plus grande sécurité du revenu par l'entremise du programme d'assurance-chômage. Cette mesure législa-tive peu orthodoxe fut défendue par un homme politique lui-même assez peu orthodoxe, Bryce Mackasey.

En mal de changement, M. Mackasey s'était buté aux éléments les plus traditionnels du Cabinet. Or, il n'avait ni la patience d'endurer la lenteur et la prudence dont faisaient preuve les responsables du minis-tère de la Santé et du Bien-être social à cette époque, ni l'influence nécessaire pour accélérer les choses. À titre de ministre de l'Emploi et de l'Immigration, sa force résidait principalement sur la solidité de ses liens personnels avec le Premier ministre et sur l'appui de certains collègues progressistes du Cabinet, qui partageaient son désir d'instaurer un système plus adéquat de soutien des revenus. Mais la *Loi sur l'assurance-chômage,* qu'il était alors chargé d'appliquer, demeurait encore son meilleur atout.

Les critiques n'ont pas manqué et ne manquent toujours pas à l'endroit de la réforme de l'assurance-chômage, mais il ne fait aucun doute que celle-ci a permis d'accomplir de profonds changements qui, malgré leur manque de respect à l'égard des convenances gouverne-mentales, eurent des conséquences d'une portée considérable non seulement sur l'application des programmes d'assurance-chômage mais également sur l'ensemble du système de sécurité sociale.

---

[*] Le nom de cet organisme fut changé pour celui de Société canadienne d'hypothèques et de logement» en 1979.

C'était la première fois que les prestations d'assurance-chômage faisaient l'objet d'une hausse aussi substantielle, couvrant désormais les deux tiers des revenus assurés (comparativement à 40 p. 100 auparavant). C'était également la première fois dans l'histoire du Canada que des bénéficiaires de l'assurance-chômage recevaient des prestations décentes. De plus, les hausses s'appliquaient aussi bien aux nouvelles qu'aux anciennes catégories de travailleurs, ces derniers ayant amplement «mérité» leurs prestations.

Il suffisait aux bénéficiaires d'avoir travaillé seulement 8 semaines pour avoir droit à des prestations d'assurance-chômage pendant une période qui pouvait aller jusqu'à 51 semaines. On avait moins affaire à un programme d'assurance-chômage qu'à un programme embryonnaire de soutien des revenus et M. Mackasey n'en faisait pas un mystère. En vertu du nouveau régime, plus de 95 p. 100 de la main-d'œuvre était désormais assurée (contre 90 p. 100 auparavant). Les travailleurs devaient contribuer davantage au financement du régime. Néanmoins, le Gouvernement devait lui aussi verser des sommes substantielles, en particulier dans les régions où le taux de chômage était élevé.

Le programme comportait certes de nombreuses déficiences. Il ouvrait la porte à de nouveaux abus et portait préjudice aux travailleurs des régions où le taux d'emploi était élevé. De plus, certaines personnes qui avaient contribué à l'assurance-chômage pendant des années sans jamais faire de réclamations considéraient que le nouveau programme était injuste. Enfin, le programme se révéla beaucoup plus coûteux que prévu, car le Canada connut des taux de chômage élevés au cours des années qui suivirent.

Ce fut néanmoins une réforme efficace dans la mesure où elle tenait compte du sort des travailleurs à faible revenu et des employés saisonniers. Certains rétorqueront qu'on aurait pu trouver une autre solution à ces problèmes. Mais aux yeux de M. Mackasey, et compte tenu des circonstances qui prévalaient à cette époque, le programme d'assurance-chômage constituait le seul outil disponible.

Certains feront également remarquer que les travailleurs de longue date contribuent injustement à fournir un complément de revenu aux autres travailleurs, ou que certains employés saisonniers ont un meilleur revenu que des travailleurs à faible revenu qui ont un emploi toute l'année. Ainsi, demanderont-ils, pourquoi un travailleur saisonnier, par exemple un pêcheur dont le revenu annuel serait de 30 000 $, aurait-il droit à des prestations d'assurance-chômage? Comme seules

les personnes en chômage peuvent tirer parti de ce régime, il est vrai qu'il est de peu d'utilité aux travailleurs à temps plein dont le revenu est faible ou aux chefs de famille monoparentales qui refusent de travailler pour des salaires qui ne leur permettent pas de boucler leur budget. Certaines personnes avançaient par ailleurs que les carences du programme sur le plan des revenus prêtaient le flanc à toutes les attaques des opposants au régime d'assurance-chômage. Malheureusement, on a pu voir à la fin des années quatre-vingt que leurs craintes étaient fondées.

À la défense de ce régime, il faut toutefois préciser que tant que les prestations complémentaires versées aux bénéficiaires proviennent des impôts perçus par le Gouvernement, quelle différence peut-il y avoir entre ce système de complément de revenu et un autre? Il faut de plus souligner que, peu importent ses déficiences, ce programme a au moins le mérite d'exister.

À l'aide des instruments déjà en place, le gouvernement Trudeau s'attaqua par ailleurs au problème des revenus en mettant sur pied un programme de logements à prix abordable. Il existe deux manières de faciliter l'accession à la propriété: accroître les revenus des familles et diminuer les coûts des maisons. Dans un cas comme dans l'autre, le résultat est le même. À la suite de l'élection de 1974, le gouvernement Trudeau s'engagea donc à accroître le nombre de logements disponibles d'un million en quatre ans, objectif qui fut largement dépassé.

Mais le fait d'accroître le nombre d'unités d'habitation disponibles ne constitue pas une garantie qu'elles seront automatiquement occupées par les familles à faible revenu. C'est pourquoi le ministre de l'Habitation Ron Basford et le président de la Société centrale d'hypothèques et de logement, Bill Teron, s'attelèrent à la tâche de procurer des logis aux Canadiens à faible revenu. Des administrateurs parmi les plus talentueux et les plus innovateurs se joignirent à la SCHL, dont Walter Rudnicki, Mike McCabe, Bob Adamson, David Crenna et Lorenz Schmidt. En collaboration avec les ministres, ils élaborèrent la *Loi sur la Société canadienne d'hypothèques et de logement,* qui donna lieu à la création de nouvelles résidences publiques destinées aux populations urbaines, aux autochtones, aux populations rurales, aux handicapés, aux personnes âgées et aux étudiants. Un programme intensif de logements coopératifs fut en outre mis sur pied afin de permettre à des milliers de Canadiens, qui autrement auraient été privés de cette possibilité, de se trouver des logis à prix abordable.

Le gouvernement Trudeau s'efforça également d'étendre et de modifier la portée du programme de Supplément de revenu garanti, qui constitue un revenu de retraite complémentaire au régime de Sécurité de la vieillesse destiné aux personnes ne disposant d'aucun autre revenu. Au milieu des années soixante-dix, il apparaissait clairement que la majorité des personnes vivant dans la pauvreté étaient des personnes âgées et il s'agissait bien souvent de femmes seules. Il ne fut pas nécessaire de créer un nouveau programme pour régler ce problème: le programme de Supplément de revenu garanti fut en mesure d'apporter à ces personnes le complément de revenu dont elles avaient besoin.

Grâce à l'appui apporté par les ministres les plus progressistes du Cabinet, le Supplément de revenu garanti connut trois hausses entre 1979 et 1984. En 1984, les prestations versées conjointement par les programmes de Sécurité de la vieillesse et de Supplément de revenu garanti atteignaient 7200 $ par année par retraité — soit un cran au-dessus du seuil de la pauvreté. Plus de 700 000 retraités bénéficièrent de ces mesures et le pourcentage de Canadiens vivant sous le seuil de la pauvreté par rapport au reste de la population passa de 23 p. 100 en 1969 à 12,8 p. 100 en 1984. Au cours des années Trudeau, on a pu assister à une baisse significative de la pauvreté au pays et le programme de Supplément de revenu garanti a contribué de façon éclatante à cette réussite.

Une question de qualité de vie

Les années Trudeau furent surtout caractérisées par la remise en question, à la fois de la part des hommes politiques et des fonctionnaires, des conceptions traditionnelles de l'art de gouverner. Dans le meilleur des cas, ces réflexions donnèrent lieu à des mesures créatrices. Dans le pire des cas, elles menèrent, après de longs délais, à la révision d'anciennes politiques. En matière de politique sociale, les résultats intéressants ne manquèrent pas.

Dès l'arrivée de M. Trudeau au pouvoir, en 1968, on se mit à considérer les politiques sociales comme autre chose qu'un réseau de programmes sociaux visant à soutenir et à redistribuer les revenus. On en vint à penser que les politiques sociales devaient être davantage une question de qualité de vie et qu'il fallait rendre les programmes sociaux plus accessibles et permettre à ceux dont la survie dépendait de l'action gouvernementale de participer à la conception et à la mise en œuvre de ces programmes. Ces réflexions eurent pour effet d'établir peu à peu des ponts entre les politiques économiques et les politiques sociales du Gouvernement. Ainsi, les dirigeants politiques se rendirent compte que, sans politique linguistique appropriée, il demeurait impensable d'établir une certaine équité au chapitre de l'accès à l'emploi au pays. De même, si on ne mettait pas l'accent sur le développement économique des régions, de nombreux Canadiens établis dans les régions les moins favorisées du pays ne pourraient espérer prendre part à la prospérité qu'on voyait venir.

Les programmes linguistiques et régionaux produisirent un certain effet, mais c'est au niveau des jeunes et de l'emploi qu'il fut possible de constater l'aspect visionnaire des politiques sociales mises en œuvre par le gouvernement Trudeau. Jamais on ne vit Gouvernement faire preuve d'autant d'imagination et de pragmatisme, ce dernier terme étant utilisé dans son sens le plus noble. Les mesures adoptées ne négligeaient ni les détails pratiques et immédiats ni les nécessités à venir, encore plus essentielles.

C'est au milieu des années soixante-dix que le chômage commença à sévir chez les jeunes du pays. Parmi ce groupe de chômeurs se trouvaient à la fois des jeunes gens qualifiés et d'autres non qualifiés, des jeunes ayant abandonné leurs études secondaires et d'autres qui possédaient leur doctorat. Les plus chanceux travaillaient comme serveurs ou serveuses, au salaire minimum; les autres n'avaient aucun emploi. Le taux de chômage se situait bien au-delà de la «norme» prévue par les réformes de l'assurance-chômage mises en place par Bryce Mackasey en 1970-1971 et les perspectives d'avenir étaient de plus en plus sombres, en particulier pour les jeunes sans qualifications.

Certains d'entre eux, découragés par leurs tentatives répétées et infructueuses de se trouver un emploi, laissaient tout tomber et vivaient comme des vagabonds, fraudant le régime d'assurance-chômage et noyant leur amertume dans l'alcool et la drogue, «décrochant du système» en nombre tel que cela représentait une perte intolérable pour la société. Une partie importante de notre jeunesse et des forces vives de notre avenir était ainsi dilapidée. Il importait de remédier rapidement à la situation.

Le Gouvernement mit en branle divers programmes qui s'imbriquaient les uns dans les autres afin d'ouvrir de nouveaux horizons aux jeunes à la recherche d'emploi. L'une de ces innovations, appelée «Perspectives Jeunesse», constitua le programme le plus complet du genre jamais entrepris dans le monde et certainement celui qui connut le plus de succès. (Il s'agissait d'un programme qui permettait aux jeunes de créer eux-mêmes leurs emplois.) Dirigée conjointement par le secrétaire d'État, Gérard Pelletier, et le ministre d'État à la Jeunesse, Robert Stanbury, cette initiative devait beaucoup à la créativité de Bernard Ostry, sous-ministre adjoint à la Jeunesse. Au cours des années qui suivirent, il devint courant de voir Ottawa servir d'hôte à des délégations venues d'Europe, d'Australie et des États-Unis, attirées par le succès de ce programme. À cette époque-là, en effet, le phénomène du chômage chez les jeunes prenait de plus en plus des proportions alarmantes à l'échelle planétaire.

Même les subsides accordés par le Gouvernement dans le cadre du Programme des initiatives locales (PIL) contribuèrent grandement à créer des emplois pour les jeunes. Les gouvernements municipaux avaient l'entière liberté de choisir les projets qui devaient être financés dans le cadre de ce programme et de voir à l'exécution des travaux. Si une municipalité avait besoin d'une bibliothèque, d'un centre de congrès ou même d'un nouveau site d'enfouissement, la chose pouvait être réalisée dans le cadre du Programme des initiatives locales. Les municipalités avaient le choix entre diverses formules: créer des emplois à temps partiel, des emplois à temps partagé, des emplois pour retraités à court d'argent ou, comme bon nombre d'entre elles le firent, des emplois pour les bénéficiaires de l'aide sociale, de manière à soulager le fardeau de ce programme. Le directeur de l'aide sociale de Toronto déclara, au cours d'une entrevue à un magazine, que le Programme des initiatives locales était rentable au plus haut point: il donnait un nouvel espoir à des milliers de jeunes désœuvrés, et en plus il en coûtait moins cher aux municipalités de créer ainsi des emplois que d'avoir à leur verser des allocations d'aide sociale.

En plus d'encourager les jeunes sans-emploi et les bénéficiaires de l'aide sociale des grandes villes, le Programme des initiatives locales permit également de venir en aide à un grand nombre d'autres Canadiens défavorisés, notamment aux autochtones, à qui le Gouvernement permit pour la première fois d'exercer une plus grande influence en leur octroyant des subventions.

Les autochtones étaient bien décidés à mener la lutte tant sur le front de leurs revendications territoriales que sur celui de la construction de l'oléoduc de la vallée du Mackenzie. Dans les deux cas, les autochtones percevaient le gouvernement du Canada comme leur principal adversaire, mais ce dernier contribua néanmoins à financer en grande partie ces deux batailles en plus de mettre à leur disposition un service de recherche et l'assistance d'experts pour leur permettre d'étayer leur cause. Depuis, les autochtones du Canada sont passés maîtres dans l'art de faire pression sur les autorités, d'aborder des questions juridiques et politiques complexes et même d'utiliser les médias à leur avantage. Tout cela grâce au Programme des initiatives locales.

D'autres groupes minoritaires bénéficièrent également des largesses du gouvernement Trudeau. Ainsi, les questions touchant les femmes reçurent généralement un accueil plus favorable à cette époque, en plus de trouver des défenseurs aux échelons les plus élevés du Gouvernement.

Les handicapés ne sont pas demeurés en reste non plus, puisque le Gouvernement entérina la majorité des quatre-vingts recommandations particulières du rapport intitulé *Obstacles* que lui avait soumis, en 1980, un groupe de travail de la Chambre des communes sur les handicapés présidé par David Smith. La plupart de ces recommandations portaient sur des changements à l'intérieur des services gouvernementaux. Une disposition autorisant les personnes en fauteuil roulant à avoir accès pour la première fois à la Tour de la Paix est très symbolique de l'état d'esprit qui régnait alors au Gouvernement.

L'histoire des caisses de retraite se résume pour sa part à une série de réussites et d'échecs. Le gouvernement Trudeau tenta, au moins à deux reprises, de procéder à une refonte majeure des régimes privés de retraite, mais il fut chaque fois incapable d'aller au bout de sa démarche.

Tout comme aux États-Unis, le secteur industriel du Canada a été lent à mettre en place un régime de pension pour ses travailleurs. Au Canada, le fardeau de la prise en charge de la main-d'œuvre incombe, en très grande partie, au Gouvernement et non au secteur privé. C'est le Gouvernement qui subventionne le système d'éducation, les services de garderie, les programmes d'habitation, les programmes de formation, qui contribue le plus au versement des prestations d'assurance-chômage et qui verse la majorité des pensions de retraite par l'entremise des programmes de Sécurité de la vieillesse et de Supplément de revenu garanti ainsi que du Régime des pensions du Canada.

Les fermetures d'usines qui se produisirent au milieu des années soixante-dix firent à plus d'une occasion la preuve de la piètre qualité des régimes privés de pension. La plupart du temps, ces entreprises avaient omis de mettre sur pied des caisses de retraite; lorsqu'elles l'avait fait, des employés qui avaient consacré toute leur vie à travailler au même endroit se retrouvaient avec des prestations mensuelles d'à peine 25 $. La plupart de ces régimes de retraite avaient quatre défauts majeurs: ils étaient sous-capitalisés, ne comportaient aucune clause d'indexation permettant de contrer l'inflation, n'étaient pas transférables d'un emploi à un autre et les prestations allouées aux conjoints survivants étaient minimes, sinon inexistantes.

En 1980, le Gouvernement promit de passer à l'action. Une fois la réforme constitutionnelle achevée et le Programme énergétique national mis en place, la refonte des régimes privés de retraite devait constituer le troisième volet des mesures les plus audacieuses adoptées par le gouvernement Trudeau au cours de son dernier mandat. D'énormes efforts furent consacrés à ce projet: les idées ne manquaient pas pour trouver des solutions de rechange aux caisses privées de retraite. L'une d'elles prévoyait même des stimulants économiques à l'égard des entreprises qui auraient permis à leurs employés, dans le cadre d'un régime de retraite, de devenir actionnaires. (Quelques sociétés privées, dont Dofasco, ont essayé cette formule avec beaucoup de succès.) Mais les promesses furent plus nombreuses que les réalisations et le gouvernement fédéral n'adopta jamais de loi en ce sens. L'initiative d'Ottawa eut tout au moins pour effet d'inciter de nombreuses provinces à adopter des projets de lois réformant les régimes de retraite.

Une garantie pour l'avenir

Il faut le recul du temps pour percevoir clairement les orientations qui auraient dû être prises. Même s'il se montra à la hauteur de son engagement de créer une société juste en adoptant les mesures sociales que nous venons de mentionner, le gouvernement Trudeau ne sut pas toujours protéger ces programmes pour l'avenir. Parmi toutes les pertes subies à cause de compressions budgétaires, les deux plus marquantes sont le Programme des initiatives locales et Perspectives Jeunesse. D'autres programmes eurent toutefois un sort plus enviable et certains furent même indexés. Lorsqu'il indexa le programme de Sécurité de la vieillesse et le programme de Supplément de revenu garanti en 1974, le programme d'allocations familiales en 1975 et le crédit d'impôt pour enfants dès sa conception en 1978, le Gouvernement s'assura de les voir traverser sans encombre le temps et l'inflation. L'importance d'une telle protection n'est jamais apparue avec autant d'évidence que depuis 1984, alors que des assauts éhontés ont été menés contre les réalisations des années précédentes en matière de politique sociale. Des tentatives importantes ont eu lieu en vue de provoquer un retour en arrière au chapitre de l'indexation des pensions, des prestations d'assurance-chômage, des services de garderie, de la condition féminine, des programmes d'expansion régionale et même des garanties d'universalité dont bénéficie le programme de Sécurité de la vieillesse.

Mais la plus dure bataille pour protéger les acquis sociaux fut livrée — et remportée — dans le domaine des soins médicaux. La création du régime canadien de soins médicaux fut une des grandes victoires du gouvernement Pearson. Les auteurs de ce régime accomplirent un exploit dont eux-mêmes n'eurent pas totalement conscience mais qui, 20 ans plus tard, allait rendre un grand service au gouvernement Trudeau au moment où ce programme fut assailli de l'intérieur. Le régime de soins médicaux comportait en effet une série de normes applicables à l'échelle nationale qui donnèrent aux différents ministres fédéraux de la Santé la prise nécessaire pour sauvegarder le système.

Les premiers problèmes surgirent à la fin des années soixante-dix, dans le secteur des services hospitaliers. Certains hôpitaux commençaient à percevoir des honoraires de la part de leurs usagers. Il s'agissait d'une fraction des coûts réels, mais ces montants étaient suffisants pour imposer un sérieux fardeau financier aux Canadiens à faible et à moyen revenus qui avaient le malheur de tomber malades et de se retrouver à l'hôpital. Et si leur séjour à l'hôpital devait se prolonger, ils se trouvaient aux prises avec des frais écrasants.

Cette pratique d'imposer des frais hospitaliers aux usagers se répandit un peu partout à travers le pays; l'une après l'autre, les provinces découvrirent qu'il s'agissait là d'un moyen commode de combattre les coûts grandissants du système de soins médicaux. Il n'y avait apparemment pas de solution à ce problème.

Sans doute encouragée par le succès avec lequel les hôpitaux avaient utilisé cette faille dans le système, la profession médicale passa elle aussi à l'attaque en exigeant des frais supplémentaires aux patients qui venaient en consultation (afin de couvrir des services que les médecins jugeaient ne pas être couverts par le régime d'assurance maladie). Cet usage commença à poser une sérieuse menace au principe d'universalité qui était à la base même du programme canadien de soins médicaux. La profession médicale accorda son appui à l'idée de la surfacturation et la défendit même au point de proférer des menaces de grève dans différentes provinces.

Au début des années quatre-vingt, un double système d'assurance maladie était en train de faire son apparition, offrant un type de soins pour les riches et un autre pour les pauvres. Cette tendance était pour le moins inquiétante. Le système canadien de soins médicaux — l'un des meilleurs du monde — menacait soudain de s'effondrer. Heureusement, une femme hautement déterminée, Monique Bégin, alors ministre de la Santé nationale et du Bien-être social, plongea au cœur même de la bataille pour la survie de ce système.

Mme Bégin trouva les munitions dont elle avait besoin dans la législation elle-même. Quatre principes fondamentaux étaient fermement enchâssés dans la *Loi sur les soins médicaux*: universalité, intégralité, transférabilité et administration publique du système. Il s'agissait là de normes prescrites par la loi et qui devaient être maintenues à l'échelle nationale. En conséquence, Mme Bégin soumit un projet de loi autorisant le gouvernement fédéral à priver les provinces d'un montant identique aux sommes additionnelles perçues par leurs hôpitaux et leurs médecins pour tout acte médical considéré comme non couvert par le régime d'assurance maladie. Cette loi fut votée en avril 1984.

Laisser les forces antiprogressistes et les querelles de juridiction avec les provinces miner le système d'assurance maladie du Canada eût été trahir les principes sociaux fondamentaux sur lesquels avait été bâti ce pays. Le Canada a toujours cherché à maintenir un équilibre salutaire entre la satisfaction des intérêts égoïstes de chacun et celle des besoins fondamentaux de l'ensemble de la population du pays. Le droit aux soins médicaux constitue l'un des droits les plus fondamentaux qui soit et il a fallu des décennies avant de mettre sur pied un système d'assurance maladie à l'échelle nationale. Si Mme Bégin et le Gouvernement d'alors avaient hésité sur la conduite à suivre, cet acquis aurait pu être perdu.

Heureusement, le gouvernement Trudeau réussit à préserver notre excellent régime de soins médicaux, fondé sur des principes justes et administré au moyen d'un système efficace, bien que parfois complexe, de collaboration entre les gouvernements, les hôpitaux, les spécialistes de la santé et autres intervenants. Ce système fonctionne bien. Il n'est donc pas surprenant que les hommes politiques américains ne cessent de comparer leur système de soins médicaux au nôtre, qu'ils considèrent comme très supérieur au leur. Tout bien considéré, il n'est d'ailleurs pas si coûteux. En 1983, tout juste avant que ne fût remportée la bataille pour préserver le régime canadien de soins médicaux, celui-ci n'accaparait que 8,2 p. 100 de notre produit national brut, cependant que le système américain, entaché d'inégalités du fait qu'il était administré en grande partie par des intérêts privés, accaparait 10,5 p. 100 du PNB américain.

Le régime canadien de soins médicaux est évidemment loin d'être parfait. Une de ses plus grande faiblesses provient du fait qu'il est constitué de 10 programmes différents qui comportent inévitablement des inégalités en matière d'accessibilité. De plus, la qualité des soins médicaux offerts aux Canadiens vivant à quelque 60 km d'un grand centre hospitalier universitaire est très différente de celle offerte aux habitants de Red Lake ou de Fort Nelson, par exemple. Certains éléments importants sont par ailleurs exclus du régime, dont les soins dentaires, les médicaments, les verres correcteurs, les appareils auditifs et tout ce qui peut devenir nécessaire à mesure que les gens vieillissent. C'est un système parfois aberrant, qui permet aux gens de se briser une jambe (parce que c'est couvert par l'assurance maladie) mais qui ne leur permet en aucun cas de se casser une dent ou de se retrouver aux prises avec un problème de santé qui les obligera à prendre des médicaments toute leur vie.

Le régime canadien de soins médicaux parvient certes à s'occuper des gens malades, mais cela n'a pas empêché le gouvernement Trudeau de songer par ailleurs aux moyens de maintenir les gens en bonne santé. Les réalisations auraient toutefois pu être plus nombreuses en ce domaine. Le système devrait comprendre des mesures visant à inciter les professionnels de la santé et les institutions médicales à consacrer une plus grande partie de leur temps, de leurs efforts et de leurs budgets à faire de la médecine préventive (y compris de la recherche), à créer des cliniques de santé et à sensibiliser le public à des problèmes particuliers de santé, à mettre des équipements tels que fauteuils roulants et appareils auditifs à la disposition de leurs patients et à mettre sur pied des soins communautaires de qualité pour les personnes ayant été récemment hospitalisées et pour les personnes handicapées ou souffrant de maladies chroniques. Il est ironique de constater que, dans de nombreuses régions du pays, les soins à domicile ne sont dispensés que jusqu'au moment où les patients commencent à recouvrer la santé. Dès que toute aide disparaît, il arrive fréquemment que le malade, livré à lui-même, ait des difficultés à se rétablir et se retrouve de nouveau à l'hôpital. Si on considère qu'un séjour à l'hôpital peut coûter jusqu'à 1000 $ par jour, la situation est illogique sur le plan économique, sans compter qu'elle trahit l'inefficacité avec laquelle nous nous occupons des personnes malades et dans le besoin.

Il aurait probablement été plus logique de consacrer nos ressources financières à mettre sur pied des soins préventifs appropriés plutôt que de nous disputer sur les coûts des soins médicaux. Mais le système mis en place possède néanmoins des qualités appréciables. Ceux qui ont contribué à l'instaurer et à le consolider peuvent être fiers de l'avoir amélioré et d'avoir empêché qu'il ne disparaisse.

Une société plus juste

Je suis persuadé que la plupart des Canadiens souhaiteraient voir leur pays accorder à tous des chances égales de réussir et de se trouver un emploi, de même que la possibilité d'avoir une retraite convenable et un revenu minimum. Je crois même qu'ils seraient disposés à payer plus d'impôt pour permettre la réalisation de cet objectif.

Nous n'ignorons pas, pour la plupart, que nous ne sommes jamais à l'abri d'un revers de fortune. Certains, parmi nous, ont déjà vu le malheur frapper rapidement et brutalement, parfois dans leurs propres familles. Ce sont des choses qui peuvent arriver à tous à tout moment. Certains sont trop vieux ou trop malades pour pouvoir travailler, alors que d'autres s'entendent parfois dire par certains employeurs qu'ils sont trop jeunes. Soit qu'ils ne possèdent pas les compétences nécessaires ou qu'ils n'aient pas les moyens de les acquérir. D'autres encore doivent rester à la maison pour s'occuper d'un enfant atteint d'une maladie chronique ou qui est sérieusement handicapé. Des problèmes peuvent nous arriver n'importe quand et je suis convaincu que la plupart des Canadiens, à la vue de certaines personnes moins gâtées par la vie, se sentent soulagés de ne pas connaître cette situation-là. Mais ils n'ont pas plus envie de voir ces gens-là demeurer sans abri ou mourir de faim et être obligés de demander la charité.

Mais il existe également d'autres Canadiens, dont certains parviennent à se faire élire au Gouvernement ou sont en mesure de se faire entendre publiquement parce que leur pouvoir est considérable, et qui n'ont pas confiance, eux, en un système qui redistribue de l'argent des contribuables à certaines personnes sans même leur poser de questions. Ils font encore moins confiance aux bénéficiaires d'un tel système, qui, d'après eux, transforme en vauriens et en fraudeurs des gens qui, autrement, iraient travailler pour gagner leur vie.

Peu à peu, au cours des 70 dernières années, ceux qui croient qu'il est essentiel d'assurer un minimum de protection à tous les individus ont fini par triompher. L'un des principaux objectifs sociaux du gouvernement Trudeau consistait à mettre en place un système qui non seulement fournirait plus d'emplois et de meilleurs revenus aux Canadiens, mais qui leur donnerait aussi des chances égales de se trouver un emploi à la grandeur du pays, tout en améliorant leur qualité de vie tant dans leur milieu de travail que dans leur foyer. Cet objectif ambitieux ne put être réalisé dans sa totalité mais, au cours des 16 années qu'il passa au pouvoir, le gouvernement Trudeau parvint néanmoins à adopter d'importantes mesures en ce sens, dont les plus significatives furent:

1. La réforme de l'assurance-chômage du début des années soixante-dix, qui représenta une tentative détournée de mettre en place un système de revenu garanti. Le Canada aurait besoin d'un meilleur régime, mais cette réforme a néanmoins permis d'assurer une redistribution des revenus plus juste.

2. Perspectives Jeunesse et le Programme des initiatives locales, grâce auxquels des milliers de personnes ont pu contribuer à l'évolution des politiques sociales et des programmes régionaux. Fait sans précédent dans l'histoire des politiques sociales du pays, des citoyens n'étaient plus de simples prestataires d'assurance-chômage: ils travaillaient à changer la société.

3. Le Livre orange publié en 1973, qui constituait un audacieux plan directeur destiné à transformer radicalement le système de sécurité sociale. Les provinces l'ont malheureusement sabordé. Des hommes politiques plus expérimentés auraient très bien pu éviter les écueils des négociations fédérales-provinciales et trouver les moyens d'imposer une solution adéquate à tout le pays. Il n'en demeure pas moins un modèle pour l'avenir.

4. La *Loi nationale sur l'habitation,* qui fut amendée de manière à permettre la création de logements coopératifs et de programmes d'accès à la propriété.

5. L'indexation des grands programmes sociaux (allocations familiales et programme de Sécurité de la vieillesse).

6. Le crédit d'impôt pour enfants, qui constituait un outil important de redistribution des revenus destiné à venir en aide aux familles à faible revenu. Combinée aux prestations d'assurance-chômage, cette mesure contribua à établir les fondements d'un régime national de soutien des revenus.

7. Le Supplément de revenu garanti, qui fut augmenté non pas à une mais à trois reprises. Ces hausses furent assez substantielles pour permettre à plus d'un million de Canadiens (tous âgés de 65 ans et plus) de franchir le seuil de la pauvreté.

8. Mais le plus important demeure sans doute que le gouvernement Trudeau a insisté pour faire appliquer ces programmes partout au Canada. Il a obligé l'ensemble des provinces et des régions à adopter des normes équitables et adéquates, il est demeuré ferme devant les provinces qui cherchaient à fuir leurs responsabilités et a doté le pays d'une Constitution qui permet la mise en place de futurs programmes nationaux.

Quelle note peut-on attribuer au gouvernement Trudeau? Le meilleur moyen de répondre à cette question est de comparer les progrès accomplis par le Canada par rapport à ceux accomplis par d'autres pays au cours de la même période, ainsi que par rapport aux réalisations passées du Canada en matière de sécurité sociale. Il faudrait également examiner ces réalisations en fonction des promesses d'instaurer une société juste.

Par rapport à ce qui s'est accompli aux États-Unis au cours de la même période, le gouvernement Trudeau a fait du très beau travail. En 1984, notre régime de soins médicaux était plus étendu et plus efficace que celui des Américains et il coûtait 2 p. 100 de moins en matière de produit intérieur brut. Le Canada possédait également de meilleurs régimes de retraite. Nous avons par ailleurs réussi à mettre en place un système de sécurité sociale plus efficace que celui de bon nombre d'autres pays industrialisés, y compris le Japon. Mais, comparées aux mesures adoptées dans de nombreux pays de l'Europe de l'Ouest, nos réalisations perdent un peu de leur éclat, notamment en ce qui a trait à la formation, à la santé, aux pensions et à l'âge de la retraite.

Par rapport aux programmes sociaux mis en place à d'autres périodes de l'histoire du Canada, le gouvernement Trudeau a le mérite indiscutable d'avoir engendré des réalisations majeures. Les subventions destinées à la recherche médicale ont augmenté sensiblement, ce qui a permis d'aboutir à des réussites importantes, notamment dans le traitement du cancer. L'espérance de vie a augmenté, de même que les prestations aux handicapés, le nombre de logements destinés aux familles à faible revenu, les occasions pour les travailleurs de s'inscrire à des programmes de formation et d'apprentissage, et les contributions fédérales aux hôpitaux, aux universités et aux divers organismes à vocation sociale. Quant à la pauvreté, elle a diminué, tout comme le taux de mortalité infantile. Après les années Trudeau, davantage de Canadiens étaient protégés contre les coups durs de la vie et contre la maladie, et il était plus facile de parvenir à un niveau de vie décent.

Jusqu'où le gouvernement Trudeau a-t-il pu étendre sa vision d'une société juste? Probablement pas aussi loin que l'auraient souhaité les Canadiens. D'excellentes idées ont été bloquées en cours de planification; d'autres ont dû être sacrifiées sur l'autel des restrictions budgétaires peu après leur implantation. À bien des égards, les années Trudeau ont représenté des années de consolidation plutôt que d'innovation. Mais le Gouvernement a néanmoins tenu tête aux forces réactionnaires qui auraient souhaité éliminer les programmes sociaux mis en place par les précédents gouvernements. Compte tenu de l'atmosphère qui régnait à l'époque et de l'émergence de courants antiprogressistes au cours de ces années de retour à la sobriété, souvent éprouvantes et sources d'inquiétudes, il est allé beaucoup plus loin qu'il n'était permis d'espérer dans la mise en place des fondements d'une société juste.

Ce furent malgré tout des années passionnantes. De nouvelles manières de voir les choses ont commencé à transparaître dans les politiques sociales et dans les mesures prises pour les mettre en œuvre. Les Canadiens ont pris conscience des possibilités qui s'offraient à eux en ce domaine. Or, une fois qu'un peuple prend confiance en ses moyens, cette confiance ne le quitte jamais.

TROISIÈME PARTIE

Le défi du fédéralisme

D eux visions différentes du fédéralisme ont de tout temps cherché à gagner la faveur des Canadiens. L'une de ces traditions, qui remonte jusqu'à Honoré Mercier et Oliver Mowat, considère les provinces comme les composantes essentielles de la Confédération. Lors du débat constitutionnel de 1980-1981, par exemple, le préambule à la Constitution proposé par les provinces affirmait que «les provinces du Canada choisissent librement de demeurer unies». Ce n'était donc pas là le choix des habitants du pays. Comme le Premier ministre Brian Peckford le déclara à la nation, Ottawa était «le préposé des provinces... et non le contraire[1]».

Selon cette vision provincialiste du Canada, l'autorité, exprimée idéalement par la suprématie des parlements provinciaux, représente le moteur de l'organisation sociale. Ce sont les majorités parlementaires de chaque province qui devraient décider des droits des minorités, notamment en ce qui a trait à la langue. On vante les mérites de la diversité régionale aux dépens d'une perspective pancanadienne et la souveraineté du pays s'appuie sur une entente entre provinces et non sur la volonté du peuple canadien. Inutile de dire que cette perspective est au cœur même des propositions de l'Accord du lac Meech.

À l'opposé, il existe une vision du Canada qui s'appuie sur l'héritage laissé par Sir John A. Macdonald, Sir Georges-Étienne Cartier, Sir Wilfrid Laurier, Henri Bourassa et Mackenzie King. C'est l'esprit de cette dernière tradition qui anima nos efforts de 1968 à 1984. Nous considérons les droits individuels comme fondamentaux. En vertu de leurs droits inaliénables, y compris leurs droits linguistiques, les Canadiens forment individuellement une nation dans laquelle, en dernier ressort, le peuple est souverain.

Il est essentiel que les provinces possèdent les ressources nécessaires pour s'acquitter des nombreuses tâches qui leur sont conférées en vertu de la Constitution, mais aucune province ne devrait avoir le droit de placer ses intérêts régionaux au-dessus de l'intérêt collectif du peuple canadien, car le fondement même de l'État est de rechercher l'égalité de *tous* les citoyens. En juin 1980, notre gouvernement proposait d'inscrire, en préambule à la Constitution, que c'est «le peuple du Canada» qui «a choisi de vivre ensemble», de sorte que «le parlement fédéral et les parlements provinciaux, ainsi que les différents gouvernements et leurs organismes, n'auront d'autre objectif que de rechercher le bonheur et l'épanouissement de tous et chacun[2]».

Développant sa pensée à partir de cet engagement libéral, Gérard Pelletier avance d'un ton convaincant l'hypothèse que le Canada ne peut survivre que s'il parvient à assurer l'égalité linguistique à tous ses citoyens, y compris aux Canadiens français, qui doivent être assurés de pouvoir vivre en français partout au Canada, et pas seulement au Québec. M. Pelletier démontre clairement que la *Loi sur les langues officielles* ne constituait pas une panacée en soi (puisque l'unilinguisme se porte bien, merci, affirme-t-il), mais qu'elle permit néanmoins d'opérer des changements profonds dans la fonction publique et, ce qui est encore plus important, suscita un regain de bonne volonté et changea les mentalités dans tout le Canada, à tel point que des centaines de milliers de Canadiens acceptèrent le principe du bilinguisme. Ainsi, alors que le pourcentage des francophones œuvrant dans la fonction publique fédérale n'était que de 22 p. 100 en 1965, il était passé à 28 p. 100 en 1984, soit un taux bien supérieur au nombre de francophones dans la population en général (24 p. 100). En fait, en 1988, les francophones détenaient 30,5 p. 100 des postes de fonctionnaires supérieurs dans la région de la capitale nationale.

Mais il est encore plus impressionnant de constater que, partout au Canada, les Canadiens ont reconnu l'importance du bilinguisme. Ainsi, en 1977, 37 835 élèves, dans 237 écoles, étaient inscrits dans des programmes d'immersion de langue française. En 1988, ces chiffres avaient été multipliés par 7, alors que 241 140 élèves suivaient des cours d'immersion en français dans 1512 écoles. Les nationalistes québécois pourront continuer de répéter que les Canadiens anglais n'éprouvent que du mépris à l'égard de la langue française. Mais comment peuvent-ils expliquer que 27 000 élèves apprennent chaque jour le français en Colombie-Britannique et qu'ils soient 26 000 à en faire autant en Alberta, 18 000 au Manitoba et 115 000 en Ontario?

On a souvent accusé notre gouvernement d'être trop «centralisateur» et de chercher à accroître les pouvoirs du gouvernement fédéral aux dépens des provinces. En réalité, nous croyions à un fédéralisme de type classique, dans lequel chaque ordre de gouvernement possède les pouvoirs et les ressources nécessaires pour exercer ses fonctions. Nous ne recherchions nullement à étendre les pouvoirs du gouvernement fédéral, mais plutôt à empêcher certaines provinces trop agressives d'usurper complètement ces pouvoirs. Lorsque les conflits avec les provinces atteignaient leur paroxysme, notamment au sujet de la Charte des droits et libertés, nous cherchions à réduire les pouvoirs de *tous* les ordres de gouvernement, y compris le gouvernement fédéral, au profit des droits individuels.

Au chapitre 9, Thomas Shoyama démontre à quel point nous étions sensibles aux pressions financières croissantes qui s'exerçaient sur les provinces. À cause du «baby boom» et des autres phénomènes sociaux dont nous faisons état dans la troisième partie du présent ouvrage, les dépenses reliées aux soins de santé et à l'éducation causaient des pressions énormes sur les budgets provinciaux. Nous avons comblé ces besoins en multipliant par 10 les paiements de péréquation entre 1968 et 1984 et, par le biais de la *Loi de 1977 sur le financement des programmes établis,* en effectuant ces transferts sous forme de subventions inconditionnelles et de points d'impôt (ce qui permit aux provinces d'utiliser en grande partie ces fonds à leur discrétion). En 1958, par exemple, le gouvernement fédéral percevait 61 p. 100 de tous les revenus gouvernementaux; ce total avait diminué à 50 p. 100 en 1969, au tout début de notre premier mandat. En 1983, ce pourcentage s'élevait à 43 p. 100, soit une autre baisse de 7 p. 100[3]. Nous avons résisté aux provinces qui voulaient accaparer des pouvoirs dévolus au gouvernement du Canada, mais nous leur avons transféré énormément de ressources financières. William Riker, cet Américain qui se consacra à l'étude du fédéralisme, écrivit en 1975: «La plupart des analystes s'entendraient pour dire que, de tous les [...] systèmes fédératifs du monde, le système canadien est certes le plus décentralisé qu'il soit possible d'imaginer[4].» Ce sont des faits qu'il faut garder en mémoire lorsque certains critiques perpétuent le mythe selon lequel le Parti libéral était trop «centralisateur».

Selon notre conception du fédéralisme, la question de l'égalité régionale revêtait autant d'importance que celle des droits linguistiques, à tel point que le principe de l'égalité financière entre les provinces fut enchâssé dans la *Loi constitutionnelle de 1982.* Au-delà de la question des transferts de péréquation et de points d'impôt, nous demeurions convaincus, comme le démontre Lloyd Axworthy dans son essai sur le développement régional dans l'Ouest canadien, que le

Gouvernement devait utiliser ses pouvoirs pour influencer positivement les forces du marché. Les habitants de Gaspé, du Cap-Breton ou
du nord de la Saskatchewan ont tout autant droit à la sécurité économique que ceux de Toronto ou de Montréal. C'est pourquoi nous
permîmes au ministère de l'Expansion économique régionale (MEER)
de devenir un intervenant majeur sur la scène économique. Les économistes nous ont souvent reproché de favoriser autant l'égalité régionale
que l'efficacité économique. Nous sommes trop heureux de plaider
coupables à de telles accusations! Le chômage demeure de toute
évidence trop élevé et les disparités régionales trop énormes, mais
nous avons néanmoins été à l'origine de certains progrès. Ainsi, le
revenu familial moyen des provinces de l'Atlantique, qui équivalait à
73,7 p. 100 de la moyenne nationale en 1967, s'établissait à 83,5 p.
100 de la moyenne nationale en 1984[5]. Entre 1961 et 1966, soit avant
la création du MEER, la balance migratoire des Maritimes enregistra
un déficit de 70 986 personnes; entre 1971 et 1976, les provinces de
l'Atlantique enregistrèrent un surplus migratoire de 30 005 personnes[6].

Quel que fût l'impact du MEER sur l'économie des provinces, on
peut dire avec certitude que l'écart concernant la qualité des services
publics entre provinces riches et provinces pauvres s'est grandement
rétréci. Ainsi, en ce qui a trait aux dépenses affectées aux soins de
santé dans la province de Terre-Neuve, qui s'établissaient à seulement
46 p. 100 de la moyenne nationale en 1962, leur pourcentage est passé
à 81 p. 100 en 1979[7]. Il n'existe pas de solution facile aux problèmes
de disparité régionale, mais l'égalité des chances sur le plan économique est tout aussi importante pour la réalisation d'une société juste que
ne l'est la liberté individuelle.

THOMAS S. AXWORTHY
PIERRE ELLIOTT TRUDEAU

CHAPITRE 8

1968: l'humeur du Québec et la politique des langues

par Gérard Pelletier

Gérard Pelletier est journaliste de profession. À ce titre, il a collaboré au quotidien Le Devoir *et dirigé* Le Travail, *hebdomadaire syndical, ainsi que le quotidien* La Presse *de Montréal. Élu en 1965, il a été tour à tour secrétaire d'État du Canada et ministre des Communications. En 1975, il était nommé ambassadeur du Canada en France, et en 1981 il devenait ambassadeur aux Nations Unies à New York. Il est actuellement président du Centre canadien de recherche et de coopération internationale.*

«L'Histoire ne fait pas de pauses», disait Landsberg. Toute action politique s'inscrit dans un contexte historique mouvant.

Ce sont les circonstances canadiennes de 1968 et la dynamique sociale de ce moment-là que j'ai mission d'évoquer ici. Faute d'en connaître les données principales, il serait difficile de comprendre le comportement de l'équipe Trudeau, ses options, le choix de ses objectifs, le sens de son action et particulièrement sa politique linguistique dont je traiterai dans la seconde partie du présent chapitre.

* * *

Retenons d'abord que la fédération canadienne traversait à cette époque la crise la plus grave de son histoire. C'est du moins l'avis exprimé par la Commission royale d'enquête Laurendeau-Dunton, dans son rapport préliminaire du 1er février 1965. Or, cette commission comptait dans ses rangs certaines des meilleures cervelles politiques de l'époque et venait d'effectuer, à travers le pays tout entier, un sondage en profondeur auprès duquel les Gallup les plus soignés feraient figure de jeux d'enfants. Pendant des mois, les commissaires s'étaient déplacés du nord au sud et d'est en ouest: ils avaient écouté, entendu des centaines de citoyens s'exprimer sur leur vision du Canada, sur la cohésion et l'avenir du pays.

Au terme de ce processus, la Commission se disait atterrée par ses découvertes. Qu'est-ce donc qui motivait cette consternation?

Après avoir évoqué quelques crises «spectaculaires» comme la conscription de 1917 et celle de 1942, les commissaires concluaient dans les termes suivants:

«Les discordes précédentes n'ont pas sérieusement menacé les fondements de l'État. La crise actuelle est d'un ordre différent. Jamais auparavant, sauf peut-être parmi quelques individus et quelques groupes, on n'avait eu le sentiment que les principes sur lesquels se fonde l'existence du peuple canadien étaient en jeu.

«Cette fois-ci, comme nous l'avons noté à plusieurs reprises dans ces pages, les données de la situation sont complexes et difficiles à définir à cause de leur interdépendance. Il n'y a pas qu'un seul secteur de la vie canadienne qui soit battu en brèche; l'essentiel est menacé, c'est-à-dire la volonté de vivre ensemble, du moins dans les conditions actuelles.

«Ce qui est en jeu, c'est l'existence même du Canada. Quel genre de pays sera-t-il? Va-t-il survivre? Ces questions ne sont pas de simples hypothèses de théoriciens; ce sont des collectivités qui les posent. Et d'autres groupes accroissent la gravité de la situation en refusant de se poser les mêmes questions[1].»

* * *

Il est bien connu que les États fédéraux comme le Canada sont généralement plus fragiles, du moins en apparence, que les pays centralisés. Leur unité se fonde sur un indispensable équilibre entre les différents ordres de pouvoir qui les composent, entre les forces diverses, centrifuges et centripètes, qui agissent sur eux en permanence. Sans doute, à la naissance d'une fédération, ses composantes se joignent-elles sans trop d'arrière-pensées pour former un tout cohérent, mais aucune des collectivités en cause ne peut oublier son histoire et, dans leurs mémoires respectives, le souvenir du temps où elles vivaient séparées ne s'effacera que très lentement...

Des pays comme la France et le Royaume-Uni ont mis plus d'un millénaire à forger leur unité. En 1968, à peine un siècle séparait l'État canadien du pacte fédératif qui l'avait mis au monde. On ne peut donc pas s'étonner que se soient fait jour, à ce moment-là, des menaces à la «bonne entente» traditionnelle qui avait jusqu'alors servi de ciment à l'assemblage fédéral. D'autant moins que les provinces fondatrices et les quelques autres venues se joindre par la suite commençaient à se rendre compte d'une chose: la fédération avantageait tout le monde... mais pas également.

Dès l'origine, différentes provinces et différents groupes de la population avaient manifesté de sérieuses inquiétudes à cet égard.

Nul n'ignore que l'union des ex-colonies, en 1867, avait soulevé, au Québec par exemple, des oppositions résolues. Les dissidents n'étaient d'ailleurs pas tous des nationalistes extrémistes puisque le Parti rouge des frères Dorion, principale opposition québécoise au projet fédéraliste, comptait dans ses rangs des hommes comme Wilfrid Laurier, futur Premier ministre du Canada, et Antoine-Aimé Dorion lui-même qui devait finir ses jours dans le fauteuil du juge en chef de la province de Québec.

Nul n'ignore non plus les longues hésitations de certaines provinces atlantiques quand il s'est agi de rallier la fédération. Le mouvement anti-fédératif, qui préconisait en Nouvelle-Écosse le rappel de la *Loi de l'Amérique du Nord britannique (Repeal Movement),* y domina l'opinion jusqu'en 1869. L'Île-du-Prince-Édouard ne se joignit à la Confédération qu'en 1873, forcée par les dettes qu'elle avait contractées en construisant un chemin de fer. Et Terre-Neuve, de son côté, devait attendre encore 75 ans pour faire de même!

Quant aux provinces de l'Ouest, aucune n'existait encore comme province canadienne en 1867. Et c'est seulement à compter du XXe siècle que leurs objections au fédéralisme canadien commencèrent à se manifester, mais avec une rancœur grandissante. Des journalistes, certains naïfs, d'autres intéressés, ont pu croire et faire croire, entre 1968 et 1984, que les *Westerners* en avaient contre Pierre Trudeau en particulier. Mais les Libéraux n'avaient pas obtenu de majorité, dans l'Ouest, depuis la première élection de Louis Saint-Laurent (1949). Et depuis le retour des Conservateurs (1984), il ressort à l'évidence que les politiciens provinciaux de l'Ouest en ont fondamentalement contre Ottawa, quel que soit le parti ou le Premier ministre au pouvoir.

Mais revenons au Québec dont le mécontentement anti-fédéral était particulièrement marqué, à la fin des années soixante. Pour expliquer la profondeur du déplaisir québécois, il faut d'abord comprendre la *nature* des difficultés qui en étaient la cause.

Sans doute la Colombie-Britannique a-t-elle souvent trépigné d'impatience, après son entrée dans le Canada. Pour gagner son adhésion, Ottawa lui avait promis un chemin de fer qui tardait à venir. De même, les provinces atlantiques ont dû assister au déclin relatif de leurs économies, après que le Canada central eut pris son essor. De même aussi, les gouvernements provinciaux des Prairies ne pouvaient évidemment pas se blâmer eux-mêmes pour le retard que leurs provinces avaient mis à s'industrialiser. Aussi le gouvernement fédéral (plus l'Ontario, plus le Québec...) leur a-t-il servi de commode bouc émissaire. Mais toutes ces raisons de critiquer Ottawa demeuraient à la surface des choses. Plaie d'argent n'est pas mortelle, comme dit le proverbe.

Chez les Québécois francophones, les raisons du mécontentement étaient bien différentes et beaucoup plus graves. D'une part, elles coïncidaient avec celles de l'Est et de l'Ouest. Depuis 1939, l'économie du Québec se développait, stimulée par l'une des révolutions industrielles les plus rapides jamais observées en Occident[2]. Mais ce développement et cette révolution profitaient surtout aux anglophones qui en étaient les maîtres d'œuvre. Si vous parliez français, au Québec, vous gagniez en moyenne beaucoup moins que vos compagnons de travail anglophones.

S'ajoutait à ce désavantage un malaise encore plus profond, un sentiment que les mots «angoisse culturelle» décrivent assez bien puisqu'il résultait de brimades linguistiques et de manifestations d'intolérance à l'égard de l'originalité culturelle de la communauté canadienne-française. Or, si l'infériorité économique tenait à de nombreux facteurs dont plusieurs n'avaient rien à voir avec les structures politiques du pays, l'angoisse culturelle au contraire était principalement attribuable à l'attitude de l'administration fédérale et des gouvernements provinciaux des provinces anglophones.

En 1967, pour célébrer à sa façon le centenaire de la Confédération, le Rassemblement pour l'indépendance nationale avait imaginé d'orner toutes les plaques minéralogiques des voitures québécoises d'un collant qui proclamait: «Cent ans d'injustice». C'était faire bon marché des avantages dont le Québec avait profité grâce au cadre fédéral. Mais cela correspondait aussi, chez les francophones, à un sentiment très général, résultat d'une histoire déjà longue et jalonnée d'épisodes plus odieux et plus pénibles les uns que les autres.

Depuis la honteuse dépossession des Métis francophones et la pendaison de Louis Riel; depuis la crise scolaire du Manitoba et celle du Nouveau-Brunswick dont la *Commons Schools Act* de 1871 créait des écoles gratuites dont les catholiques (donc tous les francophones) étaient pratiquement exclus; depuis l'article du code scolaire de la Saskatchewan qui proclama en 1931: «*The sole language of instruction shall be English*»; depuis la proclamation du *Règlement XVII* par l'Ontario, la communauté francophone du Canada tout entier se sentait rejetée par le Canada anglais. Non seulement rejetée mais agressée, victime d'une entreprise qui visait à la faire disparaître par assimilation forcée. Il ne s'agissait plus d'une plaie d'argent mais d'une question de vie ou de mort culturelle, ce qui est bien différent.

Grâce à l'autonomie des États fédérés, les francophones du Québec, qui contrôlaient le gouvernement de leur province, se trouvaient à l'abri des tentatives de déculturation par l'école. Mais la solidarité avec les autres groupes français du pays était alors très forte. Et quand l'intolérance de la majorité anglophone se manifestait, par exemple dans la presse et l'intelligentsia anglophones ou au sein du gouvernement fédéral, les Québécois se sentaient aussi méprisés, aussi menacés que les autres francophones du pays.

Le sociologue américain Everett C. Hughes écrivait, en 1953, parlant des années trente: «Je puis ajouter en toute franchise que ceux de mes collègues de l'université McGill qui s'intéressaient tant soit peu au Canada français contemporain étaient inconsciemment portés à le considérer comme une entité en voie d'assimilation. Le postulat de leur réflexion était que les Canadiens français seraient tôt ou tard absorbés, en tant que groupe ethnique, dans le grand tout canadien de langue anglaise[3].»

Un autre exemple me revient en mémoire, qui tire sa force de son insignifiance même. En 1919, le magazine *Saturday Night*, organe de l'intelligentsia snob torontoise (dixit la *Canadian Encyclopædia*) n'hésita pas à crier son indignation. Figurez-vous que les Canadiens de langue française réclamaient des billets de chemin de fer où les renseignements pertinents seraient imprimés *aussi* en français. Quoi? A-t-on seulement calculé le coût d'une telle extravagance? s'exclamait la direction du périodique. Et de laisser entendre qu'il fallait être irresponsable pour formuler des requêtes aussi exorbitantes.

Pas une seconde il ne venait à l'esprit du *Saturday Night* que des dizaines de milliers de contribuables francophones, à 85 p. 100 unilingues, prenaient le train chaque année. Ces gens-là avaient-ils des droits? On aurait pu croire le contraire en lisant les périodiques de Toronto, aussi bien les quotidiens respectables que les feuilles orangistes extrémistes qui ne manquaient pas à l'époque.

Bien entendu, le gouvernement fédéral majoritairement anglophone manifestait les mêmes tendances. Ottawa était alors une petite ville provinciale du hinterland ontarien, avec toute la largeur d'esprit que cela suppose, et le Parlement fédéral, une institution aussi peu soucieuse de refléter le fait français que la culture musulmane. Le français y était toléré. Il le fallait bien puisque tout gouvernement devait sa stabilité, quand ce n'était pas son existence même, au soutien de la députation francophone. Mais là s'arrêtait le fair-play majoritaire.

Jusqu'aux années trente (soit plus d'un demi-siècle après la Confédération), presque tout ce qui émanait de la capitale fédérale était rédigé en anglais seulement, depuis les timbres et la monnaie jusqu'aux chèques, en passant par les innombrables publications du gouvernement. En 1958, les cartes géographiques du ministère des Mines étaient fournies gratuitement à tous les citoyens qui en faisaient la demande. Mais même les cartes du territoire québécois étaient présentées en anglais seulement.

Si vous désiriez recevoir le rapport d'une Commission royale ou un ouvrage publié par un musée ou un ministère quelconque, ou bien vous vous contentiez de la version anglaise, ou bien vous deviez attendre des mois, parfois des années, avant qu'on ne vous offre l'ouvrage en français. Je me souviens que pour nous, journalistes, ces mœurs linguistiques dévoyées étaient une cause de fureur contenue quasi permanente…

Pour les députés aussi, car les élus du peuple n'étaient pas épargnés. Un détail entre mille autres: à notre arrivée à Ottawa, en 1965, les plantons qui gardaient les entrées des édifices parlementaires étaient pour la plupart unilingues anglais. Non seulement ils ne pouvaient rien comprendre de ce que mes visiteurs d'Hochelaga tentaient de leur expliquer quand ils me rendaient visite, mais ils refusaient assez rudement de faire le moindre effort en ce sens.

Or, ce sans-gêne ne se bornait pas au territoire canadien. Un jour de 1956, comme je me trouvais à Londres en reportage pour l'Office du film, un gardien *canadien* de Canada House, devant mon insistance à parler français, finit par me dire que je me trompais sans doute de porte et m'indiqua (en toute bonne foi!) l'adresse où je devais me rendre. C'était celle de l'ambassade de France…

* * *

Je me suis attardé à décrire cette situation déplorable parce qu'on ne peut rien comprendre au mécontentement québécois si l'on ne connaît pas ces faits. Quand par exemple, au début des années soixante, les Canadiens de langue anglaise se demandaient: *«What does Quebec want?»* (Que veut donc le Québec?), ils manifestaient une inconscience qui confinait au mépris.

Au moins, diront certains, la question dénotait enfin une certaine curiosité pour cette partie du pays que la majorité des anglophones avait ignorée jusqu'alors superbement. C'est exact. Et ce réveil de plus en plus général n'était pas le fruit d'une génération spontanée.

Depuis 1950, un nombre croissant d'intellectuels torontois ou montréalais anglophones — professeurs, journalistes, écrivains — s'intéressaient à l'évolution du Québec. Je songe à Blair Fraser, à Ramsey Cook, à Eugene Forsey, à Frank Scott et j'en pourrais nommer 10 autres. Ils organisaient des rencontres avec leurs homologues ou d'autres décideurs francophones, ouvraient un dialogue dont l'effet sur leur presse ne tarda pas à se faire sentir. Mais le phénomène restait mineur.

Ce qui devait pour de bon réveiller le Canada anglophone à l'évolution du Québec, c'est la Révolution tranquille de 1960, c'est-à-dire le réveil du Québec lui-même. Avec la fin du règne duplessiste, du cléricalisme et du traditionalisme maladif, il devenait difficile d'ignorer qu'il se passait quelque chose au Québec. Une société tout entière s'engageait dans la voie d'une modernisation qu'elle avait boudée, à son détriment, depuis près d'un siècle.

Au lieu de seulement défendre ses institutions, la société québécoise entreprenait maintenant de les réformer, de les développer, de les adapter aux circonstances du XXe siècle. Les Québécois ouvraient enfin les yeux sur leur vraie situation et leurs vraies faiblesses. Ils prenaient conscience des moyens démocratiques dont ils disposaient pour corriger ces faiblesses. La majorité résignée qui avait toléré si longtemps la corruption chez ses politiciens, la médiocrité chez ses enseignants, la passivité chez ses hommes d'affaires et l'inaction chez ses gouvernants, cette même majorité formulait désormais des exigences. Elle demandait la mise à jour des lois, la réforme de l'enseignement et la mise en route d'initiatives gouvernementales et privées susceptibles de stimuler l'économie et de favoriser la promotion des francophones dans tous les domaines d'activité. Bref, une communauté somnolente sortait du sommeil.

Mais le conservatisme des politiciens et celui du clergé, alliés au comportement de la majorité canadienne, avaient trop longtemps tenu fermé le couvercle de la marmite. Quand la Révolution tranquille le souleva, au début des années soixante, il était trop tard. On ne pouvait plus canaliser vers des activités productives *toute* l'énergie subitement libérée.

On en vit une partie, insignifiante mais tapageuse, se dissiper dans le terrorisme absurde du F.L.Q. (Front de libération du Québec). Une autre, beaucoup plus importante, embrassait le nationalisme intégral et prêchait l'indépendance. Elle s'engageait dans un long détour qui, en 20 ans, allait la conduire de R.I.N. (Rassemblement pour l'indépendance nationale) en P.Q. (Parti québécois) jusqu'à l'échec de mai 1980, c'est-à-dire au refus qu'une solide majorité québécoise allait opposer à toute idée de sécession, même délayée dans le concept de *souveraineté-association* mis au point par René Lévesque. On entendrait même ce dernier, à l'automne de 1984, reconnaître que le fédéralisme canadien constituait «un risque, mais un beau risque». La boucle était bouclée.

Or cette même majorité de 1980 avait soutenu de façon constante l'entreprise de l'équipe Trudeau du côté d'Ottawa continua de lui donner son appui par la suite. Même quand le Canada anglophone lui retira sa confiance pour quelques mois, en 1979, le Québec lui resta fidèle.

C'est que l'équipe en question proposait aux Québécois, comme aux autres citoyens, un Canada assez différent de celui qu'ils avaient connu jusqu'alors. D'autres collaborateurs au présent ouvrage exposent l'ensemble de la politique mise de l'avant à compter de 1968. Pour ma part, je me bornerai à décrire la révolution linguistique qui allait nous faire accuser dans l'Ouest d'imposer de force l'usage de la langue française à des fermiers qui n'en avaient que faire…

Mais qu'en fut-il au juste? Et comment expliquer cette réaction féroce de citoyens autrement paisibles devant quelques mots de français sur une boîte de céréales, quelques panneaux indicateurs dans les aéroports et les parcs nationaux, un canal français de télévision qu'ils étaient parfaitement libres de ne jamais syntoniser?

On n'a pas besoin de lire en entier la *Loi sur les langues officielles* pour répondre à cette question; il suffit d'en parcourir le premier article qui proclame l'égalité de l'anglais et du français pour tout ce qui concerne le fonctionnement des institutions fédérales canadiennes. Cette langue française qu'on s'efforçait depuis un siècle d'effacer du paysage, voilà qu'on la mettait sur le même pied que l'anglais. Il n'en fallait pas plus pour éveiller la colère de certains segments de la population anglophone. Il se trouva même un ministre du premier Cabinet Trudeau pour démissionner en alléguant qu'aucune grande entité politique ne pouvait exister qui reconnût l'usage de plus d'une langue. Il n'oubliait que l'empire romain, l'empire britannique et, de nos jours, la Communauté Économique Européenne. Un détail, quoi!

Mais comment garder le Québec au sein de la fédération, si les francophones devaient être traités par le gouvernement central comme des citoyens de seconde zone? Or la plus flagrante des inégalités, la plus visible aussi, était sans aucun doute l'inégalité linguistique. La Commission déjà citée constatait, au terme de sa longue enquête: «La question linguistique mise à part, peu de francophones se sont déclarés victimes de discrimination flagrante[4].»

Nous avions souvent discuté de ce problème, avant d'entrer en politique active. Nous avions applaudi aux quelques mesures de redressement adoptées par les gouvernements Diefenbaker (traduction simultanée à la Chambre des communes) et Pearson (mise sur pied de la Commission Laurendeau-Dunton[5]). Mais il nous semblait qu'il fallait entreprendre une réforme globale et la pousser beaucoup plus loin qu'on ne l'avait fait jusqu'alors.

Il est des inégalités qu'aucune loi ne peut corriger. Des mesures appropriées peuvent aider les pauvres à sortir de leur misère, protéger les faibles contre les puissants, soutenir le développement de tel ou tel type d'entreprise pour équilibrer tel ou tel autre, assister dans son rattrapage économique telle ou telle région du pays. Bref, on peut favoriser mais non pas «légiférer l'égalité entre les hommes», pour reprendre une expression des Américains.

On peut cependant «légiférer» des comportements gouvernementaux «égaux» à l'égard de deux langues différentes; c'est ce que le gouvernement Trudeau a fait en 1968[6]. Il venait de remporter les élections générales du mois de juin et dès le mois d'août, quelques ministres assistés d'une équipe de juristes se mettaient à l'œuvre pour rédiger la *Loi sur les langues officielles*.

Parmi les textes légaux adoptés sous le gouvernement Trudeau, celui-là aura sans doute suscité dans l'opinion plus de commentaires aberrants que tous les autres réunis. La plus malhonnête et la plus nuisible de ces interprétations, née en même temps que la loi, consista à prétendre que le gouvernement voulait rendre bilingue toute la population du Canada. Lui ayant prêté de telles intentions, ayant dressé cet épouvantail fabriqué de toutes pièces, il était ensuite facile de montrer que pareille ambition était insensée.

Et quand Pierre Trudeau expliquait qu'au contraire, la loi avait pour effet de permettre à tout citoyen de communiquer avec le Gouvernement et ses agences dans la langue officielle de son choix, donc à la limite de rester unilingue s'il y tenait absolument, ses détracteurs l'accusaient de malhonnêteté.

L'un des exemples les plus typiques de ce délire collectif se retrouve dans l'ouvrage de Richard Gwyn *Le Prince* (*The Northern Magus*). À la page 265 de son ouvrage, Gwyn écrit: «L'énigme inhérente à la politique de Trudeau sur le bilinguisme est la suivante: comment quelque chose d'aussi nécessaire et d'aussi raisonnable a-t-il pu provoquer de tels conflits?» On croirait donc que Gwyn est lui-même favorable à la *Loi sur les langues officielles,* comme on pouvait le croire de la grande majorité de l'intelligentsia canadienne anglophone. Ce genre de propos était courant. On voulait paraître *open minded,* on n'allait donc pas se joindre aux 17 *red necks* conservateurs qui avaient voté contre le projet de loi en deuxième lecture.

Mais dès la page suivante, Gwyn nous sert l'argumentation classique des opposants plus subtils. «Pourtant, écrit-il, avant même la fin de 1969, Trudeau avait dû admettre: «En règle générale, notre politique sur le bilinguisme a été mal comprise [...]. Cela ne veut pas dire que chaque Canadien anglais devra apprendre le français.»

«Le problème découlait du fait que, tout bien considéré, le bilinguisme signifiait l'égalité des deux langues, ni plus ni moins; pas plus qu'on ne peut être un petit peu enceinte, on ne peut être un petit peu bilingue. Le lendemain de l'adoption de la *Loi sur les langues officielles,* le *Calgary Herald* alla droit au but: «Dans le cas des postes les mieux rémunérés, on a fait du bilinguisme une condition *sine qua non.*» Au début, cette formule ne visait que le haut de la hiérarchie, à Ottawa; mais, inévitablement, elle ne tarderait pas à englober les fonctions intermédiaires qui alimentaient le sommet, puis tout le secteur «parapublic», depuis l'Association des manufacturiers canadiens jusqu'au Congrès du travail du Canada, pour toucher, finalement, les sociétés qui faisaient affaire avec des francophones et même certains échelons à l'intérieur des administrations provinciales. À plus ou moins long terme, être unilingue et être condamné à garder le même emploi toute sa vie deviendraient synonymes.

«Trudeau savait tout ça. Mais, la fin justifiant les moyens, il n'hésita pas à maquiller un tant soit peu la réalité. Encore en avril 1977, par exemple, il affirma à Winnipeg que le bilinguisme ne voulait pas dire «que beaucoup plus de Canadiens devront devenir bilingues», pas même «la plupart des fonctionnaires»; en fait, cette politique évitera à la vaste majorité des Canadiens d'avoir à parler une seconde langue».

«Tout politicien a facilement recours, sans qu'on lui en tienne rigueur, à ce genre de mensonges cousus de fil blanc. [...] En 1979, Dalton Camp, faisant preuve de perspicacité, écrivit dans *Points of Departure*: «La persistance et la pénétration croissante du bilinguisme avaient éloigné les Canadiens anglais de leur gouvernement fédéral et les avaient poussés à se tourner vers les juridictions provinciales plus familières, plus proches et plus compatibles. [...] Le gouvernement du Canada avait perdu ses électeurs[7].»

De fait, M. Camp fut si perspicace que les faits ont démenti ses prédictions avant même qu'on ait eu le temps de lire son livre. Les «électeurs perdus» par le gouvernement libéral, au printemps de 1979, rentrèrent en hâte au bercail neuf mois plus tard, sans que la politique des langues officielles ait changé d'un iota!

Mais revenons aux accusations de M. Gwyn. D'après ce dernier, le Premier ministre du temps aurait menti, en affirmant que la *Loi sur les langues officielles* n'obligerait pas beaucoup de Canadiens, pas même la majorité des fonctionnaires, à devenir bilingues. Est-ce que les chiffres, 20 ans après l'adoption de la loi, démentent cette assertion? Au contraire, elles la confirment au-delà de tout doute.

Hors du Québec où les anglophones ont dû apprendre le français pour des raisons étrangères à la loi fédérale, le nombre des néo-bilingues n'est guère impressionnant. Il demeure extrêmement modeste et confiné aux groupes d'âge tendre qui, du plein gré des parents, ont fait l'expérience des classes d'immersion. Quant à la fonction publique fédérale, elle compte à peine un tiers de fonctionnaires «officiellement» bilingues. Et Dieu sait que les cours de langue prodigués aux anglophones ont souvent abouti à des diplômes extrêmement théoriques!

A-t-on fait du bilinguisme, pour les postes les mieux rémunérés, une condition *sine qua non,* comme le proclamait le *Calgary Herald*? Oui. Mais dans les faits, pour les francophones seulement. En 20 ans, je n'ai jamais rencontré un seul sous-ministre fédéral qui ne parlât pas anglais. Mais même aux Affaires extérieures où j'étais devenu fonctionnaire, j'ai travaillé moi-même sous l'autorité d'un sous-ministre qui comprenait peut-être 8 ou 10 mots de français mais ne pouvait en articuler un seul. Malheureusement, il n'était pas, et de loin, unique en son genre. Aujourd'hui encore, des ministères entiers restent peuplés de

hauts fonctionnaires anglophones parfaitement unilingues et nullement
«condamnés à garder le même emploi toute leur vie». La fonction
publique a cependant fait des progrès importants dans la connaissance
du français; certains secteurs du fonctionnarisme ont même franchi en
ce sens des pas de géant. Mais l'unilinguisme anglais se porte encore
très bien, merci!

Quant à l'idée que notre politique des langues officielles allait
«inévitablement» englober «tout le secteur parapublic, depuis l'Association des manufacturiers canadiens jusqu'au Congrès du travail du
Canada, pour toucher, finalement, les sociétés qui faisaient affaire
avec des francophones», elle relève ou bien de l'imaginaire, ou bien de
la bêtise ou encore de la peur panique.

Si M. Bob White, vice-président du Congrès du travail, est
éloquent en français, il le cache avec soin. On ne l'a jamais entendu
prononcer en public un seul mot de cette langue, ce qui ne l'a pas
empêché d'être élu à son poste, 20 ans après la mise en vigueur de la
Loi sur les langues officielles. Quant aux sociétés qui font affaire avec
des francophones, elles emploient le français avec une parcimonie
remarquable, tout juste assez pour ne pas perdre leur clientèle de
langue française. Je connais, par exemple, l'un des plus grands trusts
canadiens, dont le bureau d'Ottawa est dirigé par un homme qui ne
prononce jamais pas un seul mot en français; il n'en ambitionne pas
moins de présider plus tard aux destinées de la société qui l'emploie.
Et M. Gwyn serait bien embarrassé de repérer des présidents de
banques, hors du Québec, qui connaissent une autre langue que
l'anglais — ce qui ne les empêche nullement de faire affaire avec des
milliers de francophones... Quant aux patrons des grandes sociétés
industrielles qui siègent à Toronto, affirmer que l'unilinguisme les
condamne à la stagnation dans des postes inférieurs relève de la plus
haute fantaisie.

Soyons sérieux.

La politique linguistique de 1969 a fait l'objet des critiques les
plus bêtes et les plus injustes pour une raison très simple: comme
l'affirme Richard Gwyn[8] en parlant des anglophones, «lorsqu'ils
étaient forcés de tenir compte d'autres langues que la leur, leurs principes dominants étaient la suffisance, l'entêtement et, pour appeler un
chat un chat, une stupidité aveugle».

Pour ma part, je souscris à ce diagnostic. En ayant été victime, je
connais bien les attitudes qu'il décrit. Mais je réduirai sensiblement la
portée de son jugement. L'entêtement, la suffisance et la stupidité

aveugle n'ont jamais été le fait de tous les Canadiens anglophones ni même d'une majorité d'entre eux. On trouvait des dispositions semblables chez les politiciens de tous les partis et de tous les niveaux (jusqu'au sein du gouvernement Trudeau lui-même), chez un nombre étonnant d'hommes d'affaires et de profession, d'intellectuels, d'enseignants, sans parler des traditionnels fanatiques de tous les milieux. On les trouvait aussi hélas! chez les hommes de mon métier, les journalistes. Je me souviens d'une des premières tournées que je fis dans l'Ouest pour y expliquer la politique sur les langues officielles. Le jour même où j'atterrissais dans une ville, avant même que j'aie pu ouvrir la bouche, un article paraissait dans le quotidien local, rédigé à Ottawa par le correspondant parlementaire de la chaîne, et qui me représentait comme un francophone fanatique dont il convenait de se méfier...

Mais en contact direct avec des groupes de parents, des classes de jeunes, des associations ouvrières ou des groupes d'immigrants de fraîche date, le courant passait. C'est dans la bourgeoisie et l'intelligentsia que l'opposition trouvait ses militants les plus zélés.

Au Québec aussi, du reste. Car l'équité linguistique au sein du gouvernement fédéral, réclamée par les francophones québécois depuis des générations, n'intéressait plus nos intellectuels souverainistes. Dès la mise en œuvre des premières mesures, ils n'eurent pas de cesse qu'ils ne persuadent tout le monde de la vanité de nos efforts. Certains faisaient mine d'en redouter l'échec. Mais on avait l'impression qu'au fond d'eux-mêmes, consciemment ou non, ils souhaitaient ardemment que nous nous cassions la figure...

Bien entendu, ils n'en soufflaient mot. Pour un tenant du nationalisme intégral, s'opposer à l'expansion du français aurait confiné à l'absurde. Combattre l'aide aux minorités de langue officielle, alors que 9 sur 10 d'entre elles étaient francophones, c'était impensable et surtout indéfendable devant l'opinion. (Les nationalistes québécois n'avaient pas encore mis au point leur dernier argument, à savoir que tout bilinguisme institutionnel constitue une menace mortelle pour le français. Mais ils n'en redoutaient pas moins le succès de notre politique.)

Je l'ai noté plus haut, c'est à la discrimination linguistique que les francophones du pays, y compris ceux du Québec, étaient le plus sensibles. (Le sont-ils moins aujourd'hui?) La Commission Laurendeau-Dunton venait de l'établir au terme d'une enquête dont personne, à ma connaissance, ne mit en doute le sérieux. Si donc le gouvernement central réussissait, ne fût-ce qu'à atténuer la virulence de ce grief, le fédéralisme en deviendrait du coup plus acceptable et plus accueillant aux Québécois, ce qui n'enchantait pas les nationalistes engagés dans la promotion de l'indépendance.

Or ces derniers étaient de plus en plus nombreux. Au moment où la *Loi sur les langues officielles* entrait en vigueur, le Rassemblement pour l'indépendance nationale de Pierre Bourgault et le Ralliement national de Gilles Grégoire venaient de fusionner avec le Mouvement Souveraineté-Association pour former le Parti québécois, sous le leadership de René Lévesque. De plus en plus, les nationalistes se ralliaient à la cause souverainiste. Toute action susceptible de faire hésiter ceux qui n'avaient pas encore sauté le pas, tout progrès fédéral visible dans le sens des causes défendues depuis toujours au Québec devenait hautement indésirable du point de vue des péquistes.

Ils attaquèrent donc mais, au début du moins, à fleuret moucheté. Peut-être étions-nous bien intentionnés, disaient-ils, mais notre politique ne pouvait mener nulle part. D'abord, les anglophones refusaient notre objectif fondamental qui d'ailleurs n'était pas réaliste. En effet, comment pouvait-on espérer rendre bilingue tout un peuple? Sur ce point, la thèse des souverainistes québécois recoupait exactement celle des extrémistes anti-français. Eux aussi faisaient mine de croire à l'épouvantail. Des membres de la délégation du Québec à Paris réussirent même à persuader *Le Monde* que notre but était le «bilinguisme pour tous» et ce quotidien sérieux publia cette sornette à la une, au mois d'août 1979. Et puis, les Québécois n'avaient que faire de l'expansion du français dans l'Est ou l'Ouest canadiens. Les minorités? Elles étaient déjà mortes. Au cours d'une entrevue à Winnipeg, René Lévesque les avait traitées de *dead ducks*.

Dans la logique sécessionniste, c'est au Québec seulement qu'il fallait faire porter l'effort. Et comme toute relation des citoyens québécois avec le gouvernement fédéral prendrait fin après l'indépendance, pourquoi se soucier de la langue utilisée à Ottawa? Il serait facile, si plus d'espace m'était imparti, d'illustrer chacun de ces points d'un grand nombre de citations. Il faudrait aussi prendre le temps de s'étonner: je n'ai jamais compris l'adhésion quasi spontanée de nombreux francophones hors Québec aux thèses des souverainistes québécois qui pourtant les condamnaient à l'isolement, le pire des maux pour des groupes fragiles comme les leurs. Depuis, ils ont sans doute révisé leurs attitudes, si l'on en juge par leur opposition à l'Accord du lac Meech.

* * *

Ainsi donc, dès sa naissance, la politique sur les langues officielles se trouva coincée entre les oppositions conjuguées des réactionnaires anglophones d'un côté et des souverainistes québécois de l'autre. Mais cette double hostilité ne l'a pas empêchée de faire son chemin. Soutenue par la majorité des citoyens de part et d'autre de la frontière linguistique, elle a tout de même atteint la majorité des objectifs qui l'avaient inspirée.

Si l'on en fait le bilan, 20 ans après l'adoption de la loi, on se rend compte que malgré des résistances, des bavures et des obstacles sans nombre (y compris la tiède passivité de la plupart des ministres anglophones qui la soutinrent par pure solidarité, sans zèle aucun), on se rend compte que la politique sur les langues officielles inaugurée en 1969 a provoqué des changements majeurs à travers tout le Canada et, dans la capitale fédérale, une véritable révolution.

Le premier et le plus marquant de ces effets s'est produit dans l'opinion, c'est-à-dire dans les esprits. Je n'oublierai jamais le ministre de Terre-Neuve qui me réclama un jour par téléphone des secours pour sa communauté de langue française.

«Une communauté francophone? lui dis-je, étonné. Je ne savais même pas qu'il en existait une à Terre-Neuve; vous ne m'en aviez jamais parlé.

— *No,* me dit-il, *I never mentioned it to you in the past. But since French has become respectable…»*

Il est exact qu'en assez peu de temps, le français était devenu «respectable» au Canada anglais. Sauf les fanatiques indécrottables, personne ne parlait plus du «patois» québécois. Et comme la grande majorité de nos compatriotes anglophones ont pour la loi un profond respect, il ne fut pas question une seconde de passer outre.

Dans les milieux les plus ouverts, des parents anglophones, par dizaines de milliers, réclamèrent (et obtinrent) pour leurs enfants des cours d'immersion. Quand Radio-Canada ouvrit à Vancouver ses postes français de radio et de télévision, on eut la surprise de constater, dès le départ, qu'il existait des auditoires importants d'anglophones francophiles.

Alors que de nombreux politiciens provinciaux résistaient encore de toutes leurs forces aux initiatives fédérales et refusaient à leurs communautés francophones le minimum de fair-play qu'elles réclamaient, des milliers de leurs commettants prenaient l'attitude contraire. Par exemple, la presse torontoise réclama quasi unanimement le bilinguisme institutionnel dans les organismes provinciaux. Mais, pour paraphraser Alphonse Allais, «n'écoutant que son courage qui ne lui disait rien», le gouvernement ontarien se garda bien d'agir. Il continua de prétendre qu'une telle initiative «heurterait» trop gravement la population de la province. Le Nouveau-Brunswick, au contraire, adopta une loi qui instaurait dans la province un régime similaire à ceux du Québec et du fédéral.

Mais c'est évidemment dans l'administration centrale qu'on put observer les changements les plus spectaculaires. Ils ne se produisirent pas du jour au lendemain. En inaugurant sa politique, le gouvernement s'était donné 10 ans pour en appliquer l'essentiel. C'était trop d'optimisme. Mais dès les toutes premières années, on assista, là aussi, à des renversements d'attitude.

Je ne citerai qu'un exemple, celui d'un haut fonctionnaire anglophone qui connaissait parfaitement le français mais qui avait toujours refusé de le parler au travail. Il interdisait même à ses subordonnés francophones de lui adresser la parole ou de rédiger des mémoires dans leur langue maternelle. Subitement, flairant les avantages que son bilinguisme personnel pouvait désormais lui apporter, il devint un apôtre de la nouvelle politique au sein du ministère... De même, des centaines de fonctionnaires se mirent au travail pour apprendre la langue officielle du Canada qu'ils ne connaissaient pas encore: certains à reculons, mais un grand nombre avec enthousiasme. J'ai connu un collègue qui, passé la quarantaine, est devenu parfaitement à l'aise dans «l'autre langue», comme on disait alors, en moins d'une année.

La politique, on le sait, ne visait pas seulement à généraliser l'usage des deux langues dans les relations avec le public; elle impliquait aussi qu'on attirât plus de francophones vers la fonction publique fédérale et que ces fonctionnaires puissent utiliser leur langue maternelle comme langue de travail. À cette fin, des unités francophones furent créées au sein de la fonction publique et des forces armées. Il ne s'était jamais prononcé un mot de français dans la marine de guerre canadienne. Désormais, certains vaisseaux fonctionneraient entièrement en français, de même que des escadrilles de l'aviation. Quant à la base canadienne de l'OTAN à Lahr, en Allemagne, le français y fut introduit graduellement.

Bien entendu, tout cela ne s'est pas effectué sans à-coups. Quand par exemple le gouvernement Trudeau subit aux élections générales de 1972 un demi-échec qui le laissa sérieusement affaibli, beaucoup de fonctionnaires anglophones prirent pour acquis que la politique sur les langues officielles n'avait été qu'un accident de parcours. Certains sous-ministres s'empressèrent même de revenir à l'unilinguisme d'antan, persuadés qu'un gouvernement affaibli laisserait tomber cette politique. Ils furent déçus car peu de mois après sa semi-défaite, en juin 1973, le gouvernement minoritaire présentait à la Chambre une résolution qui confirmait la poursuite des objectifs linguistiques déjà définis.

Cette résolution fixait l'année 1978 comme date limite pour atteindre un degré convenable de bilinguisme dans la fonction publique. Seuls 16 députés conservateurs enregistrèrent un vote négatif[9]...

Au printemps de 1979, quand le Gouvernement fut défait, on put se rendre compte que la leçon avait porté: aucun fonctionnaire ne prétendit alors revenir en arrière. Il faut dire que le nouveau Premier ministre conservateur, Joe Clark, avait signifié clairement qu'il entendait poursuivre en cette matière les objectifs définis 11 ans plus tôt par le gouvernement libéral.

* * *

Quand Jules Léger occupait le poste de sous-secrétaire d'État, il s'interrogeait tout haut sur l'efficacité de notre travail en matière linguistique: «Est-ce le rocher de Sisyphe que nous poussons vers le haut de la montagne? Va-t-il nous retomber sur la tête avant d'atteindre le sommet?»

Car si la volonté politique fut toujours présente, les difficultés pratiques ne manquèrent pas non plus. La machine qu'il avait fallu mettre sur pied pour enseigner les langues se révélait fort complexe et très coûteuse. Les résultats n'étaient pas toujours au même niveau que les attentes. Jules Léger s'inquiétait surtout du fait que trop de fonctionnaires instruits d'une langue seconde ne retenaient pas les connaissances acquises, faute d'en faire un usage assez fréquent. Ce problème, faut-il le dire, se posait uniquement du côté anglophone. Nous nous demandions tous avec une certaine anxiété quand serait atteint le point de non-retour, la masse critique.

Bientôt, le commissaire aux langues officielles, Keith Spicer, fit écho à ces inquiétudes. Dans son rapport de 1976, il laissa clairement entendre qu'à son avis le Gouvernement faisait fausse route et qu'il fallait plutôt encourager l'enseignement des langues secondes dans les écoles.

Du point de vue de Sirius, c'était là sans doute la solution idéale. Mais demander aux francophones d'attendre encore une génération pour être servis en franca , alors qu'ils patientaient déjà depuis un siècle, cela n'était guère pratique. Sans compter que l'enseignement relève des provinces, au Canada, lesquelles provinces n'avaient jamais montré un quelconque zèle, c'est le moins qu'on puisse dire, pour l'enseignement de la langue seconde. Bill Davis, du temps qu'il était ministre ontarien de l'Éducation, m'avait confié un jour: «J'ai 6000 professeurs de français dans mes écoles. De ce nombre, je ne sais pas s'il y en a 1000 qui connaissent votre langue...!»

* * *

La révolution mise en route en 1968 se poursuit. Après 20 ans d'efforts, elle est encore loin d'avoir atteint tous les objectifs qu'on lui avait fixés au départ.

Heureusement, elle n'a pas épuisé non plus son élan initial.

CHAPITRE 9

L'évolution du système fiscal

par Thomas K. Shoyama

Thomas Shoyama est professeur invité à l'école d'Administration publique et au département d'Études du Pacifique à l'université de Victoria. Il fut conseiller économique du Premier ministre de la Saskatchewan et occupa divers postes importants dans la fonction publique fédérale. Il fut également membre de la Commission royale Macdonald sur l'union économique et les perspectives de développement du Canada.

C ertains ont qualifié l'évolution du fédéralisme canadien qui s'est produite entre la fin des années soixante et le début des années quatre-vingt de tentative pour étoffer et rendre significatif le concept de «provinces fortes dans un Canada fort». Les efforts en ce sens ont été faits surtout dans le domaine constitutionnel, alors que les débats ont tourné autour des changements dans la répartition des pouvoirs, du rapatriement de la Constitution, de la formule d'amendement à la Constitution et de l'adoption de la Charte des droits et libertés. Parallèlement à cette évolution, des changements tout aussi significatifs se produisirent au niveau plus terre à terre des relations fédérales-provinciales en matière de fiscalité et de finance. L'objectif constant était de parvenir à un équilibre dans la répartition des ressources fiscales et financières mais, tout en respectant le cadre constitutionnel, cet objectif devait tenir compte des réalités mouvantes de l'économie canadienne, de sa structure sous-jacente et de ses composantes régionales.

Il était bien connu que des pressions politiques s'exerçaient en permanence sur le régime public de revenus et de dépenses, reflétant en cela l'alternance des forces centralisatrices et décentralisatrices propres au fédéralisme canadien. À l'époque de M. Trudeau, toutefois, les tensions s'amplifièrent à cause du rôle accru joué par les divers ordres de gouvernement dans le développement social et économique du pays et à cause de l'ampleur grandissante des problèmes économiques et financiers à l'échelle mondiale. Par ailleurs, un autre aspect non négligeable de la question était malheureusement la complexité et la nature technocratique des divers régimes et accords fiscaux conclus entre le gouvernement fédéral et les provinces.

Si, au début des années cinquante, il était encore possible, pour le Premier ministre du Québec, de trancher un long débat portant sur le partage des revenus en demandant carrément et simplement : «Donnez-nous de l'argent[1]!», la chose serait de nos jours inadmissible. Mais il ne fait aucun doute que de telles revendications financières n'ont cessé d'être au cœur des relations fédérales-provinciales. Dans un État fédéral qui doit composer avec des disparités régionales, il est toutefois de plus en plus difficile de répondre à toutes les exigences tout en maintenant l'équilibre entre le gouvernement fédéral et les provinces. Il a donc fallu mettre sur pied une série d'accords complexes, portant sur des domaines distincts mais interdépendants, compris généralement sous le vocable de «fédéralisme fiscal».

Au cours des années Trudeau, ces accords furent revus et corrigés au point de prendre une nouvelle dimension. On les avait jusqu'alors conçus pour satisfaire les demandes des provinces, soucieuses d'accroître leurs revenus et de jouir de plus d'autonomie et de souplesse en matière de dépenses et de taxation. Le désir du gouvernement fédéral était cependant tout aussi grand de voir chaque province assumer, à l'intérieur des limites de ses ressources, la responsabilité de ses décisions en matière de revenus et de dépenses; ainsi, grâce à la collaboration des deux ordres de gouvernement, tous les citoyens canadiens seraient en droit de s'attendre à des services publics de qualité à l'échelle du pays.

Le présent chapitre dresse un rapide bilan des améliorations apportées aux accords fiscaux dans les années Trudeau. Nous examinerons tout d'abord la question essentielle de l'occupation conjointe des champs d'imposition et la manière dont s'est effectué le transfert aux provinces d'une plus grande marge de manœuvre en matière de fiscalité, libérant ces dernières des contraintes auxquelles elles étaient jusque-là soumises et permettant au système de péréquation d'acquérir une nouvelle maturité et de prendre de l'expansion. Il en résulta un instrument d'une grande souplesse et d'une grande précision, essentiel à la survie des provinces moins favorisées; au cours des années soixante-dix, ce système fut d'ailleurs en mesure d'absorber le choc causé par l'énorme augmentation des recettes pétrolières dont bénéficia principalement l'Alberta. Les mesures législatives adoptées en 1977 et portant sur le financement des programmes établis provoquèrent des changements majeurs dans le financement des régimes publics d'assurance-maladie et de l'enseignement postsecondaire, alors que les subventions conditionnelles firent en grande partie place à des subventions inconditionnelles. Destinées à des fins particulières, certaines subventions conditionnelles continuèrent néanmoins à jouer un rôle significatif en favorisant notamment le bilinguisme et le développement économique régional. On redoubla par ailleurs d'efforts et d'esprit de créativité pour coordonner les politiques fiscales, amener une certaine stabilisation au niveau macro-économique et procéder à la planification sectorielle de l'économie. L'approche utilisée par le gouvernement Trudeau pour résoudre toutes ces questions dépendit en dernier ressort de sa conception du fédéralisme canadien et de la meilleure façon de répondre aux besoins des habitants de toutes les régions du pays.

Le partage des recettes et des champs d'imposition

À la fin des années soixante, l'occupation de champs d'imposition précis par le gouvernement fédéral et les gouvernements provinciaux revêtait une telle complexité, à la fois en matière de compétence et de modalités d'application, qu'elle n'avait rien à voir avec la simplicité relative qui avait prévalu à cet égard au siècle précédent. Cette complexité était le reflet à la fois du rôle passablement étendu du Gouvernement et du développement parallèle de nouvelles sources et méthodes de taxation. À la suite notamment des deux guerres mondiales et de l'alternance de périodes de prospérité et de dépression, l'impôt sur le revenu et l'impôt des sociétés avaient remplacé les droits de douane et les taxes de vente indirectes comme principales sources de revenus publics, en particulier pour le gouvernement fédéral. Au niveau provincial, les années qui ont suivi la Deuxième Guerre mondiale avaient également vu l'apparition de diverses formes de prétendues taxes de vente directes à la consommation (ou taxes de vente au détail). Mais depuis la publication du rapport Rowell-Sirois en 1940, et en particulier tout au long des deux décennies d'après-guerre, les relations fédérales-provinciales en matière de fiscalité avaient été largement dominées par des discussions musclées et, souvent, par d'âpres disputes portant sur le partage des revenus. Toutefois, même si de nouvelles difficultés surgirent, particulièrement dans le cadre de la réforme fiscale du début des années soixante-dix, la redéfinition de certains aspects de la question du partage des revenus et de certaines modalités de perception des impôts contribua énormément à améliorer la souplesse et l'équilibre d'un régime fiscal exceptionnellement harmonieux.

Les origines de ce système remontaient aux accords sur les revenus fiscaux conclus en temps de guerre. En vertu de ces accords, les provinces percevaient des loyers du gouvernement fédéral en échange de l'abandon de leur compétence en matière d'impôt sur le revenu et de droits successoraux. Progressivement élaborées au cours d'une série de négociations qui s'étalèrent jusqu'en 1967, les modalités d'application de ces accords avaient permis de maintenir un système unifié d'impôt sur le revenu des particuliers dans toutes les provinces, sauf au Québec, de même qu'un régime d'impôt sur le revenu des sociétés passablement uniforme à travers tout le pays. Le gouvernement fédéral s'assurait toutefois de garder la mainmise sur le domaine de plus en plus important de l'impôt des particuliers: il définissait l'assiette fiscale et les taux d'imposition, maintenait comme convenu une répartition des revenus imposables entre les provinces et administrait tout le système de perception des impôts.

Le gouvernement fédéral devait toutefois adopter deux mesures importantes habilitant et encourageant les provinces à exercer leurs droits constitutionnels et à recommencer à occuper les deux champs d'imposition à compter de 1957. La première consistait en la réduction ou en l'abattement de l'impôt fédéral nominal, laissant ainsi la possibilité aux provinces de percevoir leurs propres impôts sans accroître pour autant le fardeau des contribuables. La seconde mesure permit au gouvernement fédéral de continuer à prélever les impôts provinciaux dans tous les cas où l'assiette fiscale et les taux d'imposition étaient identiques à ceux définis dans le cas des impôts fédéraux. Offert sans frais aux provinces, ce service de perception permettait aux contribuables de réaliser des économies.

Au début des années soixante-dix, diverses mesures législatives et ententes administratives permirent d'apporter trois changements majeurs au système fiscal canadien en matière de partage des revenus. Le premier de ces changements, qui attira très peu l'attention du public et des milieux professionnels, mis à part les fonctionnaires concernés, marquait la fin du système d'abattement et son remplacement par la formule utilisée actuellement pour calculer les taux d'imposition provinciaux en pourcentages de l'impôt fédéral de base. Quoique généralement considérée comme un ajustement technique mineur, cette innovation revêtait une grande valeur symbolique et psychologique. L'ancien système d'abattement comportait en effet l'idée implicite que le niveau nominal d'impôt fédéral, avant l'abattement des provinces, constituait une limite obligatoire ou raisonnable (même si, dans les faits, deux provinces avaient déjà dépassé cette limite, comme c'était d'ailleurs leur droit). Au début des années soixante-dix, les provinces n'ayant plus à se préoccuper de savoir si le gouvernement fédéral pouvait ou devait lever moins d'impôts afin de leur laisser une plus grande marge de manœuvre financière, cette nouvelle approche contribua à élever le niveau des discussions. Comme il n'était plus question pour le gouvernement fédéral et les provinces de se partager un seul et même gâteau, la mésentente à ce sujet cessa. Les provinces se rendirent alors compte que l'exercice du pouvoir financier comportait des responsabilités: elles avaient désormais à prendre des décisions. Cela permit du même coup aux contribuables de mieux comprendre le rôle joué par les provinces dans l'augmentation du fardeau fiscal global.

Désireux de satisfaire les exigences des provinces en ce domaine, le gouvernement fédéral décida, dans un deuxième temps, d'administrer une série de crédits et de rajustements d'impôts provinciaux qui s'inscrivaient dans le cadre du système de perception des revenus. Les provinces purent ainsi apporter des changements sélectifs mais significatifs à leur fiscalité, sans avoir à chambarder pour autant l'ensemble du régime fiscal canadien. Cette mesure était d'autant plus importante que les provinces pouvaient désormais modifier leurs politiques sociales à leur gré et en fonction des taux d'imposition des contribuables, notamment en octroyant des crédits d'impôt sur les ventes ou en ajustant les taxes foncières en fonction des revenus des contribuables. Le gouvernement fédéral administrait également, au nom des provinces, les baisses d'impôt qu'elles accordaient aux contribuables à faibles revenus et les surtaxes ou augmentations d'impôt qu'elles percevaient des contribuables à revenus élevés. Les provinces disposaient donc de toute la souplesse nécessaire pour adapter leur système fiscal à leurs besoins particuliers, cependant que l'harmonie du régime fiscal canadien était préservée.

La troisième grande initiative en matière de partage des revenus fut la réforme fiscale de 1970-1972 qui suivit l'important rapport de la Commission Carter sur la fiscalité. Non seulement le gouvernement canadien apporta des modifications à l'impôt fédéral sur le revenu, mais il prit délibérément le parti de mettre les provinces à contribution dans le processus de réforme afin de maintenir l'unité essentielle des divers régimes fiscaux du pays. Les provinces furent assurées qu'elles ne subiraient aucune perte de revenus si elles consentaient à remettre en question le système existant.

Les neuf provinces participantes acceptèrent les propositions du gouvernement fédéral, mais on découvrit par la suite qu'il était techniquement difficile pour ce dernier de tenir sa promesse. Même si la réforme fiscale ne visait nullement à provoquer une nouvelle répartition des revenus, le gouvernement fédéral se vit imposer une méthode de calcul qui l'obligeait à effectuer des versements substantiels à toutes les provinces. En effet, même si le gouvernement fédéral se contentait d'offrir une garantie de trois ans (période au cours de laquelle il serait possible d'apprécier les recettes générées par le changement de système), les paiements de péréquation avaient augmenté au point où, à l'expiration de ce délai, les provinces hésitaient à augmenter leurs propres taux afin de récupérer les montants qu'elles percevaient en vertu de cette garantie. Devant l'insistance des provinces, le gouvernement fédéral finit par accepter de poursuivre ces paiements pendant encore deux ans. Le problème perdura jusqu'au moment des négociations quinquennales de 1977. Cette année-là, la question fut réglée dans le cadre des accords de financement des programmes établis.

On peut dire de la politique fiscale du gouvernement fédéral qu'elle fut claire et logique tout au long de cette période. En premier lieu, elle reconnaissait pleinement la compétence fiscale des provinces et se fondait sur le désir de voir ces dernières exercer, en tant que gouvernements responsables, leur droit de recueillir des fonds destinés à financer leurs dépenses. En deuxième lieu, cette politique témoignait de l'équilibre du système fiscal canadien, qui permettait non seulement aux gouvernements et aux contribuables de faire des économies, mais également de favoriser l'efficacité économique du pays. En troisième lieu, cette politique reconnaissait pleinement les besoins financiers des provinces et modifiait le système de partage des revenus de manière à permettre à ces dernières de recevoir une part plus substantielle des recettes fiscales en ayant librement recours à leur pouvoir de taxation plutôt qu'au Trésor fédéral.

Le système de péréquation

Ce sont surtout les provinces riches qui profitèrent de cette politique, qui fut de peu d'utilité aux provinces dont les capacités financières étaient limitées. Cela ne fit qu'accroître l'importance des paiements de péréquation, dont le système avait été progressivement mis en place au cours des trois décennies précédentes. En 1940, la Commission Rowell-Sirois avait recommandé la création d'un programme fédéral de péréquation destiné à subvenir aux besoins des provinces les plus démunies. Les prémices de ce système se trouvaient toutefois dans les accords de location conclus en temps de guerre et immédiatement après la guerre, alors que le gouvernement fédéral versait à toutes les provinces un loyer déterminé en grande partie d'après le nombre d'habitants par province et fort peu d'après le rendement véritable des champs d'imposition ainsi loués. En 1957, l'adoption formelle d'un système de péréquation et la fixation des paiements de péréquation indépendamment des loyers de taxe contribua à régler deux des points majeurs du nouveau régime, à savoir la question des diverses sources de revenu devant faire l'objet de péréquation et celle de l'augmentation du revenu par habitant des provinces à faibles revenus. L'idée de s'attaquer à la question des sources de revenu découlait logiquement du fait que, jusque-là, seuls les champs d'impôt sur le revenu et d'impôt sur les successions avaient été abordés dans le cadre des accords de location; on décida, dans le cas du niveau de revenu par habitant, de prendre pour modèle le niveau moyen des deux provinces les plus riches, à savoir l'Ontario et la Colombie-Britannique. Mais le fait que certaines provinces, dont l'Alberta, purent bientôt disposer d'importants revenus pétroliers remit en question l'équité du programme, qui fit l'objet d'ajustements continuels tout au long de la première décennie de son existence. Il devenait dès lors nécessaire de tenir compte du potentiel global d'augmentation des revenus de chaque province et de mettre sur pied un programme universel de péréquation qui fût équitable. Il fallait de toute évidence trouver un moyen pratique de mesurer objectivement la capacité d'augmentation des revenus de chaque province.

Toutes ces questions trouvèrent leur réponse au moment où le régime subit une forte expansion en 1967. On prit alors en compte les revenus des 10 provinces, dont la moyenne nationale servit de norme en matière de péréquation. Au moyen des transferts fédéraux, ce nouveau programme visait explicitement, et de façon inconditionnelle «à permettre à chaque province d'offrir des services publics adéquats sans devoir recourir à des taux d'imposition beaucoup plus élevés que ceux des autres provinces[2]».

Cet objectif fondamental fut largement poursuivi tout au long des décennies qui suivirent, même si la situation économique rendit nécessaires, à l'occasion, de petits ajustements fiscaux. De nature technique, la plupart de ces ajustements visaient à mesurer avec plus de précision la capacité fiscale des provinces et à améliorer ainsi l'équité du système. Au début des années soixante-dix, on donna au système une portée encore plus grande en y incluant tout d'abord les taxes scolaires municipales et, par la suite, tous les autres revenus perçus par les gouvernements municipaux. Mais de graves problèmes conceptuels et méthodologiques surgirent par suite de l'augmentation massive des revenus pétroliers de l'Alberta. Si on avait retenu la formule originale de 1967, il aurait fallu verser des paiements de péréquation à l'Ontario au début des années quatre-vingt! D'importants ajustements techniques étaient donc nécessaires si on voulait déterminer les montants de péréquation par habitant à partir des revenus totaux de chaque province. Aussi, dès 1984-1985, le système de péréquation prit en compte un total de 33 sources différentes de revenus provinciaux perçus dans toutes les provinces, sauf l'Alberta et les quatre provinces maritimes, et l'on utilisa le revenu moyen par habitant des cinq autres provinces pour déterminer les montants de péréquation destinés à toutes les provinces. Cela permit de transférer sans condition, à six provinces, un montant global de 5394 millions de dollars en argent comptant, soit plus de 10 fois le total versé en 1967-1968. Ces paiements de péréquation allaient de 460 $ par personne au Québec et au Manitoba à plus de 1000 $ à l'Île-du-Prince-Édouard et à Terre-Neuve. Ces versements équivalaient à environ 10 p. 100 des recettes totales des deux premières provinces et à 30 p. 100 du total des deux dernières, réduisant ainsi grandement l'écart entre les capacités financières des provinces d'assurer des services publics adéquats.

En 1982, le système de péréquation, auquel les provinces riches s'étaient jadis fortement opposées, était non seulement devenu, sous l'égide du gouvernement fédéral, un mécanisme souple et parfaitement ajusté de redistribution à l'échelle régionale des ressources financières du pays, mais également un principe inscrit au cœur même de notre culture politique et financière. Comme on ne l'ignore pas, ce concept fut même inscrit dans la *Loi constitutionnelle de 1982*. L'article 36(2) de la Constitution ne manque d'ailleurs pas de traduire fidèlement les principes énoncés par le gouvernement fédéral 15 années plus tôt : «Le Parlement et le gouvernement du Canada prennent l'engagement de principe de faire des paiements de péréquation propres à donner aux gouvernements provinciaux des revenus suffisants pour les mettre en mesure d'assurer les services publics à un niveau de qualité et de fiscalité sensiblement comparables.»

Le financement des programmes établis

Il convient d'aborder à présent un troisième aspect de l'évolution de la fiscalité canadienne au cours des années soixante-dix, à savoir les bouleversements dont le gouvernement fédéral fut à l'origine concernant son aide aux provinces en matière de financement des programmes sociaux existants, dont l'assurance hospitalisation universelle, les soins médicaux et l'enseignement postsecondaire. Adoptés individuellement en tant que programmes à frais partagés à compter de la fin des années cinquante, ces programmes devinrent bientôt les éléments clés de l'émergence du Canada en tant qu'État-providence. Les gouvernements fédéral et provinciaux avaient été à l'origine de cette évolution, mais ce sont les subventions conditionnelles octroyées par le gouvernement fédéral qui assurèrent l'extension de ces services publics à l'échelle du pays.

Les changements adoptés en 1977 permirent essentiellement de transformer les octrois conditionnels à portée restreinte en subventions inconditionnelles destinées à des fins plus générales. Tout en maintenant sa volonté de doter le pays de programmes de qualité accessibles à tous, le gouvernement fédéral reconnaissait ainsi implicitement les compétences provinciales en matière de santé et d'éducation.

Lors de la création de chacun de ces programmes, la controverse n'avait pas manqué au sujet des intentions véritables du gouvernement fédéral. La raison en était que la majorité des provinces considéraient qu'Ottawa outrepassait ses compétences. Devant ces inquiétudes, formulées tout particulièrement par le Québec, le gouvernement fédéral avait répliqué, au début et au milieu des années soixante, avec la *Loi sur les programmes établis (Arrangements provisoires),* qui permettait aux provinces de se retirer de ces programmes et d'occuper de nouveaux champs d'imposition au lieu de recevoir des subventions. Les provinces ne cessèrent pour autant de protester; elles arguaient que ces subventions, de par leur nature conditionnelle et parce qu'elles portaient sur des services à frais partagés bien définis, tendaient à jouer un rôle sur la répartition de l'ensemble de leur budget de dépenses, et non pas seulement dans le cadre de programmes particuliers. Les «dollars à cinquante cents», comme on les appelait, étaient largement perçus comme exerçant une influence néfaste sur les prises de décision des provinces.

La transformation des subventions fédérales conditionnelles en subventions inconditionnelles comportait par conséquent de nombreux avantages. Elle permettait tout d'abord aux provinces d'élaborer des programmes en fonction de leurs priorités et de leurs besoins. La distinction qui s'établissait entre les octrois fédéraux et les dépenses réelles des provinces, ajoutée à l'emploi d'une nouvelle méthode de calcul statistique destinée à évaluer les montants de l'aide fédérale, favorisait par ailleurs une plus grande stabilité du système, permettait de mieux prévoir le montant des dépenses et encourageait même les deux ordres de gouvernement à faire preuve d'une plus grande discipline dans leurs décisions budgétaires. Enfin, en accordant aux provinces des montants de péréquation proportionnels au nombre de leurs habitants plutôt que de leur offrir de payer (environ) 50 p. 100 de leurs dépenses, le gouvernement fédéral apportait une aide véritable aux provinces à faibles revenus.

Selon ces nouvelles dispositions, la contribution financière du gouvernement fédéral prenait principalement la forme d'un transfert additionnel de champ d'imposition aux provinces; dans le cas des autres montants, Ottawa s'acquittait de ses responsabilités en effectuant des versements comme auparavant. Ces dispositions permettaient donc aux provinces d'utiliser à leur gré leur pouvoir de taxation et de recevoir inconditionnellement leur juste part des recettes fiscales. Le système de péréquation faisait par ailleurs en sorte de rendre cette nouvelle compétence fiscale à peu près identique d'une province à l'autre. Toutefois, du fait qu'une bonne partie de l'aide fédérale était accordée sous forme de subventions, Ottawa exerçait son influence de manière subtile sur la répartition et la conception mêmes des services offerts. Ainsi, le soutien général qui fut accordé à la *Loi canadienne de 1984 sur la santé* permit de préserver les éléments caractéristiques (universalité, accessibilité, transférabilité et gestion publique des fonds) du régime d'assurance maladie d'abord conçu en Saskatchewan, et démontra que le gouvernement fédéral pouvait encore, au moyen du financement, jouer un rôle sur la nature d'un service public.

Par contre, les susceptibilités des provinces empêchèrent Ottawa d'influer directement sur le financement et la croissance des services d'enseignement postsecondaire. L'une des leçons à tirer de cet échec, c'est qu'il importe, si on souhaite établir des normes à l'échelle nationale tout en laissant plus d'autonomie aux provinces dans leur application, d'obliger ces dernières à s'engager clairement (et par contrat si nécessaire) en ce sens.

Le rôle nouveau des subventions conditionnnelles

Devant les avantages que comportait la méthode des subventions inconditionnelles, notamment dans le cas de l'assurance maladie, on ne manqua pas d'envisager la possibilité de l'appliquer à d'autres programmes à frais partagés. Le Régime d'assistance publique du Canada constituait à cet égard le candidat le plus probable. En vertu de ce régime, le gouvernement fédéral versait la moitié du coût réel des dépenses provinciales reliées à l'aide sociale et à certains types de services sociaux. Adoptées en 1966, ces mesures donnèrent un caractère irrévocable et plus étendu à un certain nombre de subventions destinées spécialement à couvrir les frais de l'aide sociale, et constituèrent ainsi la base du vaste programme à frais partagés qui existe actuellement.

Même si les montants accordés par le gouvernement fédéral dans le cadre de ce régime étaient établis en fonction des dépenses réelles des provinces, la portée des mesures adoptées, les mécanismes de leur mise en application et la manière dont elles étaient administrées les rendaient passablement identiques à celles qui s'appliquaient dans le cas des subventions inconditionnelles. Il faut dire que, dès l'entrée en vigueur du régime, un mécanisme de consultations permanentes avait permis d'en élaborer les diverses caractéristiques. Les analystes ne manquèrent cependant pas de noter que les gains quantitatifs et qualitatifs réalisés à l'échelle du pays en matière de services sociaux résidaient, dans une large mesure, non seulement dans la portée et dans la variété des services offerts, mais également dans les conditions imposées par les mesures législatives fédérales concernant le partage des frais. Ainsi, l'interdiction faite aux provinces d'exiger des bénéficiaires des preuves de résidence fut particulièrement importante à cet égard.

À la suite de son enquête portant sur la révision, en 1982, de la *Loi sur les arrangements fiscaux entre le gourvernement fédéral et les provinces,* le Groupe de travail parlementaire Breau fit état des associations de citoyens et des groupes d'intérêt qui pressaient en grand nombre le gouvernement fédéral de continuer à accorder son aide aux programmes d'assistance sociale et aux services sociaux sous forme de subventions conditionnelles. On sentait que la chose avait son importance dans un domaine où les perceptions, les valeurs et les normes étaient en train de changer. Compte tenu des écarts dans le nombre de bénéficiaires de l'aide sociale et dans les coûts de ce service qui subsistaient à travers le pays, il était difficile de déterminer quelle autre formule que celle du partage des frais pouvait être juste et équitable pour toutes les provinces.

Dans un autre domaine, on pourrait sensiblement faire la même analyse dans le cas des subventions octroyées au développement économique régional. Comme on le verra au chapitre 10, le ministère fédéral de l'Expansion économique régionale élabora, en 1974, des accords de type inconditionnel, dénommés Ententes-cadres de développement, qui s'étendaient sur une période de 10 ans. Il fallut toutefois négocier des ententes auxiliaires et s'entendre sur des programmes touchant soit des projets particuliers, soit des secteurs économiques, de même qu'il fallut, dans chacun des cas, définir en détail la question du partage des frais. Mise en place en 1984, une nouvelle série d'accords permit d'apporter certaines modifications à ces programmes et de tenir compte dorénavant de l'apport de chaque ordre de gouvernement. L'objectif n'en demeurait pas moins de concevoir un système dont la souplesse permettrait aux provinces de conserver leur autonomie tout en répondant à l'objectif du gouvernement fédéral de favoriser le développement régional à l'échelle du pays.

Là où l'aide fédérale dans des domaines de dépense traditionnellement réservés aux provinces pouvait se justifier, on recourait, dans de nombreux cas particuliers, aux subventions conditionnelles. Un bon exemple fut l'octroi, en 1970, de subventions fédérales destinées à promouvoir le bilinguisme à l'aide du programme d'enseignement des langues officielles. Comme cela se produit dans le cas des subventions conditionnelles, le gouvernement fédéral octroya, dans le cadre de ce programme, un financement substantiel, mais restreint à certaines catégories de cours correspondant particulièrement à ses objectifs. Le Bureau des relations fédérales-provinciales publie chaque année un inventaire détaillé des programmes et des activités à frais partagés, ce qui démontre bien la place et l'utilité des subventions conditionnelles à l'intérieur du système fiscal canadien. Au cours de l'exercice 1984-1985, le total des transferts en argent et des recettes générées par les transferts fiscaux aux provinces s'est élevé à plus de 26 milliards de dollars, soit l'équivalent d'environ un quart du total des dépenses gouvernementales pour cet exercice.

La coordination de la politique fiscale

Cet examen de l'évolution du régime fiscal canadien au cours des années soixante-dix serait incomplet si l'on négligeait de noter les efforts du gouvernement fédéral pour inciter les provinces à un dialogue économique allant au-delà de la question des transferts monétaires et des compétences fiscales. Au cours de cette période, de graves problèmes économiques (dont le choc pétrolier, l'inflation, l'augmentation du taux de chômage et le ralentissement de la productivité) ont posé des défis sans précédent aux gouvernements de la plupart des pays industrialisés, qui avaient d'autant plus de difficulté à prendre des mesures efficaces que les théories économiques qui faisaient l'objet d'un consensus jusque-là n'avaient plus aucun succès.

Au Canada, l'éclatement des compétences, le transfert aux provinces de certains pouvoirs fiscaux qui étaient jusque-là du gouvernement fédéral et l'accroissement des conflits régionaux ne firent qu'ajouter à la gravité de la situation. En matière de fiscalité, on put noter une certaine amélioration, au niveau administratif, de la collaboration intergouvernementale, mais les rencontres et les conférences ministérielles destinées à coordonner les politiques fiscales donnèrent peu de résultats. Par contre, lorsque Ottawa imposa une restriction des prix et des salaires (au lieu de faire appel à une politique fiscale et monétaire par trop restrictive), il obtint la collaboration de l'ensemble des provinces, même si certaines d'entre elles s'opposèrent à ces mesures pour des questions d'ordre constitutionnel et d'autres raisons.

Quant aux conférences sur l'économie qui se tinrent par la suite, et qui visaient l'amélioration de la performance des divers secteurs économiques, elles n'ont guère porté fruit. Elles permirent aux provinces de répéter leurs plaintes et leurs doléances. Les idéologies, les intérêts égoïstes, le cabotinage et le manque de dialogue se combinèrent pour empêcher l'établissement de politiques économiques sectorielles concertées et efficaces. La leçon à tirer de cet échec semble de toute évidence la même que pour les autres domaines de la fiscalité canadienne: dans le cadre des relations intergouvernementales, l'art de persuader en douceur et de faire preuve de bienveillance demeure pour le gouvernement fédéral un outil indispensable, mais la réalisation d'objectifs nationaux d'importance demande presque toujours l'intervention «musclée» de son pouvoir fiscal et constitutionnel.

En conclusion, on peut noter brièvement que la plupart des commentateurs de la scène politique canadienne ont eu tendance à considérer la période allant de la fin des années soixante au début des années quatre-vingt comme génératrice de nombreux conflits. Il ne fait aucun doute que les luttes incessantes pour le partage des pouvoirs entre le gouvernement fédéral et les provinces ont donné lieu, à l'occasion, à de violents débats. À l'origine de ces débats on trouve certains facteurs ayant contribué, au moment où l'histoire se chargeait de faire oublier les traumatismes provoqués par la dépression et la guerre, au renforcement de la tendance actuelle à la décentralisation. Parmi tous ces facteurs, les plus déterminants furent l'élection au Québec d'un gouvernement indépendantiste, la prospérité soudaine des provinces de l'Ouest grâce à leurs richesses naturelles et la déstabilisation de la situation économique du pays. Certains phénomènes culturels et sociaux importants (dont l'émergence des droits de la personne et le déclin du prestige des institutions) étaient également à l'œuvre, de même que, par-delà les frontières nationales, de nouvelles tendances économiques puissantes.

Le Canada n'était évidemment pas le seul pays aux prises avec de tels problèmes. L'ensemble du monde occidental connaissait des pressions déstabilisatrices sur les plans social, économique et politique. Mais, grâce à son dynamisme et à son souci d'éviter qu'une décentralisation trop poussée n'affaiblisse sérieusement l'État fédéral, le gouvernement canadien joua un rôle stabilisateur essentiel. Il ne se contenta d'ailleurs pas de chercher à préserver ou à renforcer ses pouvoirs. Compte tenu des circonstances, le gouvernement fédéral s'efforça sans relâche de trouver et de maintenir un équilibre approprié entre la nécessité d'assurer sa propre efficacité et le désir légitime des provinces de jouir d'une plus grande autonomie et de nouvelles ressources financières au sein d'un régime mieux adapté à leurs besoins. Tout au long de la période considérée, l'évolution du régime fiscal canadien, vu sous l'angle de ses divers éléments (système adéquat de partage des revenus, système de péréquation parfaitement au point, mise en place de subventions inconditionnelles, utilisation nouvelle des subventions conditionnelles à des fins particulières et nouvelle manière d'élaborer des politiques économiques), a clairement démontré que le Canada, en tant que tout fonctionnel, pouvait être davantage que la somme de ses parties.

CHAPITRE 10

Le développement régional: l'exemple de l'Ouest

par Lloyd Axworthy

Lloyd Axworthy s'est fait élire pendant plus de 16 ans sous la bannière libérale dans l'Ouest canadien, à la fois comme député provincial et comme député fédéral. Dans le gouvernement Trudeau, il fut ministre de l'Emploi et de l'Immigration, ministre des Transports et président du Comité du Cabinet chargé des affaires de l'Ouest. Il a récemment assumé la responsabilité de critique de l'Opposition officielle en matière de commerce. Il fut président du caucus libéral de l'Ouest pendant cinq ans. Marié et père d'un enfant, il détient un diplôme de l'université de Winnipeg, de même qu'une maîtrise et un doctorat de l'université de Princeton.

Tout au long de son existence, marquée au départ par la politique nationale de Sir John A. Macdonald, le Canada a connu un grand nombre d'initiatives en matière de politique régionale. Certaines d'entre elles n'ont manqué ni d'enthousiasme ni de créativité, alors que d'autres ont été entreprises à contrecœur et en réponse à des pressions politiques régionales. Mais, par comparaison avec leurs nombreux prédécesseurs, les gouvernements libéraux successifs de Pierre Elliott Trudeau ont fait preuve d'un dévouement et d'une ingéniosité exceptionnels pour tout ce qui concerne le problème des disparités économiques régionales.

Le développement régional a toujours constitué un élément fondamental du rêve d'unité nationale de Pierre Elliott Trudeau. En 1968, en réponse au discours du Trône, il a insisté sur le fait que «le présent gouvernement partage pleinement le point de vue selon lequel l'avenir de la Confédération passe par la réduction des disparités régionales[1]».

Dès l'arrivée au pouvoir de M. Trudeau, le Gouvernement s'attaqua avec vigueur aux disparités régionales. En 1969, le ministère de l'Expansion économique régionale (MEER) fut créé avec, à sa tête, Jean Marchand, ami intime et conseiller de Pierre Elliott Trudeau. Doté de pouvoirs étendus, ce ministère était responsable de l'octroi des prêts et des subventions susceptibles de développer l'infrastructure industrielle et d'attirer les entreprises dans les régions défavorisées. Le Gouvernement lança également des programmes dans d'autres secteurs: augmentation des allocations de chômage dans les régions où régnaient de graves problèmes d'emploi, allocations de création d'emplois établies en fonction du taux de chômage et stimulants fiscaux dans les régions. Après les élections de 1972, Don Jamieson, qui fut à son tour chargé du MEER, procéda à la révision du programme de développement régional qui mena à la signature des Ententes-cadres de développement (ECD) avec les provinces. Ces accords définissaient, pour les régions défavorisées, des secteurs d'investissement clés comme les routes, la pêche et les forêts, et élaboraient une formule de partage des dépenses entre les deux ordres de gouvernement. Pierre De Bané, ministre responsable du MEER au début des années quatre-vingt, modifia à son tour cette approche: tout en maintenant la structure de planification des ECD, il favorisa la mise en œuvre directe des programmes régionaux.

Une fois enchâssé dans la nouvelle Constitution, en 1982, le principe de l'égalité régionale acquit le statut de droit économique fondamental. Cette démarche fut par ailleurs accompagnée d'une réorganisation des ministères fédéraux à vocation économique, ce qui permit de sensibiliser l'opinion au fait que les régions devaient être au cœur de tous les programmes nationaux. Bref, les Libéraux avaient fait de l'égalité régionale une préoccupation permanente.

Le défi était énorme. Les forces du marché favorisaient tout naturellement une concentration accrue de la croissance économique dans les régions urbaines, en particulier au centre de l'Ontario. Parallèlement, au cours des années soixante-dix, une grande instabilité des prix due aux bouleversements technologiques et à l'évolution des marchés internationaux vint perturber le secteur des ressources naturelles et des matières premières, point névralgique du développement des régions. Ainsi, le problème des disparités économiques et de l'inégalité des chances continua de miner le pays.

Devant pareilles tendances, le gouvernement fédéral éprouva beaucoup de difficulté à combler les écarts économiques existants.

Qui plus est, les programmes gérés par Ottawa faisaient l'objet de critiques: on leur reprochait d'être souvent trop rigides, trop centralisateurs et inefficaces face aux forces du marché.

Députés et ministres croyaient néanmoins fermement au développement régional, et leur adhésion à ce principe servit de rempart aux Libéraux dans les provinces atlantiques et au Québec. Il s'agissait en effet d'une réponse concrète aux attentes des nombreux membres d'expérience du caucus, en particulier ceux des provinces atlantiques, de certaines régions du Québec, du nord de l'Ontario et de l'Ouest canadien, qui étaient persuadés que le rôle du gouvernement fédéral consistait à donner du travail aux citoyens et non pas à obliger ces derniers à se chercher des emplois. Comme le soulignait M. Trudeau dans sa réponse au discours du Trône, en 1968, cette conviction profonde partait du principe qu'il était possible de parvenir à un équilibre régional, linguistique et économique, et d'établir une dynamique sociale créatrice au sein de l'État fédéral.

Cette conviction fut durement mise à l'épreuve au cours du dernier mandat du gouvernement Trudeau. En effet, à l'ouest de l'Ontario, les candidats libéraux mordirent pratiquement tous la poussière aux élections de 1980. Seuls Bob Bockstael et moi-même, tous deux de Winnipeg, fûmes élus dans cette partie du pays. Cette hécatombe survint au moment où le gouvernement Trudeau, confronté à l'hostilité des gouvernements provinciaux, avait à faire des choix extrêmement difficiles en matière d'énergie et de ressources naturelles, chasses gardées des provinces de l'Ouest. Ottawa dut non seulement poursuivre sa lutte contre les graves disparités qui existaient dans des régions telles que les provinces maritimes, le nord du Québec, le nord de l'Ontario et les Territoires-du-Nord-Ouest, mais également consentir des efforts supplémentaires pour combler le vide politique créé dans l'Ouest et pour éviter de s'aliéner complètement cette partie du pays.

Le présent chapitre porte sur les initiatives en matière de développement économique prises par le gouvernement Trudeau afin de résoudre un casse-tête politique dont très peu de gens ont saisi la trame à l'époque. Il ne s'agit toutefois pas d'un simple exercice de réconciliation avec l'histoire. Les innovations mises en place alors peuvent encore servir de modèles utiles aux futurs gouvernements fédéraux désireux d'atténuer le rôle prédominant des provinces centrales.

Le Comité du Cabinet chargé des affaires de l'Ouest et le Fonds de développement de l'Ouest

La nécessité étant la mère de l'invention, l'Ouest canadien bénéficia, entre 1980 et 1984, d'un ensemble d'initiatives fédérales intéressantes. Ainsi, d'importants efforts furent déployés pour mettre en valeur de nouveaux gisements de charbon au nord-est de la Colombie-Britannique. De même, grâce aux efforts déployés par le sénateur Jack Austin, le gouvernement fédéral put contribuer activement au succès d'Expo 86 à Vancouver. Ardent défenseur du mouvement coopératif, le sénateur Hazen Argue amena, quant à lui, le gouvernement fédéral à financer un projet énergétique coopératif en Saskatchewan. Comme on le verra en détail plus loin, d'autres mesures de développement significatives furent également prises dans les domaines des transports, de l'industrie et de l'urbanisme.

Ces efforts furent marqués par un changement d'attitude fondamental au sein du Cabinet pour tout ce qui concernait l'Ouest canadien. L'un des critères les plus scrupuleusement respectés en matière de sélection des membres du Cabinet est sans doute la représentation régionale. La presse régionale, les gouvernements provinciaux et municipaux, les milieux d'affaires provinciaux de même que les organisations syndicales et culturelles attachent tous beaucoup d'importance au fait qu'un député de leur région soit nommé au Cabinet. Avec seulement deux députés élus à l'ouest de l'Ontario en 1980, il n'est guère surprenant que le Gouvernement se soit alors fixé comme priorité de trouver un moyen efficace et crédible de permettre à l'Ouest d'être représenté au sein du Gouvernement. Immédiatement après les élections, le Premier ministre Trudeau demanda donc aux deux députés du Manitoba d'entreprendre des consultations dans les provinces de l'Ouest et de lui présenter des recommandations.

Ces démarches aboutirent à deux résultats. On confia d'une part des fonctions au sein du Cabinet à des sénateurs libéraux issus de provinces n'ayant pas fait élire de députés libéraux. D'autre part, le Premier ministre mit sur pied un Comité spécial du Cabinet chargé des affaires de l'Ouest, qui devait servir de bureau central et d'organisme de coordination pour tous les sujets et les problèmes touchant l'Ouest canadien. Par l'intermédiaire de son président, ce comité relevait du Comité du Cabinet chargé des priorités et de la planification. En plus de disposer d'un secrétariat au sein du Bureau du Conseil privé, le Comité du Cabinet recrutait ses membres non seulement parmi les ministres de l'Ouest mais également au sein de divers ministères, dont ceux des Transports, de l'Agriculture, de l'Expansion économique régionale ainsi que des Affaires indiennes et du développement du Nord canadien qui jouissaient d'une grande influence dans l'Ouest canadien.

En termes politiques, ce comité spécial devait faire office de caucus substitut pour l'Ouest. Mais, en prenant de l'ampleur, il ne se contenta plus de jouer un rôle purement politique et finit par devenir un véritable organe de décision. C'était un forum à l'écoute des besoins de l'Ouest et où s'élaboraient des solutions aux problèmes économiques et régionaux, cependant que les décisions de nature plus politique, telles les nominations par décrets, continuaient de relever du Cabinet.

Il est intéressant de noter que ce nouveau comité attira rapidement l'attention. Il fut en effet à l'origine à la fois d'une des décisions les plus contestées du mandat de 1980-1984 et d'un des efforts les plus significatifs jamais entrepris par un gouvernement national en faveur du développement économique régional.

Le Comité du Cabinet chargé des affaires de l'Ouest participa activement aux débats portant sur la création du controversé Programme énergétique national. En adoptant cette mesure, le gouvernement libéral voulait réaliser la promesse électorale qu'il avait faite de régler le problème de la hausse des prix du carburant et celui de la diminution apparente des ressources pétrolières.

L'adoption du PEN provoqua inévitablement un tollé général de la part des gouvernements des provinces de l'Ouest, des représentants du secteur pétrolier, du gouvernement américain et d'une foule de critiques financiers, inquiets de voir le gouvernement fédéral intervenir de façon aussi marquante dans un secteur aussi stratégique. Pour comprendre la réaction des provinces de l'Ouest, il faut remonter à l'époque de leur création, alors que, contrairement à leurs homologues de l'Est, elles s'étaient vu nier le droit de gérer leurs ressources naturelles. Bien que réparée en 1928 par une loi portant sur le transfert des ressources, cette injustice laissa dans l'histoire du pays une cicatrice profonde, qui pouvait s'ouvrir facilement. Mené par un Marc Lalonde déterminé, le gouvernement Trudeau décida, malgré une opposition farouche sur tous les fronts, de poursuivre sa politique énergétique; il fut dès lors entraîné dans un violent conflit avec les gouvernements des provinces de l'Ouest.

Les membres du Comité du Cabinet chargé des affaires de l'Ouest ressentirent l'impact politique du PEN. La plupart d'entre eux reconnurent que le gouvernement fédéral créait un déséquilibre en faveur des régions de l'est du pays au moment où certaines des provinces de l'Ouest connaissaient une prospérité économique inhabituelle liée à l'exploitation des ressources naturelles. Le Comité recommanda donc qu'une partie importante des fonds générés par le PEN servît directement au développement économique de l'Ouest. Ce compromis accepté, le gouvernement fédéral retrancha 4,6 milliards de dollars de son budget de 1981 et affecta cette somme au Fonds de développement de l'Ouest qu'il avait créé précédemment. Le Fonds avait pour objectif de recycler les revenus pétroliers de l'Ouest et de s'attaquer aux principaux obstacles qui s'opposaient au développement économique de cette région. Le défi consistait à concentrer les ressources financières disponibles sur des tâches prioritaires.

À titre de président du Comité du Cabinet chargé des affaires de l'Ouest, j'avais pour tâche d'élaborer cette «stratégie de développement de l'Ouest». De nombreux ministères furent invités à soumettre des propositions et le processus de consultation auprès des groupes d'intérêt de la région se poursuivit. Compte tenu de l'importance des sommes en jeu, les enchères étaient vives. Au nombre des principales initiatives qui retinrent l'attention, on comptait une nouvelle politique en matière d'eau et d'environnement, un projet de développement économique à l'intention des autochtones et une ambitieuse stratégie agro-alimentaire.

Le Comité devait finalement concentrer ses efforts sur un projet de modernisation du réseau ferroviaire de l'Ouest, par l'entremise d'une révision des tarifs de transport des céréales de cette région[2].

En 1897, la *Loi de la passe du Nid-de-Corbeau,* qui fut votée pour calmer les fermiers de l'Ouest qui réclamaient des mesures économiques plus équitables et pour compenser les tarifs exorbitants pratiqués alors par les sociétés ferroviaires, provoqua le gel des tarifs d'expédition des céréales entre Thunder Bay et les ports de la côte ouest[3]. Bien entendu, vers les années soixante-dix, les compagnies de chemin de fer perdaient d'importantes sommes d'argent sur chaque boisseau de céréales transporté. Cela entraîna une sérieuse détérioration du réseau ainsi que la formation de goulots d'étranglement qui empêchaient l'exportation des céréales et finit par créer un obstacle à la diversification économique et à l'apport d'investissements. La plupart des économistes sont d'avis que cette structure tarifaire a d'ailleurs longtemps empêché la mise en place d'une industrie de transformation dans l'ouest du pays. Quant aux expéditeurs de charbon, de soufre et de produits forestiers, pour ne citer que ces secteurs, ils furent également touchés par ces goulots d'étranglement, qui leur firent subir d'importantes pertes de revenus.

L'exercice de révision des accords du Nid-de-Corbeau fut toutefois un casse-tête pour le gouvernement Trudeau, tout comme il l'avait été pour tous les gouvernements fédéraux précédents. Les efforts entrepris durant les années soixante-dix se heurtèrent en effet à deux obstacles majeurs, à savoir d'une part l'opposition tenace de certains groupes céréaliers influents de l'Ouest et, d'autre part, le manque de fonds publics susceptibles de servir à réduire l'écart entre les coûts réels du transport des céréales et les prix, même augmentés progressivement, que les fermiers pouvaient se permettre de payer.

Jean-Luc Pépin, alors ministre des Transports, était prêt à assumer la difficile tâche d'élaborer un nouveau barème de tarifs des transports. Le Fonds de développement de l'Ouest lui offrait les crédits nécessaires pour procéder enfin à l'établissement de nouveaux accords.

Après des études intensives, de nombreuses consultations et un long débat au sein du Comité du Cabinet chargé des affaires de l'Ouest, le projet de modification des tarifs devint le grand objectif prioritaire du Fonds. L'argument qui amena finalement les ministres de l'Ouest et tout le Cabinet à appuyer ce projet se fondait sur les perspectives de croissance et de développement économique qu'offrait la nouvelle structure tarifaire. L'instauration de tarifs réalistes ne ferait qu'encourager le traitement des matières premières dans la région, notamment si les fermiers — et non les sociétés de chemin de fer — pouvaient bénéficier directement des accords du Nid-de-Corbeau et avoir ainsi la possibilité de choisir le mode d'expédition de leurs produits. Pour stimuler davantage l'industrie, le Comité instaura un règlement obligeant les entreprises de chemin de fer à effectuer des dépenses d'investissement dans l'Ouest et mit en œuvre un programme de subventions devant permettre aux entreprises de l'Ouest de soumissionner efficacement les travaux ferroviaires. On évalua à 12 milliards de dollars le montant qui serait injecté dans l'économie grâce à ces dépenses de construction et d'approvisionnement.

Malheureusement, cette décision une fois prise, une coalition du secteur céréalier, conduite par l'influent Saskatchewan Wheat Pool, désireux de préserver son réseau d'élévateurs à grains, mit sur pied un puissant lobby favorable à un paiement direct aux compagnies ferroviaires. Grâce à l'appui du gouvernement du Québec, du caucus libéral québécois à Ottawa et des associations agricoles québécoises, ce groupe de pression réussit à obtenir la modification d'un important volet du projet: les versements allaient être effectués directement aux sociétés de chemin de fer plutôt qu'aux producteurs, diminuant ainsi l'efficacité des mesures visant à accroître les activités de transformation dans l'Ouest canadien.

Le changement des tarifs du Nid-de-Corbeau n'en constitua pas moins l'un des programmes d'investissement public et privé les plus importants entrepris à notre époque au bénéfice d'une seule région canadienne. Les sociétés de chemin de fer se mirent aussitôt en frais de réaliser d'importants travaux d'infrastructure: reconstruction du tunnel Rogers Pass, remplacement des dispositifs de passage à niveau, création de nouveaux systèmes de communication, etc. En plus d'améliorer le transport ferroviaire, secteur d'activité vital pour l'ouest du pays, ces mesures permirent d'accroître nettement l'efficacité du transport des précieuses matières premières en provenance de cette région.

Par ailleurs, les modifications apportées aux accords du Nid-de-Corbeau mirent en évidence toute l'importance du rôle du gouvernement fédéral en tant que catalyseur d'investissements massifs dans l'infrastructure régionale. En effet, en plus de s'attaquer à un grave problème structurel, le programme ferroviaire avait, par-delà les frontières des quatre provinces de l'Ouest, une portée et une ampleur véritablement régionales. S'il avait dû naître d'un accord ou d'une collaboration entre ces provinces ou si les recettes tirées des ressources naturelles étaient demeurées entre leurs seules mains, ses chances de voir le jour auraient sans doute été minces. Seul un gouvernement national déterminé, puisant dans un fonds commun, pouvait lui donner les moyens d'exister.

Ce programme démontra également qu'un forum régional avait sa place au sein du Cabinet et qu'il était en mesure de soulever les questions propres à une région et de combiner les activités et les intérêts des différents ministères qui avaient du poids dans cette région. Parce que son président relevait directement du Comité chargé des priorités et de la planification, le plus puissant des comités du Cabinet de l'époque, le Comité du Cabinet chargé des affaires de l'Ouest exerçait une influence énorme sur les prises de décision.

À ce chapitre, le contraste avec l'approche préconisée récemment par le gouvernement Mulroney est pour le moins étonnant. Les Conservateurs ont en effet mis sur pied une série d'organismes de développement distincts, présidés par des ministres qui n'ont souvent aucune représentation au sein du Comité chargé des priorités et de la planification. Nés d'un désir de décentralisation, ces organismes se limitent à offrir discrètement leur soutien financier à des projets divers. Faute d'exercer leur influence aux plus hauts échelons, ils ne disposent pas des moyens nécessaires pour élaborer des plans d'investissement d'envergure et pour participer efficacement au développement de l'infrastructure régionale. Ayant perdu toute influence politique à Ottawa, les régions en sont réduites, sous le gouvernement Mulroney, à jouer un rôle passif.

Les Ententes de développement économique et régional

Au début des années quatre-vingt, le vocabulaire de la colline parlementaire s'enrichit d'un nouvel acronyme, EDER. Ce sigle, qui désigne les Ententes de développement économique et régional, représente la dernière tentative du gouvernement Trudeau en vue de modifier la conception que les autorités fédérales avaient du développement régional. La création du programme de développement économique et régional marqua en effet un changement d'attitude de la part des Libéraux, qui avaient jusque-là destiné l'aide gouvernementale essentiellement aux régions pauvres et défavorisées.

Durant les années soixante-dix et au début des années quatre-vingt, le développement régional avait été la chasse gardée du MEER, qui détenait le budget de gestion d'un programme régional d'encouragement aux industries et d'un programme d'initiatives fédérales et provinciales. Mis en œuvre sous le régime des Ententes-cadres de développement signées avec les provinces, ces programmes soulevaient toutefois quelques difficultés.

Tout d'abord, sous l'influence de pressions politiques, les fonds allaient à des projets qui ne méritaient pas toujours un soutien financier. Comme les sommes allouées au développement régional représentaient par ailleurs une part relativement modeste du total des dépenses fédérales, il devint bientôt évident qu'elles ne pourraient suffire à éliminer les disparités. Enfin, le MEER ayant pris la charge du développement régional, les autres ministères fédéraux à vocation économique tendaient à négliger cet aspect de leurs programmes.

Soucieux de corriger le tir, le Premier ministre proposa, en 1982, une réorganisation en profondeur du Gouvernement, basée sur une idée élaborée par Michael Pitfield, alors greffier du Conseil privé.

L'idée maîtresse du projet était de confier la responsabilité du développement régional à *tous* les ministères fédéraux ayant un portefeuille économique. Cette réorganisation marqua la fin du MEER, dont la plupart des programmes furent transférés au ministère de l'Expansion industrielle régionale (MEIR). Pour faire en sorte que la question du développement régional servît de cadre à l'élaboration des programmes et des politiques de tous les ministères à vocation économique, on créa un organisme central du nom de Département d'État au Développement économique et régional (DEDER), chargé d'examiner attentivement les notes de service du Cabinet. Le président du Comité du Cabinet chargé du développement économique et régional était tenu au courant des répercussions régionales des activités du DEDER. Les ministres régionaux, qui jouèrent un rôle important et souvent déterminant dans les prises de décision en matière d'initiatives régionales, exercèrent, eux aussi, une présence active au sein de ce comité.

Grâce aux EDER, le Canada était à deux pas de créer une stratégie industrielle nationale.

Le système des EDER fonctionna néanmoins à merveille au Manitoba, où une série d'accords furent conclus en 1983. À titre de ministre fédéral chargé des affaires régionales auprès de cette province, je participai, en compagnie du président du Comité du Cabinet fédéral chargé du développement économique, du coordonnateur du développement économique fédéral au Manitoba (qui était aussi représentant de l'organisme central), ainsi que des ministres et fonctionnaires provinciaux, aux importantes négociations qui menèrent à la signature de ces accords, en vertu desquels plus de 550 millions de dollars devaient être investis dans cinq secteurs clés, sur une période de cinq ans.

Le montant n'avait pas d'importance en soi, puisque l'entente servirait de base à la coordination des activités d'un programme dont la portée dépassait de loin la question de l'accroissement des dépenses établi dans le document. Cet accord représentait un effort sérieux pour concentrer, à l'aide de divers ministères, les fonds fédéraux et provinciaux sur un ensemble de priorités destinées à renforcer l'activité économique régionale. Une fois reconnue l'importance cruciale que revêtait le secteur des transports dans l'économie du Manitoba, on mit en branle une série de mesures visant à consolider le rôle de cette province en tant que pivot de l'Ouest canadien dans ce secteur d'activité : rénovation du port de Churchill, investissements dans l'aéroport de Winnipeg, création de l'Institut des transports (rattaché à l'école de commerce de l'université du Manitoba), création d'une nouvelle unité de production de wagons-trémies dans les ateliers du CN à Winnipeg, mise en place de nouvelles installations d'entretien chez VIA, etc.

Le Manitoba n'a pas manqué de recourir également aux EDER pour stimuler la croissance de nouvelles entreprises de services. Forte du dynamisme de sa communauté artistique et de ses communautés culturelles, cette province signa une entente auxiliaire devant assurer les fonds nécessaires au développement de l'industrie de la culture et des communications. Les entreprises de construction d'autobus de la région purent bénéficier par ailleurs de la signature d'une entente auxiliaire relative à la production d'autobus destinés au transport urbain. Des accords similaires permirent également aux secteurs agricole et minier d'engager des dépenses de recherche et de développement reliées à la nouvelle technologie et à l'expansion commerciale. Dans chacun de ces exemples, les subventions publiques visaient à encourager les entrepreneurs privés de la région à trouver de nouveaux débouchés en mettant à leur disposition de nouvelles installations, des ressources adéquates et des programmes de formation appropriés.

Cette approche permit de supplanter en grande partie la méthode des subventions destinées à la construction d'usines et de mettre l'accent sur le développement de l'infrastructure régionale et sur l'élimination des obstacles à la croissance économique. Des efforts furent déployés pour déceler les points forts des régions et les renforcer avec l'aide d'une série de programmes fédéraux et provinciaux de soutien. À compter de 1980, la question du développement régional déborda le cadre des subventions régionales isolées pour devenir la responsabilité de tous les ministères fédéraux, œuvrant en collaboration avec leurs homologues provinciaux pour élaborer des stratégies d'investissement public à long terme.

Réaménagement des quartiers défavorisés de Winnipeg

Le début des années quatre-vingt marqua le commencement d'une remise en question des programmes traditionnels de développement régional. On jugeait trop bureaucratiques le programme de subventions du gouvernement central et les diverses ententes fédérales-provinciales, sans compter que les subventions destinées à l'implantation d'usines n'avaient pas donné les résultats escomptés. L'idée de stimuler la croissance économique au moyen de l'amélioration du climat économique des localités suscitait de plus en plus d'intérêt. Un système scolaire et des transports adéquats, un environnement sain et la mise en œuvre de programmes de formation appropriés, tels semblaient être les éléments susceptibles d'attirer les investissements privés.

Au cours de son dernier mandat, le gouvernement Trudeau entreprit rapidement quelques expériences inspirées par ce concept. En tant que ministre de l'Emploi et de l'Immigration, je mis sur pied le Programme d'aide au développement économique local (ADEL), un projet pilote de développement régional appuyé par le gouvernement fédéral. Nous lançâmes également le Programme d'aide à l'adaptation de l'industrie et de la main-d'œuvre (PAAIM), dirigé conjointement par le ministère de l'Emploi et de l'Immigration et celui de l'Industrie et du Travail, et conçu pour aider les industries clés de certaines localités aux prises avec de sérieux problèmes de restructuration d'entreprises, de fermetures d'usines, etc. L'originalité de ce projet provenait du fait qu'il combinait, au niveau des collectivités locales, des programmes d'incitation au travail et de création d'emploi, ainsi que des mesures économiques.

Toutefois, l'une des innovations les plus intéressantes entreprises par le gouvernement Trudeau fut sans doute le Programme d'initiatives dans les vieux quartiers, qui vit le jour à Winnipeg en 1981. Ce programme démontra notamment que le gouvernement fédéral pouvait être associé étroitement au développement local.

Ce projet prit naissance au cours d'une réunion des habitants des quartiers défavorisés de Winnipeg; le gouvernement fédéral s'engagea à débloquer 30 millions de dollars pour appuyer un programme complet de rénovation de ces quartiers, pourvu que les autres ordres de gouvernement fussent disposés à en faire autant. Il ne s'agissait cependant pas là d'un simple réaménagement urbain traditionnel. Le principal argument qui amena le Cabinet fédéral à souscrire à ce projet se fondait sur l'idée que le développement économique de Winnipeg ne pourrait démarrer qu'une fois que le problème de la détérioration urbaine serait réglé et que les habitants de ces quartiers pourraient y trouver du travail. Tous admettaient que le développement économique de la ville dépendait des efforts consentis conjointement par tous les ordres de gouvernement afin d'en améliorer l'infrastructure, d'y favoriser la création de nouvelles entreprises, d'améliorer la formation des travailleurs et d'encourager l'esprit de participation de ces derniers.

Après une série de tractations serrées, le gouvernement provincial et les autorités de la ville tombèrent d'accord sur un plan d'action en huit volets, qui portait notamment sur la formation, l'éducation, le logement, le soutien aux organismes communautaires, l'encouragement aux petites entreprises et la rénovation des quartiers les plus délabrés. Contrairement à ce qui se produit habituellement en matière de développement régional, le gouvernement fédéral n'était pas qu'un partenaire muet qui se contentait d'avancer des fonds. Ce programme n'était pas non plus administré par des fonctionnaires, mais par un comité exécutif dont je faisais partie à titre de ministre fédéral. Un ministre provincial désigné, le maire de Winnipeg et moi-même nous réunissions chaque mois pour prendre des décisions conjointes concernant l'application de ce programme.

En plus d'inciter les divers gouvernements à développer leurs sens de l'initiative et des responsabilités, cette formule originale comportait d'autres avantages. Ainsi, la présence d'un ministre fédéral permit au programme de bénéficier de contributions fédérales supplémentaires, qui favorisèrent l'implantation de projets tels que le nouveau centre informatique d'Air Canada, le laboratoire de technologie industrielle du Conseil national de recherches du Canada, le financement du Centre de développement de North Portage et divers programmes de formation et d'emploi. L'existence d'un plan de développement clairement défini avait contribué à la réalisation de ces initiatives additionnelles. Il devenait désormais possible de cibler et d'agencer les investissements gouvernementaux et de solliciter les efforts de tous les ministères et organismes fédéraux afin d'assurer le démarrage de certaines activités régionales.

Défini dans le cadre de séances publiques, ce programme put également compter sur la participation active des organismes locaux et des résidents des quartiers défavorisés. On put ainsi procéder à la création d'organisations communautaires locales habilitées à solliciter des fonds destinés à la construction de cliniques médicales et de centres d'emploi, à la transformation d'anciens garages en salles de théâtre communautaires ou à la rénovation domiciliaire. Il s'ensuivit la naissance d'un réseau d'organisations communautaires et d'un nouveau leadership dans les quartiers pauvres. Après des débuts difficiles, le programme remporta un succès éclatant et devint très populaire. L'aspect du centre-ville se modifia du tout au tout: des centaines de petits commerces apparurent, plus de 3000 résidents du quartier déshérité bénéficièrent d'un programme de formation professionnelle, plus de 7000 logements furent restaurés et 30 immeubles classés monuments historiques furent rénovés dans le quartier des entrepôts, créant ainsi un nouveau centre d'activité commerciale.

Des fonds privés furent investis sur une grande échelle et un nouveau climat de confiance s'installa sur la scène politique, économique et culturelle de la ville. Le succès fut tel que, à la suite d'une série de séances publiques très fructueuses, le gouvernement Mulroney décida de renouveler ce programme, dont les principales réalisations sont au nombre de six :

1. Il a permis de rationaliser et de maximiser les efforts d'un certain nombre de ministères fédéraux autrefois isolés les uns des autres et de concentrer ces efforts sur un objectif commun: l'amélioration de l'environnement économique et social d'une région cible.

2. Il a donné naissance à une structure et à un projet d'une telle envergure qu'il était justifié pour le gouvernement fédéral d'assurer le démarrage du développement régional en investissant également dans des projets comme le laboratoire de technologie industrielle du Conseil national de recherches du Canada et en octroyant des fonds supplémentaires aux programmes de formation.

3. Il a fait la preuve de la détermination du Gouvernement et permis d'attirer des investissements privés d'une valeur de plus de 300 millions de dollars.

4. Il avait une portée telle qu'il fut possible de s'attaquer à l'ensemble des problèmes économiques, géographiques et sociaux reliés au réaménagement des quartiers pauvres.

5. Il a fourni un exemple tangible et sans précédent de collaboration intergouvernementale, tant au niveau des responsables politiques que des fonctionnaires. Les réunions ordinaires des représentants des trois ordres de gouvernement, qui portaient sur un ensemble d'objectifs communs, constituèrent un forum qui demeure un exemple unique dans l'histoire du fédéralisme canadien.

6. Les efforts de décentralisation et de délégation entrepris furent également exemplaires. En transférant leurs pouvoirs aux organisations communautaires, les responsables du programme ont explicitement misé sur la capacité de la population de prendre en main son développement.

Malgré l'importance que ce programme a eu pour la ville de Winnipeg, il n'en présente pas moins d'intérêt à titre de modèle général de soutien fédéral au développement régional et à l'esprit d'entreprise à l'échelle communautaire. L'Organisation de coopération et de développement économique, la Communauté économique européenne, les Nations Unies et la Banque mondiale n'ont d'ailleurs pas manqué de louer ce programme et de le considérer comme un modèle économique et social de développement communautaire.

La réussite de ce programme indique que, pour des raisons d'ordre économique et écologique, le gouvernement fédéral peut et doit faire preuve de créativité et s'attaquer directement et en permanence aux problèmes de rénovation urbaine. En réunissant les activités des différents ministères et organismes gouvernementaux, en sollicitant la collaboration des différents ordres de gouvernement et en s'efforçant d'encourager le secteur privé et les organismes sans but lucratif, le Gouvernement peut contribuer à créer une véritable croissance économique. Il peut également jouer un rôle fondamental en favorisant la coordination, la rationalisation et, malgré tout, la décentralisation du développement. Tout cela n'implique pas nécessairement l'octroi de sommes toujours plus élevées, mais plutôt une manière de concevoir le développement économique régional qui encourage la diversité, la souplesse et la coopération au niveau local.

Conclusion

Durant les quatre années et demie de son dernier mandat, le gouvernement Trudeau n'avait pratiquement pas de représentants élus dans l'Ouest canadien. Néanmoins, il réussit non seulement à maintenir une présence active dans cette région du pays, mais également à mettre en œuvre d'importantes mesures novatrices qui surent répondre à la fois aux conditions spécifiques de l'Ouest canadien et aux défis économiques des autres régions du pays. La forte réaction provoquée par le Programme énergétique national et les assauts politiques constants des Premiers ministres provinciaux et des partis de l'opposition éclipsèrent toutefois ces réalisations. Aux élections de 1984, le Parti libéral mordit par conséquent de nouveau la poussière dans cette région, exception faite du Manitoba, où une base put être conservée grâce, en partie, aux efforts de développement du gouvernement Trudeau dans cette province. Acquise à la cause des Libéraux, la population manitobaine contribua largement au retour de ceux-ci dans cette province lors des élections provinciales de 1987 et des élections fédérales de 1988.

Malgré l'impopularité des Libéraux dans les autres régions de l'Ouest, le gouvernement Trudeau pouvait être fier des réalisations importantes qu'il y avait accomplies entre 1980 et 1984. Le programme d'infrastructure ferroviaire, les Ententes de développement économique et régional et le Programme d'initiatives dans les vieux quartiers de Winnipeg produisirent tous des résultats tangibles, tout en renforçant le tissu économique de l'Ouest canadien. Essentielle, la modernisation du réseau ferroviaire a permis de rentabiliser et de rendre plus efficace le transport des marchandises entre l'Ouest et les marchés d'exportation.

Les programmes des EDER mirent par ailleurs l'accent sur les déficiences structurelles fondamentales de l'Ouest et apportèrent leur soutien à la nouvelle industrie des services. Le programme de réaménagement du centre-ville de Winnipeg fut quant à lui le catalyseur d'un renouveau majeur qui s'est manifesté de plusieurs manières.

À plus long terme, les initiatives régionales prises au cours du dernier mandat de Pierre Elliott Trudeau servirent de base à une nouvelle conception du développement régional. Quelles leçons faut-il tirer de tout cela? Tout d'abord, que les investissements gouvernementaux dans l'infrastructure sont essentiels au maintien du dynamisme et de la relance économique des régions. Infrastructure doit s'entendre ici dans un sens large: il n'est pas simplement question de briques et de mortier, mais également d'institutions vouées à l'enseignement et à la formation, d'organismes de recherche, de qualité de vie dans les quartiers, d'équipement écologique et culturel et d'un leadership économique de qualité aussi bien dans le secteur privé que dans le secteur public. Les Conservateurs de Brian Mulroney ont largement ignoré cette conception du fonctionnement des organismes régionaux. Le secteur privé n'a guère tendance à investir dans les domaines des transports, de la formation professionnelle, des communications, de la recherche, du développement et des infrastructures culturelles. Les gouvernements provinciaux et municipaux sont par ailleurs rarement en mesure de relever un tel défi. Le gouvernement fédéral, lui, a le pouvoir d'agir et les ressources nécessaires pour le faire… à condition d'en avoir la volonté politique.

Par ailleurs, le système traditionnel de subventions destinées à l'implantation d'usines comporte de sérieuses limites. Il a connu un nombre si élevé d'échecs qu'on se surprend de le voir renaître sous une forme ou sous une autre à une époque où le Gouvernement doit faire des choix difficiles quant à la répartition de ses ressources. Les reproches qu'on peut lui faire sont nombreux: les subventions sont accordées inutilement là où des investissements auraient été faits même sans le soutien de l'État, elles créent des distorsions et des inégalités au sein des secteurs industriels, elles obligent les fonctionnaires à jouer un rôle qui n'est pas le leur, elles suscitent des problèmes de politique commerciale, etc. Tous ces éléments soulignent la nécessité de limiter fortement, à l'avenir, les subventions destinées à l'implantation industrielle.

Il est également d'une extrême importance que la politique régionale soit intégrée dans le processus de prise de décision du Gouvernement. Or, l'implantation de ces politiques et de ces programmes ne peut se faire sans la participation active des comités régionaux du Cabinet, formés de représentants des principaux ministères et des ministres régionaux. On doit attribuer à ces comités des priorités et des tâches précises et faire en sorte qu'ils relèvent du Comité central du Cabinet, chargé des décisions et de la répartition des fonds. Les responsabilités de ces comités doivent être prises en considération au moment de l'établissement du budget fédéral. Il importe alors d'exercer une influence politique et financière telle que tous les ministères fédéraux à vocation économique assument leurs responsabilités en matière de développement régional.

Dans le même ordre d'idées, il est essentiel de procéder au regroupement des ministres régionaux et de leur confier des pouvoirs importants. Auparavant, ces derniers jouaient avant tout un rôle politique. Il importe qu'ils puissent désormais prendre part aux décisions et collaborer avec les principaux responsables économiques de leur région à l'élaboration de stratégies appropriées. Ils peuvent également y jouer un rôle d'intégration, en canalisant les ressources des divers ministères et en définissant les grandes priorités en matière de développement. Rien n'empêche par ailleurs d'imaginer un moyen qui permettrait à ces ministres de se rapporter aux Comités de la Chambre des communes et du Sénat.

Il faut souligner aussi l'importance, sur le plan de l'économie régionale, du système d'approvisionnement du gouvernement fédéral et de l'emplacement des ministères fédéraux et des organismes d'État. On en veut pour preuve la mise en place du système de soumission des travaux ferroviaires et le choix du centre de Winnipeg pour l'implantation du système de réservations informatisées d'Air Canada. À l'époque où les coûts unitaires des communications et des transports sont à la baisse, rien n'empêche le gouvernement fédéral d'étendre ses activités sur l'ensemble du pays. Le besoin en effectifs a diminué dans les sièges sociaux, cependant que les besoins en employés sur le terrain sont à la hausse.

Enfin, il importe de constater l'efficacité des initiatives entreprises à l'échelle communautaire. Il existe de nombreux modèles du genre, qui tous visent à permettre aux institutions, aux individus et aux groupes des régions de prendre en main leur propre développement. Le modèle communautaire cherche quant à lui à créer un climat propice à l'épanouissement des petits commerces, des entrepreneurs et des groupes communautaires. Ce modèle mise avant tout sur le potentiel humain et sur les organismes qui ont une certaine vision de l'économie locale. Le gouvernement fédéral ne peut toutefois demeurer indifférent aux questions régionales. Comme l'a démontré l'expérience de Winnipeg, dans la mesure où il peut mettre à profit ses nombreuses ressources, il a un rôle important à jouer dans le renforcement des infrastructures locales.

S'ils savent tirer une leçon de cette expérience, les gouvernements provinciaux et municipaux peuvent espérer du gouvernement fédéral une participation efficace au développement économique régional. Il n'est pas nécessaire que cette intervention soit centralisée ou bureaucratisée à l'excès. Par contre, le gouvernement fédéral se doit de prendre un engagement ferme en faveur du développement régional et de définir un plan à cet effet. Une politique économique régionale aura toujours sa place au pays. Le défi consiste à élaborer une politique appropriée qui prévoie une utilisation efficace de toutes les ressources disponibles. Pour reprendre les termes de Jack Pickersgill, «les Canadiens ne sont pas contre les initiatives gouvernementales: ils réclament simplement de l'initiative». Il importe donc que les responsables fédéraux évitent les erreurs et s'appuient sur les réussites du passé.

Le rôle du gouvernement fédéral devrait être, en définitive, de participer à la vie des citoyens, de promouvoir le développement régional et d'encourager tous et chacun à bâtir une économie nationale solide, tout en maintenant la diversité et le caractère spécifique de chacune de ces régions. Comme on l'a vu sous le règne de Pierre Elliott Trudeau, le gouvernement fédéral peut utiliser efficacement les ressources de l'État pour influencer les forces du marché et favoriser l'égalité des chances pour tous les Canadiens.

QUATRIÈME PARTIE

Le cadre institutionnel

D ans toute démocratie, les dirigeants politiques se doivent d'établir avec leurs concitoyens des liens basés sur la confiance et le soutien mutuels. Périclès avait compris la nature véritable de la démocratie lorsqu'il déclara aux habitants d'Athènes: «Nous disons qu'un homme qui ne trouve aucun intérêt à la vie politique et ne participe pas aux affaires de la cité n'a absolument rien à faire ici[1].»

La participation est une condition essentielle à l'existence d'un gouvernement responsable. C'est la raison pour laquelle nous avons modifié le fonctionnement du Cabinet de manière à permettre une participation plus active des différents ministres. C'est la raison pour laquelle nous avons modifié les procédures parlementaires de manière à permettre aux députés de jouer un rôle plus efficace. C'est la raison pour laquelle nous avons apporté des réformes au système de financement des partis, de manière à permettre aux différents candidats aux élections d'être sur un pied d'égalité. C'est également la raison pour laquelle nous avons lutté pour faire inscrire dans la Constitution des dispositions qui auraient permis à chaque citoyen de se prononcer par voie de référendum sur l'élaboration de la loi fondamentale du pays.

Dans son essai sur le Parlement et le Parti libéral, Lorna Marsden donne un aperçu de nos efforts pour améliorer nos institutions fondamentales. Fonds de recherche, bureaux parlementaires adéquats, allocations de voyage décentes et heures de travail raisonnables, toutes ces mesures firent du Parlement un lieu de travail plus efficace et plus humain. Mais, de toutes les réformes mentionnées par Mme Marsden, la plus importante fut sans doute celle, adoptée en 1974, concernant le financement populaire des partis politiques. Avant l'adoption de cette mesure, les tiers partis étaient systématiquement désavantagés faute de recevoir des appuis de la part des grandes entreprises. En limitant les dépenses permises au cours d'une élection, en permettant aux partis de se financer partiellement grâce aux fonds publics et grâce au crédit d'impôt sur les dons aux partis politiques, nous avons assaini le processus électoral en favorisant une plus grande équité.

Dans l'aperçu du grand débat constitutionnel de 1980-1982 que nous donne Jean Chrétien transparaît notre conviction selon laquelle prime le caractère transcendant de chaque individu, sans égard aux accidents ethniques, géographiques ou religieux. Les Libéraux sont convaincus que chaque individu possède une dimension spéciale, un caractère unique qui ne demande qu'à s'exprimer, et que le but de la vie est de réaliser pleinement ce potentiel. Le rôle de l'État est de créer les conditions qui donneront à chacun le plus vaste choix possible dans la poursuite de ses objectifs d'épanouissement. Jean Chrétien fait ressortir toute l'importance de la Charte des droits et libertés, qui ne se contente pas de protéger chaque citoyen canadien contre tout abus de pouvoir, mais définit également les valeurs communes à tous les Canadiens. Il s'agit d'un outil particulièrement efficace pour permettre aux Canadiens de défendre leurs droits et d'améliorer leur sort.

L'adoption de la Charte signifiait un nouveau début pour le Canada. Elle mettait tout le monde sur un pied d'égalité et la citoyenneté s'appuyait en dernier ressort sur un ensemble de valeurs communes. Elle permettait enfin de réaliser le rêve d'Edward Blake, qui déclara, quelque 12 années après les débuts de la Confédération: «L'avenir du Canada dépend en très grande partie du soin que nous mettrons à développer un esprit national. Nous devons trouver des points communs sur lesquels nous entendre et des aspirations à partager[2].» Les provincialistes, qui craignent de cultiver un esprit national, se sont opposés à la Charte en 1981 et ils cherchent toujours à en affaiblir la portée, soit en recourant à la «clause nonobstant», soit en cherchant à y inclure des dispositions en faveur d'une «société distincte».

Nous ignorons, à l'heure actuelle, si les provincialistes réussiront dans leurs efforts pour détruire la Charte. Mais nous savons que cette dernière a constitué un puissant allié pour un grand nombre de Canadiens en quête de justice partout au pays. Dans la définition qu'il donna un jour de l'État libéral, Sir Wilfrid Laurier parla d'un «régime de tolérance». Par le biais de la Charte, nous avons fait en sorte que cette vision s'inscrive dans la loi fondamentale de notre pays.

THOMAS S. AXWORTHY
PIERRE ELLIOTT TRUDEAU

CHAPITRE 11

Le Parti libéral
et le Parlement

par Lorna Marsden

Lorna Marsden a été membre du comité exécutif du Parti libéral du Canada de 1973 à 1984. Elle détient un doctorat de l'université de Princeton et, avant d'être élue au Sénat en 1984, elle était professeur de sociologie à l'université de Toronto, où elle continue d'enseigner à mi-temps.

Une fois élu chef du Parti libéral du Canada, au cours du congrès d'avril 1968, Pierre Elliott Trudeau entreprit de modifier en profondeur à la fois le fonctionnement et l'esprit même du parti. De même, une fois élu Premier ministre, il apporta des améliorations — différentes dans leur nature, mais non dans leurs intentions — tout aussi importantes aux conditions de travail des parlementaires. Fort de ses propres convictions et de l'ambiance politique qui régnait au pays — et qu'il avait si bien réussi à saisir au moment de la course à la direction du parti et des élections fédérales de 1968 — M. Trudeau souhaitait, à travers ces changements, instaurer un régime de «démocratie directe» (ou «démocratie de participation»), élément qu'il jugeait essentiel à l'établissement d'une «société juste».

L'idée de démocratie directe n'était guère nouvelle en soi. Après la défaite de Louis Saint-Laurent en 1957, un groupe de jeunes militants* avait fait le ménage à l'intérieur du Parti libéral et, au nom de ce même concept, l'avait restructuré en faveur de Lester B. Pearson. Mais Pierre Elliott Trudeau était différent. Il projetait une toute nouvelle image et c'est ainsi que l'idée de démocratie de participation

---

* Implanté en Ontario et connu sous le nom de «Cellule 13», ce groupe disposait d'appuis dans l'ensemble du pays.

prit avec lui une nouvelle signification. Une bonne partie de l'engouement des Libéraux pour M. Trudeau provenait de ce qu'il avait déjà accompli au Québec, où, par le biais de sa plume et de ses actes, il avait osé défier cette société qui s'était repliée sur elle-même au lendemain de la guerre et semblait désormais sclérosée. Il avait contribué non seulement à renverser le régime Duplessis, fondé sur le népotisme et l'autoritarisme, mais également à transformer les mœurs politiques de l'époque qui gardaient les partis loin de tous, sauf de quelques citoyens influents. Les Libéraux n'en attendaient pas moins pour le reste du Canada et pour le Parti libéral fédéral. Les changements importants survenus depuis au sein du Parti libéral sont par conséquent, plus qu'on ne l'imagine, directement le fruit des idées de Pierre Elliott Trudeau, un dirigeant politique que très peu considèrent comme un «homme de parti».

L'expression «démocratie directe» a un sens large. Sur le plan de l'organisation, ce concept implique non seulement qu'un plus grand nombre de personnes, mais également différents types de personnes doivent prendre part au processus de décision. Au cours des années soixante, des gens provenant de diverses couches sociales ont été appelés à prendre part aux décisions qui façonnent la société. Les étudiants siégeaient au conseil d'administration de leur université et les travailleurs occupaient à l'occasion des postes de décision dans leur usine. Des études étaient menées pour connaître les goûts des consommateurs et tenir compte de leurs préférences. Divers mouvements de réforme remettaient constamment en question la légitimité de décisions prises à huis clos et n'hésitaient pas à utiliser les médias pour faire valoir leurs points de vue.

Fort de son expérience acquise au Parlement, à la fois au Conseil privé de 1949 à 1951 et en tant que député et ministre au milieu des années soixante, M. Trudeau savait qu'il était urgent d'entreprendre des réformes parlementaires. Il était peu familiarisé avec le Parti libéral fédéral mais, en 1968, il comptait, parmi ses nombreux partisans, des réformateurs qui le pressaient de passer à l'action. Sa détermination à entreprendre des réformes aussi fondamentales est un indice de l'importance que Pierre Elliott Trudeau accordait à la démocratie de participation.

Les réformes parlementaires

Les convictions de M. Trudeau se traduisirent par une série de modifications aux règlements et procédures de la Chambre des communes, par l'adoption de l'importante *Loi sur les dépenses d'élection* et par des changements aux conditions de travail des parlementaires. En dépit des nombreuses réformes parlementaires survenues au cours des ans (restrictions imposées en 1906 au droit de proposer l'ajournement de la Chambre, établissement d'une procédure de clôture en 1913, adoption de règlements concernant la période de temps allouée aux discours en 1927 et aux grands débats en 1955, etc.), on constatait encore le peu d'efficacité dont la Chambre des communes et le Parlement faisaient preuve lorsqu'ils s'attaquaient au menu législatif du Gouvernement.

À la fin des années soixante, après des années difficiles et tumultueuses en raison de la lenteur de la procédure parlementaire, le Premier ministre Pearson proposa une série de réformes. Tout en respectant les droits de l'Opposition et des députés, ces réformes visaient à permettre au Gouvernement d'accélérer le rythme des travaux de la Chambre. La structure des comités et le mode d'affectation des crédits furent également révisés[1]. Ces réformes furent «emportées» par la dissolution du Parlement, au moment du déclenchement des élections de 1968.

Lors de la première session qui suivit son élection à titre de Premier ministre, M. Trudeau ne se contenta pas de demander au Parlement d'entériner les règlements proposés par M. Pearson: il les fit appliquer aussitôt. Il confia cette tâche au président du Conseil privé, Donald Macdonald, qui mit sur pied, en 1968, un comité spécial chargé de moderniser certains aspects de la procédures de la Chambre qui avaient soulevé la controverse dans les Parlements précédents[2]. Très rapidement, ces réformes vinrent régler la question des jours réservés à l'Opposition et celle de l'adoption du budget des dépenses, tout en permettant aux comités permanents de jouer un rôle accru dans le processus législatif. Tous les projets de loi furent dorénavant soumis d'office aux comités permanents appropriés, à l'exception de ceux portant sur la fiscalité.

Grâce à ces mesures qui favorisaient une efficacité accrue de la Chambre des communes, M. Trudeau put atteindre une partie de ses objectifs. L'idée de démocratie directe avait germé dans son esprit au cours des nombreuses années qu'il avait passées à la fois en Chambre et au contact des autres institutions parlementaires, tout d'abord en tant que conseiller économique du Conseil privé de 1949 à 1951, puis, à compter de 1965, en tant que député et secrétaire parlementaire du Premier ministre Pearson. À titre de ministre de la Justice, il attira pour la première fois l'attention générale par son projet de loi omnibus amendant de nombreux articles démodés et impopulaires du Code criminel. Fort de son expérience et de ses connaissances personnelles, il était convaincu que la démocratie de participation ne convenait pas uniquement aux domaines extraparlementaires, mais également au Parlement lui-même. Non seulement les ministres devaient être en mesure d'influencer le menu législatif du Gouvernement, mais les députés eux-mêmes devaient pouvoir participer aux travaux parlementaires et représenter plus efficacement leurs électeurs, à la fois en Chambre et à l'extérieur de la Chambre[3].

Grâce aux réformes apportées au système de comités et aux règles de procédure, les membres de l'Opposition et même les simples députés du parti au pouvoir furent en mesure de faire connaître très rapidement leur opinion aux comités chargés d'étudier les projets de loi. Ces mesures donnèrent à tous les députés la chance de contester efficacement le menu législatif du Gouvernement, sans pour autant retarder indûment l'ordre du jour pour de simples questions de procédures[4].

Cette première partie des réformes ne permit évidemment pas de résoudre tous les problèmes internes du Parlement. En 1974, le Comité permanent de la procédure (devenu depuis le Comité permanent de la procédure et de l'organisation) revint à la charge et toute une série de nouveaux amendements entrèrent en vigueur en 1975. Ceux-ci comportaient notamment une refonte de l'horaire réservé à la période de questions, l'attribution à l'Opposition de certains jours au cours desquels elle pouvait soulever, devant les comités pléniers, des questions relatives aux prévisions budgétaires, et la mise sur pied du nouveau Comité permanent de la gestion et des services aux députés. La question de l'efficacité des comités permanents fut également soulevée, mais aucun changement à cet égard n'entra alors en vigueur. En 1982, de nouvelles réformes, dont la responsabilité fut confiée au président du Conseil privé, Yvan Pinard, amenèrent la division du calendrier parlementaire en trois sessions, permettant ainsi aux députés de planifier leurs réunions en famille et les visites de leurs circonscriptions électorales. Les séances du soir furent remplacées par des séances matinales, exception faite du mercredi. Lorsque des désaccords subsistaient le vendredi, par suite d'un vote sur une motion, le vote était repris au cours de la séance suivante, ce qui permettait à tous les députés de passer le weekend chez eux. On écourta même la longueur des discours et, avec les années, on modifia les comités de la Chambre et leurs priorités, de manière à améliorer la discipline et l'efficacité du Parlement[5].

Au cours de son premier mandat, le gouvernement Trudeau adopta de nombreuses mesures destinées à permettre aux députés de représenter plus efficacement leurs électeurs. Conscient que ces hommes et ces femmes avaient connu des conditions de travail différentes avant d'entrer au Parlement et que, dans d'autres Parlements, les conditions de travail étaient différentes de celles qui prévalaient à la Chambre des communes, le nouveau Premier ministre procéda à de nombreux changements. Sur le plan strictement matériel, les députés n'eurent plus à partager bureaux, téléphones et secrétaires; ils avaient désormais droit à leur bureau personnel, pouvaient téléphoner à leurs électeurs partout à travers le pays et disposer d'un personnel mieux qualifié, tant sur la colline parlementaire que dans leurs circonscriptions. Chaque député se voyait par ailleurs attribuer un montant d'argent lui permettant de couvrir, à l'intérieur de certaines limites, ses dépenses de bureau. Un service d'imprimerie permit également aux parlementaires de publier des bulletins à l'intention de leurs électeurs (dans le cadre également de certaines directives appropriées). Le Comité permanent de la gestion et des services aux députés créé à cette époque-là fut à l'origine d'un grand nombre d'améliorations. Ces changements et ceux apportés par les comités subséquents ont permis aux députés d'offrir de meilleurs services à leurs électeurs tout en rendant la tâche plus attrayante aux yeux de ceux et de celles qui désiraient se lancer dans l'arène politique. Les réformes apportées sur le plan des services, des indemnités et des installations matérielles ont par ailleurs largement contribué à revaloriser le rôle du chef de l'Opposition.

En 1984, les conditions de travail des députés, des chefs des partis d'opposition, des ministres, du personnel de soutien et de tous ceux qui étaient rattachés à la colline parlementaire avaient nettement été améliorées. Tous ces changements ont été rendus possibles parce que Pierre Elliott Trudeau avait la ferme conviction que seules des mesures de soutien économique et matériel appropriées pouvaient favoriser une participation véritable au processus démocratique.

Les députés, les groupes parlementaires et les ministres ont également bénéficié d'importants changements qui leur ont donné accès à des services de recherche plus adéquats. Jusqu'en 1968, les deniers publics ne finançaient pas encore ces services et les partis politiques ne disposaient pas tous des mêmes moyens pour les financer. Les députés ne manquaient pas de recourir aux services de la bibliothèque du Parlement qui, malgré son efficacité, n'entreprenait aucune recherche de nature partisane. À peine 9 documentalistes devaient en effet se tenir à la disposition des 18 comités et 264 députés des Communes! À la fin de 1968, le Centre parlementaire des affaires et du commerce extérieurs voyait le jour; il disposait de services de recherche à l'intention des comités chargés d'étudier la question des relations et du commerce avec l'étranger, et son financement était conjointement assuré par le Parlement et par le secteur privé. Mis à la disposition des nombreux comités des Communes et du Sénat, ce centre vint compléter le travail accompli par les préposés de la bibliothèque du Parlement.

En 1984, tous les services de recherche et de renseignements avaient été améliorés et étendus. Ainsi, la bibliothèque offrait des services de recherche bibliographique et de base de données accessibles par modem, de même qu'un service de recherche affecté au caucus de chacun des partis et financé par le Parlement (proportionnellement au nombre de députés de chaque parti).

Mis en place peu à peu grâce au travail de nombreux députés et de leur personnel, tous ces changements visaient à permettre une plus grande démocratisation de la vie parlementaire. Les résultats furent pour le moins éloquents, comme en témoignent les dernières élections fédérales: on a en effet pu constater, au sein de la nouvelle députation, une baisse du nombre des avocats et une augmentation du nombre des membres de professions moins bien rémunérées. À la Chambre des communes, un équilibre dynamique a été établi entre le Gouvernement et les partis d'opposition. Les députés sont davantage utiles à leurs électeurs, à la fois à Ottawa et dans leurs circonscriptions. Ils sont beaucoup mieux et beaucoup plus équitablement informés, comme en font foi leurs questions et leurs discours. Même si le grand public voit rarement ses élus prendre la parole dans des comités ou à la Chambre (puisque seule la période des questions est télédiffusée), il faut savoir que les députés qui se donnent la peine d'utiliser les ressources mises à leur disposition comptent parmi les meilleurs parlementaires du monde.

Outre ces réformes parlementaires, Pierre Elliott Trudeau s'était engagé à effectuer des réformes électorales. Dépité du système de favoritisme établi par le régime Duplessis, il était en effet déterminé à nommer ses collaborateurs selon leur mérite et à apporter des changements au mode de financement des partis politiques. Certains ne manquent pas de s'interroger sur l'ampleur des changements apportés dans ces domaines, de même que sur l'opportunité de certaines nominations faites par M. Trudeau durant ses années de pouvoir[6]. Toute fois, la *Loi de 1974 sur les dépenses d'élection* a au moins permis de modifier radicalement la manière dont les partis politiques recueillent, dépensent et comptabilisent leurs fonds au cours des élections et en d'autres occasions.

La *Loi sur les dépenses d'élection*

La *Loi sur les dépenses d'élection* constitue, à plus d'un titre, un exemple du type de démocratie de participation que Pierre Elliott Trudeau entendait mettre en œuvre. Depuis toujours, le succès des levées de fonds des partis politiques canadiens dépendait de la générosité des donateurs individuels. Comme seul un nombre restreint de Canadiens possédaient l'aisance financière leur permettant de faire des dons substantiels aux partis politiques, un petit groupe de gens détenait un pouvoir considérable au sein des partis politiques et sur chacun des députés. Il était impensable pour un Canadien moyen de songer à se faire élire au Parlement sans détenir un appui financier adéquat et il était impossible pour les partis politiques de fonctionner ou de participer à une campagne électorale sans avoir de semblables appuis. Il s'agissait là d'un système dont l'accès était interdit à quiconque ne possédait pas les ressources financières appropriées. Cette réalité de la vie politique partisane avait grandement inquiété certains chefs libéraux dans le passé. Louis Saint-Laurent et Lester B. Pearson avaient tous deux prôné des changements à ce sujet. En 1964, après d'intenses discussions, M. Pearson créa la Commission Barbeau, chargée de procéder à une analyse de la situation et de mettre sur pied un programme de réformes[7]. Mais il fallut tenir compte des susceptibilités des autres partis et tenter d'élaborer un programme un tant soit peu pratique — et les années passèrent. Le flambeau fut repris par M. Trudeau qui, grâce aux efforts du ministre John Reid et de ses collaborateurs, réussit à obtenir l'accord unanime des autres partis sur un projet de loi qui fut adopté par le Parlement en 1974.

En vertu de cette loi, qui visait à favoriser une plus grande démocratisation de la vie politique du pays, tout don qui excédait un certain montant devait être rendu public. Un crédit d'impôt destiné aux contribuables permit aux partis politiques d'avoir accès à un large bassin de donateurs éventuels, ce qui réduisit du coup l'influence des quelques donateurs plus fortunés[8]. Enfin, cette loi et d'autres réformes permirent à de nouvelles catégories de citoyens de se lancer en politique. Les femmes et les personnes à faible revenu ou qui n'avaient pu, jusque-là, recueillir l'appui financier de quelque généreux donateur, avaient désormais la chance de se faire élire au Parlement. Plus le nombre de Canadiens participant à la vie politique du pays serait grand, plus la démocratie en sortirait gagnante.

Il est clair que les réformes du Parlement souhaitées par M. Trudeau (dont la réforme du Sénat) n'ont pu être réalisées dans leur totalité, mais celles qui l'ont été ont toutes contribué à promouvoir la démocratie de participation au sein du Parlement canadien.

Le Parti libéral du Canada*

Quand on songe à la complexité du Parti libéral du Canada (PLC) et que tout n'y tourne pas toujours rond, on ne peut s'empêcher de le comparer à la Confédération canadienne. Le PLC est d'ailleurs structuré sous forme de fédération, le Parti libéral de chaque province[9] étant un membre indépendant de cette association.

On trouve quatre instances[10] au sein du PLC, dont l'unité se fait autour d'une même conception progressiste et pragmatique du rôle du Gouvernement et d'un attachement profond aux valeurs partagées par les Canadiens. Il appartient au chef de bien fusionner les diverses instances du parti en un tout cohérent, car, pour garder son parti fort et le diriger vers la victoire, il se doit, tôt ou tard, de satisfaire les exigences de chacune de ces factions concurrentes. C'est grâce aux solutions qu'il apporta aux problèmes posés par ces intérêts divergents que Pierre Elliott Trudeau put, à son époque, instaurer la démocratie directe au sein du PLC.

La première et la plus importante de ces instances se compose de la base du parti, c'est-à-dire des militants qui travaillent dans les circonscriptions, défendent les positions du parti dans leur conversation de tous les jours et font du bénévolat au moment des élections[11].

---

* La présente section s'appuie à la fois sur les expériences personnelles de l'auteure en tant que membre de l'exécutif national du Parti libéral du Canada et de ses sous-comités et sur les discussions qu'elle a eues avec de nombreux militants du parti, ainsi que sur les ouvrages mentionnés dans les notes placées à la fin du livre. De nombreuses personnes ont eu par ailleurs l'amabilité d'apporter leur précieuse contribution au présent essai, dont l'Honorable Pierre Elliott Trudeau, Audrey Gill, le Dr Thomas Axworthy, Gordon Dryden, le sénateur Keith Davey et le professeur Stephen Clarkson.

Lorsque Pierre Elliott Trudeau se porta candidat à la direction du PLC, cette base fut renforcée par des Canadiens issus de toutes les couches sociales qui, attirés par ses idées et par son charisme, ne craignaient pas de s'identifier aux Libéraux.

Le rôle de la seconde instance du parti est d'encadrer et de stimuler la base. Elle est constituée des dirigeants élus du PLC qui œuvrent soit à l'échelle nationale soit au niveau local (tous sont bénévoles), du personnel rémunéré des bureaux national et provinciaux, placé sous la direction d'un responsable national, et des conseillers rémunérés, tels les spécialistes en sondages. C'est parce qu'elles s'identifient au chef et à son idéologie que la plupart de ces personnes travaillent de longues heures, le soir et les jours de congé, et supportent d'innombrables autres contrariétés.

L'aile parlementaire du PLC en constitue la troisième instance. Comme il s'agit de la partie visible du parti, elle tend à se considérer comme la plus puissante des quatre. Cette instance se réunit dans le cadre du caucus national, qui comprend ministres (ou ex-ministres lorsque le parti est dans l'Opposition), députés et sénateurs; elle est chargée de définir l'orientation du parti. Au nom de la première instance, la seconde instance du parti a pour tâche d'influencer et de modifier les actions de l'aile parlementaire, même si force est d'admettre que le pouvoir est inéquitablement réparti sous ce rapport.

La quatrième instance est composée du personnel du bureau du chef du parti et de certains membres importants du personnel politique de l'entourage des ministres. Qu'il agisse de manière autonome ou par l'intermédiaire du président, du comité exécutif, du directeur national et du caucus du parti, le personnel politique sert principalement de médiateur entre les militants et ces divers réseaux d'influence. Durant les années où M. Trudeau fut à la tête du PLC, il y eut cinq secrétaires principaux: Marc Lalonde, Martin O'Connell, Jack Austin, Jim Coutts et Thomas Axworthy. De tout le personnel politique, le secrétaire principal représente véritablement la charnière entre les diverses instances du parti.

Il y eut par ailleurs cinq présidents du PLC au cours des années Trudeau: Richard Stanbury (1968-1973), Gildas Molgat (1973-1975), Alisdair Graham (1975-1980), Norman MacLeod (1980-1982) et Iona Campagnolo (1982-1984)[12]. Il y eut également sept directeurs nationaux durant cette période: Al O'Brien et Torrance Wylie, en fonction sous la présidence de Richard Stanbury; Blair Williams, sous la présidence de Gildas Molgat; Gerry Robinson, sous la présidence d'Alisdair Graham; Gordon Gibson et Gordon Ashworth, sous la présidence de Norman MacLeod; et enfin, Gordon Ashworth et Danielle Dansereau, sous la présidence de Iona Campagnolo. Tous ces personnages ne manquaient pas de se faire la lutte pour accaparer le maximum de temps, d'attention et de ressources de la part du chef et des diverses instances du parti. Il existe toutefois, au sein du PLC, des mécanismes qui font contrepoids à ces influences... lorsqu'ils sont utilisés. Pour bien comprendre la dynamique de ce système, il importe de voir lesquelles, parmi les diverses ficelles tirées par les instances du parti, se rendaient jusqu'au bureau du secrétaire principal du chef du parti à l'époque de M. Trudeau.

Au moment où Pierre Elliott Trudeau prit la tête du PLC et où Richard Stanbury en devint le président au congrès de 1968, les réformes instituées sous le règne de M. Pearson avaient déjà transformé sérieusement le fonctionnement du parti[13]. Cela ne fit que stimuler le désir des Libéraux de procéder à de nouveaux changements. Parmi les expériences tentées, on peut citer l'exemple d'une conférence portant sur la politique nationale qui se tint en octobre 1966, et qui donna lieu à l'élaboration d'un menu législatif complet, alors que le parti était encore au pouvoir. Les partis ne tenaient habituellement ce genre de conférence qu'une fois dans l'Opposition, comme ce fut notamment le cas à Kingston, en 1960. Malgré leurs différences, ces deux conférences permirent aux membres ordinaires du Parti libéral de jouer un rôle nouveau dans l'élaboration des politiques. Mais les réformes mises de l'avant par M. Pearson ne firent que mettre en branle un long processus, car il restait un énorme défi à relever: officialiser le principe de la démocratie directe au sein du parti. Dès 1968, les partisans des réformes passèrent à l'attaque. Leur lutte se déroula en trois étapes: la première se situa entre 1968 et le début de 1972, année qui marqua l'élection d'un gouvernement minoritaire; la deuxième alla de 1972 au 13 décembre 1979, date qui marqua la défaite du gouvernement Clark; la troisième étape couvrit la période comprise entre ce dernier moment et le congrès à la direction de juin 1984.

Les années charismatiques

Joseph Wearing qualifie la première période d'«années charismatiques». Le Parti libéral tenta alors d'utiliser la personnalité de M. Trudeau pour inculquer à ses membres et au personnel de son organisation une certaine ouverture d'esprit face aux diverses instances, le concept d'une participation accrue aux décisions et un meilleur esprit démocratique. Cette idée de jouer sur le charisme personnel de M. Trudeau ne fut toutefois pas des plus heureuses.

Au cours de cette première étape, le sénateur Richard Stanbury dirigea le mouvement de participation. Après avoir été président du comité politique, M. Stanbury était devenu président du parti au congrès de 1968. Fervent partisan du changement, il ne ménagea pas ses efforts, comme le révèlent ses Mémoires[14], pour maintenir un état d'équilibre entre les diverses instances du parti en mettant en œuvre ses idées réformistes et en misant sur l'autorité charismatique du chef du parti. Il mit sur pied des groupes consultatifs ayant pour tâche de sonder le terrain politique dans chaque province et chaque territoire, au nom du Parti libéral. Les délibérations de ces groupes étaient par la suite transmises au «Cabinet politique» (cette idée n'était pas entièrement nouvelle), qui évaluait les décisions du Cabinet en fonction de leur impact politique une fois que les sous-ministres et les autres fonctionnaires s'étaient retirés des réunions. Forts de l'apport de sang neuf dans leurs rangs, de la solide direction que le président imprimait au parti et de la volonté de leur chef, les membres du Parti libéral étaient persuadés que leur nombre leur permettrait d'avoir une influence significative sur le menu législatif du Gouvernement, au fur et à mesure que s'implantait l'idéologie du parti exprimée par son nouveau chef. Ces militants furent les témoins et les artisans de progrès énormes.

En matière de politique, la conférence de Hot Springs qui eut lieu à Harrison, en 1969, permit de réunir d'importants «penseurs» du pays et des membres de toutes les instances du parti afin d'élaborer des idées pour le Gouvernement. Celles-ci prirent la forme de résolutions sur lesquelles les délégués au congrès national de 1970 purent voter. Tenu en novembre, ce congrès représentait seulement le huitième congrès national de toute l'histoire du Parti libéral. De par son style, il rappelait le congrès politique de 1966, alors que le parti était dirigé par M. Pearson, mais le congrès de 1970 était encore plus ambitieux. Des délégués de toutes les circonscriptions participèrent à l'élection des dirigeants du parti (dont le nombre ne fit que s'accroître avec les années), modifièrent la constitution du parti, débattirent et adoptèrent les résolutions proposées.

Entre les congrès, le «Conseil consultatif» permettait une interaction continuelle au sein du parti sur les questions de politique. Ce conseil s'appuyait sur l'idée que le parti était en congrès perpétuel et que la deuxième instance du parti avait l'obligation de refléter l'opinion des militants de manière à influencer, sur une base permanente, la troisième instance. Dans la pratique, l'un des vice-présidents du parti devait procéder annuellement à une enquête auprès des membres afin de connaître leur point de vue sur des questions politiques fondamentales. Un rapport, publié annuellement ou tout au moins avant chaque congrès, tenait les militants informés des actions auxquelles avait mené chacune des résolutions votées au cours du précédent congrès. On y apprenait si, oui ou non, le caucus ou le Cabinet avait pris ces idées en considération, leur avait donné suite et les avait inscrites au menu législatif.

En 1966, M. Pearson dut rendre compte de ce qu'il avait accompli en tant que chef du parti au cours des deux années précédentes. M. Trudeau n'échappa à cette nouvelle exigence, qui fit bientôt partie intégrante de la constitution du parti. Les discours de M. Trudeau à l'intention des délégués devinrent le principal événement de chacun des congrès. Celui-ci avait l'occasion de réitérer son engagement envers les politiques mises de l'avant par le parti et par le Gouvernement, d'expliquer le déroulement des plus récents événements et, par-dessus tout, de démontrer que son charisme personnel ne se démentait ni dans le parti ni au pays[15].

En ce qui concerne les communications, élément essentiel à la participation des membres de la première instance aux activités du PLC, des modifications furent apportées aux bulletins de nouvelles du parti. Celui-ci avait toujours publié un bulletin à l'intention de ses membres mais, en 1969, le Parti libéral fédéral et les Partis libéraux provinciaux décidèrent de publier conjointement un journal de format tabloïd destiné à tous les libéraux du pays. Intitulé *Le Libéral du Canada*[16], ce journal fut publié jusqu'aux mésaventures électorales de 1972, alors que le parti connut un revers de fortune.

Il y avait également un problème de ressources financières. Les dirigeants élus du parti avaient toujours travaillé bénévolement. Ils vivaient pour la plupart loin d'Ottawa, là où le personnel des quartiers généraux, le caucus et le chef du parti veillaient aux tâches quotidiennes. Cet état de fait avait toujours limité les possibilités de mettre en pratique la démocratie directe, essentiellement parce que ces gens-là devaient assumer leurs propres dépenses, y compris pour se rendre aux réunions du parti. Le parti était heureux de voir des nouveaux venus à ses congrès et à l'exécutif national. Des gens de divers groupes disposant de ressources limitées étaient enfin élus dirigeants: des jeunes, des femmes, des gens en provenance de toutes les provinces et de toutes les parties du pays. Mais le parti se trouva devant un problème: comment permettre à tout ce monde-là de se réunir? Les réunions de l'exécutif national ne ressemblaient désormais plus à des rencontres intimes de quelques personnes à Ottawa. Le financement des dépenses de voyage de tous ces groupes devint un lourd fardeau pour le Parti, grugeant les fonds destinés à l'organisation du parti ou aux campagnes électorales.

À cause des réformes apportées aux conditions de travail des députés, les troisième et quatrième instances étaient désormais mieux pourvues en matière de temps, de personnel et de ressources diverses. Au bureau du Premier ministre, le personnel avait doublé dès les premières années et on avait créé des bureaux régionaux chargés des affaires politiques dans les provinces et les territoires. Ces bureaux régionaux entraient parfois en conflit avec les dirigeants du parti, mais ils constituaient certainement de nouvelles sources de renseignements (et par conséquent de pouvoir) pour le chef et son personnel[17].

Afin de garder actifs tous les nouveaux militants du parti, il fallut organiser de fréquentes rencontres avec l'exécutif; la présence du chef était vivement souhaitée à chacune d'elles, ce qui créa de nouvelles difficultés. Lorsque le chef ne pouvait assister aux réunions, l'exécutif réclamait la présence d'un substitut chargé de transmettre les messages des membres du parti au chef. Parmi les substituts qu'on voulait voir, on comptait le sénateur Keith Davey et l'Honorable Marc Lalonde ou le secrétaire principal de l'époque. Lorsque l'information transmise ne donnait lieu à aucune mesure concrète, le messager était pris à partie. Les substituts du chef étaient victimes des frustrations et des critiques de ceux qui n'étaient pas prêts à croire que M. Trudeau pouvait passer outre à leurs conseils. Ce fut particulièrement le cas de Jim Coutts, qui occupa longtemps le difficile poste de secrétaire principal, et du sénateur Davey, une des personnalités attachantes du Parti libéral qui allait plus tard faire l'objet d'une «purge» menée par les jeunes du parti, purge qui allait se poursuivre bien après le départ de Pierre Elliott Trudeau comme chef du parti.

Les membres du parti (la première instance) furent déçus en constatant qu'il était beaucoup plus difficile que prévu d'influer sur la politique du parti et, en particulier, sur la politique du Gouvernement. Les membres refusaient de croire ou d'admettre qu'ils étaient de simples instruments devant servir à l'élection d'un chef ou d'un député qui, par la suite, ne tiendrait pas compte de leurs idées et de leurs objectifs. Ils étaient frustrés et déçus de constater qu'ils ne pouvaient exercer leur influence à tous les échelons du parti. Cette influence était plutôt entre les mains du secrétaire principal, des hauts fonctionnaires et des ministres. Ceux qui luttaient pour donner au parti sa raison d'être, qui est de favoriser la discussion publique d'idées politiques susceptibles d'être appliquées lorsque le parti est au pouvoir, devaient affronter une sérieuse concurrence dans leur tentative d'accaparer le temps et l'attention du chef et de ses ministres et, en fait, de l'entourage politique du chef. La plupart des luttes mémorables au sein du parti prirent naissance à ce moment, alors que les ressources étaient rares et où des intérêts divergents tentaient de s'emparer du pouvoir. Au moment des élections de 1972, l'enthousiasme avait fait place à la désillusion, ce que ne manquèrent pas de refléter la campagne électorale et son résultat, à savoir l'élection d'un gouvernement minoritaire.

Les années de mécontentement

La deuxième période, qui suivit les élections de 1972, fut une période où les forces internes (la troisième et la quatrième instance) revendiquèrent le droit de prendre le contrôle de l'appareil du parti et du caucus et de définir l'ordre du jour du chef. La logique qui prévalait alors était fondée sur la nécessité d'obtenir la majorité lors des élections suivantes. Les militants du parti, déçus par la campagne électorale et désireux d'assurer la réalisation, par le Gouvernement, des idéaux de 1968, admirent qu'il était nécessaire d'adopter une nouvelle stratégie. Entre-temps, une augmentation de son personnel permit au bureau du Premier ministre de prendre le contrôle de tous les éléments du parti. Le facteur qui contribua le plus à cette redistribution du pouvoir en faveur du bureau du chef fut l'embauche d'enquêteurs chargés de sonder l'opinion publique. Non seulement les sondages permettent de se faire rapidement une idée précise des préoccupations des électeurs et de la façon dont ils voient les chefs politiques, mais les résultats en sont présentés discrètement et sans être revus et corrigés, comme cela se produit immanquablement lorsque les membres du parti mènent ce genre d'enquête. Ces derniers, en grande partie désabusés par cette manière de faire, développèrent une antipathie profonde à l'égard du personnel du bureau du Premier ministre. Ce transfert d'influence et cette manipulation du programme du parti, de même que la scission qui se produisit entre le caucus et les sympathisants, ne s'inscrivaient certes pas dans le cadre d'une stratégie délibérée. Tout cela était plutôt la conséquence d'une nouvelle nécessité: contrôler le programme et tenter de faire élire un gouvernement majoritaire aux élections qui allaient suivre. Toutes les instances du parti admettaient cette nécessité de la vie politique. Mais, une fois cette majorité obtenue en 1974, tous souhaitaient voir une reprise des démarches en faveur de la démocratie directe et de nouvelles réformes.

Au cours des congrès nationaux de 1973, de 1975 et de 1978, on modifia la constitution du parti en augmentant le nombre de postes à l'exécutif national et en officialisant les débats sur les résolutions politiques. À mesure que les sondages devenaient de plus en plus fiables et nombreux, les réunions du parti servirent de plus en plus de prétexte pour permettre au chef du parti et au caucus de faire passer leur message, et de moins en moins à recueillir l'opinion des membres du parti. Elles visaient plus à attirer de nouveaux militants qu'à dégager un consensus sur la position du parti. Plus la période difficile comprise entre 1974 et 1979 se prolongeait (le Gouvernement était aux prises avec les problèmes pétroliers, l'inflation et les mesures de réglementation des prix et des salaires, ainsi qu'avec les conséquences de l'élection du Parti québécois au Québec), plus le parti voulait exercer son influence sur l'ordre du jour du Gouvernement.

C'est dans ce but qu'une «réunion de penseurs» fut tenue à l'hôtel Constellation[18], à Toronto, en mars 1977. En février de l'année suivante, au cours du congrès national, qui se tint à Ottawa, 3500 délégués débattirent 1100 résolutions, entendirent le chef du parti et ses ministres faire le rapport de leurs actions au Gouvernement, et élirent de nouveaux représentants.

Au congrès de 1978, Céline Hervieux-Payette fut élue présidente du comité politique permanent. Afin d'éviter une répétition des difficultés qu'avait posé le traitement de l'énorme quantité de résolutions présentées au congrès de 1978, elle adopta une nouvelle approche calquée sur le modèle des partis politiques européens en vue du congrès de 1980, qui consistait à mettre au point un manifeste politique. Un groupe restreint d'experts s'attaqua à ce projet, ce qui eut l'heur d'offenser bon nombre de ceux qui croyaient à la démocratie directe. Le document qu'ils publièrent, intitulé *Projet de manifeste,* était conçu de manière à être adopté comme un tout et à servir de guide politique pendant les élections et une fois le parti au pouvoir. Les délégués au congrès demeurèrent étonnés lorsqu'on leur présenta ce document, peu habitués qu'ils étaient à cette façon de faire. Au congrès de 1982, toutefois, l'élaboration des politiques se fit de nouveau à l'aide de résolutions.

Au cours de cette période, le parti disposait, comme moyen de communication interne, du bulletin bimensuel *Contact* et d'une nouvelle publication intitulée *Dialogue,* dont la rédactrice en chef était Audrey Gill. En 1980, le *Bulletin sur les politiques libérales* fut également lancé.

Tout au long de ces années, le personnel du bureau du Premier ministre de même que les ministres et leur entourage ne manquaient pas de recourir à leur réseau téléphonique personnel pour faire passer leurs messages, écouter les doléances des militants et tester de nouvelles idées. Le chef ou ses représentants, de même que les membres du caucus et leur personnel, assistaient toujours aux rencontres de l'exécutif national et aux congrès du parti, tant aux niveaux national et provincial que régional. Jusqu'en 1979, Pierre Elliott Trudeau garda l'appui indéfectible de la majorité des membres et de toutes les instances du parti. Ses discours étaient pour lui l'occasion d'un triomphe personnel et pour les membres du parti l'occasion de participer à un rituel de solidarité. Les reportages télévisés permettaient de communiquer aux Libéraux absents de ces rencontres toute l'importance et toute l'excitation qu'il y avait à être membre du parti.

Néanmoins, un certain mécontentement collectif grandit peu à peu au cours de ces années jusqu'au moment où, en 1979, les récriminations et la révolte se manifestèrent ouvertement dans les rangs du parti, non seulement contre les personnes qu'on attaque habituellement (le secrétaire principal et le personnel des ministres dans les régions) mais également contre le chef lui-même. Plus tôt, cette même année, le Parti libéral avait perdu les élections aux mains des Conservateurs, qui avaient formé un gouvernement minoritaire dirigé par Joe Clark. La colère grondait au sein du Parti libéral. Les élections avaient été particulièrement difficiles, ce qui n'empêcha pas le chef et son personnel de manifester leur appréciation du travail des partisans (la première instance) au cours de ces élections. Le groupe Grindstone[19] organisa alors une conférence défi à Winnipeg et des comités tripartites furent chargés, en compagnie du caucus et du parti aussi bien que d'organismes non gouvernementaux, d'établir les politiques et les priorités d'un futur gouvernement libéral. Après de nombreuses années passées sur la touche, Herb Gray entra au sein du Cabinet fantôme à titre de critique des finances, ce qui eut l'heur de plaire aux membres du parti. Lors de la rencontre annuelle du Parti libéral du Canada, le chef parla de réforme et fit circuler une proposition préconisant certaines mesures destinées à renouer les liens défaits. Parmi ces réformes, on comptait une modernisation du parti grâce à l'accroissement du personnel et à l'établissement de meilleures communications; une démocratisation du parti au moyen, notamment, de la création d'un comité électoral; une restructuration du parti à l'aide d'une commission de réforme du parti. On voulait accorder une attention toute spéciale à la reconstruction du parti dans l'ouest du pays et être plus attentif à l'opinion publique[20]. Mais, tout comme le pays, le parti refusait de se réconcilier avec son chef. Après avoir pris connaissance des problèmes et de l'impossibilité de satisfaire les exigences du parti, Pierre Elliott Trudeau fit connaître son intention de démissionner de son poste de chef du parti en novembre 1979.

C'est alors que survint la défaite du gouvernement Clark à la Chambre des communes, le 13 décembre. Seul l'exécutif national du Parti libéral possédait le pouvoir constitutionnel de choisir le chef en pareilles circonstances. On organisa rapidement une réunion de l'exécutif national qui devait se tenir la fin de semaine suivante. Mais le caucus s'était réuni le jour précédent et, empiétant sur les pouvoirs de l'exécutif, avait demandé publiquement à Pierre Elliott Trudeau de reprendre la tête du parti. Les membres de l'exécutif national étaient furieux contre cette forme de tyrannie. Pierre Elliott Trudeau, dans un geste fort apprécié de l'exécutif, déclara qu'il ne reviendrait à son poste que s'il obtenait à la fois l'appui du caucus et du parti. L'exécutif national — qui avait maintenant l'esprit belliqueux — allait-il accepter la décision du caucus?

Le puissant ministre et Premier ministre adjoint Allen MacEachen et le secrétaire principal Jim Coutts furent tous deux dépêchés à la réunion de l'exécutif national afin d'éviter toute division sérieuse entre la seconde et la troisième instance. De puissants intérêts en faveur d'autres candidats à la direction du parti étaient déjà à l'œuvre mais, décontenancés par la rapidité des événements, ils étaient impuissants à mobiliser les forces nécessaires pour convaincre les membres de l'exécutif national de refuser le retour de Pierre Elliott Trudeau. Par ailleurs, les membres de l'exécutif national, et tout particulièrement les leaders de la section jeunesse de l'exécutif, n'entendaient pas réagir avec la même sentimentalité que les membres du caucus. Certains d'entre eux croyaient qu'ils avaient déjà suffisamment souffert entre les mains du caucus et du bureau du Premier ministre.

Ils posaient notamment comme condition la création d'un comité d'orientation chargé de déterminer le contenu de la campagne électorale[21]. Ils exigeaient que le bureau du Premier ministre et le chef du parti rendent davantage de comptes au parti. Par suite de leurs récriminations, le congrès biennal de 1980 fut tenu à l'extérieur d'Ottawa (à Winnipeg) pour démontrer la nouvelle distribution des tâches et des intérêts à l'intérieur du parti[22].

Le mécontentement des partisans atteignit son point culminant cette fin de semaine-là, et l'on vit clairement comment Pierre Elliott Trudeau tirait son épingle du jeu: en provoquant des réactions. Alors que les critiques perpétuelles adressées au chef du parti, à la fin des années soixante-dix, agaçaient certains Libéraux, M. Trudeau avait toujours été d'avis que les gens devaient s'exprimer librement et totalement: ils devaient être considérés comme des collaborateurs au sein de cette entreprise qu'était le Gouvernement et ils avaient le droit d'exprimer leurs opinions. Certains Canadiens étaient déconcertés à l'idée de voir leur Premier ministre les considérer comme des collègues de travail et discuter de leurs opinions et de leurs désirs. Mais ceux qui, à l'intérieur du Parti libéral, voyaient également la politique comme une série d'idées susceptibles d'être débattues, comme une suite ininterrompue d'occasions de discuter et comme un moyen de saisir les vues contradictoires de la population, ne trouvèrent rien de plus stimulant que d'échanger leurs idées avec Pierre Elliott Trudeau, qui formulait les questions de la manière la plus pénétrante et la plus provocante possible.

Pendant que certains Canadiens étaient choqués à l'idée de discuter avec leurs Premiers ministres, de nombreux Libéraux (et probablement beaucoup d'autres Canadiens) sentaient que le meilleur antidote aux prétentions des Premiers ministres consistait à mettre ces derniers sérieusement au défi. Les médias, et bon nombre de Canadiens sans doute, jugèrent que le Premier ministre du Canada adoptait un comportement indigne de lui, mais d'autres comprirent que notre pays n'avait jamais eu un chef d'État si peu imbu de ses pouvoirs: le Premier ministre croyait profondément en l'égalité de tous les êtres humains et pensait qu'il suffisait de leur donner l'occasion de mettre leurs talents en valeur.

Les années de «restauration»

Avec la défaite du gouvernement Clark et le retour au pouvoir des Libéraux débuta la troisième et dernière étape du règne de Pierre

Elliott Trudeau. Ces quatre dernières années permirent de faire aboutir sur plus d'un point le processus d'implantation du concept de démocratie directe entrepris dès 1968. Les résolutions du parti étaient de nouveau jointes aux documents destinés au Cabinet et l'exécutif du parti avait de nouveau une influence directe sur les prises de décision politiques et sur le programme du Gouvernement.

En prévision du congrès de 1982 et pour faire suite à un document préparé par Mme Hervieux-Payette, une conférence réunissant une centaine de Libéraux (des représentants des provinces et des territoires, des femmes, des jeunes et des autochtones) eut lieu à l'université Carleton en juin 1981. À la suite de cette conférence, le processus d'élaboration des politiques fut modifié de manière à donner la chance à chaque section provinciale et territoriale, de même qu'aux diverses commissions du parti, de voir leurs principaux sujets de préoccupation débattus au cours des congrès nationaux[23].

Tout cela provoqua de nouveaux changements. Lorsque je fus élue présidente du Comité politique permanent du PLC, au congrès biennal de Winnipeg de 1980, toutes les provinces et territoires, à l'exception de la Colombie-Britannique, virent leurs représentants nommés au comité. En 1984, la majorité des membres de ce comité avaient été élus à leurs congrès provinciaux et devaient par conséquent y rendre des comptes.

Au cours de ces années, Pierre Elliott Trudeau fit de diverses façons la preuve de son engagement en faveur de la démocratie de participation. D'une part, les membres du parti furent mieux informés. De 1980 à 1984, le *Bulletin sur les politiques libérales* les tint au courant des débats politiques qui se déroulaient à Ottawa tout en faisant connaître aux gens d'Ottawa les idées, les critiques et les réactions des membres du parti. D'autre part, alors que s'amorçait la deuxième session du Parlement, au début de 1983, le discours du Trône fut retardé, en dépit des énormes désavantages politiques que cela comportait pour le Gouvernement, de manière à permettre au comité des résolutions, au congrès politique national et au comité d'orientation du parti de terminer leurs travaux.

Entre-temps, le comité d'orientation, dont la création avait été suggérée par M. Trudeau en 1979 et qui avait été mis sur pied en réponse à la crise de 1979, était à l'œuvre. Présidé conjointement par des membres de la deuxième et de la troisième instance (Allan MacEachen en compagnie de Céline Hervieux-Payette et de moi-même en 1979; Allen MacEachen en compagnie de moi-même en

1980, 1981, 1982 et 1983), ce comité électoral constituait un outil particulièrement efficace de démocratie directe. Il permettait aux diverses instances du parti de collaborer sans avoir à passer par l'intermédiaire du bureau du Premier ministre, du caucus ou du bureau du parti. Pour tout ce qui toucha au Programme énergétique national, au Fonds de développement des provinces de l'Ouest, aux modifications apportées aux accords du Nid-de-Corbeau et aux autres questions similaires, l'équilibre du pouvoir entre les quatre instances du parti fut mieux partagé au cours de ces années qu'il ne l'avait jamais été auparavant[24].

Quels furent les résultats de la démocratie directe au sein du Parti libéral? Votée en 1974, la *Loi sur les dépenses d'élection* misait sur le fait que plus le nombre de Canadiens participant au financement de leurs partis serait élevé, plus la démocratie y gagnerait. Au cours des années Trudeau, on modifia la répartition des responsabilités à l'intérieur du parti et on réussit à établir un meilleur équilibre entre les quatre instances. Le Parti libéral du Canada, jusque-là composé principalement d'hommes de race blanche, se diversifia tant en ce qui concerne le sexe que l'ethnie et l'âge de ses membres. La création de commissions sur les femmes et sur la jeunesse et de nouveaux comités permanents, dont l'existence fut reconnue par la constitution du Parti, vint institutionnaliser cette diversité. Selon leur âge, leur sexe, leur langue maternelle ou la région où ils habitaient, les gens pouvaient s'identifier à l'un ou l'autre de ces comités permanents et de ces commissions.

Les deux langues officielles devinrent langues de travail au sein du Parti libéral du Canada. Quelques problèmes surgirent, mais cette question trouva sa solution dans un règlement stipulant qu'il devait y avoir un service de traduction simultanée pour toutes les réunions officielles du parti et que tous les documents devaient être publiés en français et en anglais.

Le parti s'intéressa par le fait même davantage à la question de l'unité nationale et choisit de créer des liens forts entre les individus, les groupes et les régions à travers tout le pays plutôt que de tenter de préserver des châteaux forts provinciaux. Enfin, même s'il reste du travail à accomplir en ce domaine, le parti décida de centraliser ses activités concernant son financement et les communications entre ses diverses instances et sections.

Malgré de sérieux incidents de parcours. le processus d'instauration de la démocratie directe n'en poursuivit pas moins son bonhomme de chemin au sein du parti. Teinté dans un premier temps d'idéalisme, ce concept dut, dans un deuxième temps, affronter la dure réalité du pouvoir. Mais, dans un troisième temps, il parvint à institutionnaliser avec une efficacité inégalée les divers éléments de la démocratie directe que le parti n'avait encore pu mettre en place. Les changements de mentalité qui permirent l'enchâssement de la Charte des droits et libertés à l'intérieur d'une Constitution rapatriée ne sont, en somme, que le reflet du processus de démocratisation amorcé au sein du Parti libéral.

Pourtant, cette période se termina par des appels à la réforme qui menèrent à la dénonciation publique du sénateur Keith Davey et de Jim Coutts, deux des principaux architectes de cette transformation du Parti libéral. Comment cela était-il possible? Essentiellement parce que l'idée de démocratie posait encore un problème au sein du parti. Les instruments du pouvoir (à savoir l'information, le temps, le personnel, les fonds, les idées et les postes) étaient toujours inéquitablement répartis. Mais comment aurait-il pu en être autrement? La vision que Pierre Elliott Trudeau avait de la démocratie directe ne pouvait se réaliser que par une répartition égale des ressources — ce qui, en pratique, était impossible. Les personnes privées de ces ressources éprouvaient par conséquent du ressentiment à l'égard de celles qui en disposaient. Le chef était malheureusement impuissant, en pareil cas, à jouer le rôle de médiateur et, compte tenu des premiers contacts avec la politique qu'il avait eus au Québec, il avait d'ailleurs très peu de raisons de croire que la majorité des militants agissaient par pur désintéressement. En se fiant chaque jour davantage aux divers renseignements et données — fournis par les sondeurs d'opinions, les experts en communications et les fonctionnaires —, qui devenaient de plus en plus élaborés et précis, les membres du parti ont pu très souvent projeter l'image de personnes uniquement motivées par leurs intérêts personnels et quémandant sans arrêt des faveurs. Il ne fait aucun doute que c'était le cas de certains d'entre eux, mais certainement pas de la majorité. La plupart étaient fermement convaincus de l'importance de l'idéologie véhiculée par le parti, de la nécessité d'entreprendre un débat à l'échelle nationale sur les questions liées au libéralisme et à la nécessité de développer, de préserver et de promouvoir les valeurs du libéralisme dans le cadre d'un véhicule approprié.

La télévision les inondant de sondages, d'informations et d'idées de toutes sortes, les Canadiens étaient enclins à accorder davantage de crédibilité au lecteur de nouvelles qu'au membre du parti qui sonnait à leur porte, un dépliant à la main, qu'au bulletin publié par le député de leur circonscription ou qu'à la prise de position publique d'un ministre sur diverses questions. Le parti se sentait coincé entre les médias et le caucus. Les Davey, Coutts et compagnie furent sans doute pris à partie par erreur. Mais le vent de «réforme» qui souffla sur le parti entre 1982 et 1984, et dont la plupart des candidats engagés dans la course pour la direction du parti en 1984 se firent les porte-parole, se résuma essentiellement à une lutte pour le pouvoir. Depuis cette réforme en effet, les dirigeants du parti ont cessé de rendre des comptes à la base, restreignant ainsi le rôle du parti. Cette étape marqua la fin de la démocratie de participation au sein du parti, du moins telle que l'avaient souhaitée Richard Stanbury et d'autres en 1968.

CHAPITRE 12

L'épopée du rapatriement de la Constitution

par Jean Chrétien *

À titre de ministre, Jean Chrétien a détenu divers portefeuilles de 1968 à 1984. Entre 1980 et 1982, alors qu'il était ministre de la Justice, il fut responsable de la participation du gouvernement fédéral à la campagne référendaire au Québec et principal représentant du gouvernement fédéral lors des négociations constitutionnelles qui menèrent au rapatriement de la Constitution et à la rédaction de la Charte des droits et libertés.

Tout changement constitutionnel oblige une société à faire des choix extrêmement importants, car la Constitution est dépositaire des principes philosophiques et des lois qui règlent les relations des individus et des groupes ethniques les uns envers les autres, et envers l'État. Si les droits de la personne et les relations harmonieuses entre les différentes cultures sont une forme de beauté, alors, l'État est une œuvre d'art en perpétuel devenir. Le droit prend donc place, en théorie et en pratique, parmi les activités les plus nobles et les plus créatives de l'être humain.

Professeur F.R. Scott

Bref historique

Il faut remonter à la déclaration Balfour de 1927 pour retracer l'origine du processus de réforme constitutionnelle qui, 55 ans plus tard, soit en avril 1982, devait mener au rapatriement de la Cons-

---

* J'aimerais remercier mon collègue Edward Goldenberg pour l'aide qu'il m'a apportée dans la rédaction de ce chapitre.

303

titution canadienne. En effet, c'est à ce moment que le gouvernement impérial consentit à accorder aux dominions leur pleine autonomie politique et que le Premier ministre Mackenzie King amorça les travaux de recherche d'une formule canadienne d'amendement à notre Constitution. Personne n'aurait alors cru que le Canada serait le dernier territoire de l'empire à obtenir son indépendance juridique. Ce n'est pas par choix que les Canadiens tardèrent tant à trancher les liens coloniaux avec la Grande-Bretagne, mais à cause de leur propre incapacité à se mettre d'accord sur une formule canadienne d'amendement constitutionnel.

À la suite de la proclamation du Statut de Westminster en 1931, le Premier ministre Bennett promit aux dirigeants britanniques de rencontrer bientôt les Premiers ministres provinciaux et de revenir quelques mois plus tard demander au Parlement britannique de remettre la Constitution canadienne à la seule juridiction du Gouvernement qu'il présidait. Dès lors commença l'incroyable épopée du rapatriement de notre Constitution.

Le Premier ministre Bennett ne fut pas long à se rendre compte qu'il n'était pas facile de trouver une formule d'amendement acceptable à la fois pour le gouvernement fédéral et pour les provinces. Ainsi, la Constitution canadienne restait sous la garde du Parlement de Westminster alors que les autres anciennes colonies britanniques obtenaient toutes leur indépendance constitutionnelle. Pendant les 30 années qui suivirent, les Premiers ministres King, Saint-Laurent et Diefenbaker échouèrent tour à tour dans leurs tentatives de trouver une formule d'amendement acceptable pour tous.

Vers la fin du régime Diefenbaker et le début de l'administration Pearson, le contexte du débat constitutionnel avait passablement évolué, au moins au Québec. Il ne s'agissait plus seulement de trouver une formule d'amendement acceptable pour tous, mais aussi de revoir toute la question du partage des pouvoirs entre le gouvernement fédéral et les provinces. Jusqu'à 1960, le cheval de bataille de l'autonomie provinciale enfourché par différents gouvernements du Québec et surtout par Maurice Duplessis n'était pas soutenu par le dynamisme gouvernemental qui aurait dû l'accompagner. Les gouvernements du Québec tentaient de faire échec aux interventions fédérales dans les domaines qu'ils croyaient de leur juridiction, mais n'agissaient pas eux-mêmes autant qu'ils auraient pu le faire.

L'arrivée au pouvoir du gouvernement Lesage et l'éclosion de la Révolution tranquille changèrent considérablement le contexte du débat constitutionnel. Des éléments importants du Cabinet, de la fonction publique et de l'intelligentsia québécoise commencèrent à réclamer plus de pouvoirs pour le Québec. Les uns parlaient de «statut spécial», d'autres de «statut particulier», d'autres enfin «d'États associés», mais pour tous il était évident que le débat sur la réforme constitutionnelle ne se limiterait plus à une formule d'amendement. Cela devint évident surtout face à l'échec du projet d'accord qui avait été jusque-là le plus prometteur, le projet Fulton-Favreau.

En 1964, les 10 Premiers ministres provinciaux et le Premier ministre du Canada avaient donné leur accord à la formule d'amendement Fulton-Favreau. Mais en 1966, avant la ratification de l'accord par l'Assemblée législative du Québec, le Premier ministre Lesage retira l'appui déjà donné. La raison profonde de cette volte-face est sans doute reliée aux pressions de l'intelligentsia et de la presse pour un changement constitutionnel. Jacques-Yvan Morin, qui joindrait plus tard les rangs du Parti québécois et deviendrait vice-premier ministre, mena l'opposition au projet Fulton-Favreau en soutenant que son adoption, accordant un droit de veto aux autres gouvernements, fermerait à tout jamais la porte aux demandes du Québec pour plus d'autonomie et plus de pouvoirs.

Il faut se rappeler que le veto du Premier ministre Lesage à la formule Fulton-Favreau s'inscrivait dans le cadre de la résurgence du vieux mouvement séparatiste au Québec. Au début des années soixante, de jeunes intellectuels québécois, tel Pierre Bourgault, insufflèrent une nouvelle énergie à ce vieux mouvement. D'autres plus radicaux décidèrent d'employer la violence pour parvenir à leurs fins. Le Canada, pays pacifique et tranquille s'il en est, fut profondément traumatisé chaque fois qu'une nouvelle bombe séparatiste explosa.

En juin 1966, Daniel Johnson, qui avait écrit un livre intitulé *Égalité ou Indépendance,* devint Premier ministre du Québec. En septembre de la même année, il présenta une liste de demandes en déclarant que son gouvernement prenait l'engagement d'obtenir une nouvelle Constitution accordant au Québec tous les pouvoirs nécessaires à son épanouissement et à la protection de son identité culturelle. En octobre, le Premier ministre Robarts, de l'Ontario, se dit prêt à considérer «la restructuration de la fédération canadienne». En novembre 1967, il convoqua à Toronto les Premiers ministres provinciaux pour une «Conférence de la Confédération de demain» qui se pencha sur les questions sociales, culturelles et linguistiques, ainsi que sur les disparités régionales. Les provinces avaient des points de vue très partagés sur la nécessité même d'une réforme constitutionnelle.

À l'automne de 1967, René Lévesque quitta le Parti libéral du Québec pour fonder un nouveau parti séparatiste qui deviendrait plus tard le Parti québécois. C'est dans ce bouillonnement d'idées que Pierre Trudeau devint ministre de la Justice du Canada en avril 1967 et Premier ministre un an plus tard, en avril 1968.

Le gouvernement Trudeau de 1968-1971

À son arrivée comme chef de gouvernement, Pierre Trudeau avait une pensée bien arrêtée sur ce qu'était le Canada et sur le rôle du gouvernement fédéral. La situation au Québec donna au débat constitutionnel une nouvelle orientation. Il n'était plus seulement question d'une formule d'amendement mais de l'essence même du pays. Il était temps pour chacun de prendre position. Le Canada deviendrait-il un pays extrêmement décentralisé composé de deux nations, ou serait-il un pays fort ayant deux langues officielles tout en laissant place à l'épanouissement des minorités linguistiques sur tout le territoire? Le rôle du gouvernement fédéral serait-il de promouvoir un Canada bilingue et de donner à tous les Canadiens accès aux services gouvernementaux dans les deux langues officielles? Devrait-il être assez fort pour présider à la redistribution des richesses entre les différentes régions du pays ou ne ferait-il que diriger ce que Joe Clark appellera une communauté de communautés? Ces questions fondamentales formèrent la base de tous les débats constitutionnels de 1968 jusqu'à 1982.

Une série de conférences constitutionnelles fédérales-provinciales débuta en février 1968 pour culminer à la conférence de Victoria en 1971. Il y eut pas moins de sept rencontres de Premiers ministres.

La répartition des pouvoirs de taxation et des champs d'intervention, la sécurité du revenu, les services sociaux, les marchés de capitaux, les institutions financières et la gestion de l'environnement ainsi que les suites à donner aux recommandations de la Commission royale d'enquête sur le bilinguisme et le biculturalisme firent l'objet de ces différentes conférences. On s'aperçut rapidement qu'il n'y avait pas de consensus sur une nouvelle répartition des pouvoirs constitutionnels.

En février 1971 cependant, les discussions portèrent finalement sur le rapatriement et une formule d'amendement, les droits linguistiques et les programmes sociaux, si bien qu'à Victoria, en juin de la même année, on en vint à des compromis administratifs avec le Québec sur ces programmes sociaux, et à un accord général sur le rapatriement, la formule d'amendement et l'enchâssement de certains droits linguistiques et autres droits fondamentaux dans la Constitution.

La formule d'amendement acceptée par le Premier ministre du Canada et ceux des 10 provinces requérait l'accord de 2 provinces atlantiques, du Québec, de l'Ontario et de 2 provinces de l'Ouest, appuyé par la majorité de la population de tout l'Ouest canadien.

Malgré l'unanimité à la conférence de Victoria, l'accord ne fut jamais enchâssé dans la Constitution canadienne parce que le Québec retira sous peu son approbation. Le ministre des Affaires sociales, Claude Castonguay, qui complétait une réforme des politiques de son ministère, se laissa convaincre par Claude Morin, alors sous-ministre des Affaires intergouvernementales, de la nécessité de revoir la distribution des pouvoirs dans le domaine de la politique sociale, par exemple les allocations familiales. Ensemble, ils finirent par ébranler le Premier ministre Bourassa et l'amenèrent à rejeter l'accord.

Il est intéressant de noter que Claude Morin joignit peu de temps après les rangs du Parti québécois. Il en devint le porte-parole constitutionnel comme ministre des Affaires intergouvernementales et joua un rôle de premier plan dans les débats au début des années quatre-vingt.

Malgré son rôle dans la rédaction de la formule de Victoria, et malgré son succès à obtenir l'accord de tous les Premiers ministres à une formule d'amendement accordant un droit de veto au Québec sur tout changement constitutionnel, le Premier ministre québécois ne réussit pas à convaincre certains membres de son Cabinet et certains de ses conseillers du bien-fondé de la formule. Moins de 10 jours après la conclusion de l'accord, il dut se désister.

Tout comme la formule Fulton-Favreau, l'accord de Victoria échoua parce qu'une province avait retiré son appui malgré l'unanimité. Le Premier ministre Bourassa, tout comme le Premier ministre Lesage avant lui, faisait la preuve que l'accord des 10 Premiers ministres n'est pas une garantie de succès à l'enchâssement d'amendements constitutionnels. L'important, c'est qu'il y ait un débat public entre la conférence des Premiers ministres et l'approbation des législatures.

1971-1979:
Le Parti québécois et l'Ouest canadien

Au cours de la période se situant entre la conférence de Victoria et la tentative de rapatriement de la Constitution de 1975, deux événements importants changèrent l'attitude et les priorités des provinces vis-à-vis des changements constitutionnels à venir.

Le premier fut la conclusion d'une entente administrative sur les programmes sociaux qui eut pour effet de faire passer les priorités constitutionnelles du Québec vers l'ensemble du dossier linguistique et culturel.

Le second événement, ce fut la crise internationale du pétrole en 1973 et la réaction du gouvernement fédéral qui décida de fixer les prix sur le marché domestique et d'adopter une politique énergétique nationale. Cette nouvelle intervention du fédéral provoqua des réactions extrêmement hostiles dans les provinces de l'Ouest productrices de pétrole et de gaz naturel et donna naissance à toute une nouvelle philosophie autonomiste sur les droits constitutionnels des provinces en matière de ressources naturelles.

La nouvelle ronde de négociations constitutionnelles de 1975-1976 commença avec la Conférence des Premiers ministres en avril 1975. Le Premier ministre Trudeau proposa d'aller de l'avant seulement avec le rapatriement et une formule d'amendement dans l'esprit de celle de Victoria, plus certaines dispositions rencontrant les demandes du Premier ministre Bourassa, notamment certaines garanties constitutionnelles sur la langue et la culture. Aucun autre Premier ministre ne souleva la question du partage des pouvoirs, et les discussions se poursuivirent à huis clos avec le Québec.

En janvier 1976, il apparut clairement que la conception des «garanties culturelles» du Premier ministre Bourassa était plus étendue que prévu. Elle ne correspondait pas du tout aux propositions du Premier ministre Trudeau conçues seulement dans le but d'empêcher le gouvernement fédéral ou le Parlement d'agir au détriment de la langue et de la culture françaises. Un accord unanime sur ces propositions semblait douteux.

Le 31 mars 1976, le Premier ministre Trudeau écrivit à ses homologues provinciaux et leur fit part de propositions qui, espérait-il, répondraient à leurs attentes. La lettre laissait entendre cependant que, si l'on ne pouvait obtenir un consensus sur l'une ou l'autre des propositions, le gouvernement fédéral devrait alors décider d'agir seul ou pas. Le gouvernement du Québec, mécontent de l'attitude fédérale, chercha à s'allier d'autres provinces. À cause des tensions créées par la politique énergétique fédérale, le Québec réussit au cours de l'été 1976 à convaincre les autres provinces d'exiger plus de pouvoirs comme prix de leur accord au rapatriement de la Constitution. Dans sa lettre du

14 octobre 1976 écrite au nom de tous ses collègues, le Premier ministre Lougheed fit part à Pierre Trudeau de leur position commune.

La position des provinces telle qu'elle était présentée dans la lettre de Peter Lougheed constituait une première dans l'histoire du Canada: une demande collective de changement en leur faveur dans le partage des pouvoirs. Elles exigeaient de nouveaux pouvoirs dans les domaines de la culture, des communications et de la taxation des ressources naturelles, ainsi qu'une révision du pouvoir de dépenser et du pouvoir déclaratoire fédéral. Aucun de ces pouvoirs, sauf celui de dépenser, n'avait été discuté à Victoria.

En novembre 1976, le Premier ministre Bourassa fut défait par le Parti québécois, voué à la séparation du Québec du reste du Canada: le pays se trouvait à une croisée de chemins historique. Alors que les Canadiens étaient traumatisés à la perspective de l'éclatement du pays, les gouvernements provinciaux, conjuguant la menace séparatiste québécoise et la détermination de Trudeau à rapatrier la Constitution en y ajoutant une Charte des droits, saisirent l'occasion pour exiger d'importants transferts de pouvoir.

Lors de la conférence des Premiers ministres provinciaux présidée par le Premier ministre Blakeney, de la Saskatchewan, qui se tint à l'été 1978, on se mit d'accord sur une longue liste de pouvoirs fédéraux à restreindre dans certains cas ou à être transférés aux provinces dans d'autres. La liste couvrait des sujets aussi variés que l'immigration, les lois linguistiques, la juridiction sur les ressources naturelles et la taxation de ces ressources, le pouvoir déclaratoire fédéral, la culture, les communications, le pouvoir de dépenser, le droit de désaveu, le pouvoir de signer des traités, les pêcheries, les nominations aux cours supérieures et à la Cour suprême du Canada, les pouvoirs en cas d'urgence nationale, les pouvoirs résiduels, la taxation indirecte et la délégation de certains pouvoirs législatifs entre les gouvernements.

À la fin de 1978 et au début de 1979, le gouvernement fédéral indiqua sa volonté de faire des compromis sur la question des ressources et sur le pouvoir déclaratoire, mais aucune offre fédérale n'était suffisante pour obtenir l'accord des provinces. Il devint bientôt évident que celles-ci n'attendaient rien de moins qu'une reddition totale du gouvernement fédéral pour donner leur accord.

La défaite du gouvernement Trudeau au printemps 1979 permit au Parti québécois de tenir sa promesse d'organiser un référendum sur l'indépendance du Québec avant la fin de son premier mandat. La tenue d'un référendum alors que le gouvernement fédéral n'avait à toutes fins pratiques pas de représentants élus au Québec paraissait extrêmement favorable à l'option séparatiste. Bien des Canadiens appréhendèrent l'éclatement du Canada.

Mais en décembre 1979, le gouvernement du Premier ministre Clark était défait à la surprise générale, et Pierre Trudeau reprenait les rênes du pouvoir en février 1980.

1980-1982:
Le référendum et la réforme constitutionnelle

Au printemps de 1980, on assista à la confrontation politique du siècle. Fédéralistes et séparatistes se livraient un combat sans merci. Alors que le combat des chefs se faisait entre Trudeau et Lévesque, la bataille quotidienne des forces du NON était dirigée par le chef libéral du Québec, Claude Ryan, que j'épaulais comme lieutenant fédéral nommé par Trudeau. Après une campagne de plus de deux mois où l'on vécut toutes les émotions, allant du désespoir et de la pagaille des premiers jours à la collaboration enthousiaste des dernières semaines, allant de l'inertie initiale des masses à l'excitation des grandes manifestations, allant aussi des erreurs de volontaires inexpérimentés au succès inattendu des «Yvette», le tout se termina par la victoire sans équivoque de l'unité canadienne sur la séparation.

Au cours de la campagne référendaire, le Premier ministre Trudeau et ses lieutenants avaient formellement promis aux Québécois des réformes constitutionnelles majeures advenant une victoire des forces fédérales: le rapatriement de la Constitution, une Charte constitutionnelle des droits et libertés protégeant les deux langues officielles dans tout le pays, la redistribution des revenus et la lutte aux disparités régionales. Ils s'engageaient aussi à négocier le partage des pouvoirs sur une base fonctionnelle tout en maintenant le rôle du gouvernement fédéral au service de tous les Canadiens.

Le 15 avril 1980, en plein débat référendaire, le Premier ministre exposa clairement sa philosophie constitutionnelle à la Chambre des communes: «Le sentiment d'être Canadien, ce sentiment personnel que nous devons cultiver, le sentiment d'être loyal à quelque chose qui dépasse la province ou la ville dans laquelle on s'adonne à vivre, doit trouver son fondement dans la protection des droits fondamentaux du citoyen, dans l'accès de ce citoyen à une juste part de l'abondance des richesses au Canada et à la richesse et à la diversité de ses lois. Dans ce sens, l'intérêt national doit l'emporter sur l'intérêt régional, si difficile qu'il soit parfois pour certains de nous d'oublier nos sentiments d'appartenance à une ville ou à une province parce que les gouvernements provinciaux et autres groupes s'efforcent de faire valoir leurs intérêts. Mais nous avons été élus pour représenter l'ensemble du Canada, et si quelqu'un ne peut avoir le sentiment qu'il obtiendra sa juste part dans une partie quelconque du pays, alors cette personne transférera sa loyauté de l'ensemble à la partie du pays où elle décide de vivre.

«Je le répète, ce principe du partage ne peut être garanti que s'il existe un gouvernement national prêt à affirmer qu'en cas de conflit, les intérêts nationaux doivent toujours l'emporter sur les divergences de vue régionales.»

Le 21 mai, au lendemain du référendum, le Premier ministre me demanda de rencontrer tous les Premiers ministres provinciaux afin de réamorcer le processus de réforme constitutionnelle. Avec un petit groupe de conseillers, je fis le tour du pays en moins de 72 heures et je rencontrai chaque Premier ministre à l'exception de celui du Québec qui, pour des raisons évidentes, ne tenait pas à me voir à ce moment-là. Nous fûmes bien reçus dans toutes les capitales provinciales: tous les Premiers ministres étaient prêts à aller de l'avant avec les réformes. L'accent fut mis sur le rapatriement avec une formule d'amendement acceptable, sur une Charte des droits comprenant l'enchâssement des droits à l'instruction des minorités linguistiques dans leur langue dans toutes les provinces. On aborda également la question du partage des pouvoirs ainsi que la réforme du Sénat et de la Cour suprême. Mais ce n'était pas encore l'unanimité; le Premier ministre Lyon, du Manitoba, par exemple, s'opposait vigoureusement à la Charte des droits qu'il associait au droit constitutionnel américain, lui préférant le principe britannique de la suprématie du Parlement.

À la fin de cette tournée, le Premier ministre Trudeau décida de convoquer tous les Premiers ministres à une conférence pour établir les paramètres des discussions que devraient mener à bien les ministres de la Justice au cours de l'été. Au programme, trois semaines consécutives de négociations en juillet: la première à Montréal, la deuxième à Toronto et la troisième à Vancouver, suivies d'une relâche de quelques semaines pour reprendre à la mi-août à Ottawa, en préparation de l'ultime conférence des Premiers ministres prévue pour septembre 1980.

En se préparant pour les négociations à venir, la partie fédérale gardait à l'esprit les leçons des 15 dernières années et la nouvelle réalité des pressions décentralisatrices. La décision fut prise de ne pas troquer les droits dcs citoyens et l'indépendance juridique du pays contre une augmentation du pouvoir des provinces. La position dont nous ne nous sommes jamais écartés consistait à négocier à une première table le rapatriement, une formule d'amendement, un préambule, une Charte des droits et libertés, la réforme de la Cour suprême et du Sénat, et à réserver pour une autre table le partage des pouvoirs sur le droit de la famille, les communications, les ressources *off-shore,* l'union économique, le commerce international et la taxation indirecte des ressources naturelles.

Pour le gouvernement fédéral, la Charte des droits devait être discutée indépendamment de toute considération externe: il fallait en examiner le contenu à la lumière des conventions internationales, des chartes des libertés tant fédérale que provinciales, de l'évolution de la société et du conflit entre la suprématie du Parlement et celle des tribunaux.

Quant à la formule d'amendement, il fallait tenir compte de facteurs tels que sa souplesse ou sa rigidité, l'égalité des provinces, les droits de veto en fonction de la population ou de la langue, etc. Essentiellement, le gouvernement fédéral avait décidé d'adopter une approche pragmatique et fonctionnelle et refusait de se laisser entraîner dans un marchandage impliquant le troc des pouvoirs fédéraux en faveur des provinces contre la protection des valeurs individuelles fondamentales.

Évidemment, il était bien entendu que tous les bénéfices ne pouvaient aller aux provinces et toutes les concessions venir du fédéral. Si la réforme constitutionnelle devait avoir un sens, elle devrait refléter une société qui soit plus qu'une communauté de communautés, une société où la citoyenneté voudrait dire quelque chose.

Enfin, il fallait aussi mettre fin au mythe voulant que le Canada soit une fédération trop centralisée. La preuve était déjà faite que, malgré tous les discours, le Canada devenait de plus en plus décentralisé. En effet, en 1959, le gouvernement fédéral avait perçu 58 p. 100 de tous les revenus des gouvernements et, compte tenu des transferts aux provinces, les dépenses fédérales représentaient 52 p. 100 des dépenses gouvernementales au pays. Les provinces donc, de leur côté, n'avaient perçu que 42 p. 100 de tous les revenus et n'avaient effectué que 48 p. 100 des dépenses pour la même année. Au cours des 20 années qui suivirent, les provinces assumèrent un rôle de plus en plus important dans l'administration des programmes sociaux, et parallèlement perçurent plus de revenus. En même temps, le gouvernement fédéral augmentait de façon significative ses paiements aux provinces pour favoriser l'égalité des chances de tous les Canadiens. À la suite de ces transferts de champs de taxation, le gouvernement fédéral, en 1979, ne percevait plus que 46 p. 100 des revenus alors que la part des provinces avait augmenté à 54 p. 100 et, après les paiements de transfert, les dépenses fédérales ne représentaient plus que le tiers des dépenses gouvernementales (alors qu'elles en représentaient plus de la moitié auparavant), tandis que celles des provinces augmentaient, de façon inversement proportionnelle, aux deux tiers.

À la suite de ce retrait progressif du gouvernement fédéral dans la perception des revenus et du même coup dans la répartition des dépenses, les provinces riches devinrent de plus en plus riches et les provinces pauvres, de plus en plus pauvres. Ainsi, au cours des deux dernières décennies, et malgré le mythe d'une centralisation accrue, on avait constaté un affaiblissement proportionnel des pouvoirs en faveur des provinces, du moins des plus riches d'entre elles. Et le comble, c'était que l'augmentation des prix du pétrole décrétée par l'OPEP et les revenus accrus des provinces productrices du pétrole menaçaient tout l'équilibre fiscal de la fédération canadienne.

Ce n'est pas tout. Saisies par la fièvre autonomiste, les provinces élevèrent de plus en plus de barrières économiques autour d'elles. Le commerce interprovincial devint de plus en plus difficile. Certaines provinces bloquèrent la vente de compagnies à des citoyens d'autres provinces. Des produits manufacturés dans une province n'avaient plus accès aux marchés d'autres provinces. Les restrictions imposées par certaines provinces sur l'embauche de la main-d'œuvre provoquèrent des mesures de représailles par d'autres. Le gouvernement fédéral était d'avis qu'il ne pouvait pas permettre une telle balkanisation du pays, autrement on se retrouverait avec dix pays au lieu d'un.

Le gouvernement fédéral fixa donc ses objectifs constitutionnels en tenant compte de la décentralisation fiscale progressive, de l'érection de barrières économiques domestiques et de la croissance de forces politiques centrifuges non négligeables. Nous ne voulions pas créer un État fortement centralisé, encore moins un État quasi unitaire comme certains l'ont laissé entendre. Nous ne cherchions pas de nouveaux pouvoirs pour le fédéral. Ce que nous voulions faire, c'était rééquilibrer la fédération afin d'assurer que la citoyenneté canadienne garantisse des chances égales pour tous dans tout le Canada.

Au départ, lors de la première semaine de rencontres à Montréal, chacune des parties prit position. La délégation fédérale présenta ses dossiers sur le rapatriement, sur la Charte des droits et sur une formule d'amendement inspirée de celle approuvée à Victoria neuf ans plus tôt. On fit aussi les premières allusions à la nécessité de renforcer l'union économique canadienne. Les provinces ouvrirent immédiatement le feu sur la question du partage des pouvoirs, particulièrement en matière de taxation indirecte des ressources naturelles, en matière de commerce international des mêmes ressources, en matière de communications, de pêcheries, et la liste continuait.

On semblait être d'accord pour une réforme du Sénat et de la Cour suprême, mais c'était la cacophonie quant aux pouvoirs du nouveau Sénat ou aux modalités de représentation des provinces. Par exemple, alors que la Colombie-Britannique appuyait fortement la réforme, l'Alberta, représentée par son Premier ministre, Peter Lougheed, s'opposait à toute réforme qui, tout en augmentant la représentation provinciale au Sénat, aurait pour effet d'affaiblir le rôle du gouvernement provincial.

Au cours de la deuxième semaine, à Toronto, le gouvernement fédéral indiqua clairement sa position sur l'union économique canadienne. Les gouvernements provinciaux furent surpris de constater que ces négociations étaient foncièrement différentes des négociations antérieures et que l'ordre du jour ne comprenait pas seulement la liste des demandes provinciales. En effet, même si le gouvernement fédéral voulait bien discuter des demandes de partage de pouvoirs, il n'était pas prêt à sacrifier un Canada qui soit plus grand que la somme de ses parties.

La position du gouvernement fédéral sur l'union économique se composait de trois éléments:

1. L'insertion du droit à la liberté de circulation et d'établissement dans la Charte des droits.

2. Le renforcement dans la Constitution des mesures prohibant en fait ou en droit la discrimination des personnes selon leur province d'origine ou de résidence, ainsi que celles portant sur les biens et services y compris les investissements.

3. La reconnaissance explicite de la juridiction du gouvernement fédéral sur la réglementation des échanges commerciaux en biens, services et capitaux, la réglementation de la concurrence et l'établissement des normes et des standards sur les produits manufacturés.

Les provinces furent d'abord prises de court car elles ne s'attendaient pas à une proposition fédérale aussi directe. L'état de choc s'aggrava lorsqu'elles se rendirent compte que le gouvernement fédéral était sérieux et n'avait pas l'intention de reculer. Dans son livre intitulé *Lendemains piégés,* Claude Morin affirme que la position du gouvernement fédéral constituait «une véritable agression contre les provinces sans précédent dans l'histoire des relations fédérales-provinciales». Cependant, il ne fait aucun commentaire sur les conséquences pour le Canada des innombrables demandes de décentralisation des provinces.

Le débat sur l'union économique canadienne mit en relief les profondes divergences de vues entre le gouvernement fédéral et les provinces sur la nature même de l'économie nationale: avait-elle une entité propre d'envergure nationale ou n'était-elle qu'un agrégat d'économies régionales? Les provinces de l'Ouest, qui voulaient réglementer le commerce extérieur de leurs ressources naturelles, par exemple la potasse en Saskatchewan ou le gaz et le pétrole en Alberta, soutenaient implicitement que l'économie nationale se composait d'un ensemble d'économies régionales dont les provinces devaient avoir le contrôle. Il s'agissait là d'une conception du Canada fondamentalement différente de celle de tous les gouvernements fédéraux depuis 1867.

C'est à Toronto, au cours de la deuxième semaine de négociations, que sont apparues pour la première fois les divergences de vue sur le Canada. En même temps, survenaient deux autres facteurs d'importance qui auraient des répercussions plus tard. En premier lieu, les fonctionnaires de tous les gouvernements se rencontraient quasi quotidiennement pour débattre du jargon technique et légal des amendements constitutionnels qui seraient plus tard soumis à l'approbation des délégations officielles, établissant ainsi une relation de travail qui s'avéra de plus en plus précieuse pour aplanir les obstacles. En second lieu, on s'aperçut qu'il s'établissait peu à peu une chimie personnelle entre les ministres des différentes délégations; cette chimie ne serait sans doute pas étrangère à la conclusion de l'accord final.

Au cours de la troisième semaine, à Vancouver, j'eus le sentiment qu'on ne pourrait probablement pas parvenir à un accord. On fit peu de progrès sur les droits linguistiques des minorités. La formule d'amendement proposée par les provinces s'écartait sensiblement de celle préconisée par le gouvernement fédéral. Comme il n'y avait pas d'accord sur l'union économique, la délégation fédérale refusait toute concession sur les ressources.

Par ailleurs, j'étais préoccupé par une discussion que j'avais eue avec Claude Charron, alors ministre du gouvernement du Québec. En tentant de déterminer quelle était la position minimale du Québec, je compris que malgré les apparences de bonne foi autour de la table de négociation, la position du Parti québécois sur l'indépendance du Québec l'empêcherait de signer quelque accord que ce soit pour une nouvelle Constitution canadienne. Malgré la défaite de la bataille référendaire, le Parti québécois ne considérait pas la guerre pour l'indépendance terminée, et ses membres demeuraient fidèles à leur objectif et à l'article 1 de leur programme: l'indépendance du Québec.

Malgré ma conviction qu'il serait difficile d'obtenir un accord unanime, nous avons tous continué notre travail de réflexion et de négociation sur la Charte des droits, la formule d'amendement, la réforme du Sénat et de la Cour suprême, le commerce international des ressources naturelles, les communications et l'union économique canadienne. Les experts continuaient de rédiger leurs meilleures ébauches sur chacun de ces sujets, et on examinait attentivement le mot à mot des projets d'amendement constitutionnel.

Tout à coup, au cours de la dernière semaine de négociations, en août, on sentit s'élever un vent d'optimisme. La chimie qui avait fait son travail au cours de l'été à Montréal, à Toronto, à Vancouver et à Ottawa commençait à porter fruit. Nous commencions à croire que notre travail et celui de nos fonctionnaires avait pavé la voie à la signature d'un accord par nos Premiers ministres. Certains d'entre nous étaient convaincus que si nous avions eu le pouvoir de signer au nom de nos gouvernements respectifs, les relations personnelles que nous avions développées au cours de l'été auraient empêché la débâcle qui se produisit à la conférence des Premiers ministres, et l'accord aurait pu être conclu.

Mais tout cela relevait peut-être plus de nos désirs que de la réalité. Car alors que le travail des ministres et des fonctionnaires avait rendu possible une foule d'accords sur toutes sortes de sujets, le gouffre entre les différentes visions du Canada n'avait pas été comblé. Nous en avons eu la preuve à la Conférence fédérale-provinciale des Premiers ministres qui commença le 8 septembre 1980.

Le dîner offert par le gouverneur général à la veille de l'ouverture de la conférence fut certainement la réception officielle la plus pénible à laquelle j'ai eu l'occasion d'assister. Plusieurs des Premiers ministres qui m'avaient reçu avec chaleur et enthousiasme au lendemain du référendum n'étaient plus les mêmes; ils étaient prêts à saborder l'autorité du Premier ministre et du Parlement dans le but de transformer leurs provinces en principautés toutes-puissantes. On tenta même de dépouiller le Premier ministre de son rôle de président des conférences fédérales-provinciales. L'atmosphère devint si tendue et désagréable que le gouverneur général dut inopinément mettre fin au repas.

Au cours de la Conférence, le lendemain, les Premiers ministres provinciaux remirent au Premier ministre Trudeau le catalogue de leurs demandes qui, à toutes fins pratiques, auraient limité la juridiction du Parlement fédéral à la colline parlementaire ou peu s'en faut. Ces demandes extravagantes, doublées des réactions à la suite de la fuite d'un document de stratégie fédérale, eurent pour effet de dissoudre la bonne volonté qui s'était développée au cours de l'été. Et la Conférence fut ajournée sur l'incroyable déclaration du Premier ministre Peckford, de Terre-Neuve, qui affirma devant des millions de téléspectateurs qu'il préférait le Canada de René Lévesque à celui de Pierre Trudeau.

On dut se rendre à l'évidence que certains Premiers ministres étaient assoiffés de pouvoir; d'autres étaient des adversaires politiques du gouvernement fédéral et agissaient selon le principe que l'ennemi de mon ennemi est mon ami; d'autres encore ne partageaient pas la vision «fédérale» du Canada. Ils en étaient tous venus à la conclusion que le Premier ministre Trudeau voulait tellement le rapatriement, la formule d'amendement et la Charte des droits qu'à la fin il céderait certains pouvoirs fédéraux pour atteindre ses objectifs. Ils avaient tort.

Devant d'aussi extravagantes demandes de la part des provinces, le gouvernement fédéral n'avait plus qu'une seule option: procéder sans délai au rapatriement unilatéral de la Constitution canadienne avec une formule d'amendement et l'enchâssement d'une charte des droits et libertés. Le 6 octobre 1980, une résolution sur le rapatriement de la Constitution fut déposée à la Chambre des communes.

La résolution prévoyait, outre le rapatriement de la Constitution, une période de deux ans pour se mettre d'accord sur une formule d'amendement ou, à défaut, l'adoption de la formule de Victoria avec possibilité de référendum national pour briser les impasses, et une charte des droits et libertés garantissant les droits à l'éducation pour les minorités linguistiques ainsi que la liberté de circulation et d'établissement pour tous les Canadiens. Plus tard, la résolution fut amendée pour clarifier et élargir la juridiction des provinces sur le commerce et la taxation des ressources naturelles.

La décision du gouvernement fédéral de rapatrier unilatéralement la Constitution fut appuyée au Parlement par le Nouveau Parti démocratique et dans les législatures provinciales par les gouvernements de l'Ontario et du Nouveau-Brunswick. Le Parti progressiste-conservateur, mené par Joe Clark, et les huit autres provinces s'opposèrent vigoureusement à l'action fédérale. Terre-Neuve, le Québec et le Manitoba décidèrent d'en référer, pour ce qui en était de la question de la constitutionnalité du rapatriement unilatéral, à leurs cours d'appel respectives.

Pendant que les cours d'appel entendaient les points de droit, la résolution sur la Constitution était confiée à un comité conjoint du Sénat et de la Chambre des communes. Ce comité parlementaire a démontré de façon impressionnante le bon fonctionnement du processus politique; il a siégé pendant 267 heures réparties sur 56 jours et a reçu les représentations de 914 personnes et de 294 groupes. Le plus extraordinaire, ce fut le succès des lobbies de groupes habituellement peu ou mal organisés: les aborigènes, les femmes, les handicapés, les groupes ethniques. Les Canadiens clamaient à haute voix leur volonté d'avoir une charte des droits et libertés garantissant l'égalité des droits de tous et une justice égale pour les minorités et les moins favorisés.

Les auditions du comité eurent pour effet d'amener le Gouvernement à faire plusieurs amendements au projet de Charte des droits déposé au Parlement en octobre 1980. Même si les Conservateurs étaient toujours opposés au processus de rapatriement, tous les membres du comité parlementaire travaillèrent de concert à l'amélioration du contenu de la résolution sur la Constitution. On examina à la loupe le mot à mot et la portée de chaque amendement, et le ministre de la Justice et ses principaux conseillers durent eux-mêmes témoigner pendant plusieurs jours, sous l'œil vigilant des caméras de télévision qui transmettaient les séances de travail dans tous les foyers du pays. Une nouvelle résolution sur la Constitution fut déposée au Parlement à la fin de février 1981.

Les trois cours d'appel avaient fait leur travail en même temps que siégeait le comité parlementaire. Les cours du Québec et du Manitoba confirmèrent le droit du gouvernement fédéral de rapatrier unilatéralement la Constitution. Cependant, la Cour d'appel de Terre-Neuve émit un avis contraire, si bien que finalement, on décida d'en référer, pour tout le dossier, à la Cour suprême du Canada avant le vote final du Parlement sur la résolution. Les plaidoieries eurent lieu à la fin d'avril et au début de mai 1981.

En même temps, les huit provinces dissidentes préparaient leurs propositions. En avril 1981, elles s'étaient mises d'accord sur une formule d'amendement sans droit de veto pour qui que ce soit. À la surprise générale, René Lévesque avait apposé sa signature sur un document où il renonçait *de facto* au droit de veto réclamé depuis toujours par tous les Premiers ministres du Québec et reconnu par toutes les provinces à Victoria en 1971.

La formule d'amendement approuvée par le Groupe des huit prévoyait que la Constitution pouvait être amendée avec le consentement de sept provinces représentant plus de 50 p. 100 de la population canadienne. Si une province n'était pas d'accord avec un amendement qui pouvait porter atteinte à ses droits, elle pourrait exercer un droit de retrait avec pleine compensation fiscale. Par ailleurs, le Groupe des huit s'opposait à l'enchâssement de toute charte des droits et libertés.

En septembre 1981, la Cour suprême rendit sa décision selon laquelle le rapatriement unilatéral était légal mais contraire aux conventions constitutionnelles. La Cour déclara que les conventions constitutionnelles requéraient le consentement de plus de deux provinces mais pas nécessairement de toutes les provinces. La Cour ne précisa ni combien de provinces ni lesquelles devaient donner un consentement. On s'apercevait en lisant entre les lignes que la Cour recommandait au gouvernement fédéral et aux gouvernements provinciaux de retourner à la table de négociation.

Même si le gouvernement britannique avait informé le Premier ministre Trudeau qu'il était déjà prêt à adopter toute résolution de rapatriement demandée par le Parlement du Canada, le gouvernement fédéral décida de retourner à la table de négociation et de tenter un dernier effort pour obtenir un meilleur consensus et ainsi satisfaire au jugement de la Cour suprême sur les conventions constitutionnelles.

Cette dernière conférence commença à Ottawa le 2 novembre 1981 dans une meilleure atmosphère, étant donné que les huit provinces dissidentes, connues sous le nom de «Groupe des huit», voyaient dans le jugement de la Cour suprême et dans la tenue même de la conférence une victoire morale importante même si, au strict plan juridique, la Cour avait reconnu la légalité de la démarche fédérale. Malgré cette meilleure atmosphère, les problèmes de fond n'avaient pas changé.

La position du Groupe des huit sur la formule d'amendement et sur la Charte des droits et libertés était tout à fait inacceptable pour le gouvernement fédéral. La réforme constitutionnelle prônée par le

Groupe n'apportait rien au nationalisme canadien et ne renforçait pas le sens de la citoyenneté canadienne. Au contraire, elle faisait du Canada un pays où l'exercice du droit de retrait serait récompensé par une compensation fiscale. Rétrospectivement, il semble maintenant évident que pour la plupart des provinces dissidentes, la position prise en avril 1981 en était une de négociation. Pour le Québec, il n'y avait pas de marge de manœuvre.

Le Premier ministre Trudeau ne pouvait accepter cette vision considérant le Canada comme un pays où le gouvernement fédéral n'existe que par la volonté des provinces et où le pouvoir ultime demeure entre les mains des provinces. Le Premier ministre soutenait que le tout est plus grand que la somme des parties et qu'ultimement, c'est le peuple qui est le vrai dépositaire du pouvoir. En conséquence, il était d'avis que la formule d'amendement devait prévoir l'utilisation possible du référendum comme mécanisme permettant de sortir des impasses. Il insista aussi pour insérer dans la Charte des droits la reconnaissance des valeurs et des idéaux partagés par tous les Canadiens.

En plus de l'affrontement des deux conceptions opposées de la nature du Canada, un autre obstacle apparemment insurmontable venait de l'entêtement du Premier ministre Sterling Lyon, du Manitoba, à s'opposer à toute forme de Charte des droits, celui-ci étant d'avis que la souveraineté parlementaire ne peut être soumise à la suprématie des tribunaux.

Même si le résultat de la Conférence de novembre 1981 est bien connu, il est intéressant de savoir comment on en est venu à un consensus. Pendant les deux premiers jours et demi, c'était l'impasse totale. Cependant, quelques-uns du Groupe des huit cherchaient entre eux une formule de compromis. Le Québec n'avait qu'une réponse: aucune concession. Ce n'est donc pas étonnant qu'à la fin, le Québec ne fut pas partie au compromis puisqu'il avait catégoriquement refusé depuis le début de la Conférence de participer avec les autres provinces à quelque réunion que ce soit, formelle ou privée, sur le sujet.

À midi le troisième jour, le Premier ministre Trudeau proposa, pour mettre fin à l'impasse, de tenir un référendum national par lequel la Charte des droits et libertés et la formule d'amendement devraient être approuvées par une majorité des électeurs des provinces atlantiques, du Québec, de l'Ontario et des provinces de l'Ouest.

Que ce fût par dessein ou par chance, la proposition de Trudeau brisa l'unanimité du Groupe des huit et mena au compromis final. Le Premier ministre Lévesque mordit immédiatement à l'idée d'un référendum. Il y voyait l'occasion de prendre sa revanche sur Trudeau et de laver la défaite de mai 1980. Je crois qu'il espérait gagner le référendum en faisant campagne en faveur de la protection des droits de l'Assemblée nationale contre toute forme de limitation. C'est cette acceptation du défi de Trudeau par Lévesque qui brisa le Groupe des huit.

Les Premiers ministres Lougheed, de l'Alberta, et Blakeney, de la Saskatchewan, étaient passablement furieux car ils ne voyaient pas comment des politiciens des Prairies pourraient faire campagne contre la Charte des droits qui, en un sens, était le legs des grands politiciens populistes de l'Ouest tels John Diefenbaker et Tommy Douglas. C'eût été encore plus intenable pour Lougheed qui, au lendemain de sa première élection comme Premier ministre de l'Alberta, avait lui-même proposé une loi sur les droits de la personne à la législature de sa province.

La proposition de référendum national fut la goutte d'eau qui fit déborder le vase. Alors que le Premier ministre Trudeau croyait sincèrement au référendum comme moyen de briser l'impasse et de permettre au peuple de faire connaître son choix, d'autres s'y opposaient pour des raisons d'ordre pratique. Sept membres du Groupe des huit finirent par se rendre compte que le gouvernement du Parti québécois, voué à l'indépendance du Québec, ne pouvait être un allié bien fiable. Les Premiers ministres Hatfield, du Nouveau-Brunswick, et Davis, de l'Ontario, n'étaient eux-mêmes pas très enthousiastes à l'idée de référendums qui pourraient se multiplier à chaque conflit fédéral-provincial; ils ne s'étaient ralliés à la proposition que pour faire échec à l'unité du Groupe des huit.

De mon côté, je m'étais toujours opposé à l'idée de référendum national comme instrument politique institutionnalisé, ayant vécu, comme principal porte-parole fédéral durant le référendum de mai 1980 au Québec, le traumatisme causé au sein des familles, des villages, des villes divisés de façon dramatique. Je redoutais des divisions nationales encore plus accentuées entre l'Est et l'Ouest, entre anglophones et francophones, et je voulais éviter tout ce qui peut désunir au lieu d'unir. Mais quelles que fussent nos vues sur le référendum, l'idée lancée par le Premier ministre Trudeau eut un effet magique.

La relation amicale qui s'était développée entre les ministres au cours de l'été 1980 s'avéra précieuse dans l'après-midi, la soirée et même la nuit du 4 novembre 1981. Plusieurs rencontres informelles eurent lieu et nous étions d'avis que la seule façon d'éviter un référendum était d'en arriver à une solution de compromis. À la fin de l'après-midi, nous nous sommes retrouvés dans la cuisinette au cinquième étage du Centre national des conférences à Ottawa, Roy Romanow et Roy McMurtry, alors procureurs généraux de la Saskatchewan et de l'Ontario, et moi-même, ministre de la Justice du Canada. Je leur ai dit que je croyais pouvoir convaincre le Premier ministre Trudeau d'accepter une réforme constitutionnelle basée sur le rapatriement, une formule d'amendement légèrement différente et une Charte des droits restreinte pour peu que les droits à l'éducation pour les minorités linguistiques et les droits à la liberté de circulation et d'établissement soient préservés sans restrictions. Romanow et McMurtry croyaient qu'un tel compromis serait acceptable pour la plupart des provinces, mais que le Québec refuserait et que le Manitoba ne pourrait accepter la Charte des droits.

La Conférence fut ajournée jusqu'au lendemain, 5 novembre. Dans la soirée du 4, il y eut une rencontre de quelques ministres seniors au 24 Sussex. Au départ, le Premier ministre Trudeau était peu enclin à accepter un compromis; plusieurs ministres l'appuyaient et semblaient attendre avec impatience la tenue d'un référendum même après que je leur eus expliqué que, d'une part, l'Ouest rejetterait le droit de veto pour le Québec et l'Ontario, ce qui nous laisserait sans formule d'amendement, et que, d'autre part, le Québec de son côté rejetterait une Charte des droits portant atteinte à la souveraineté de l'Assemblée nationale, ce qui nous laisserait sans Charte des droits.

Le Premier ministre Trudeau fut appelé au téléphone et apprit du Premier ministre Davis que l'Ontario allait appuyer le compromis. Cet appel semblait l'avoir rendu plus malléable, mais il était torturé à l'idée de devoir accepter un compromis sur la Charte et peut-être encore plus à l'idée que le mécanisme référendaire pour régler les impasses puisse être rejeté. En effet, il tenait tellement au principe que le Canada existe par la volonté populaire et non par un pacte des provinces qu'il aurait voulu voir ce principe clairement énoncé dans la Constitution. Cependant, à la perspective de devoir aller seul à Londres avec toutes les implications politiques qui s'ensuivraient, il finit par accepter le compromis que j'avais proposé, à la condition que nous obtenions l'appui d'une majorité de provinces représentant une majorité de la population.

Il n'y eut pas d'autres négociations ce soir-là entre les ministres fédéraux et les provinces. J'appris plus tard que certains ministres et fonctionnaires provinciaux s'étaient rencontrés de leur côté pour mettre une dernière main à la proposition de compromis.

Comme tous les jours de la conférence, une réunion des huit provinces dissidentes fut tenue tôt le matin du 5 novembre. La proposition fut mise sur la table et rejetée par le Québec. La veille, les autres provinces avaient vu le Québec agir seul sur la proposition de référendum. Elles en vinrent à la conclusion qu'il n'y avait aucune entente constitutionnelle possible avec le Premier ministre Lévesque. Elles acceptèrent finalement de faire au gouvernement fédéral une proposition conforme aux critères définis par la Cour suprême sur la convention politique.

Il n'y eut pas de nuit des longs couteaux. C'est un mythe. Un compromis fut conclu par ceux qui étaient de bonne foi à une Conférence tenue pour trouver un compromis. La Cour suprême avait demandé à tous de revoir leur position. Tout le monde était prêt, sauf le gouvernement séparatiste du Québec. Dans son ouvrage intitulé *Lendemains piégés*[1], Claude Morin ne laisse planer aucun doute: «L'accord du 16 avril représentait lui-même le maximum de concessions que le Québec pouvait admettre. Il y avait consenti dans le seul but de bloquer un projet fédéral… Il n'était pas question pour lui d'accepter d'autres concessions. Elles avaient déjà été faites. Le Québec avait déjà été aussi loin qu'il le pouvait sur la formule d'amendement. Quant à la Charte des droits, jamais il n'admettrait de tolérer des dispositions réduisant ses pouvoirs, surtout pas en matière linguistique. Les autres membres du front commun savaient cela depuis le début. Rien ne nous ferait changer d'idée.»

Il n'y eut jamais de complot entre le fédéral et les provinces. Il n'y eut que cette triste réalité, confirmée par l'auteur de la stratégie du gouvernement du Québec d'alors, que le Québec n'était venu à la conférence de novembre 1981 que pour bloquer le projet fédéral et non pour trouver un compromis. Voilà pour le mythe du Québec poignardé dans le dos!

L'accord constitutionnel fut le résultat de négociations et de compromis. Le gouvernement fédéral donna son accord à une formule d'amendement requérant l'appui de sept provinces représentant plus de 50 p. 100 de la population. Si une province ne voulait pas consentir à un changement constitutionnel affectant ses pouvoirs, elle pourrait exercer un droit de retrait mais sans compensation financière, c'est-à-dire sans récompense (sauf en matière d'éducation et de culture). De leur côté, les provinces acceptèrent la Charte des droits et libertés telle qu'elle avait été étudiée et amendée par le comité parlementaire conjoint du Sénat et de la Chambre des communes. Enfin, le principe de la péréquation fut enchâssé dans la Constitution ainsi qu'une augmentation du pouvoir des provinces sur la taxation indirecte et sur le commerce international des ressources non renouvelables.

La modification la plus importante et la plus controversée fut sans aucun doute l'inclusion d'une clause dérogatoire pouvant s'appliquer à tous les droits, sauf aux droits démocratiques, à la liberté de circulation et d'établissement et aux droits à l'instruction dans la langue de la minorité. Il n'y aurait pas de droit de retrait ou de dérogation à l'obligation de donner l'éducation aux minorités de langue française en dehors du Québec ainsi qu'à la minorité de langue anglaise au Québec.

La clause dérogatoire, ou clause «nonobstant», mérite une explication. Elle fut le fruit d'un compromis avec les Premiers ministres de l'Ouest leur accordant suffisamment de flexibilité pour permettre à leurs législatures, plutôt qu'aux juges, d'avoir théoriquement le dernier mot sur des sujets importants d'intérêt public. L'exercice de la clause dérogatoire oblige le Parlement ou une législature à déclarer expressément qu'une loi, ou une partie de celle-ci, s'applique indépendamment (ou nonobstant) des dispositions prévues à la Charte des droits. Une telle loi cesse de s'appliquer après l'expiration d'un délai de cinq ans, à moins d'être renouvelée. Cette obligation rend l'usage de la clause dérogatoire politiquement difficile et présuppose l'existence de raisons majeures pour en justifier l'application répétée à l'encontre de la Charte des droits; elle force ainsi un débat public sur sa raison d'être tous les cinq ans.

Pour le Premier ministre Blakeney, l'insertion d'une clause dérogatoire était nécessaire pour éviter que ne soient déclarés inconstitutionnels, par exemple au nom de la liberté d'association, certains droits syndicaux durement acquis; ou encore, pour éviter que ne soient déclarées inconstitutionnelles certaines lois sur la sécurité sociale, comme ce fut le cas aux États-Unis dans les années trente. D'autres Premiers ministres craignaient qu'on ne puisse, par exemple au nom de la liberté d'expression, déclarer inconstitutionnelles les lois prohibant la pornographie ayant des enfants pour objet.

Il faut savoir que le concept d'une clause nonobstant n'était pas nouveau au Canada. La Déclaration canadienne des droits que fit adopter John Diefenbaker en 1960 contient une clause dérogatoire tout comme la Charte des droits de la personne adoptée en Saskatchewan en 1979 et la Charte des droits de la personne de l'Alberta adoptée en 1972. La Charte québécoise des droits et libertés contient aussi une clause dérogatoire qui a déjà été utilisée de façon non controversée pour éviter que son application stricte ne mène à des résultats absurdes; par exemple, la *Loi sur la Sécurité routière* du Québec oblige tout médecin à informer le Bureau des permis de conduire du nom de tout patient jugé incapable de conduire un véhicule, nonobstant la protection du secret professionnel prévue dans la Charte.

La clause dérogatoire est née du besoin d'une soupape de sécurité face à des situations absurdes qui autrement auraient requis des amendements constitutionnels impossibles à obtenir. Étant donné son histoire ou, mieux, le petit nombre de fois où on l'avait utilisée elle a été considérée comme un compromis acceptable. À cet égard, il est utile de rappeler la déclaration d'Allan Borovoy, avocat-conseil de l'Association des libertés civiques du Canada: «Notre réaction en est une de soulagement. La Charte n'a pas été émasculée. Le moyen utilisé est plutôt un ingénieux mariage des notions de Charte des droits et de démocratie parlementaire. Il en résulte une Charte solide avec une soupape de sécurité à l'usage des législatures. La clause nonobstant sera comme un drapeau rouge pour la presse et les partis d'opposition, qui rendra toute dérogation à la Charte politiquement difficile pour un gouvernement. Cette difficulté sur le plan politique représente une protection raisonnable pour la Charte[2].»

La clause nonobstant est pour une Charte des droits ce que le pouvoir de désaveu est dans une constitution fédérative: un outil pouvant être utilisé, non pas simplement parce qu'il est là, mais seulement dans les circonstances les plus extrêmes et les plus contraignantes. Agir autrement dans une société où le respect des libertés fondamentales est une valeur suprême mettrait en péril, à plus ou moins longue échéance, la réputation de celui qui utiliserait trop souvent la clause dérogatoire.

Un des premiers résultats du compromis du 5 novembre 1981 fut de réduire la protection accordée aux droits à l'égalité et aux droits des autochtones par rapport à ce qui avait été prévu dans les projets antérieurs. Les groupes féminins, les aborigènes et même la presse ne furent pas longs à se rendre compte que ce compromis avait été exigé par les provinces et firent immédiatement pression pour qu'on retourne au texte original. Après des mois de controverse sur le processus de rapatriement et après des attaques sans précédent contre le gouvernement fédéral, ces groupes furent sans doute gênés de découvrir à leur plus grande surprise que l'obsession de Trudeau reflétait vraiment la volonté du peuple canadien. La pression sur les provinces me permit de convaincre le Premier ministre Blakeney d'accepter les droits à l'égalité pour les femmes et amener le Premier ministre Lougheed à accepter l'insertion des droits des autochtones. La Charte en fut substantiellement améliorée.

Conclusion

Nous avions pour but de reconnaître dans la Constitution les valeurs et les idéaux partagés par tous les Canadiens dans tout le pays. Nous avions pour but d'enchâsser dans la Constitution une idée de la citoyenneté canadienne qui non seulement donne des garanties juridiques, des droits démocratiques et des libertés fondamentales, mais aussi qui garantisse les droits à l'égalité, faisant en sorte que personne au Canada ne puisse être victime de discrimination en vertu de quelque loi que ce soit, fédérale ou provinciale, pour des raisons de race, d'origine ethnique, de couleur, de religion, de sexe, d'âge ou de déficience mentale ou physique. Nous avions pour but de garantir aux Canadiens le droit de travailler n'importe où au Canada, sans égard à leur province d'origine. Nous avions pour but de garantir aux Canadiens le droit de faire éduquer leurs enfants dans la langue officielle de leur choix, que ce soit en anglais ou en français, partout au Canada. Nous avions pour but de garantir aux Canadiens le droit de communiquer et de recevoir des services du gouvernement fédéral dans les deux langues officielles partout au Canada. Et au-delà de la Charte des droits et libertés, nous avions pour but d'enchâsser dans la Constitution le principe de partage (ou péréquation), pierre angulaire de notre fédéralisme.

Nous avons une Charte des droits et libertés qui, après quelques années à peine, est déjà considérée comme étant la réforme légale et sociale la plus importante et la plus progressiste de l'histoire de notre pays. La Cour suprême du Canada, par la bouche de son juge en chef Brian Dickson, a émis l'opinion que «son interprétation doit être souple plutôt que légaliste, afin de respecter l'esprit des garanties données et de procurer aux individus le plein bénéfice de la protection de la Charte[3]».

L'accord ne fut pas conclu au prix de l'abandon par le gouvernement fédéral de pouvoirs qu'il doit exercer dans l'intérêt national. Nous n'avons pas dû payer le prix d'une décentralisation inacceptable pour enchâsser les valeurs qui nous sont propres dans la Constitution.

On peut tirer d'importantes leçons de l'exercice qui a mené à la réforme la plus fondamentale de l'histoire de la Constitution canadienne. La première, c'est qu'une réforme constitutionnelle est très difficile à mener à terme et demande beaucoup de temps et de patience. Cela exige des compromis, de la capacité de négociation, de la ténacité, une volonté politique sans faille, et par-dessus tout un consensus national qui ne s'obtient qu'après bien des débats et bien des discussions publiques.

La seconde leçon, c'est que compte tenu des énormes difficultés à réaliser un changement constitutionnel, il doit être juste ou à tout le moins le meilleur possible. Les changements, même les meilleurs, ne peuvent pas se faire facilement, et les erreurs ne se corrigent pas aisément. Les erreurs, si on sait les reconnaître, doivent donc être corrigées avant d'être enchâssées dans la Constitution, la loi fondamentale de notre pays.

La troisième leçon, c'est que les négociations entre 10 provinces d'une part et le gouvernement fédéral d'autre part risquent fort d'affaiblir ce dernier sans raison valable, à moins que les représentants du gouvernement fédéral aient une force de caractère et des convictions de principe solides et profondes leur permettant de résister aux attaques incessantes et épuisantes des provinces.

La dernière leçon et non la moindre, c'est qu'à la lumière des témoignages présentés devant le comité conjoint du Sénat et de la Chambre des communes et à la lumière de la controverse survenue à la suite de l'accord du 5 novembre 1981 autour des droits à l'égalité et des droits des autochtones, on a appris que le peuple canadien veut une citoyenneté reflétant les valeurs et les idéaux qu'il partage et non pas seulement un passeport commun.

CINQUIÈME PARTIE

Le Québec et la Confédération: deux points de vue de l'extérieur

Nous avons conçu le présent ouvrage comme un «séminaire» auquel nous avons demandé à certains «experts» de participer. Nous sommes en effet convaincus qu'il peut être utile de demander à d'anciens responsables politiques de nous faire part des espoirs, des craintes et des frustrations qu'ils ont vécus. Mais il n'est pas certain, en pareil cas, que l'on parvienne à une parfaite objectivité. L'ex-secrétaire d'État américain Dean Acheson, lui-même habile chroniqueur, émit un jour un avertissement en ce sens: il ne lui était jamais arrivé de lire le rapport d'une conversation dans lequel son auteur perdait la face.

Afin de créer un certain équilibre, nous avons par conséquent demandé à deux de nos plus honorables historiens de se joindre à nous. Chacun d'entre eux a choisi de traiter de l'évolution du rôle du Québec au sein de la Confédération. Ce choix reflète de toute évidence la place centrale qu'occupa le Québec dans l'histoire du pays au cours des années Trudeau, place qu'il ne manque toujours pas d'occuper. Fernand Ouellet démontre de façon convaincante que, contrairement aux assertions des nationalistes québécois, qui sont prêts à imputer à tous — sauf à eux-mêmes — les maux de la société québécoise, cette dernière était seule responsable du retard qu'elle accusait avant 1960. Pour comprendre l'irrésistible vague de changement qui a balayé le Québec dans les années soixante, il faut d'abord considérer à quel point ce changement était attendu et nécessaire. M. Ouellet brosse un tableau de la situation qui permet de mieux comprendre les nouvelles politiques mises de l'avant par notre gouvernement et les réactions qu'elles ont provoquées au Québec même. Ramsay Cook prend par ailleurs la relève là où s'arrête M. Ouellet, à savoir au moment où s'engage le débat entre les camps fédéraliste et indépendantiste. Cette lutte débuta sérieusement en 1967-1968, au moment de la création du Parti québécois et de la prise du pouvoir par l'équipe Trudeau.

Notre objectif était d'édifier une société juste pour tous les Canadiens. Or, comme il impliquait un traitement égal pour le français et l'anglais dans tout le pays, nous dûmes consacrer beaucoup de temps et d'énergie à combattre le nationalisme québécois. Les deux essais qui suivent décrivent et analysent ce débat dans une perspective historique.

THOMAS S. AXWORTHY
PIERRE ELLIOTT TRUDEAU

CHAPITRE 13

La Révolution tranquille, tournant révolutionnaire?

par Fernand Ouellet

Ancien professeur à la faculté de commerce de l'université Laval, à l'université Carleton et à l'université d'Ottawa, Fernand Ouellet est actuellement professeur d'histoire à l'université York à Toronto. Docteur ès lettres en histoire de l'université Laval, il est membre de la Société Royale du Canada et officier de l'Ordre du Canada. Il a remporté le Grand Prix littéraire de la Ville de Montréal, les Concours littéraires de la province de Québec, le prix David, le prix Sir J. Macdonald, la médaille Tyrrell de la Société Royale du Canada ainsi que le prix du Gouverneur général du Canada. M. Ouellet a publié plusieurs ouvrages sur l'histoire et l'économie du Québec.

B ien que préparée sous le signe du changement social, la *Révolution tranquille* n'a cessé de poser avec une acuité presque inégalée dans l'histoire du Québec la question des rapports entre le social et le national. Les luttes qui, après 1960, opposèrent fédéralistes et indépendantistes, tout autant que les affrontements qui, à l'intérieur de chacun de ces groupes, dressèrent fort souvent les uns contre les autres les Conservateurs, les Libéraux, les socialistes et les partisans de la social-démocratie, sans parler des tenants de l'humanisme démocratique, témoignent à la fois de la multiplicité et de la complexité de ces relations. Tout cela était nouveau au Québec. Et, pourtant, malgré cette apparente anarchie sur le plan des croyances, il y eut des polarisations tellement durables qu'elles semblent tenir à la vraie nature de la Révolution tranquille. Ainsi aperçue à travers ces situations enchevêtrées, elle apparaît d'abord comme un tournant majeur dans l'évolution du Québec. Engagée en 1960 sous l'égide du gouvernement Lesage, elle a progressivement gagné l'ensemble de la société et marqué pour de bon l'avènement d'une modernité québécoise.

L'historiographie nationaliste récente

Naturellement, cette image ne correspond pas à celle qui a été diffusée depuis 1980 par la grande majorité des historiens nationalistes qui sous-estiment la portée de ce grand brassage. En effet, réagissant contre l'idée de retard, tellement populaire au cours des années cinquante parmi les intellectuels libéraux, l'historiographie québécoise nationaliste la plus récente a eu tendance à représenter la Révolution tranquille comme un phénomène plutôt superficiel échelonné sur quelques années et dicté par le seul besoin de rattraper quelques retards substantiels mais passagers accumulés pendant l'ère duplessiste. Une telle version des événements insiste sur l'idée que, loin d'avoir été amorcée au XXe siècle, la modernisation de la société québécoise fut le résultat d'un long processus d'évolution esquissé vers 1850[1].

Ainsi présentée, l'émergence au Québec d'une société urbaine et industrielle n'avait rien de singulier puisqu'elle s'était produite à peu près en même temps et de la même façon qu'ailleurs dans le monde occidental. À en croire les tenants de cette reconstruction du passé, les francophones, comme les autres habitants de la province, n'avaient pas attendu les définisseurs de situation des années cinquante pour s'engager dans ce mouvement, ralenti pour un temps par le duplessisme mais relancé vigoureusement au lendemain de 1960 par une nouvelle génération. Il faut dire que cette historiographie, popularisée à l'époque postréférendaire, est, pour une large part, le produit de la réussite des visées modernisantes de la Révolution tranquille et de la faveur croissante dont jouissaient alors les théories de la modernisation dans les sciences sociales.

Cette interprétation, bien qu'elle insiste à bon droit sur certains aspects excessifs des analyses des années cinquante inspirées du modèle de la Folk Society[2], ne rend pas tout à fait compte de la complexité du déroulement du processus urbain et industriel dans une société hétérogène sur le plan ethnique. Car, en occultant certains aspects de cette évolution, elle se trouve à justifier la croyance selon laquelle l'indépendance du Québec sera l'aboutissement nécessaire de ce cheminement vers la modernité. Car, s'il est vrai que l'édification d'une société urbaine et industrielle s'est opérée de la façon qu'on dit, comment expliquer le fait que, de 1830 à 1960, le pouvoir clérical n'a cessé de croître et de s'étendre d'une façon incroyable dans cette société et, finalement, d'imposer ses priorités dans la plupart des secteurs essentiels du développement de la communauté francophone? À moins que, pour résoudre cette contradiction, on ne veuille laisser entendre que, tout considéré, ce clergé ultramontain et nationaliste aurait, malgré son discours et ses gestes, guidé effectivement les Québécois dans leur marche vers la modernité. Cette vision des choses serait acceptable si, depuis 1850, les Québécois francophones s'étaient urbanisés aussi rapidement et de la même façon que les autres Québécois. Évidemment, ce ne fut pas le cas puisque, étant toujours sous-représentés dans les villes et plus particulièrement à Montréal, le centre principal de l'industrie manufacturière de la province, les fran-cophones n'ont pu faire autrement que de s'industrialiser différemment des autres Québécois[3].

La Révolution tranquille: un tournant majeur

Tout cela démontre, au contraire, qu'envisagée dans une perspec-tive de longue durée centrée sur une conception de l'urbanisation qui tient compte de la diversité des groupes ethniques, la Révolution tranquille marqua incontestablement pour les Québécois franco-phones le moment capital de leur entrée dans la *modernité*. Cette rupture avec le passé, échelonnée sur presque trois décennies après 1960, n'est nulle part plus évidente qu'au sein des éléments qui, vers 1950, commencèrent à remettre en question les structures en place. Car, jusqu'en 1950, chaque fois que des groupes avaient voulu s'interroger sur les problèmes de leur société, ils avaient toujours visé les responsables externes des malheurs de la collectivité, que ce fussent les Français, les Britanniques ou les Américains. Pour quali-fier les méfaits de ces agents extérieurs de façon à mieux expliquer les retards de la société, on avait toujours mentionné la Conquête et incriminé les événements, telles l'urbanisation et l'industrialisation, qui s'en rapprochaient le plus par leur caractère dramatique. Les néo-nationalistes des années cinquante en étaient encore là, eux qui faisaient remonter toutes les faiblesses internes de la société cana-dienne-française à la Conquête et dépendre leur correction d'une éventuelle indépendance politique. Pour eux, modernisation et indé-pendance étaient synonymes: l'une et l'autre étant à la fois éminem-ment désirables et impossibles.

C'est donc vers 1950 qu'apparut pour la première fois une intelligentsia francophone urbaine qui, portant un œil critique sur le nationalisme clérical et les structures internes de la société, prétendit que, même si le Québec était maintenant devenu pour de bon un habitat urbain et industriel, il était urgent, afin de liquider les retards accumulés depuis longtemps par les francophones, de procéder à une refonte en profondeur de l'idéologie et des institutions socio-politiques existantes. Pour atteindre ce résultat, ces intellectuels préconisèrent à la fois une décléricalisation de la société et une redéfinition du rôle de l'État pour en faire l'instigateur d'une révolution dans l'éducation et un intervenant majeur dans le développement économique, social et culturel[4]. Ce programme était, pour une large part, destiné à éliminer les écarts qui existaient depuis longtemps entre le Québec et l'Ontario et, à l'intérieur du Québec, entre les francophones et les autres.

Le Québec et l'Ontario

Il est vrai qu'au sujet des disparités inter-provinciales, dont personne ne niait l'existence mais que chacun voulait expliquer à sa façon, Albert Faucher et Maurice Lamontagne avaient tenu en 1953, dans les *Essais sur le Québec contemporain*[5], des propos presque déculpabilisants, confirmés huit ans plus tard par ceux d'André Raynauld dans *Croissance et structure économiques de la Province de Québec*[6]. En effet, en s'inspirant de la thèse du continentalisme, les premiers avaient plus ou moins nié le retard du Québec puisque, selon eux, pour cette province comme pour les États américains avoisinants, l'année 1911 avait constitué le tournant majeur du développement industriel. Ils avaient néanmoins nuancé leur analyse en signalant la lenteur avec laquelle le processus industriel s'était déroulé au cours des décennies qui suivirent. Notons cependant qu'entre l'émergence de l'industrie manufacturière en Nouvelle-Angleterre après 1815 et son expansion au Québec, il y eut un délai d'au moins un demi-siècle. C'est en associant de la même manière le sort de l'Ontario à d'autres États américains plus fortunés et situés différemment dans l'espace économique que ces économistes avaient plus ou moins normalisé les disparités entre le Québec et la province voisine. Cependant, comme Faucher et Lamontagne avaient aussi déclaré que l'industrialisation n'était pas l'œuvre des industriels canadiens-français, on pouvait quand même en déduire que tous les groupes ethniques n'avaient pas été touchés également par la révolution industrielle.

De son côté, André Raynauld remit encore plus fortement en question l'idée du caractère tardif de l'industrialisation de la province de Québec. Appuyant ses dires sur une enquête statistique élaborée, il affirma que non seulement le Québec avait franchi le seuil d'une industrialisation rapide entre 1896 et 1913 mais que les taux de croissance de son économie avaient, depuis 1870, été comparables à ceux de l'Ontario. Cela dit, tout en reconnaissant l'existence d'écarts majeurs entre les deux économies, dans le secteur manufacturier aussi bien que sur le plan des revenus et des salaires, il insista dans ce texte et dans ses travaux subséquents sur le rôle mineur des Canadiens français parmi les entrepreneurs industriels. Malgré le grand intérêt de leurs arguments, ces auteurs ne parvinrent pas à ébranler les convictions existantes, justifiables à bien des égards, quant à l'existence de ces retards.

N'oublions pas, si on veut comprendre l'évolution de ces déséquilibres entre les deux provinces, que les relations Québec-Ontario dataient de l'époque pré-industrielle et non du troisième quart du XIXᵉ siècle. Dès le moment où, en 1791, le Québec avait été divisé en deux provinces, la question des disparités entre les deux colonies avait été posée. Il est vrai que le Haut-Canada avait été créé comme entité politique séparée entretenant ses propres rapports avec la Grande-Bretagne mais, à maints égards, ce nouveau territoire n'était guère plus qu'une colonie du Bas-Canada. Non seulement les Bas-Canadiens avaient le pouvoir de lever des taxes auxquelles leurs voisins étaient sujets mais, avec l'ouverture du Haut-Canada à la colonisation agricole, le rôle de Montréal en tant que métropole commerciale et industrielle d'un espace économique s'étendant indéfiniment vers l'ouest se trouva augmenté d'autant. Il ne fait pas de doute que les Haut-Canadiens connaissaient toute l'importance de Montréal pour leur développement. C'est pour cette raison qu'après 1825 bien des marchands et politiciens anglophones en demandèrent l'annexion au Haut-Canada.

Si, après 1800, l'agriculture du Bas-Canada, activité fondée sur la production du blé, était restée prospère, l'expansion du Haut-Canada s'en serait trouvée retardée pendant un certain temps encore. Mais le déclin de ce type d'agriculture avait suscité, une décennie avant la construction du canal Érié, de fortes pressions de la part des marchands anglophones en faveur de la canalisation du Saint-Laurent. Aussi l'ouverture du canal Lachine en 1825, première étape vers la réalisation de la canalisation du fleuve achevée en 1848, avait-elle stimulé le développement de Montréal et de son hinterland jusqu'aux confins du lac Ontario. En 1850, le Haut-Canada l'emportait déjà sur le Bas-Canada non seulement pour la population mais pour la production agricole, le nombre des industries et même pour l'équipement en engins et en machines à vapeur (environ 400 contre une quarantaine). En 1861, alors que la population du Québec représentait 79,5 p. 100 de celle du Canada ouest, la valeur de sa production agricole n'y dépassait pas les 57,1 p. 100 de celle de son voisin[7].

Ainsi, le Haut-Canada qui, à l'origine, avait été en situation d'infériorité par rapport au Bas-Canada, avait progressivement, grâce aux canaux, aux chemins de fer et à une agriculture diversifiée, prospère et génératrice d'industries et de villes, gagné du terrain sur le Québec au point de devenir le centre principal du développement industriel du pays. Il faut dire que ces progrès furent en partie attribuables à sa situation géographique et à la mise en place de réseaux institutionnels assez flexibles qui, contrairement à ceux du Québec, permirent des progrès plus rapides dans plusieurs domaines stratégiques, en particulier dans celui de l'enseignement à tous les niveaux.

Toronto connut, pour sa part, un cheminement similaire qui en fit la première ville du pays. De petite ville régionale qu'elle était encore vers 1871, tout à fait dépendante de Montréal, Toronto devint peu à peu la vraie métropole de l'Ontario et, plus récemment, celle du Canada. Sur ce point, les années 1940-1960 furent décisives. Le tableau I, qui illustre quelques aspects de cette progression de l'Ontario et de sa capitale, suggère fortement que l'infériorisation du Québec par rapport à l'Ontario relève d'une analyse axée sur la longue durée.

Tableau I
Comparaison Québec/Ontario, Québec (ville) / Montréal
et Montréal/Toronto, 1791-1986 (en pourcentage)

	Québec/Ontario (population)	Villes	
		Québec/Montréal (population)	Montréal/Toronto (population)
1832	217,8	87,6	—
1842	143,1	—	—
1851	93,5	79,2	191,2
1871	73,5	55,4	192,0
1911	79,4	30,2	131,6
1951	88,2	18,8	116,4
1971	78,2	17,5	104,7
1981	74,6	20,4	94,2
1986	71,7	20,6	85,2

Sources: Recensements du Canada

Envisagé dans le contexte de cette polarisation à long terme des forces démographiques et économiques vers l'Ontario et Toronto, le déclin relatif de la population d'origine britannique au Québec et à Montréal, comme on le voit dans le tableau II, paraît presque normal. En chiffres absolus, cette chute des effectifs s'amorça seulement en 1941 à Montréal et deux décennies plus tard à l'échelle de la province.

Tableau II
Le déclin de la population d'origines française et britannique au Québec et à Montréal, 1831-1981 (en pourcentage)

| | Province de Québec | | Montréal | |
	Francophones	Britanniques	Francophones	Britanniques
1831	—	—	47,2	52,8
1851	75,2	22,8	45,3	52,4
1871	78,0	20,4	52,8	44,8
1911	80,1	15,8	54,8	29,6
1951	82,0	12,1	67,6	17,7
1971	78,9	10,6	64,2	10,9
1981	80,2	7,6	62,3	8,9

Sources: F. Ouellet, *Le Bas-Canada, 1791-1840. Changements structuraux et crise*, Ottawa, 1976; G. Bernier et R. Boily (dir.), *Le Québec en chiffres de 1850 à nos jours*, Montréal, ACFAS, 1986.

Même si l'on s'en tient à ces quelques indicateurs de la longue durée, on arrive néanmoins à la conclusion que les inquiétudes des concepteurs de la Révolution tranquille en ce qui concerne l'avenir du Québec étaient loin d'être dénuées de fondement. Car, pour les Québécois des années 1950-1960 préoccupés par ces changements d'équilibre, il n'importait pas seulement de réduire l'écart existant entre les deux provinces mais d'empêcher que ce fossé ne s'élargisse d'une façon catastrophique. D'ailleurs, était-il nécessaire de remonter aussi loin dans le passé pour justifier l'urgence d'un changement? Un simple regard sur les décennies précédentes suffisait. Car, de 1931 à 1951, le processus d'urbanisation avait ralenti à tel point au Québec (voir Tableau III) que l'Ontario avait récupéré sans peine l'avance qu'il avait prise en 1871 et perdue peu après 1921. Pendant ces 20 années, le taux d'urbanisation s'était accru de seulement 3 p. 100 au Québec contre 9,7 p. 100 dans la province voisine où Toronto et les villes de taille moyenne croissaient maintenant à un rythme accéléré.

Tableau III
Le poids des agglomérations métropolitaines de 100 000 habitants
et plus au Québec et en Ontario (1931-1986)
(en pourcentage de la population totale)

	Québec	Ontario	Écart
1931	41,6	36,7	4,9
1941	40,2	37,7	2,5
1951	45,1	52,4	-7,3
1961	51,8	60,5	-8,7
1971	55,7	66,3	-10,6
1981	58,7	65,8	-7,1
1986	60,4	70,2	-9,8

Source: *Annuaire statistique du Canada*

Sans compter le fait que, depuis 1871, l'économie québécoise, dont les progrès avaient été plutôt rapides dans certains secteurs comme l'industrie forestière et les services, avait affiché, relativement à la population totale et à la population active, une plus grande paresse dans certains domaines essentiels comme l'industrie manufacturière et l'agriculture (voir Tableau IV).

Tableau IV
Comparaison Québec-Ontario en fonction des variables suivantes:
(1) population, (2) population active, (3) valeur de la production
manufacturière, (4) valeur brute de la production agricole
(1871-1981) (en pourcentage)

	(1)	(2)	(1-2)	(3)	(2-3)	(4)	(2-4)
1871	73,5	68,9	-4,6	67,3	-1,6	47,9	-21,0
1891	70,4	62,2	-8,2	61,7	-0,5	39,9	-22,3
1901	75,5	65,8	-9,7	65,5	-0,3	42,7	-23,1
1921	80,5	70,2	-10,3	56,5	-13,7	70,9	0,7
1931	83,7	76,3	-7,4	59,7	-16,6	50,4	-25,9
1941	87,9	81,7	-6,2	59,0	-22,7	57,4	-24,3
1951	88,2	76,7	-11,5	60,7	-16,0	53,8	-22,9
1961	84,3	73,3	-11,0	61,7	-11,6	47,8	-25,5
1971	78,2	63,6	-14,6	53,7	-9,9	48,4	-15,2
1981	74,6	69,0	-5,6	53,3	-15,7	53,9	-15,1

Sources: A. Raynauld, *Structure et croissance économique de la province de Québec*, Québec, 1961, pp. 570, 590s.; G. Bernier et R. Boily (dir.), *Le Québec en chiffres de 1850 à nos jours, op. cit.*, pp. 181, 197s.

Profils d'urbanisation des francophones et des autres Québécois

Derrière ce besoin constant de procéder à des comparaisons entre ces deux provinces, il y avait, chez un bon nombre de francophones, le sentiment d'appartenir à une société plus ou moins bloquée dans son développement et incapable d'assumer l'ensemble du rôle qui lui revenait dans le développement de la province et du pays. Cette prise de conscience fut d'autant plus vive dans ces groupes que le contrôle des institutions sociales mises en place à l'époque française se trouvait plus qu'autrefois dans les mains du clergé et de la petite bourgeoisie; groupes qui avaient dirigé la société depuis plus d'un siècle et qu'on tenait responsables de la lenteur avec laquelle les francophones, relativement aux autres Québécois, s'étaient urbanisés et industrialisés.

À la vérité, bien que le clergé ait été hostile à l'urbanisation et à l'industrialisation, il n'avait pu arrêter ni l'émigration des Canadiens français vers la Nouvelle-Angleterre, ni l'exode des campagnes vers les villes, ni le déclin de la natalité. À cet égard, il fut bien obligé de faire certains compromis et, si on en juge par les résultats, de se contenter, avec l'aide des classes dirigeantes laïques, d'intervenir d'une façon qui pouvait tempérer, mais non bloquer, le rythme de l'entrée des francophones dans la société urbaine et industrielle. En fait, il en était de l'urbanisation comme de la ruralisation, puisqu'il s'agissait de phénomènes qui étaient liés à des forces socio-économiques et politiques, externes et internes, qui échappaient en partie au contrôle du clergé et des dirigeants laïques francophones.

Avant 1850, le Québec, contrairement à l'Ontario, avait connu une longue phase de ruralisation[8]. En effet, pendant presque deux siècles, les campagnes s'étaient développées relativement plus vite que les villes, de sorte que le taux de ruralité était passé de 74 p. 100 en 1700 à 85 p. 100 en 1850 (villages non inclus dans ce calcul). Une telle évolution était avant tout liée aux rapports entre l'agriculture et les autres secteurs de l'économie et, en grande partie, au fait que la main-d'œuvre utilisée pour développer ces activités était recrutée dans les campagnes sur une base saisonnière. Même si, à cette époque, les francophones et les autres habitants de la colonie devinrent de plus en plus ruraux, ils ne le devinrent pas également: en 1851, les premiers l'étaient dans une proportion de 88,8 p. 100 alors que les seconds ne l'étaient que dans une proportion de 74,2 p. 100 (voir Tableau V).

En 1850, les Canadiens français étaient donc surreprésentés dans la campagne alors que les anglophones, à la suite de l'immigration massive qui avait déferlé sur la province après 1815, étaient proportionnellement plus nombreux dans les villages et les villes, constituant même, entre 1831 et 1851, près de 50 p. 100 de la population des trois villes de la colonie: Québec, Trois-Rivières et Montréal. Cette surreprésentation des anglophones en milieu urbain n'existait pas seulement au niveau des classes dirigeantes; à Québec et à Montréal, elle prévalait aussi parmi les artisans et les journaliers. À Montréal, les anglophones étaient même majoritaires parmi les ouvriers[9].

Ainsi, dès le moment où le processus d'urbanisation avait commencé à s'engager, les contrastes entre les deux groupes étaient déjà très marqués à cet égard.

Tableau V
L'urbanisation de la société québécoise, 1851-1981
(en pourcentage de la population totale du même groupe)

	Francophones	Autres	Écart	Total
1851	11,2	25,8	-14,6	14,8
1871	17,2	29,9	-12,8	19,9
1911	42,4	78,4	-36,0	48,2
1941	58,9	82,0	-23,1	63,3
1971	78,1	90,6	-12,5	80,8
1981	74,8	87,9	-13,1	80,2

Sources: Recensements du Canada. La population urbaine comprend les cités, villes et villages de la province.

À vrai dire, tous les groupes ethniques ont été entraînés dans le mouvement d'urbanisation qui s'amorce très lentement d'abord et se poursuit sans interruption jusqu'en 1971. Cela dit, il faut bien admettre que le déplacement des individus vers la ville ne s'est pas accompli à la même vitesse parmi les Canadiens français et les autres habitants de la province. C'est pourquoi l'idée de retard, détachée de celle au contenu trop archaïque de *Folk Society,* éclaire d'autant mieux la spécificité du profil francophone que sa marche vers la ville, au lieu de s'opérer surtout vers Montréal, s'est d'abord faite en direction des plus petites agglomérations urbaines de la province (voir Tableau VI). Ce mécanisme n'est pas seulement capital pour comprendre la nature de leur déplacement mais aussi pour souligner la faiblesse relative de la présence des francophones, en tant que patrons et en tant qu'ouvriers, dans le secteur manufacturier. Car, en 1891, l'activité manufacturière était concentrée à Montréal dans des proportions de 32,7 p. 100 pour le nombre d'entreprises, de 51,3 p. 100 pour la main-d'œuvre et de 66,5 p. 100 pour la valeur de la production. Cent ans plus tard, ces pourcentages respectifs étaient les suivants: 67,2, 65,0 et 66,1.

Tableau VI
Proportion des Canadiens français, des autres Québécois
et des habitants de la province vivant à Montréal, 1851-1981
(en pourcentage du même groupe dans la province)

	Francophones	Autres	Province
1851	3,9	14,3	6,5
1871	6,1	19,2	9,0
1901	8,6	27,2	12,3
1921	20,6	48,4	26,2
1941	22,2	49,3	27,1
1961	18,7	39,0	22,6
1981	11,8	28,8	15,2

Sources: Recensements du Canada

Ainsi, la culture de ces francophones touchés par l'urbanisation était, vers 1920, au moment où la moitié d'entre eux étaient urbains, celle des petites villes. Cela est si vrai que c'est seulement en 1981 que 50 p. 100 des francophones auront choisi les villes de 100 000 habitants et plus comme lieux de résidence. On peut donc affirmer que, pour eux, contrairement aux autres Québécois, la transition vers la grande ville s'est produite seulement après 1950 (voir Tableau VII). À cet égard, ils étaient en retard d'un demi-siècle par rapport aux autres Québécois qui, en 1911, étaient déjà urbains dans une proportion de près de 80 p. 100.

Tableau VII
Francophones et non-francophones dans les villes québécoises
de 100 000 habitants et plus (en pourcentage)

	Francophones	Non-Franc.	Écart	Pop. totale
1931	28,3	50,8	-22,5	33,0
1941	27,4	49,6	-22,2	31,6
1951	25,5	46,7	-21,2	29,2
1971	46,2	78,1	-31,9	52,9
1981	50,8	79,5	-28,7	56,9

Source: G. Bernier et R. Boily (dir.), *Le Québec en chiffres de 1850 à nos jours, op. cit.,* pp. 43-45. Ces chiffres concernent les villes et non les agglomérations métropolitaines.

Cléricalisation et décléricalisation de la société

S'il n'y avait eu dans le monde des cas d'émergence de sociétés urbaines et industrielles associés à une certaine déchristianisation, cette entrée lente et progressive des francophones dans la ville n'aurait pas semblé un événement tellement révolutionnaire. Il est vrai que, vers 1850, l'émigration de Canadiens français vers les petites et moyennes villes industrielles de la Nouvelle-Angleterre aurait pu susciter une telle dramatisation de la situation de la chrétienté bas-canadienne. Mais cette réaction s'était produite deux décennies plus tôt, alors que ni l'urbanisation, ni l'industrialisation, ni la marche vers le sud n'étaient à l'ordre du jour. À cette date, Mgr Lartigue, premier évêque de Montréal et grand propagateur des idées ultramontaines relatives à la suprématie de l'Église sur l'État et du clergé dans la société, était déjà convaincu que la catholicité locale était sérieuse-ment menacée. L'intervention de l'État colonial dans le domaine de l'enseignement primaire en 1801 et en 1829 constituait, avec l'étati-sation des biens des Jésuites en 1800, la preuve irréfutable à ses yeux des dangers que courait l'Église catholique. À cela s'ajoutaient l'im-migration massive venue des îles britanniques et la diffusion des idées libérales et républicaines par le Parti patriote. Et l'on comprendra que l'évêque de Montréal ait pu en conclure qu'il fallait de toute urgence organiser la lutte contre les machinations des protestants et les projets séculiers des libéraux[10].

Mgr Lartigue croyait donc qu'il y avait dans cette société bas-canadienne d'avant les rébellions des groupes influents, tant franco-phones que protestants, intéressés à remettre en question les mono-poles que détenait le clergé catholique. Comme, à cette époque, les mouvements libéraux se multipliaient dans le monde et réclamaient la séparation de l'Église et de l'État, Mgr Lartigue eut le sentiment que le sort des vastes propriétés ecclésiastiques était aussi en question.

Afin de contrer ces menaces, Mgr Lartigue mit au point une straté-gie qui serait poursuivie avec la plus grande vigueur par son succes-seur Mgr Bourget. Pour cet ultramontain, non seulement il importait d'inciter les clercs à se rapprocher de la population et à multiplier les institutions susceptibles d'assurer la diffusion de la foi, mais il fallait que le clergé retrouve l'entier contrôle des domaines qui avaient été les siens depuis toujours. À l'évêque de Québec, il suggérait même le 28 mars 1836 de ne pas exprimer ouvertement le «désir que le clergé s'empare comme de droit de l'éducation du peuple[11]». À cet égard,

Mgr Lartigue visa beaucoup plus loin que ses prédécesseurs puisqu'il voulut que les clercs, en plus d'étendre leur emprise sur l'ensemble du social et du culturel, composent entièrement le personnel de ces institutions.

Il est évident qu'à cette date le clergé n'avait pas les effectifs suffisants pour assumer le rêve théocratique de l'évêque de Montréal. Ses plus grandes déficiences, bien que réelles dans le clergé séculier, se trouvaient surtout parmi les religieux: prêtres, frères et sœurs. En effet, le nombre de fidèles par prêtre était passé d'une centaine vers 1663 à 350 en 1760 et à 1834 en 1830[12]. Il est vrai qu'à l'époque française, même si le nombre de catholiques par prêtre avait déjà commencé à augmenter, le clergé n'avait jamais jugé ses effectifs insuffisants. Pourtant, constituant avec la noblesse la classe dominante de la colonie, il était le seul responsable de l'état civil, de l'enseignement, du soin des malades et des miséreux. Mais, à cette époque, il exerçait ses activités dans un monde gallican où l'Église unie à l'État dépendait de lui, dans une société qui se ruralisait de plus en plus et dans un contexte où l'idée d'une éducation élémentaire pour tous était absente. Le recrutement du clergé séculier se pratiquait de plus en plus dans la colonie et, dans la très grande majorité des cas, en milieu urbain et dans les classes dirigeantes: la noblesse, la bourgeoisie et les éléments supérieurs de l'artisanat. Encore plus élitiste par ses origines sociales, le clergé régulier se recrutait d'abord par immigration[13].

Après la conquête, les Britanniques interdirent toute immigration de prêtres français, ce qui eut pour effet d'accélérer le recul des effectifs des communautés religieuses masculines. Pour compliquer cette situation, la noblesse entra dans une longue phase de déclin. Dès lors, pour parer à la pénurie croissante de prêtres, les dirigeants ecclésiastiques furent bien obligés d'orienter leur recherche de candidats vers les campagnes en y multipliant les collèges classiques. De ce côté, Mgr Lartigue n'avait pas tellement d'inquiétude puisque les clercs avaient un contrôle absolu sur ces institutions. Pour obtenir les résultats désirés, il suffisait de continuer à ajouter des collèges en leur adjoignant de grands séminaires. Il va sans dire que cette politique de promotion des vocations devait aussi être étendue aux communautés de femmes et se doubler d'une politique visant, aussitôt que le gouvernement britannique ne s'y objecterait plus, à encourager l'établissement au Québec de communautés religieuses françaises et belges.

Ainsi, vers 1850, plus d'une décennie après que le clergé eut proposé aux Canadiens français de s'engager sous sa direction à cons-

truire une société catholique et cléricale érigée sur les principes ultra-
montains, il savait par expérience qu'il était dans la bonne voie.
D'ailleurs, ce programme n'aurait jamais eu les résultats extraordi-
naires qu'il a obtenus si les clercs n'avaient eux-mêmes été pénétrés du
message ultramontain et si ce projet n'avait trouvé dans les classes
dirigeantes laïques et dans les milieux populaires des appuis exceptionnels. La prolifération de communautés religieuses aux spécialités
variées et la croissance spectaculaire de leurs effectifs le démontrent.
De 1851 à 1960, le nombre de prêtres fut multiplié par 42, le nombre
de religieux par 35 et le nombre de religieuses par 70 alors que la
population se multiplia seulement par 6. Pendant ce temps, le nombre
de communautés d'hommes passait de 6 à 63 et le nombre de communautés de femmes de 15 à 128 (voir Tableau VIII). Parmi toutes les
catholicités du monde occidental, la québécoise devint alors la plus
riche en clercs.

Tableau VIII
Nombre de fidèles par clerc au Québec, 1810-1961

	Catholiques/prêtres	Catholiques/religieux		
		Religieux	Religieuses	Ensemble
1810	1375	9418	1009	912
1851	1080	2068	1100	722
1911	652	457	120	96
1931	567	355	90	71
1951	504	309	88	68
1961	509	367	98	78

Sources: L.-E. Hamelin, «Évolution numérique séculaire du clergé catholique
dans le Québec», *Recherches sociographiques,* 2 (1961), pp. 189-241; B.
Denaut et B. Lévesque, *Éléments pour une sociologie des communautés religieuses au Québec,* Montréal/Sherbrooke, 1975.

Cette croissance extraordinaire des effectifs cléricaux devait avoir
des répercussions profondes sur l'évolution de l'État et la promotion
des laïcs dans la société. Car, loin de devenir le gardien des libertés
individuelles, l'État, qui était pourtant dirigé par des laïcs des classes
moyennes, ne cessa désormais, excepté en ce qui concerne la défense
de l'entreprise privée, de retraiter sous la pression des clercs. Même les
pouvoirs qu'il s'était attribués avant 1840 dans le domaine de l'enseignement primaire se sont effrités peu à peu, surtout après la création
d'un État provincial en 1867. En effet, dans ce secteur que

Mgr Lartigue estimait critique entre tous pour l'intégration sociale de la jeunesse, le clergé parvint non seulement à obtenir la suppression du ministère de l'Éducation établi en 1867, mais il réussit à faire reconnaître, par le biais du comité catholique de l'instruction publique, la suprématie des évêques à ce niveau. Seul l'enseignement technique et professionnel devait échapper à cette emprise qui s'étendit à tout le réseau des écoles, y compris les écoles normales, les écoles ménagères et les instituts familiaux. La faible scolarisation des Québécois francophones comparée à celle des autres Québécois et des Ontariens, toujours très frappante en 1950 (51,3 p. 100 de la population active en Ontario contre 36,9 p. 100 au Québec avait neuf années et plus de scolarité), n'était pas seulement attribuable à leur taux plus élevé de ruralité mais aux freinages pratiqués par les manipulateurs du système éducatif[14]. Le fait qu'en 1961 le Québec était avec le Nouveau-Brunswick et Terre-Neuve l'une des provinces les moins scolarisées au Canada avait certainement quelque chose à voir avec la traditionnelle opposition des évêques à l'école obligatoire. La création tardive des collèges classiques féminins et la lenteur de leur développement relèvent aussi de cette vision rétrécie qui se retrouve également au niveau de l'enseignement universitaire.

La fondation en 1852 de l'Université Laval en tant qu'université pontificale ne fut que la première étape vers la mainmise cléricale complète sur le développement du réseau des universités francophones qui inclura en plus les universités de Montréal et de Sherbrooke. Il est évident que cet événement n'était pas plus anodin que les autres interventions cléricales. Car, en concentrant d'une façon presque universelle les fonctions d'enseignement dans les mains d'une classe particulière hostile à l'État libéral et laïc, celui-ci avait peu de chances, même lorsqu'il subventionnait le système, de conserver l'autorité nécessaire pour définir des priorités qui tiendraient compte des besoins les plus pressants d'une société en voie d'urbanisation et d'industrialisation. C'est un fait qui se manifeste à travers l'extraordinaire popularité des études théologiques parmi les étudiants des universités francophones du début du XXe siècle. Ce n'est sans doute pas un hasard si, dans ces institutions, le pourcentage des étudiants en théologie s'élevait alors à 34 p. 100 alors que seulement 4 p. 100 des étudiants se retrouvaient dans les sciences appliquées. Chez les anglophones, ces proportions étaient de 28,1 p. 100 dans les sciences appliquées et de 0,6 p. 100 en théologie. Envisagés sous cet angle, les nombreux constats de retard faits par la Commission Parent à propos des universités francophones (recherche, bibliothèque, personnel enseignant et budgets) relativement aux autres universités québécoises n'ont donc pas lieu d'étonner. Pendant la décennie 1936-1945, alors que les non-francophones représentaient 20 p. 100 de la population de la province, les diplômés des universités anglophones représentaient 42,8 p. 100 de tous les diplômés universitaires et 66,6 p. 100 des détenteurs de doctorat.

Cette expansion du pouvoir clérical est non moins apparente dans le secteur hospitalier où les communautés religieuses non seulement créèrent un grand nombre d'hôpitaux généraux et spécialisés, mais étendirent en certains cas leur contrôle aux quelques institutions laïques existantes. Ce monopole dans le domaine de la santé eut, il va sans dire, son complément dans le réseau des institutions de charité sur lesquelles les laïcs et l'État eurent finalement assez peu de prise. Engagée peu à peu à partir de 1946 par la création du ministère du Bien-être social et de la Jeunesse, la déconfessionnalisation de ce secteur ne s'accélère qu'à la veille de 1960[15].

Les motifs qui avaient dicté la stratégie cléricale incitaient ses responsables à intervenir, qu'il s'agisse de la presse, des bibliothèques publiques ou des associations de tous genres, partout où il y avait du bien à accomplir et du mal à éviter. Ainsi, lorsque vers 1850 le clergé avait pris la direction des mouvements de colonisation afin de contrer l'émigration vers les États-Unis, l'État ne s'y était pas objecté; mais, de fil en aiguille, la présence cléricale s'était intensifiée à tel point qu'un jour il avait bien fallu nommer un clerc au poste de sous-ministre à la Colonisation. En somme, de démission en démission pendant un siècle, l'État, loin d'être devenu libéral comme le laisse entendre l'historiographie nationaliste récente, s'est peu à peu vidé de sa substance dans des domaines essentiels, y compris le domaine économique.

Le fait est que, bien avant l'élaboration de la doctrine sociale de l'Église et du féminisme chrétien, conceptions élaborées pour la reconquête religieuse de sociétés hautement industrialisées et déchristianisées, le clergé avait plus ou moins traité le Québec francophone, où la pratique religieuse était pourtant universelle et l'Église déjà unie à l'État, comme un pays de mission. Son action avait été universelle et à l'échelle du territoire. Malgré ces circonstances favorables, il avait quand même été obligé de faire des choix difficiles. Ainsi, pour garder les colons dans les régions de colonisation, il avait été obligé de faire des compromis considérables et d'accepter, parfois de bonne grâce, un certain degré d'industrialisation et d'urbanisation dans ces régions.

D'ailleurs, lui-même, afin de promouvoir ses propres solutions aux problèmes de la société industrielle, avait été obligé de regrouper le plus gros de ses effectifs en milieu urbain, là où les problèmes étaient les plus aigus et où la classe ouvrière prenait forme. En 1901, alors que seulement 8,6 p. 100 des francophones de la province étaient concentrés dans la métropole, 31,5 p. 100 des membres du clergé, dont 66,7 p. 100 des religieux, étaient massés dans le diocèse de Montréal[16]. La doctrine sociale de l'Église et le féminisme chrétien ont peut-être amené une minorité de clercs à modifier leurs vues au sujet du monde moderne. Mais, dans la majorité des cas, ces idées ont surtout servi à confirmer leurs attitudes en ce qui concerne la suprématie de l'Église sur l'État et le contrôle entier des institutions sociales, y compris celles qui encadraient la classe ouvrière.

Au début, les premières organisations ouvrières furent condamnées ouvertement par le clergé. Une fois ces censures levées, l'hostilité des clercs pour les Chevaliers du travail et les Unions internationales ne se démentit jamais. Mais, là encore, le clergé fut bien forcé de se rendre compte que la classe ouvrière était là pour rester et que, pour attirer les ouvriers à lui, il valait mieux procéder autrement en organisant ses propres syndicats. La création des syndicats catholiques fut sans doute une tâche relativement facile là où les ouvriers étaient massivement francophones. Mais, à Montréal où l'activité manufacturière (de 61 à 66 p. 100 de la main-d'œuvre de ce secteur entre 1901 et 1951) et l'activité syndicale (entre 57 et 70 p. 100 des effectifs syndicaux de la province entre 1921 et 1941) étaient concentrées, les francophones étaient sous-représentés dans la classe ouvrière. On ne peut donc s'étonner de constater que cette forme limitée de syndicalisme n'ait pas eu tellement de succès à Montréal, même après la déconfessionnalisation et à l'époque où la surenchère idéologique devint à la mode: seulement 6,7 p. 100 des syndiqués montréalais appartenaient à ces unions (CTCC/CSN) en 1921, 20,1 p. 100 en 1941 et 14,8 p. 100 en 1971[17].

En vérité, les syndicats catholiques contribuèrent à répandre le syndicalisme en dehors de Montréal, là où l'influence cléricale était la plus forte. Cette expansion des effectifs fut si marquée que la densité syndicale devint jusqu'à l'ère duplessiste plus élevée au Québec qu'en Ontario. Mais cette croissance s'est opérée, tel que le démontre le pourcentage des grèves déclenchées au Québec par rapport à l'Ontario, au prix d'une perte substantielle de militantisme: 47,8 p. 100 des grèves de 1901 à 1910, 38,7 p. 100 de 1931 à 1940 et 67,8 p. 100 de

1941 à 1950. Suffisamment, en tout cas, pour qu'il soit possible d'affirmer que ces unions ont joué jusqu'en 1940 au moins le rôle que le clergé pouvait raisonnablement attendre d'eux. Le fait que les grèves québécoises ont engagé en moyenne plus d'ouvriers par grève et occasionné plus d'heures perdues qu'en Ontario suggère que ces arrêts de travail ont été réalisés dans des entreprises plus considérables, situées le plus souvent (avant 1940) à Montréal où la classe ouvrière, trop hétérogène dans sa composition, n'était guère attirée par le syndicalisme catholique.

Il apparaît donc que les ouvriers francophones montréalais, parce qu'ils évoluaient dans un milieu pluraliste, furent ceux qui échappèrent le plus facilement au contrôle que le clergé voulait exercer par le biais du syndicalisme catholique. Les premières féministes montréalaises qui, vers 1893, s'étaient associées avec le Montreal Local Council of Women auraient pu atteindre à la même autonomie si elles-mêmes n'avaient été des bourgeoises. Car, en s'alliant à un mouvement qui affichait sa neutralité sur les plans religieux et ethnique et pratiquait un réformisme libéral, ces femmes d'œuvre s'aliénèrent les prêtres, les religieuses et les gens de leur propre milieu. En 1902, elles décidèrent finalement de rentrer au bercail avec l'idée de constituer sous le signe du *féminisme chrétien* une section féminine de l'association Saint-Jean-Baptiste. Mais rien n'y fit, puisque ce fut pour elles le début d'une série de compromis qui devinrent encore plus importants lorsqu'en 1907 elles mirent sur pied la Fédération nationale Saint-Jean-Baptiste qui regroupait un grand nombre d'associations de femmes dont la moitié était dirigée par des religieuses. Ainsi, pas question pour elles d'utiliser cette association comme instrument de lutte en faveur de l'école obligatoire, du vote des femmes et de la réforme du droit civil. Car leurs initiatives devaient être approuvées d'une façon ou d'une autre par les ecclésiastiques. Étant donné le grand nombre d'institutions charitables et éducatives possédées par les religieuses, cette mise en tutelle était inévitable. Lorsque les féministes se livraient à des activités que les religieuses appuyaient ou auxquelles elles applaudissaient, il n'y avait pas de problème. Mais lorsqu'il fallut militer en faveur des droits politiques et juridiques des femmes, elles furent bien forcées de choisir d'autres théâtres pour mener leurs combats.

Il est aussi à noter que, lorsque vint le moment de mettre sur pied des associations ou des unions pour les travailleuses ou les enseignantes, ces bourgeoises s'efforcèrent de mettre en œuvre des formules qui s'accordaient beaucoup mieux avec les vues des clercs et des patrons qu'avec les véritables intérêts de ces groupes de femmes[18]. Une des solutions privilégiées de ces féministes consista à créer dans les syndicats catholiques des sections féminines qui, à toutes fins pratiques, se réservaient les activités para-syndicales pour abandonner plus ou moins la chose ouvrière à la section masculine.

Au fond, le développement de ce vaste réseau institutionnel avait abouti à accorder à une classe de célibataires mâles et femelles, imbus de *paternité et de maternité spirituelles* et dominés par la crainte du libéralisme et du laïcisme, une autorité presque absolue sur des secteurs essentiels à la promotion des laïcs francophones. Axée sur le recrutement des clercs, la gestion de ces institutions incitait ceux qui désiraient faire carrière et avoir des chances de succès dans certains domaines à se faire prêtres, moines, frères ou religieuses. Non seulement les institutions les plus anciennement établies avaient accumulé de vastes domaines fonciers mais, grâce à un système complexe de financement comportant des dons, des subventions et des salaires, les clercs avaient été en mesure d'offrir leurs services à des taux qui défiaient toute compétition de la part des laïcs. Les élites cléricales avaient en général non seulement la propriété et la direction des institutions mais aussi la volonté d'en composer le personnel.

C'est certainement dans l'enseignement primaire, où les ecclésiastiques opéraient leurs propres institutions et étaient aussi solidement ancrés dans les écoles publiques, que cette évolution paraît la plus nette. En effet, en 1832, au lendemain de la grande réforme accomplie par la création des écoles de l'assemblée dénoncée avec virulence par Mgr Lartigue, le personnel enseignant était francophone dans une proportion de 57,7 p. 100, mâle dans une proportion de 96 p. 100 et laïque dans une proportion de 97,9 p. 100. Chose surprenante, la parité des salaires existait pour tous les enseignants[19].

Mais, après 1840, ces équilibres furent modifiés d'une façon radicale, apparemment en faveur des institutrices laïques, mais en réalité en faveur des religieux. Car la structure salariale comportait au moins trois niveaux de salaires: l'un différent pour les protestants et pour les catholiques, un second différent pour les hommes et pour les femmes et un troisième inégal pour les laïcs et les religieux. Les traitements des frères et des religieuses étaient naturellement les plus bas de tous, suivis de ceux des femmes et, ensuite, des catholiques. Ces disparités salariales, avantageuses pour les gestionnaires des écoles toujours intéressés à payer le moins cher possible, se perpétuèrent jusqu'à la Révolution tranquille. C'est alors seulement que les associations d'instituteurs laïques, qui avaient bien compris dans quelle direction les inégalités opéraient, demandèrent la parité salariale entre religieux et laïcs[20].

Ces inégalités, surtout celles entre protestants et catholiques, qui reflétaient en partie seulement le caractère plus rural des francophones, avaient contribué à faire du secteur catholique un lieu de misère et un milieu absolument défavorable aux enseignants laïques. Les instituteurs mâles ne s'y trompèrent pas puisque, incapables de faire compétition aux frères, dont le traitement était à environ 40 p. 100 du leur, ils se retirèrent à peu près d'une profession qui ne leur permettait pas de se marier. De leur côté, les institutrices laïques, qui se trouvèrent dans une situation analogue vis-à-vis des religieuses, persistèrent parce que la majorité d'entre elles ne voyaient dans l'enseignement qu'un emploi temporaire en attendant le mariage. Aussi leur nombre et leur pourcentage continuèrent-ils de s'accroître jusqu'au jour où elles commencèrent à perdre du terrain relativement aux religieuses. Ce déclin relatif des laïcs catholiques semble s'être prolongé jusqu'aux années 1930-1940, alors que les clercs devinrent incapables de répondre d'une façon adéquate à la demande[21].

Au fond, si cette structure salariale fut tellement néfaste pour les laïcs, hommes et femmes, c'est qu'elle comportait en plus un quatrième niveau de salaires différent pour les villes et les campagnes qui, ajouté aux autres, ne pouvait qu'aboutir à une extraordinaire marginalisation des laïcs (voir Tableau IX).

Il faut noter ici que c'est dans les villes que les clercs offraient leurs services aux taux les plus bas par rapport aux laïcs. La grande variété des taux d'un lieu à un autre entre religieux et laïcs et entre religieuses et laïques indique qu'il y avait certainement un rapport entre la stratégie cléricale, la structure salariale et le caractère hautement rural (88,8 p. 100) des enseignants laïques.

La stratégie cléricale avait donc provoqué, d'un côté, l'émergence d'une aristocratie enseignante cléricale urbaine et, de l'autre, la naissance d'une sorte de prolétariat laïque (plus rural que la population de la province) à l'intérieur duquel les institutrices laïques constituaient le groupe le plus misérable. Quant aux instituteurs laïques, ils n'étaient aucunement à égalité avec les frères enseignants. Tout cela prouve aussi que les clercs n'avaient pas besoin d'être majoritaires pour dominer le système. Aussi l'immense majorité des postes de direction dans les écoles se trouvaient-ils dans les mains des clercs: 48,5 p. 100 dans le cas des sœurs et 20 p. 100 dans le cas des frères œuvrant dans les

Tableau IX
**Niveaux de salaires et répartition géographique
des instituteurs catholiques, 1882-1883**

	Urbains	Ruraux	Total
Laïcs (nombre: 4371)			
a) hommes (nombre: 590)			
pourcentage	28,8	71,2	100
salaire moyen	737	271	405
b) femmes (nombre: 3781)			
pourcentage	8,2	91,8	100
salaire moyen	217	101	110
c) ensemble			
pourcentage	11,2	88,8	100
salaire moyen	397	119	149
Religieux (nombre: 1553)			
a) hommes (nombre: 556)			
pourcentage	72,8	27,2	100
salaire moyen	165	154	162
b) femmes (nombre: 997)			
pourcentage	57,5	42,5	100
salaire moyen	95	95	95
c) ensemble			
pourcentage	62,9	37,1	100
salaire moyen	124	110	119
Grand total			
pourcentage	23,6	76,4	100
salaire moyen	230	118	144

Source: A. Labarrère-Paulé, *Les Instituteurs laïques au Canada français. 1836-1900*, Québec, PUL, 1965, p. 378s.

écoles primaires et secondaires en 1960-1961, affirment Micheline Dumont et Nadia Fahmy-Eid. Le reste était partagé d'une façon fort inégale (21,3 et 10 p. 100) entre les laïcs, hommes et femmes. À cette date, le pourcentage des religieux parmi les enseignants s'élevait à 30,9 p. 100 (7 p. 100 pour les frères et 23,9 p. 100 pour les religieuses); les institutrices composaient le personnel dans une proportion de 55,9 p. 100, soit huit fois le pourcentage des instituteurs[22].

Pour les laïcs, la situation était encore plus corsée dans les collèges classiques. Même si ces institutions assuraient la transition entre le secondaire et l'université, elles n'avaient pas été fondées en premier lieu pour permettre aux jeunes d'accéder à l'université. Leur objectif premier était le recrutement sacerdotal et c'est pour cette raison qu'on n'avait pas prévu l'établissement de collèges de filles. Le premier d'entre eux ne fut créé que deux siècles et demi après le collège des Jésuites. Vingt ans après sa fondation, il n'y avait qu'une centaine d'étudiantes dans ces établissements. On comprend qu'en 1961, alors que le pourcentage des filles parmi les étudiants universitaires anglophones s'établissait à 31 p. 100, cette proportion n'ait été que de 15 p. 100 chez les francophones. Dans les collèges classiques de garçons et de filles, la présence des laïcs, nulle au niveau de la direction et de la gestion, se fit à peine sentir dans le corps professoral avant la décennie 1940-1950. À cette date, ils y formaient un prolétariat mal payé et sans influence.

Quant aux universités, considérées aussi comme des œuvres d'Église[23] et dirigées par des ecclésiastiques, elles furent assez tôt obligées d'avoir recours à un personnel enseignant majoritairement laïque et, en certains cas, protestant. Mais, progressivement, le personnel enseignant se fit de plus en plus laïque et catholique. Le recours à des gestionnaires laïques fut encore plus lent. Pourtant, cette participation des laïcs n'empêcha pas les universités de franchir avec beaucoup de peine les étapes qui allaient de la théologie, en passant par les professions libérales, vers les disciplines les plus en demande dans une société industrielle. C'est que les universités comme les autres institutions reflétaient à la fois le caractère particulier de l'urbanisation des francophones et le freinage pratiqué par les ecclésiastiques face à des évolutions qui auraient certainement donné une allure plus moderne à leurs ouailles.

Cette structure dont le fonctionnement conduisait à l'infériorisation des laïcs, surtout les femmes, s'imposait avec une égale efficacité dans le secteur hospitalier où le personnel resta clérical aussi longtemps que les religieuses, propriétaires ou gérantes de ces institutions, furent capables d'en assurer le recrutement elles-mêmes. Mais le jour vint où il fallut accepter, plus rapidement parmi le petit personnel que parmi les infirmières, des laïques. En 1930, à peu près 50 p. 100 des infirmières étaient, dit-on, des laïques. On est donc en droit de se demander combien d'entre elles avaient à cette date été associées au pouvoir des religieuses. Dans les agences de charité, l'évolution avait été encore plus lente, de sorte que la profession de travailleur social laïque n'a vraiment commencé à prendre forme qu'après 1940 avec la création de cours dans les universités.

Ainsi, de 1850 à 1960, le Québécois francophone s'est urbanisé et a participé de plusieurs façons à l'industrialisation de la province. En 1960, il avait moins d'enfants que son ancêtre en avait eus, il était moins vulnérable que lui à la maladie et à la mort et il le surpassait en instruction. Ces changements n'avaient pas été accomplis sans que l'État et le clergé y contribuent directement ou indirectement. Il n'en reste pas moins que l'État, en raison de son excessive dépendance à l'égard des clercs et des capitalistes, avait abandonné à des groupes privés des fonctions capitales, dont un exercice raisonnable aurait pu modifier le profil francophone. Quant au clergé, dont les institutions représentaient une force économique incontestable, il a tellement vécu avec la peur du mal qu'il a érigé contre l'État et contre les laïcs un système qui, tout en les soutenant à certains égards, a aussi contribué à les marginaliser. Donc, qu'il s'agisse des hommes ou des femmes francophones et qu'on ajoute ou non les membres du clergé dans ce décompte, c'est la société francophone dans son entier qui s'est trouvée fort en retard par rapport aux autres Québécois. Naturellement, avant 1940, il s'est trouvé des clercs qui ont voulu prendre une certaine distance vis-à-vis des pouvoirs établis. Que dire aussi du Premier ministre Godbout (1939-1944) qui a bien failli déclencher une sorte de révolution sociale qui n'a pas trouvé suffisamment de preneurs? Mais Duplessis avait senti le danger et inspiré confiance aux classes dirigeantes. Il a sans doute fait des compromis qu'il a trouvés onéreux par la suite mais, en attirant l'attention sur le péril extérieur fédéraliste et en menant une lutte vigoureuse contre le syndicalisme, les clercs récalcitrants et le «gauchisme», il a quand même remis les choses en place pour deux décennies.

Ainsi, la Révolution tranquille qui devait conduire après 1960 à la décléricalisation de la société québécoise et à la mise à jour de l'ensemble de ses équipements intellectuels et matériels n'était pas acquise d'emblée. Disons cependant que si le corps clérical n'avait été lui-même rongé jusqu'à un certain point de l'intérieur, il aurait fallu plus de deux décennies après 1960 avant que le caractère irréversible de cette mutation n'apparût dans toute son ampleur. N'oublions pas que le nombre de religieux fut à son sommet en 1961 et qu'à cette date la densité cléricale était toujours plus élevée au Québec que partout ailleurs dans le monde catholique[24]. Qui aurait pu prédire qu'en moins de 20 ans, ces effectifs fondraient à un rythme plus rapide que partout ailleurs? Ainsi, à la suite de démissions massives et d'une baisse radicale du recrutement, le nombre des religieuses déclina de 46 933 qu'il était en 1961 à 26 786 en 1979[25]. Le même phénomène se produisit chez les prêtres séculiers et les religieux dont les effectifs déclinèrent de 50 p. 100 et de 75 p. 100 respectivement.

Cette chute des effectifs cléricaux, qui coïncidait avec l'accession de la majorité des francophones à la culture de la grande ville, contribua à miner le pouvoir clérical et du même coup favorisa la séparation de l'Église et de l'État et la sécularisation de la société. Dès lors, on assista, pour le plus grand bénéfice de ceux qui se sentaient brimés dans leurs convictions, à la prise en charge par l'État de responsabilités qui, jusque-là, avaient été assumées exclusivement par le clergé. En 1968, l'État devint responsable de l'enregistrement civil des naissances et offrit à ceux qui désiraient s'en prévaloir la possibilité d'un mariage et d'une sépulture civils. Dans une société qui avait toujours accordé la prééminence au collectif religieux ou national, cette reconnaissance des droits individuels constituait un événement révolutionnaire.

L'intervention de l'État dans le domaine crucial entre tous de l'éducation, sur lequel le clergé avait veillé avec un soin jaloux, contrôlant de ce fait l'accès des laïcs à certaines professions, ne se fit pas sans luttes et sans compromis. C'est pourquoi la création d'un ministère de l'Éducation, des cégeps et d'une université du Québec furent autant de gestes dont l'objectif était de mettre les francophones au diapason avec le reste de l'Amérique du Nord. En plus d'installer une pression en faveur de la déconfessionnalisation des universités existantes et de l'école primaire, une telle initiative permit aux laïcs et à l'État de définir eux-mêmes les priorités de la société aussi bien en matière de formation technique et professionnelle que de développement littéraire, artistique et scientifique. En 1941, l'éducation et la culture accaparaient seulement 8,2 p. 100 du budget de l'État; en 1983-1984, ce pourcentage avait augmenté à 31,8 p. 100 même si les dépenses gouvernementales avaient été multipliées par 240. Une orientation similaire fut imposée dans deux autres domaines où, depuis toujours, les clercs avaient exercé un monopole: le soin des malades et la sécurité sociale. La part de ces services dans le budget de l'État, que d'aucuns restés fidèles aux anciens concepts qualifient d'État-providence, fit un bond énorme, passant de 19,5 p. 100 qu'elle était en 1941 à 38,7 p. 100 en 1983-1984 et la participation des laïcs en ces domaines s'en trouva accrue d'autant.

L'État

Un des objectifs essentiels de la Révolution tranquille avait été de moderniser et d'étendre l'appareil étatique afin d'en faire un intervenant efficace dans le développement économique et social de la province, pour le plus grand bénéfice des Québécois et, plus particulièrement, des francophones. Car, en 1950, la sous-représentation traditionnelle des francophones dans le commerce, les finances et l'industrie n'existait pas seulement au niveau de la propriété et de la direction des entreprises commerciales, financières et industrielles mais même dans la main-d'œuvre manufacturière, dans le secteur de la construction et dans la catégorie des employés des services. La chose était encore plus marquée à Montréal.

Tableau X
Proportion des francophones dans (1) la population,
(II) la population active âgée de 15 ans et plus, (III) les professions, administration et commerce, (IV) les employés, (V) la fabrication, (VI) la construction, les manœuvres, (VII) le secteur primaire au Québec
(1931-1981) (en pourcentage)

	1931	1941	1951	1961	1971	1981
I.	78,4	80,9	82,0	80,6	78,9	80,2
II.	75,1	78,5	79,4	77,8	75,5	79,4
III.	69,8	74,1	70,8	69,9	71,3	76,9
IV.	69,5	75,4	74,1	75,0	74,7	79,7
V.	69,4	72,9	81,3	79,8	76,3	78,7
VI.	74,2	82,1	86,2	82,9	81,7	84,2
VII.	87,4	88,8	90,6	91,1	88,9	88,4

Source: G. Bernier et R. Boily (dir.), *Le Québec en chiffres de 1850 à nos jours, op. cit.*, pp. 208-213.

Ainsi, en 1931, le seul domaine où les francophones étaient surreprésentés dans la main-d'œuvre par rapport à la population active et à la population totale était le secteur primaire. Puis, en 1941, le secteur de la construction vint s'inscrire dans ce tableau (voir Tableau X). C'est seulement en 1951 que la présence des francophones dans la main-d'œuvre manufacturière devint plus considérable que dans la population active. Parmi les employés des services où le degré d'instruction comptait davantage et où les femmes étaient nombreuses, il fallut attendre en 1981 pour que cette situation se produise. Notons qu'à cette date les francophones restaient encore légèrement sous-représentés par rapport à l'ensemble de la population non seulement dans les manufactures et les services, mais surtout dans les professions, l'administration et le commerce. Cette transformation progressive de la classe ouvrière francophone qui, avant 1960, ainsi que l'atteste la grève d'Asbestos[26], s'était parfois livrée à de violentes flambées de militantisme, fut si importante qu'elle devint à partir de 1970 beaucoup plus militante et radicale que sa contrepartie ontarienne.

Une évolution similaire se produisit dans le cas des femmes et, surtout, des francophones qui bénéficièrent de l'élimination des barrières institutionnelles qui avaient entravé leur accès aux études secondaires et universitaires. De 1975 à 1983, le pourcentage des femmes dans la population étudiante universitaire s'accrut de 39,3 p. 100 à 46,6 p. 100. Au niveau des études doctorales, leur présence, bien que plus faible, s'intensifia néanmoins de 20,9 p. 100 des effectifs à 25,6 p. 100. Les répercussions de ces changements sur le travail rémunéré des femmes francophones seraient plus facilement mesurables si les chiffres dont nous disposons faisaient état de l'origine ethnique des travailleuses (voir Tableau XI).

Tableau XI
Répartition des femmes par catégories d'occupations, 1951-1981
(en pourcentage)

	1951	1961	1971	1981
Main-d'œuvre totale	25,7	30,4	33,0	39,4
Professions, commerce	22,2	23,7	24,4	31,4
Employées	55,2	56,5	45,5	47,1
Secteur primaire	1,8	2,6	1,3	1,2
Ouvrières	20,8	14,4	13,6	11,7
Autres	—	2,7	14,3	8,5
Total	100	99,9	99,1	99,9

Sources: G. Bernier et R. Boily (dir.), *Le Québec en chiffres de 1850 à nos jours, op. cit.*, pp. 203-213.

Après les succès mitigés des féministes du début du siècle, le mouvement des femmes avait connu dans les milieux urbains des années trente un certain regain de vie autour de la question du droit de vote des femmes dans les élections provinciales. Pourtant, au niveau fédéral, ce droit existait depuis 1918. Il faut dire que les

Québécoises s'en étaient généralement prévalues (taux général de participation de 71 p. 100) et qu'elles l'avaient exercé avec autant de sagesse que les hommes. Mais le clergé et les éléments les plus conservateurs des classes dirigeantes, appuyés par certaines organisations féminines puissantes, s'étaient toujours opposés à ce qu'on accorde le droit de vote aux femmes. Il fallut une bonne dizaine d'années de luttes pour qu'en 1940, sous le régime Godbout, cette réforme soit introduite.

Au fond, le véritable mouvement féministe axé sur les idées d'égalité et d'émancipation date du milieu des années soixante, époque où les effets de la Révolution tranquille sur la promotion des femmes dans les emplois rémunérés et dans le reste de la société commençaient à se faire sentir. Au cours des 15 années suivantes, ce mouvement de réforme se développa rapidement; il fut habité par un radicalisme qui reflétait en plus la montée du nationalisme et du socialisme dans la société québécoise. Depuis 1980, même si ces tendances paraissent apaisées, le mouvement n'en poursuit pas moins ses visées fondamentales avec d'autant plus de vigilance que ses conquêtes sont encore loin d'être achevées.

Les stratèges de la Révolution tranquille pensaient que, pour faire disparaître les disparités entre les francophones et les autres au niveau de la propriété et de la direction des grandes entreprises, il fallait élargir le champ d'action de l'État. Ainsi, la multiplication après 1960 des sociétés d'État visait non seulement à rendre l'économie québécoise plus compétitive, mais aussi à accroître la présence francophone dans des organismes dont les contacts avec le secteur privé de l'économie étaient nombreux et continus. Ainsi doté d'une force économique nouvelle, l'*État national québécois,* ainsi qu'on apprendra à le qualifier, pouvait apparaître soit comme un lieu d'apprentissage pour les entrepreneurs francophones soit, en attendant que l'indépendance ne libère le bourgeois canadien-français de ses entraves, comme le seul capitaliste francophone assez puissant pour faire échec au pouvoir économique anglophone. D'autres prétendirent, tant leur désir de voir émerger le plus vite possible un État indépendant et socialiste était grand, que l'édification d'une bourgeoisie nationale n'était pas une condition nécessaire à la libération complète du peuple québécois.

Le fait est que la Révolution tranquille, lancée sous le signe de la sécularisation et de la modernisation, avait été déclenchée dans des domaines tellement vitaux qu'elle ne pouvait que s'étendre avec le temps à tous les aspects de l'existence des hommes et des femmes et à tous les groupes sociaux. C'est de cette façon que, d'une étape à l'autre, elle en vint à bouleverser à la fois les structures sociales et les mentalités de façon à rendre la société québécoise plus ou moins comme les autres. Contrairement à ce que les indépendantistes prétendaient, il n'était donc pas indispensable, étant donné la sensibilisation progressive de la population au développement économique et les nouveaux moyens de formation mis à la disposition des jeunes, qu'on attendît l'avènement de l'indépendance pour qu'une grande bourgeoisie capitaliste francophone pointât à l'horizon. En 1961, rappelle André Raynauld, les Québécois francophones contrôlaient seulement 15,4 p. 100 de la valeur ajoutée des établissements manufacturiers et 47,1 p. 100 de l'ensemble de l'économie du Québec; en 1978, cette participation s'était élevée à 22,3 p. 100 dans le secteur de la fabrication et à 54,8 p. 100 dans l'ensemble de l'économie[27]. Depuis 1980, la montée de l'*entrepreneurship* francophone s'est accélérée à tel point que les hommes d'affaires francophones se sentent plus confiants face à leurs concurrents de l'intérieur et de l'extérieur et plus libres vis-à-vis de l'État[28]. C'est pourquoi ils ont aujourd'hui tendance à promouvoir une conception beaucoup moins interventionniste du rôle du Gouvernement dans l'économie.

Les quelques séries chiffrées que nous avons reprises ici démontrent qu'une mutation d'une telle ampleur dans une société qui avait marqué le pas à bien des égards durant les derniers siècles ne pouvait s'accomplir en quelques décennies. D'autant plus que, dans l'économie d'avant 1960, le secteur primaire, où les francophones étaient surreprésentés, était plus important au Québec qu'en Ontario où prédominait l'industrie lourde. Depuis ce temps, la montée du secteur tertiaire et de l'appareil bureaucratique s'est opérée avec plus de vigueur au Québec que dans la province voisine où le poids du secteur manufacturier reste plus considérable. Il est certain que ces différences structurelles, autant que le caractère particulièrement étalé du changement social dans le Québec francophone d'avant 1960, sont responsables de la persistance des écarts entre francophones et non-francophones à l'intérieur du Québec ainsi que des écarts avec l'Ontario. Il faut quand même dire que ces changements remarquables, tant dans l'économie que dans l'activité scientifique et la culture, furent accomplis à une époque où toutes les sociétés occidentales se transformaient rapidement.

Même si le Québécois francophone se sent maintenant à l'aise dans le monde moderne et est plus vigoureux culturellement qu'il ne l'a jamais été, ne craignant plus de s'affirmer dans la plupart des domaines de l'activité humaine, il reste quand même dominé par le sentiment de sa vulnérabilité. Le déclin de la natalité, dont on n'a pas fini de scruter toutes les implications économiques, linguistiques, culturelles et politiques, s'est déroulé d'une façon plus abrupte chez les francophones québécois que chez les Ontariens: depuis 1951, on a noté une chute de 55 p. 100 dans un cas et de 41 p. 100 dans l'autre. Cette baisse parut si tragique vers 1970 que le gouvernement québécois se crut obligé d'adopter des mesures dont l'objectif était non seulement de relancer la natalité et d'étendre l'aire économique et sociale du français, mais aussi de forcer les immigrants à s'intégrer au milieu francophone. Cette politique, inefficace en ce qui concerne la natalité, aujourd'hui la plus basse dans tous les pays occidentaux, semble avoir tellement porté ses fruits dans le cas des immigrants que les démographes qui, il y a 20 ans, prédisaient la minorisation des francophones sous l'effet de l'intégration des immigrants au milieu anglophone sont maintenant en train de supputer la disparition du Québécois «pure laine» au profit d'un nouveau type de francophone porteur de traditions culturelles variées.

Ainsi, la Révolution tranquille n'a pas seulement contribué à accélérer des évolutions amorcées à des époques plus ou moins lointaines; elle a été à l'origine de profondes ruptures avec le passé. Même si le processus engagé vers 1960 est loin d'être achevé, la société québécoise francophone actuelle est tellement différente de ce qu'elle était il y a trois décennies qu'on a peine à imaginer que tout cela ait pu se produire en si peu de temps. Cela dit, on comprend mieux pourquoi la tentation est devenue si forte de vouloir reconstruire le passé comme si, de temps immémorial, la société canadienne-française n'avait cessé, comme les autres et au même rythme qu'elles, de se *moderniser* autour d'une ville qu'on voudrait bien reposséder en entier.

Ainsi envisagée, la Révolution tranquille apparaît d'abord comme un mouvement social majeur qui s'est poursuivi sous tous les régimes politiques depuis 1960. Pourtant, en faisant plus systématiquement appel à la fierté des Québécois francophones et en agitant la crainte du déclin culturel, les chefs séparatistes tentèrent vers la fin des années soixante de convertir ce mouvement de réforme sociale, qui avait déjà de fortes tonalités nationalistes, en mouvement d'indépendance nationale. Mais, pour parvenir à mobiliser la population dans cette direction, ils furent obligés de diluer constamment le message indépendantiste, de promettre un bon gouvernement et, par le fait même, de reconnaître que, pour la grande majorité des Québécois, si nationalistes fussent-ils, la question sociale était devenue prioritaire, après bien des hésitations et des tourments.

La réussite de la Révolution tranquille et la faillite du mouvement indépendantiste démontrent que l'indépendance ne constituait pas une étape indispensable vers la modernisation et la démocratisation de la société québécoise. C'est pourtant ce qu'avaient proclamé les néo-nationalistes des années 1950-1960 qui, néanmoins, avaient tellement insisté sur la décadence irrémédiable de la bourgeoisie, la seule classe qui aurait pu faire l'indépendance, qu'ils furent bien obligés de déclarer leur rêve irréalisable. Par contre, au cours de la décennie suivante, les intellectuels nationalistes, historiens et spécialistes des sciences sociales, entrevirent en reconstituant le passé québécois à la lumière des théories du développement du sous-développement, l'émergence prochaine sous l'égide de la classe ouvrière francophone exploitée par les étrangers d'un État québécois indépendant, moderne et enrichi d'un socialisme «bien de chez nous». La faillite du référendum détruisit cette logique et donna lieu à la croyance selon laquelle l'indépendance sera désormais le fruit de la modernité.

CHAPITRE 14

«Je n'ai jamais pensé que je pourrais être aussi fier...»: le débat Trudeau–Lévesque

par Ramsay Cook

Professeur d'histoire à l'université York de Toronto, Ramsay Cook est également éditeur général du Dictionnaire biographique du Canada. *Parmi ses plus récentes publications on compte* Canada, Quebec and the Uses of Nationalism *et* The Regenerators, *qui a reçu le prix littéraire du Gouverneur général dans la catégorie essai.*

Ce n'est pas l'idée de nation qui est rétrograde, c'est l'idée que la nation doive nécessairement être souveraine.

Pierre Elliott Trudeau,
«La nouvelle trahison des clercs», *Cité libre*, avril 1962.

Que veulent les francophones du Québec? On aura la réponse à cette question au cours des prochaines années, mais il y a de plus en plus de chances que ce soit: l'indépendance du Québec.

René Lévesque, «For an Independent Quebec»,
Foreign Affairs, octobre 1976.

... seules deux positions me semblent logiques: celle de M. Trudeau qui a triomphé au référendum de 1980 et celle qui prône l'indépendance du Québec. Le reste m'apparaît comme une espèce de broderie constitutionnelle.

Marcel Rioux, *Une Saison à la Renardière*, Montréal, 1988.

B ien des Canadiens, et bien des étrangers sans doute, ont dû trouver que le débat constitutionnel des années soixante-dix tenait du casse-tête chinois. Mise à part la confusion créée par le côté obscur de certains détails constitutionnels, chasse gardée des hommes de loi et autres initiés, les Canadiens ont pu être témoins du rôle prépondérant joué par deux Québécois francophones, à savoir Pierre Elliott Trudeau et René Lévesque. Force est de constater que, pour un drame à l'échelle canadienne, la distribution avait été faite avec une certaine malveillance puisque aucun anglophone du pays n'avait eu droit à un premier rôle. Et pour rester dans le monde du spectacle, rappelons que le Premier ministre de Terre-Neuve, Brian Peckford, personnage particulièrement borné, qualifia un jour le débat constitutionnel de «spectacle» mettant en vedette deux idoles acharnées à multiplier les gestes dramatiques pour conquérir le cœur de leur public. Nous nagions en plein vaudeville ou, si vous préférez, nous assistions à une véritable compétition sportive. Lévesque et Trudeau entraient dans le ring et marquaient tour à tour des points, soit pour le Québec, soit pour le Canada, pressés qu'ils étaient par leurs partisans respectifs d'envoyer l'adversaire au tapis. Aussi cocasse que le spectacle de deux Mohammed Ali s'affrontant! À l'ère de la télévision triomphante, une vedette ne possède-t-elle pas plus de chances de s'imposer qu'une idée? C'est du moins ce que l'on dit.

Mais réduire le débat des années soixante-dix à un simple affrontement entre deux personnalités, même s'il produisit des effets dramatiques, risque de semer la confusion. Lévesque et Trudeau avaient tous deux une grande ambition et une forte personnalité. L'un deux avait été vedette à la télévision, l'autre était un athlète accompli. Tous deux souhaitaient triompher dans leur sport favori: la politique. Car chacun se doublait d'un politicien habité de convictions profondes et d'idées précises concernant l'histoire et l'existence de sa communauté d'origine et chacun se sentait profondément enraciné dans celle-ci. Ni Trudeau ni Lévesque n'avait créé la controverse qui les opposait: cette dernière existait bien avant eux et persiste encore de nos jours. On peut énoncer le problème très simplement: «Tout ce qu'il faut savoir c'est est-ce que c'est dans l'intérêt des francophones canadiens d'être une majorité à l'intérieur d'un État québécois pluraliste ou d'être une minorité dans un État canadien pluraliste, et c'est là-dessus que tout le débat se déroule[1]!»

Ces paroles de Pierre Elliott Trudeau pourraient tout aussi bien avoir été dites par René Lévesque. Tous deux s'entendaient sur la question mais non sur la réponse. Tous deux étaient les défenseurs fervents de cette communauté que Trudeau appelait les «francophones canadiens» et que Lévesque qualifiait plutôt de «Québécois francophones». Le débat portait d'ailleurs sur cette nuance même. Elle servait à mesurer l'écart qui séparait le fédéraliste du nationaliste et, même si la chose n'était pas nécessaire, il était tout à fait opportun que ces deux gladiateurs fussent francophones. Mais cette nuance créait également une confusion dans l'esprit de ceux qui auraient préféré une dichotomie plus simple: francophones contre anglophones, Québec contre Canada. Trudeau et Lévesque étant tous deux francophones et originaires du Québec, pareille simplification devenait impossible. Pour dissiper toute confusion, analysons attentivement les idées exposées par ces deux hommes politiques.

Au moment où les célébrations du centenaire du Canada s'achevaient en 1967, deux hommes politiques québécois publièrent chacun un livre qui proposait une voie différente pour l'avenir du Canada, du Canada français et du Québec. *Le Fédéralisme et la Société canadienne-française* parut au moment même où l'exposition universelle de 1967 fermait ses portes à Montréal. Son auteur, Pierre Elliott Trudeau, était alors ministre fédéral de la Justice, une fonction qui faisait de lui le gardien de la Constitution canadienne. Après tout juste deux années en politique, il commençait à peine à être connu du grand public. Longtemps reconnu parmi les intellectuels québécois (et parmi certains intellectuels du Canada anglais) comme un brillant avocat, un écrivain politique et l'un des fondateurs du magazine *Cité libre,* il semblait constamment s'opposer aux idées des dirigeants de sa province et, en 1967, il le fit plus que jamais. À peine connu au Canada anglais, il y était perçu comme un célibataire irréductible à qui l'on devait l'aphorisme selon lequel l'État n'avait pas sa place dans les chambres à coucher du pays.

Le livre de Trudeau, qui était constitué d'une série d'essais et d'articles polémiques, avait été écrit entre 1957 et 1964. Ces essais tentaient d'analyser le fédéralisme canadien et la place des Canadiens français dans le système fédéral, tout en mettant l'accent sur le Québec. Les premiers articles ne manquaient pas de critiquer les tendances centralisatrices d'Ottawa et les Canadiens français (habituellement de gauche) qui les appuyaient. Les essais qui suivirent s'attaquaient vivement, pour ne pas dire férocement, aux Québécois francophones qui, au début des années soixante, s'étaient rangés derrière les différentes étiquettes du slogan «Québec d'abord». Un ouvrage dont les chapitres s'intitulaient notamment «*De libro, tributo... et quibusdam aliis*» et «Fédéralisme, nationalisme et raison» aurait dû, en principe, n'avoir aucun succès. Ce fut tout le contraire, y compris pour sa version anglaise parue au début de 1968 (même si tous ceux qui l'achetèrent ne le lurent pas nécessairement). La carrière de Pierre Elliott Trudeau était lancée; il allait bientôt devenir Premier ministre du Canada pour plus de 15 ans.

René Lévesque, auteur du second ouvrage, intitulé *Option Québec*, dont les ventes en anglais et en français furent également un franc succès, était beaucoup mieux connu à la fois au Québec et à l'extérieur de la province. Ancien journaliste et vedette de la télévision, il s'était joint, en 1960, à l'«équipe du tonnerre» de Jean Lesage, à l'intérieur de laquelle il joua un rôle déterminant dans le déclenchement de la Révolution tranquille. En tant que ministre des Ressources naturelles, il avait, en 1962, mené avec succès une campagne destinée à ramener les 11 dernières compagnies d'électricité privées dans le giron d'Hydro-Québec, la société d'État. Par la suite, en tant que ministre de la Famille et du Bien-être social, il avait poursuivi la mise en place de l'État-providence. Mais il avait également acquis la réputation d'être un canon mal fixé sur le pont du navire de l'État québécois. Et au fur et à mesure que ce navire pourfendait les remous créés par les réformes dans les domaines de l'éducation, de l'économie, des lois du travail, de la fonction publique et de la politique sociale, les critiques de Lévesque à l'égard du système fédéral, même si elles n'étaient pas toujours systématiques, se faisaient de plus en plus virulentes. Ses idées devenaient également plus ouvertement nationalistes et il découvrit que la rhétorique nationaliste constituait un outil efficace pour obtenir le soutien populaire en faveur de mesures gouvernementales. En 1963, il décrivait la «nation» comme «un groupe de personnes issues d'une même famille culturelle et localisées en un endroit précis sur la carte»; il alla même jusqu'à dire qu'il fallait se servir du «nationalisme» pour guérir les «maux économiques» du Québec. «La question, ajouta-t-il, est de l'utiliser le plus possible, parce que personne n'est jamais certain de pouvoir le contrôler; en fait, personne ne peut maîtriser cette force-là[2].» Sous la houlette de René Lévesque, la nationalisation de l'électricité n'était pas une simple mesure économique, mais plutôt une étape qui devait permettre aux Québécois de devenir maîtres chez eux[3].

Tout en ébranlant la trop grande assurance des Canadiens anglais, les coups assenés par Lévesque à l'endroit d'Ottawa et des «Rhodésiens de Westmount» (les anglophones établis au Québec) lui donnaient des allures de héros parmi les Canadiens français, surtout parmi la population étudiante où le nationalisme était en pleine renaissance[4]. En 1963, il avoua carrément à un auditoire anglophone: «Je suis d'abord Québécois, puis Canadien français... mais je n'ai vrai-

ment... disons que je n'ai pas du tout l'impression d'être Canadien[5].»
Ces propos étaient significatifs: pour lui, le fait d'être «Canadien français» signifiait de toute évidence être Québécois de langue française et
non pas Canadien de langue française. De telles implications (et
certaines autres) commençaient seulement à devenir évidentes pour
tous.

Les discours de René Lévesque (il utilisait rarement des textes
écrits) étaient ceux d'un homme qui, contrairement à l'approche plus
intellectuelle de Pierre Elliott Trudeau, pensait comme il agissait, ou
plutôt, parlait comme il pensait. Ex-journaliste de la radio et de la télévision, René Lévesque se sentait plus à l'aise à l'oral qu'à l'écrit. (Au
cours d'une de leurs premières rencontres, Trudeau, qui attendait
toujours un article que Lévesque lui avait promis pour *Cité libre,* lui
avait dit un jour: «Dis donc, Lévesque, tu parles drôlement bien toi,
mais je commence à me demander si tu sais écrire.» «Écrire...
écrire..., avait répliqué Lévesque, faudrait d'abord en avoir le
temps...» Ce à quoi Trudeau avait aussitôt rétorqué: «et quelque chose
à dire[6]».) Lévesque prouva bien sûr qu'il avait beaucoup de choses à
dire, mais il était plus porté à l'action qu'à l'analyse. Trudeau, du
moins jusqu'en 1965, était au contraire un intellectuel, quelqu'un de
qui les critiques se plaisaient à dire qu'il n'était qu'un dilettante roulant
en Mercedes. *Option Québec* était typique du style de René Lévesque:
il ne s'agissait pas vraiment d'un livre, mais plutôt d'une compilation
d'articles de journaux, de documents gouvernementaux, de fragments
de discours écrits et prononcés par diverses personnalités. L'ouvrage
portait la signature de Lévesque pour la bonne raison que celui-ci avait
été le chef du groupe d'anciens Libéraux et bureaucrates qui avaient
quitté le Parti libéral de Jean Lesage au cours de l'automne 1967. C'est
lui qui avait rendu possible la création du Mouvement souveraineté-
association et qui allait devenir le chef du Parti québécois.

Trudeau et Lévesque se rencontrèrent à quelques reprises au cours
des années cinquante. Le travail et les intérêts de René Lévesque
l'avaient amené à se tourner vers les affaires internationales: son émission de télévision *Point de mire* avait sensibilisé des centaines de
milliers de Québécois aux événements qui se déroulaient dans le
monde. Indépendant de fortune, Pierre Elliott Trudeau n'était pas obligé de se livrer à l'exercice régulier d'une profession. D'ailleurs ses
idées libérales le tenaient éloigné d'une carrière universitaire normale.
Il concentra son attention sur le Québec malgré son attirance pour les
voyages à l'étranger et les affaires internationales; il consacrait en fait

beaucoup de temps à la politique québécoise et au mouvement syndical.

Les événements des années soixante contribuèrent à les mettre davantage en contact. Trudeau était membre d'un petit groupe d'intellectuels qui se réunissaient régulièrement en compagnie de Lévesque. Celui-ci était maintenant ministre, et il testait auprès d'eux certaines idées qu'il espérait promouvoir. Les deux hommes étaient de toute évidence fascinés l'un par l'autre, mais tous deux éprouvaient cependant certaines réserves. Dans ses Mémoires, *Les Années d'impatience: 1950-1960*, Gérard Pelletier trace un portrait révélateur des deux hommes. Il décrit ainsi l'admiration de Trudeau pour Lévesque: «L'énergie vitale de René, la vivacité de son intelligence, ses trouvailles verbales, l'inattendu de sa démarche intellectuelle, son imagination, le caractère hétéroclite de son érudition, sa connaissance étendue de l'histoire et sa confondante mémoire des moindres faits de l'actualité, tout cela laissait Trudeau pantois... Je le soupçonnais alors de penser tout bas qu'une culture de journaliste, combinée avec un tempérament de vedette, ne pouvait produire qu'une pensée politique frelatée ou du moins suspecte.»

De son côté, René Lévesque «se défendait mal d'une profonde admiration pour l'intelligence de son interlocuteur... De toute évidence, la culture politique de Trudeau l'impressionnait... Pour Lévesque, Trudeau représentait le *scholar* type dont il enviait le savoir approfondi et solide, mais aussi l'intellectuel de cabinet insensible à certaines réalités, l'aristocrate de l'esprit dont l'ironie gouailleuse l'irritait prodigieusement[7].»

Les deux hommes devaient par la suite durcir leurs positions et il leur arriva même de se laisser emporter par la colère, mais ils conservèrent cette attitude de respect mutuel même après que Trudeau fut entré sur la scène politique fédérale en 1965 pour défendre le système fédéral, et après la décision de René Lévesque de fonder un parti politique voué à faire éclater ce système. (Il est intéressant de noter que René Lévesque avait insisté auprès de Jean Marchand pour qu'il ne se rendît pas seul à Ottawa mais avec ses deux «copains[8]».) En 1968, Lévesque et Trudeau s'entendaient sur deux points fondamentaux. Le premier était que l'avenir du Québec allait être déterminé démocratiquement, les deux hommes croyant profondément en la souveraineté du peuple. Deuxièmement, tous deux s'accordaient sur le fait que le temps des choix, individuels et collectifs, approchait à grands pas. Tous deux en étaient venus à la conclusion que les débats théoriques et complexes concernant la place du Québec au sein du Canada, débats qui avaient consumé tant d'énergies au cours de la décennie précédente, étaient désormais inutiles. Les solutions proposées («une province pas comme les autres», un statut particulier, un statut spécial — ce que nous appelons de nos jours une «société distincte») ne s'attaquaient pas à l'essentiel. Ou les Canadiens français devenaient des partenaires égaux dans un système fédéral qui leur accordait la pleine garantie de leurs droits partout au Canada, ou ils obtenaient cette égalité en fondant leur propre État souverain. Pour Trudeau et Lévesque, un statut particulier n'était ni chair ni poisson.

Dès 1968, Trudeau avait élaboré son option de manière systématique et l'avait testée au cours de nombreuses joutes intellectuelles. L'essence même de sa position idéologique apparaît clairement dans cette attaque mordante et sarcastique adressée aux premiers tenants du séparatisme. Dans «La nouvelle trahison des clercs», un essai publié en 1962, il affirmait: «Les jeux sont faits au Canada: *il y a* deux groupes ethniques et linguistiques; chacun est trop fort, trop bien enraciné dans le passé et trop bien appuyé sur une culture mère pour pouvoir écraser l'autre. Si les deux collaborent au sein d'un État vraiment pluraliste, le Canada peut devenir un lieu privilégié où sera perfectionnée la forme fédéraliste de gouvernement, qui est celle du monde de demain. Mieux que le *melting-pot* américain, le Canada peut servir d'exemple à tous ces nouveaux États africains et asiatiques... qui devront apprendre à gouverner dans la justice et la liberté leurs populations polyethniques. — Cela en soi ne suffit-il pas à dévaloriser l'hypothèse d'un Canada annexé aux États-Unis[9]?»

Alors que la position de Trudeau ne manquait ni d'idéalisme ni de charme intellectuel, celle de Lévesque comportait une forte connotation émotive. Il commençait son livre en disant: «Nous sommes des Québécois», et il poursuivait comme suit: «Ce que cela veut dire d'abord et avant tout, et au besoin exclusivement, c'est que nous sommes attachés à ce seul coin du monde où nous puissions être pleinement nous-mêmes, ce Québec qui, nous le sentons bien, est le seul endroit où il nous soit possible d'être vraiment chez nous.

«... Au cœur de cette personnalité se trouve le fait que nous parlons français. Tout le reste est accroché à cet élément essentiel, en découle ou nous y ramène infailliblement[10].»

Alors que René Lévesque s'était déjà décrit comme Québécois et Canadien français, le second terme avait maintenant disparu: il était simplement Québécois. Au début de 1969, il affirma à un reporter: «Je n'ai jamais ressenti de vibrations canadiennes. Mais j'ai toujours eu le sentiment incroyablement fort d'être un Nord-Américain. La place où je suis le plus chez moi en dehors du Québec c'est aux États-Unis[11].» Les opinions de Trudeau et de Lévesque différaient donc non seulement au sujet du Canada, mais aussi au sujet des États-Unis.

Il est difficile de retracer en détail les origines du nationalisme de René Lévesque et le cheminement qui fit de lui un indépendantiste. Même ses Mémoires ne nous éclairent pas beaucoup. Mais, comme beaucoup de jeunes Canadiens français, il éprouva ses premiers sentiments nationalistes à l'école, sans compter que le fait d'avoir côtoyé la communauté anglophone de New Carlisle peut très bien l'avoir profondément marqué. Alors qu'il était au collège des Jésuites à Québec, il écrivit dans le journal étudiant, à dix-sept ans: «Le Canada français sera ce que les Canadiens français auront mérité[12].» Pierre Elliott Trudeau n'était pas loin de partager les mêmes sentiments. René Lévesque avait étudié l'histoire du Canada et, comme tous les nationalistes québécois, la conquête de 1759 lui paraissait être à la fois l'origine du sentiment d'infériorité éprouvé par le Québec et un événement historique qu'il importait de réécrire. Bien des années plus tard, il fit part de l'admiration qu'il avait eue pour le roman de l'abbé Groulx, *L'Appel de la race,* histoire de l'échec d'un mariage mixte qui symbolisait la Confédération[13]. Mais René Lévesque s'intéressait plus à l'action qu'à la théorie, et c'est à partir de ses propres expériences qu'il tira ses conclusions de l'histoire. Surtout préoccupé jusqu'alors par les événements internationaux, il fut attiré par ce qui se passait au pays en 1959, au moment de la grève des réalisateurs du réseau français de Radio-Canada, auxquels il se joignit et dont il partagea bientôt la colère et la déception lorsque le gouvernement fédéral échoua dans sa tentative de régler le conflit. Lévesque en conclut qu'on n'aurait jamais toléré une telle chose au réseau anglais. «Le privilège d'être francophone dans ce pays est une invention», raconta-t-il au journal *The Gazette* de Montréal. «Et même au risque d'être qualifiés de «méchants nationalistes», nous tenons à faire connaître, au moins une fois avant la fin du conflit, notre profonde appréciation de la place enviable qui est la nôtre sous le grand soleil canadien du bilinguisme, du biculturalisme et de la fraternité[14].» Nous retrouvions là l'expression de la sensibilité d'une minorité bafouée, et l'origine même de l'idée d'indépendance.

Les années passées dans le gouvernement Lesage avaient rendu René Lévesque de plus en plus impatient à l'égard de ce qu'il croyait être l'intransigeance de l'élite anglophone du monde des affaires du Québec et la rigidité du système fédéral canadien. Au cours de ces années où la représentation francophone à Ottawa était faible (sous le gouvernement conservateur de John Diefenbaker et au début du règne de Lester B. Pearson), Lévesque en vint à être convaincu que les Québécois étaient prêts à mener leur propre barque. «Maintenant que les nouvelles générations nous apportent annuellement des compétences, fit-il observer en 1967, il n'y a aucune raison qui puisse, qui doive empêcher le Québec de réaliser cette chose qui traîne dans les coulisses collectives depuis 200 ans et qui est d'avoir sa chance de faire sa carrière comme société[15].»

Le qualificatif que René Lévesque utilisait de préférence pour décrire l'option qu'il avait choisie dès 1967, et qu'il allait défendre si habilement et avec une telle détermination jusqu'à son départ de la vie publique en 1985, n'était ni «nationaliste» ni «séparatiste». Et, même s'il l'employait, il aimait moins le terme «indépendantiste» que le mot «souverainiste». Et ce détail était capital. Même si Lévesque ne se sentit jamais «Canadian», il ne proposa jamais la séparation totale du Canada anglais. Il favorisait plutôt une association économique permanente à l'intérieur d'une structure dans laquelle chaque «nation» serait égale, en dépit des différences de taille. Pour désigner ce concept, il forgea l'expression «souveraineté-association», qui révélait bien sa modération — pour ne pas dire sa prudence. Car malgré toute la rhétorique portant sur le «colonialisme» pratiqué par les «Rhodésiens de Westmount», René Lévesque savait que le Québec et les Québécois ne subissaient pas le même genre d'oppression que dans une colonie, pas plus que les francophones ne détestaient les anglophones de manière systématique. Comme il l'écrivit en 1976, «le Québec français a sans aucun doute été (et est toujours) la moins maltraitée de toutes les colonies de la terre[16]». On était loin du langage enflammé d'un ardent nationaliste. De plus, il ne faut pas oublier que René Lévesque, malgré tous les soupçons qu'il entretenait à l'égard de la minorité anglophone du Québec, a constamment défendu le droit de cette minorité à utiliser sa langue, même s'il ne lui attribuait pas les mêmes droits qu'au français. Pareille position n'a pas toujours fait l'unanimité au sein de son parti.

La vision que René Lévesque avait du Canada (s'il est permis de dire qu'il en avait une) était une vision pratique des choses. Pour lui, il était nécessaire et souhaitable d'établir des relations entre deux nations égales, mais le Québec demeurait l'élément central, primordial de ses préoccupations. En vue du référendum de 1980, le Parti québécois publia un programme, intitulé *D'égal à égal,* qui résumait cet objectif.

Le Québec était également au cœur des préoccupations de Pierre Elliott Trudeau. Même s'il fut probablement le défenseur le plus articulé du fédéralisme de notre histoire, il était un francophone du Québec. Avant son entrée en politique, ses écrits portaient presque exclusivement sur le Québec. Il avait alors comme objectif de débarrasser sa province du régime réactionnaire, paternaliste et nationaliste de Maurice Duplessis, et il croyait que le meilleur moyen d'y parvenir consistait à redonner aux Québécois le sens des valeurs et des coutumes démocratiques. À ceux qui criaient «Québec d'abord!», il répliquait: «Démocratie d'abord!» Son brillant essai intitulé «De quelques obstacles à la démocratie au Québec» et les articles publiés dans *Vrai* et réunis en 1970 dans l'ouvrage *Les Cheminements de la politique* constituaient des plaidoyers passionnés en faveur de l'épuration des mœurs politiques québécoises et de virulentes attaques contre le nationalisme, qui représentait à ses yeux un obstacle sur la voie de la démocratie. Lorsqu'il faisait le bilan du fédéralisme, il y voyait des garanties acceptables en faveur du pluralisme et de la liberté.

Au cours de sa jeunesse, il n'est pas impossible que Pierre Elliott Trudeau ait été attiré par le nationalisme canadien-français. En 1942, il fit campagne en faveur du candidat nationaliste (et futur maire de Montréal) Jean Drapeau, qui s'opposait à la conscription et à la participation militaire du Québec à l'étranger. En 1944, alors qu'il avait vingt-quatre ans, après avoir fait une longue randonnée en canot dans le Nord canadien, le jeune Trudeau écrivit un essai lyrique intitulé «L'ascétisme en canot», qui se terminait ainsi: «… je connais un homme à qui l'école n'a jamais su enseigner le nationalisme, mais qui contracta cette vertu lorsqu'il eut ressenti dans sa chair l'immensité de son pays, et qu'il eut éprouvé par sa peau combien furent grands les créateurs de sa patrie[17].»

Cette forme de «nationalisme» n'était toutefois pas reliée à l'ethnie, mais constituait plutôt une forme d'admiration pour les exploits accomplis par les ancêtres. Cela explique sans doute pourquoi il préféra le terme de «patriotisme» lorsqu'il traduisit son essai en anglais un quart de siècle plus tard[18].

Si le baptême politique de René Lévesque, au cours de la grève des réalisateurs de Radio-Canada en 1959, l'incita à prendre une position nationaliste, le premier contact de Pierre Elliott Trudeau avec la classe ouvrière du Québec suscita chez lui une analyse complètement différente. Au printemps 1949, Trudeau se rendit à Thetford Mines en compagnie de son ami, le journaliste ouvrier Gérard Pelletier. Il y rencontra Jean Marchand, secrétaire général de la Confédération des travailleurs catholiques du Canada*, qui dirigeait une grève illégale dans l'industrie de l'amiante. Trudeau s'adressa aux travailleurs, se joignit à eux sur les piquets de grève et en conclut que le mouvement syndical représentait le meilleur espoir pour l'avenir de la démocratie au Québec. Au cours de cette grève, il fut témoin de l'alliance entre une entreprise appartenant à des intérêts américains et le gouvernement nationaliste de Québec, alliance cautionnée par la plupart des membres du haut clergé catholique, et dont l'objectif était d'écraser cette organisation syndicale vouée à la défense des intérêts des Canadiens français. Ce gouvernement provincial réactionnaire se faisait le défenseur d'une idéologie étroite fondée sur «le cléricalisme, l'agriculturisme et le paternalisme ouvrier[19]», idéologie totalement déphasée par rapport à la prédominance de l'industrie au Québec. Trudeau en conclut qu'il fallait saper cette idéologie et les institutions qui la soutenaient.

Dans les années qui suivirent la grève de l'amiante, alors que Trudeau travaillait comme conseiller juridique auprès du mouvement syndical, sa conviction que le nationalisme constituait l'un des principaux obstacles au progrès des Canadiens français se renforça, et cette certitude ne le quitta jamais plus. Dans sa longue introduction polémique à un recueil d'essais intitulé *La Grève de l'amiante,* il tenta de démanteler l'idéologie sociale et nationale traditionnelle, et d'enjoindre ses compatriotes à remplacer leur idéal nationaliste par une approche empirique et rationnelle de la réalité sociale du Québec. Il conclut ainsi: «Une génération entière hésite au bord de l'engagement. Puisse le présent ouvrage lui avoir offert des éléments pour éclairer son choix[20].» Il fut donc qualifié d'«anti-nationaliste» et, contrairement à certains de ses camarades qui avaient lutté contre Duplessis et qui trouvaient attrayantes les «réformes» nationalistes des années soixante, Trudeau demeura sur ses positions et alla même jusqu'à les renforcer et à les préciser au cours de la bataille menée contre le soi-disant «nouveau nationalisme». En 1964, lui et six autres intellectuels — tous plus jeunes que Trudeau — essayèrent d'apporter une réponse à la «question nationale» qui mobilisait à nouveau tant d'énergie. Dans leur «Manifeste pour une politique fonctionnelle», publié dans *Cité*

---

* L'ancêtre de la CSN, la Confédération des syndicats nationaux. (*N.D.T.*)

libre et dans *The Canadian Forum,* ils déclaraient: «Il importe, dans le contexte politique actuel, de revaloriser avant tout la personne, indépendamment de ses accidents ethniques, géographiques ou religieux. L'ordre social et politique doit être fondé au premier chef sur les attributs universels de l'homme, non sur ce qui le particularise. Un ordre de priorité, au niveau politique et social, qui repose sur la personne est totalement incompatible avec un ordre de priorité appuyé sur la race, la religion ou la nationalité[21].»

Lorsqu'il décida, en 1965, de faire le saut en politique fédérale, il était devenu un opposant farouche au nationalisme (même s'il n'a jamais nié l'existence ou la valeur des nations) et un ardent défenseur du pluralisme ethnique en tant que meilleure assise de la démocratie libérale. En travaillant à renforcer la représentation fédérale du Québec à Ottawa, il espérait rétablir l'équilibre de la situation au moment où le Québec, sous les Libéraux de Jean Lesage, semblait se retirer pas à pas de la Confédération. De plus, Trudeau et ses amis étaient convaincus que le nationalisme québécois était dû à l'incapacité du fédéralisme canadien de laisser aux Canadiens français suffisamment de latitude pour exercer leurs droits. Il était donc nécessaire de créer un espace vital, mais en réformant le fédéralisme et non en se séparant du Canada. «Sans doute la façon la plus efficace de guérir l'aliénation nationaliste, c'est d'instaurer un régime meilleur», expliqua-t-il à ses lecteurs quelque peu mécontents de *Cité libre.* Comme le formula Dorval Brunelle avec tant d'exactitude, l'objectif était double: «à la fois contre le nationalisme canadien-français et contre le fédéralisme passif[22]».

Séparation, indépendance, souveraineté, tous ces termes ne pouvaient signifier aux yeux de Trudeau que l'identification de l'État et de la nation, un repli sur soi des Canadiens français et, du moins dans le pire des scénarios envisagés dans certains des premiers écrits indépendantistes, un retour à la société réactionnaire qui avait prévalu avant les années soixante. C'était la contre-révolution, un retour à ce qu'il appelait avec mépris «le complexe du wigwam[23]». Alors que René Lévesque admettait que le nationalisme pouvait procéder d'une impulsion positive susceptible d'alimenter des réformes, Trudeau était convaincu que le nationalisme, fondé sur l'homogénéité ethnique, était mû par un sentiment négatif, destiné, à la limite, à étouffer toute réforme. L'idéal de Pierre Elliott Trudeau se fondait sur le pluralisme préconisé par le théoricien libéral Lord Acton, selon lequel, dans un État pluraliste, les distinctions ethniques s'équilibrent les unes les autres, et sont acceptées comme des vertus positives, garantes des libertés. Cette conception politique constituait le fondement même de la vision qu'avait Trudeau du Canada. Et c'est sur ce point que René Lévesque et lui s'opposaient de manière irréductible.

Bien avant l'arrivée à Ottawa des «trois colombes» (le leader syndical Jean Marchand, le journaliste Gérard Pelletier et Pierre Elliott Trudeau), Trudeau avait exposé de façon explicite les conditions nécessaires à la réussite de son pari. Deux conditions paraissaient effectivement indispensables au succès du fédéralisme: «La première, c'est que les Canadiens français eux-mêmes le désirent, c'est-à-dire qu'ils se départissent de leur mentalité d'assiégés et qu'ils décident de participer avec audace et astuce à l'expérience canadienne...

«La deuxième condition, c'est que dans le jeu fédéraliste les dés ne soient pas pipés contre les Canadiens français. Ceci veut dire que ceux-ci ne peuvent renoncer à la thèse de l'État national que si les Canadiens de langue anglaise y ont également renoncé. Il ne faut pas que Toronto ou Fredericton ni surtout Ottawa ne se donne pour mission l'exaltation de la nation canadienne-anglaise[24]...»

Trente mois après avoir pris la décision de se joindre au Parti libéral (les Libéraux n'étaient pas certains, au début, de vouloir de lui) et d'œuvrer à Ottawa, Pierre Elliott Trudeau devint Premier ministre du Canada. À peu près à la même époque, son vieil associé, René Lévesque, qui n'était plus ministre, entreprenait de fonder un nouveau parti politique dévoué à ses idées et prêt à accepter sa direction. Son ascension vers le pouvoir fut presque aussi spectaculaire que celle de Trudeau: le 15 novembre 1976, son parti était élu après un troisième essai. («On n'est pas un petit peuple, déclara-t-il à ses partisans en délire ce soir-là, on est peut-être quelque chose comme un grand peuple[25].») La route menant à la souveraineté-association venait de s'ouvrir. Les éléments étaient en place pour le dernier acte de ce grand débat portant sur l'avenir du Québec et du Canada. Il allait durer six ans, six ans aux cours desquels on verrait la défaite et le retour en politique de Pierre Elliott Trudeau, et enfin le référendum. Le 20 mai 1980, les Québécois votèrent dans une proportion de 60 p. 100 contre l'idée d'accorder au gouvernement Lévesque le mandat d'entreprendre des négociations sur la question de la souveraineté-association. Trudeau passa alors à l'action et rapatria la Constitution canadienne, à laquelle il ajouta une Charte des droits et libertés et une formule d'amendement. Au nom de sa province, René Lévesque rejeta cette Constitution, démontrant ainsi que le référendum n'avait pas mis fin au débat.

Lorsque Pierre Elliott Trudeau quitta la politique en 1984, il savait que même si René Lévesque avait perdu son pari, lui-même n'avait pas totalement gagné la partie. Lors d'un discours prononcé à l'université Laval au printemps 1984, il défendit de nouveau sa conception du fédéralisme canadien. À la fin de son discours, il admit que le chemin menant à l'intégration des nombreuses «petites patries» à «la grande patrie» était encore long à parcourir. Il ajouta: «Sans doute notre appartenance canadienne demeurera-t-elle toujours plus lointaine, moins enracinée dans un terroir que nos attaches québécoises, terre-neuviennes ou albertaines. Mais précisément à cause de cela, il faut nous donner des institutions capables d'incarner notre vouloir-vivre collectif et de l'enraciner dans la conscience des Canadiens et Canadiennes comme dans celle des étrangers qui veulent commercer et bâtir le monde avec nous[26].»

En 1962, Hubert Aquin, qui allait bientôt être reconnu comme l'un des meilleurs romanciers québécois, expliqua à ses compatriotes que même si l'hostilité à l'endroit des Canadiens anglais était à l'origine de ce désir d'indépendance, les anglophones ne représentaient pas en fait le principal ennemi. «C'est contre les Canadiens français qu'il faudra lutter[27]», expliqua-t-il. Il s'agissait là d'un jugement perspicace et fondamental pour la compréhension de l'histoire du Québec et du Canada des années soixante à quatre-vingt.

C'est ainsi que deux Québécois, Pierre Elliott Trudeau et René Lévesque, se consacrèrent chacun à leur manière à la survie et au plein épanouissement d'une société canadienne-française moderne. Dans l'esprit de René Lévesque, la chose n'était possible que si ce «petit peuple» devenait un «grand peuple» et acquérait sa souveraineté. Trudeau croyait pour sa part que l'avenir de sa «petite patrie» serait mieux assuré si celle-ci prenait une part active à la «grande patrie», à savoir un système fédéral fondé sur l'égalité des francophones et des anglophones. Pour ce francophone canadien qu'était Trudeau, le Canada restait prédominant; pour le Québécois René Lévesque, le Canada était, au mieux, quelque chose de marginal. Néanmoins, les deux chefs politiques incarnaient, selon l'heureuse l'expression de Gérard Bergeron, «notre miroir à deux faces[28]», c'est-à-dire le double reflet, l'envers et l'endroit d'une même communauté.

Le soir du 15 novembre 1976, après l'étonnante victoire du Parti québécois aux élections, René Lévesque, qui avait du mal à contenir ses émotions, déclara à ses partisans: «Je n'ai jamais pensé que je pourrais être aussi fier d'être Québécois que ce soir[29].»

Le soir du 20 mai 1980, après la victoire des troupes fédéralistes au référendum du Québec, Pierre Elliott Trudeau, maîtrisant tout juste ses émotions, déclara: «Je n'ai jamais pensé que je pourrais être aussi fier d'être Québécois et Canadien que ce soir[30]...»

Il avait intentionnellement établi le parallèle et résumait ainsi la situation à la perfection.

SIXIÈME PARTIE

Des valeurs d'une société juste

par Pierre Elliott Trudeau

Pierre Elliott Trudeau a été professeur de droit constitutionnel à l'université de Montréal avant d'être élu député libéral à la Chambre des communes en 1965. Premier ministre de 1968 à 1979 et de 1980 à 1984, il est depuis lors avocat-conseil chez Heenan Blaikie.

I
Les valeurs

Longtemps, j'ai cru que la plus importante valeur d'une société juste et sa principale caractéristique étaient la liberté et son exercice. Sans ceux-ci, la personne humaine ne pourrait aspirer à s'épanouir pleinement, l'individu en société ne saurait se réaliser selon tout son potentiel. Et privé de sa liberté, un peuple serait incapable de tracer sa destinée propre, celle qui convienne le mieux à son vouloir-vivre collectif.

Aussi, en juin 1950, mes amis et moi avons nommé *Cité libre* la revue où devaient s'exprimer nos vues sur cette société québécoise où nous commencions de vivre nos vies d'adultes. Et quelques années plus tard, nos cadets lançaient aussi leur revue qui s'appellerait *Liberté*.

C'est que la province de Québec vivait toujours sous le joug d'un gouvernement autoritaire et réactionnaire; le clergé au Québec était également théocratique et obscurantiste; quant à la plupart de nos chefs de file laïques, ceux qui s'étaient complaisamment affublés du nom d'«élites», ils s'accommodaient fort bien d'un «peuple» habitué à la soumission et à l'ignorance. Gérard Pelletier a admirablement décrit cette période de notre histoire dans *Les Années d'impatience*[1]. L'impatience éclatait aussi dans mes premiers articles à *Cité libre*. Et dès 1947, j'avais défini le progrès comme «la lente marche de la civilisation vers la liberté[2]».

Mais vers le temps où mes amis et moi décidâmes d'entrer en politique, tout cela avait changé et le Québec s'était mis à l'heure de la contestation. Les institutions civiles étaient ébranlées par la Révolution tranquille. L'Église au Québec était en plein désarroi et presque en déroute. L'université enseignait le relativisme et souvent le marxisme. La famille se désagrégeait lentement. Et la jeunesse conspuait l'autorité sous toutes ses formes.

Ailleurs dans le monde, les décolonisations tiraient à leur fin, sauf pour la France qui depuis Thermidor était souvent plus prompte à préconiser la liberté pour les autres qu'à l'accepter dans ses propres colonies.

Dans une telle conjoncture, ce qui m'attira vers la politique, ce n'était plus le désir de lutter pour la liberté, celle-ci étant en quelque sorte devenue le combat d'hier. Dans mon esprit, la valeur à privilégier dans la poursuite de la société juste était plutôt l'égalité. Non pas l'égalité à la Procruste bien sûr, où tous seraient ramenés à une certaine moyenne. Mais l'égalité des chances.

Car où est la justice dans un pays où l'individu a la liberté de s'épanouir pleinement, mais dans lequel l'inégalité lui en enlève les moyens? Et comment parler d'une société juste si elle n'est pas ainsi organisée qu'elle puisse rendre à chacun son dû, indépendamment de ses états de naissance, de fortune et de santé?

Pour l'enfant, la notion d'injustice se ramène surtout à ses propres expériences: la punition qu'il n'avait pas méritée... Mais l'adolescence fait de lui un être social et par conséquent plus conscient de l'injustice qui découle de l'inégalité des conditions. C'est l'âge où leur idéalisme incline beaucoup de jeunes vers la pensée socialiste, et en amène beaucoup d'autres à tenter des expériences égalitaires: vie communautaire, voyages sans argent, volontariat en milieu démuni, et le reste.

Anatole France se moquait avec raison de la loi qui dans sa majestueuse impartialité déniait aux riches aussi bien qu'aux pauvres le droit de dormir sous les ponts. Saint-Exupéry a saisi l'infinie tristesse d'une société où la misère fait d'un enfant doué un «Mozart assassiné». Et de tout temps, les utopistes ont tenu compte de la justice distributive dans l'organisation idéale de la société.

Mais lorsque la politique active me donna les moyens de rechercher la justice dans l'organisation de l'État, les notions qui m'inspiraient étaient surtout celles qui se dégagent des philosophies libérales de Lord Acton, de T.H. Green et de Jacques Maritain[3].

Or le Canada me semblait un pays béni des dieux pour poursuivre une politique de plus grande égalité des chances. Pays jeune, pays riche, pays utilisant deux langues, pays pluraliste par les ethnies et les religions, pays immense à régions géographiques diverses, pays à forme fédérative, le Canada avait de plus une tradition politique ni complètement libertaire ni complètement étatiste, mais qui au contraire reposait sur la collaboration nécessaire des gouvernements avec le secteur privé, et sur l'action directe de l'État pour protéger les faibles contre les forts, les démunis contre les bien nantis.

C'est cela surtout que j'avais en tête lorsque, le soir de mon élection comme chef du Parti libéral, je proclamai notre intention d'œuvrer pour une «société juste». Mais par où devions-nous commencer pour poursuivre une telle politique? Nous n'avions que l'embarras du choix...

Dans ma mémoire, le thème dominant de la campagne électorale du printemps 1968, celui que j'abordais avec le plus de conviction et qui produisait aussi les réactions les plus ferventes, était le thème d'un Canada fort et uni, fondé sur une politique d'égalité des chances pour tous. Cette politique avait bien sûr de nombreux volets que je déballais au hasard des rencontres et des affrontements: oui, nous introduirions un impôt sur les gains de capitaux, oui, nous proclamerions la loi sur l'assurance maladie, oui, nous réformerions le code pénal, oui, nous nous mettrions à l'heure de la planète en politique internationale, oui à tout ce qui nous rendrait plus libres et plus égaux...

Mais sans conteste les deux thèmes principaux consistaient en l'égalité des chances pour tous les Canadiens, indépendamment de la région économique où ils vivaient, et de la langue — française ou anglaise — qu'ils parlaient. Gérard Pelletier, au chapitre 8, explique comment dès le début de notre mandat la *Loi sur les langues officielles* s'efforcerait de mettre fin à la situation d'inégalité où — depuis 1867 — se trouvaient les francophones dans leurs communications avec et au sein de l'État canadien. Et Lloyd Axworthy, au chapitre 10, démontre comment le ministère de l'Expansion économique régionale, mis sur pied par Jean Marchand dès avril 1969, tente d'améliorer le sort des Canadiens qui résident dans les régions économiquement défavorisées.

Il est important de souligner que ces deux démarches — égalité du français avec l'anglais, égalité des chances économiques quel que soit l'endroit où l'on vive — favorisaient une conception du pays selon laquelle tous les Canadiens étaient solidaires dans la construction d'un pays fort et uni. Il serait même exact de dire que ces deux démarches constituaient les fers de lance de notre action politique, à ce moment de l'histoire canadienne où les forces centrifuges l'emportaient sur les forces centripètes et risquaient de faire éclater la fédération.

II
La *Loi constitutionnelle de 1982*

Pour expliquer notre engagement en politique fédérale, Gérard Pelletier et moi avions écrit dans *Cité libre*[4] que depuis la Révolution tranquille de 1960, «les Québécois sont de plus en plus tournés vers la sphère provinciale... [ils] continuent d'être gouvernés par Ottawa, ils y versent encore la moitié de leurs impôts, mais ils y sont de moins en moins présents, intellectuellement, psychologiquement et même physiquement... La marche des affaires fédérales, si.elle devait se poursuivre dans l'atmosphère où elle se déroule depuis quelques années, risquerait de produire, à brève échéance, des résultats dommageables à l'union politique canadienne.»

Or je croyais au fédéralisme comme forme supérieure de gouvernement; par définition il tend vers le pluralisme plutôt que vers le monolithisme et respecte par conséquent la diversité chez les personnes et les groupes. En règle générale, la liberté s'y trouve mieux assise.

Au demeurant il n'y a rien d'étonnant à ce que j'aie opté pour la cause fédérale à ce moment précis de notre histoire. Car dans le passé, j'avais tantôt défendu les provinces contre le pouvoir central, et tantôt le pouvoir central contre les provinces, selon que le balancier politique oscillant en sens inverse risquait de créer un déséquilibre de forces. J'écrivais en effet: «Mon action politique, ou ma pensée, pour peu que j'en aie eu, s'exprime en deux mots: faire contrepoids[5].»

À ce propos, il est plaisant de noter en passant que la pensée politique de l'intelligentsia nationaliste au Québec, c'est-à-dire celle qui se nourrit de clichés et de slogans, m'a toujours qualifié de «centralisateur pur et dur», alors que j'ai dirigé l'unique gouvernement depuis le début de la Confédération qui ait cédé aux provinces des pouvoirs législatifs qui appartenaient au gouvernement fédéral (l'article 92A adopté par la *Loi constitutionnelle de 1982*), et que les finances publiques, du temps où j'étais Premier ministre, n'ont jamais cessé d'aller vers la décentralisation des revenus et des dépenses. (Voir notre introduction à la troisième partie. Voir aussi Jean Chrétien, au chapitre 12.)

J'examinerai donc brièvement ce que j'appelais plus haut les forces centrifuges qui risquaient de débalancer la fédération, et je dirai ensuite comment le gouvernement canadien, de 1968 à 1984, a tenté de leur faire contrepoids par l'application d'une politique de société juste.

D'une part, la Révolution tranquille et ses suites avaient fait de la province de Québec une société moderne, où les francophones se sentaient enfin à l'aise devant les défis politiques, économiques et culturels que représentait la vie sur un continent largement anglophone; mais un Québec par contre où la pensée politique dominante semblait vouloir privilégier de plus en plus la défense de la collectivité franco-québécoise plutôt que la promotion de tous les Québécois sans distinction et celle des francophones des autres provinces. D'où l'engouement des politiciens québécois pour toutes les formules qui avaient en commun le relâchement des liens fédéraux: statut particulier, société distincte, égalité ou indépendance, souveraineté-association…

D'autre part, les provinces dans leur ensemble avaient énormément évolué depuis la fin de la Deuxième Guerre mondiale. Libérées de la tutelle qu'avait rendue nécessaire une économie de guerre, les provinces avaient envahi massivement les secteurs économiques et sociaux de la Constitution, dont jusqu'alors elles avaient fait peu de cas. Elles firent si bien que de 1954 à 1964, les dépenses finales du gouvernement fédéral étaient passées de 4,2 milliards de dollars à 6,6 milliards, soit une augmentation de 57 p. 100, tandis que celles des gouvernements provinciaux et municipaux étaient passées de 2,6 milliards de dollars à 8,1 milliards, soit une augmentation de 211 p. 100[6].

Cette évolution rapide de la situation budgétaire avait du reste été facilitée par des gouvernements fédéraux successifs grâce à la technique du transfert des points d'impôt; celle-ci permettait aux provinces de ramasser sans douleur des ressources fiscales jusqu'alors dévolues au gouvernement fédéral. (Voir Thomas Shoyama, au chapitre 9.)

Mais l'appétit ne cessa pas de venir aux provinces en mangeant. Ayant doublé le gouvernement fédéral sur le plan des ressources budgétaires, l'envie leur vint de le doubler aussi sur le plan des compétences constitutionnelles.

Pressé par le gouvernement québécois de Daniel Johnson, le Premier ministre de l'Ontario, John Robarts, convoqua en novembre 1967 une conférence constitutionnelle; le but du gouvernement québécois était précisément d'y discuter d'un accroissement des pouvoirs provinciaux. Les provinces ayant aimablement invité le gouvernement fédéral à être présent, celui-ci se contenta d'envoyer des observateurs. Mais la ronde des conférences constitutionnelles était lancée et il fallait bien être de la partie.

On fit si bien que de 1967 à 1971, puis de 1975 jusqu'au rapatriement de la Constitution en 1982, les gouvernements fédéral et provinciaux discutèrent interminablement. Jean Chrétien, au chapitre 12, nous guide à travers ce labyrinthe. Je voudrais seulement en faire ressortir ici certaines données centrales à mon sujet.

La *Loi constitutionnelle de 1982* fut proclamée le 17 avril. Elle enchâssait pour l'essentiel l'ensemble des valeurs que, dès 1968, j'avais définies comme devant être respectées dans la Constitution d'une société juste.

Premièrement, le principe de l'égalité des chances économiques était affirmé dans la clause 36(1) par laquelle les «gouvernements fédéral et provinciaux s'engagent à promouvoir l'égalité des chances de tous les Canadiens», et dans la clause 36(2) garantissant le principe des paiements de péréquation destinés à redistribuer les revenus des provinces riches vers celles qui le sont moins. De plus la clause 6 donnait aux Canadiens le droit d'établir leur résidence et de gagner leur vie n'importe où au pays. Et bien entendu le gouvernement fédéral n'avait rien abandonné des pouvoirs qu'il possédait en vertu de l'ancienne Constitution relativement à la redistribution des biens par voie d'octrois, par mesures fiscales et par le pouvoir général de dépenser. (Jacques Hébert et Jim Coutts, dans les chapitres 5 et 7, nous rappellent bien les nombreuses utilisations qu'on fit de ce pouvoir pour promouvoir l'égalité des chances économiques.)

Deuxièmement, le principe de l'égalité du français et de l'anglais dans tous les domaines de juridiction fédérale et au Nouveau-Brunswick était garanti par les clauses 16 à 20, alors que la clause 23 garantissait aux francophones et aux anglophones à travers le Canada les droits à l'instruction dans leur langue.

Mais bien entendu, la Charte canadienne des droits et libertés allait aussi beaucoup plus loin. Située dans la grande tradition de la Déclaration des Droits de l'Homme et du Citoyen de 1789 et du *Bill of Rights* des États-Unis d'Amérique de 1791, elle établissait implicitement la primauté de la personne sur l'État et sur toutes les institutions gouvernementales et reconnaissait de la sorte que toute souveraineté réside dans le peuple. (Les chartes provinciales ne peuvent pas avoir cet effet puisque, étant de simples lois, elles peuvent être abrogées en tout temps par une simple mesure législative.) Dans ce sens, la Charte canadienne constituait un nouveau départ pour la nation canadienne et cherchait à renforcer son unité en fondant la souveraineté du peuple canadien sur un ensemble de valeurs communes à tous, et notamment sur la notion d'égalité de tous les Canadiens entre eux.

De toute évidence, l'adoption même d'une charte constitutionnelle s'inscrit dans la ligne la plus pure de l'humanisme libéral: tous les membres de la société civile jouissent de certains droits fondamentaux inaliénables[7], et ils ne peuvent en être privés par aucune collectivité (État, Gouvernement) ni au nom d'aucune collectivité (nation, ethnie, religion, ou autre). Ce sont des «humaines personnalités» (Maritain), des êtres qui relèvent de l'ordre moral, c'est-à-dire libres et égaux entre eux, chacun ayant une dignité absolue et une valeur infinie. En tant que tels ils transcendent les accidents de lieu et de temps, et rejoignent en quelque sorte la nature de l'humanité universelle. Ils ne sont donc contraignables par aucune tradition ancestrale, n'étant esclaves ni de leur race, ni de leur religion, ni de leur condition de naissance, ni de leur histoire collective.

Il s'ensuit que seule la personne humaine est porteuse de droits; la collectivité peut seulement détenir ces droits qu'elle exerce en fiducie pour ses membres et à certaines conditions[8]. C'est ainsi que l'État, qui constitue la collectivité suprême sur un territoire donné, et ces organes de l'État que sont gouvernements, législatures et tribunaux, se trouvent limités dans l'exercice de leurs fonctions par la Charte et par la Constitution qui l'enchâsse.

La Charte précise en effet que les gouvernements doivent rencontrer le Parlement ou les législatures au moins une fois l'an (clause 5); que celui-là et celles-ci doivent tenir des élections au moins tous les cinq ans (clause 4); que les tribunaux ne peuvent agir qu'«en conformité avec les principes de justice fondamentale» (clauses 7 à 14).

III
La Charte: son rôle

Soit. L'individu est protégé contre l'arbitraire de l'État. Mais il reste qu'à l'intérieur de l'État fédéral ou provincial, les individus peuvent en se regroupant constituer des collectivités ethniques, linguistiques, religieuses, professionnelles, politiques ou autres, et déléguer à telle ou telle collectivité la tâche de favoriser leurs intérêts collectifs.

Or, comme en démocratie les gouvernements reçoivent leurs pouvoirs des citoyens par voie d'élections à la majorité, qu'est-ce donc qui empêche une majorité de brimer les droits d'une minorité?

C'est la Charte précisément, et la Constitution elle-même. Elles le font généralement en enchâssant les droits des individus-membres de ces minorités; mais il arrive aussi qu'elles enchâssent des droits collectifs minoritaires dans les cas où les droits individuels sont vagues et difficiles à définir.

Ainsi la Constitution canadienne de 1867 prévoyait qu'en matière d'éducation l'article 93(1) protégerait une «*classe* particulière de personnes [...] relativement aux écoles confessionnelles», et l'article 93(3) s'appliquerait à la «*minorité* protestante ou catholique romaine».

Il en va de même pour la Charte qui contient des dispositions pour protéger certaines collectivités minoritaires dont les intérêts risquent d'être négligés au sein de l'État: ainsi les clauses 25 et 35 pour «les peuples autochtones du Canada», et la clause 27 pour «la valorisation du patrimoine multiculturel des Canadiens».

Par contre l'article 93(2) de la Constitution de 1867 s'adressait plutôt aux individus: les «*sujets* protestants et catholiques». De même l'article 133 (langue utilisée dans les législatures et devant les tribunaux) qui protège «*any person*» (curieusement, cette désignation est dépersonnalisée dans la traduction française).

Quant à la Charte, à l'exception des deux cas mentionnés à l'avant-dernier paragraphe ci-haut, elle cherche à définir les droits exclusivement en fonction de la personne plutôt que de la collectivité: «chacun» (clauses 2, 7, 8, 9, 10, 12, 13), «tout citoyen» (clauses 3, 6), «tout inculpé» (clause 11), «la partie ou le témoin» (clause 14), «personne» (clauses 15, 24). Chose notoire, cette préférence est maintenue même quand il s'agit des langues officielles: ce ne sont pas les groupes linguistiques qu'elle protège, ce sont les individus dans leur droit d'utiliser l'une ou l'autre langue: «chacun» (clauses 17, 19), «le public» (clause 20, «*any member of the public*»), «les citoyens canadiens» (clause 23).

On comprendra donc que l'esprit de la Charte et son économie tout entière consistent en la protection de l'individu, non seulement contre la tyrannie de l'État mais également contre celle qui pourrait découler de l'appartenance à une collectivité minoritaire. La clause 15 de la Charte est formelle: tous sont égaux devant la loi et ont droit à la même protection, sans «discriminations fondées sur la race, l'origine nationale ou ethnique, la couleur, la religion, le sexe, l'âge ou les déficiences mentales ou physiques».

La raison d'une telle optique est évidente. C'est que le Canada est pluraliste dans son essence, «une mosaïque» comme disait Laurier, et non un *melting pot* à l'américaine. La nation canadienne est composée de citoyens appartenant à des minorités de toutes sortes: linguistiques, ethniques, raciales, religieuses, régionales, idéologiques et que sais-je encore. Et notre gouvernement se rappelait, tout au long des négociations qui ont abouti à l'adoption de la Charte en 1982, que l'histoire

canadienne consiste en un difficile cheminement vers une unité nationale toujours fragile et souvent menacée: intolérance de la majorité
anglophone vis-à-vis des francophones, intolérance des blancs vis-à-
vis des populations indigènes et des immigrants de couleur, intolérance vis-à-vis des dissidents politiques (communistes) et religieux
(Témoins de Jéhovah).

Si nous avions tenté d'identifier chacune des minorités vivant au
Canada et de protéger toutes les caractéristiques qui en faisaient un
groupe à part, nous aurions non seulement fait face à une tâche impossible mais nous aurions à coup sûr précipité le démembrement du territoire canadien.

Ce danger eût été particulièrement grand dans le cas de collectivités qui eussent pu se réclamer d'une partie déterminée de ce territoire,
par exemple les Celtes en Nouvelle-Écosse, les Acadiens au Nouveau-
Brunswick, les Canadiens français au Québec, les Indiens et les Inuit
dans le Grand Nord.

C'est pourquoi les clauses 25 et 35 concernant les peuples autochtones (comme d'ailleurs la clause 27 sur le multiculturalisme et à plus
forte raison la clause 15 sur les minorités de toutes sortes) évitent
toute identification entre ces collectivités et un gouvernement en particulier. D'ailleurs dans toutes nos négociations avec les aborigènes
nous refusions de parler de *self-determination,* et n'envisagions la
possibilité de *self-government* que dans la mesure où une population
hétérogène vivrait sur un territoire donné.

Le cas de la collectivité dite «canadienne-française» demandait
une attention encore plus grande, puisque les tensions entre anglophones et francophones étaient depuis toujours la principale cause de
désunion au Canada.

Et nous étions particulièrement conscients du fait que la pensée
nationaliste québécoise tendait à identifier l'intérêt de la collectivité
«canadienne-française» avec celui de la province de Québec, et que
cette même pensée confondait aussi langue avec ethnie: d'où les
expressions comme «les deux nations fondatrices du Canada»,
«Québec, État national des Canadiens français». Ainsi l'Assemblée
législative *du Québec* par vote unanime se donnait comme mandat, le
22 mai 1963: «La détermination des objectifs à poursuivre par *le
Canada français* dans la révision du régime constitutionnel canadien,
et des meilleurs moyens d'atteindre ces objectifs.»

À ce moment-là, je m'étais opposé à cette façon de voir pour
plusieurs raisons, la principale étant qu'«un État qui définirait essen-

tiellement son action en fonction d'attributs ethniques aboutirait inévitablement au chauvinisme et à l'intolérance. L'État, qu'il soit provincial, fédéral ou éventuellement supranational, doit rechercher le bien commun de l'ensemble de ses citoyens, sans distinction de sexe, de couleur, de race, de croyance religieuse ou d'origine ethnique[9].»

Peu après que j'aie écrit ces mots, mes amis et moi nous engagions en politique fédérale, précisément dans le but d'établir que les Canadiens français pouvaient être «chez eux» hors du territoire québécois, et exercer tous leurs droits dans la capitale fédérale et dans le pays tout entier. Pour cela nous devions commencer par corriger 100 ans d'intolérance ou d'indifférence de la part du Canada anglophone à l'endroit des communautés francophones. D'où la *Loi sur les langues officielles* (qui décrétait l'égalité de l'anglais et du français) et l'affirmation de ce que la presse anglophone allait bientôt appeler le «French power» à Ottawa.

Les séparatistes du Québec et de l'Ouest ne s'y trompèrent pas: comprenant que la réalisation de leur rêve présupposait un Canada exclusivement anglais à côté d'un Québec exclusivement français, ils abandonnèrent leurs minorités dans les autres provinces — qui françaises et qui anglaises — et s'acharnèrent contre la politique du bilinguisme, œuvre selon eux de traîtres et de collaborateurs.

Quant aux nationalistes québécois, la Révolution tranquille leur avait donné le moyen d'être Canadiens à part entière, mais aussi l'envie de n'être pas tout à fait Canadiens: ce fut la valse hésitation du «statut particulier», de «l'égalité ou l'indépendance», de «la souveraineté culturelle», du «fédéralisme [à condition qu'il soit] rentable»…

À la loi fédérale décrétant que l'anglais et le français seraient les langues officielles partout au Canada, le Parti libéral de Robert Bourassa crut bon de répondre par une loi provinciale disant que seul le français serait la langue officielle au Québec; et de rappeler plus tard qu'au programme de son parti l'autodétermination du Québec restait une option possible.

En marquant son opposition à la politique fédérale du bilinguisme, le Premier ministre Bourassa déplaça le débat politique vers le seul terrain où le parti séparatiste avait l'avantage sur lui. Et en 1976, ce fut l'élection du gouvernement péquiste et ensuite la tenue d'un référendum au moyen duquel ce gouvernement demandait le mandat de faire du Québec un pays souverain.

Deux mois après la victoire du fédéralisme au référendum, nous présentions aux provinces le projet d'une Charte qui incarnerait un ensemble de valeurs communes à tous les Canadiens. Les droits linguistiques y étaient assignés directement aux personnes plutôt qu'à la collectivité. Et le lecteur comprendra pourquoi, dans les longues négociations qui suivirent, nous allions refuser toute proposition qui eût risqué d'identifier une collectivité linguistique (les Canadiens français) avec le gouvernement d'une province (le Québec).

Dans notre manière de voir, c'est le citoyen lui-même qui détenait *le droit* d'exiger du français ou de l'anglais dans ses rapports avec le gouvernement fédéral, et *le droit* d'exiger des gouvernements provinciaux des classes françaises ou anglaises pour ses enfants. Et c'est le citoyen lui-même qui pouvait faire valoir ces droits devant les tribunaux.

Ce n'est pas dire que nous niions l'importance de la communauté linguistique dans la défense et l'illustration de la langue parlée par ses membres; mais il nous semblait évident que ces luttes ne seraient jamais réglées tant que les droits linguistiques des individus eux-mêmes n'auraient pas été enchâssés dans la Constitution du pays. Car on aurait beau faire, la communauté anglophone serait toujours plus nombreuse que la francophone au Canada.

Notre optique était indiscutablement plus efficace et plus respectueuse de la dignité des citoyens. Mais elle présentait l'inconvénient d'enlever aux politiciens nationalistes une bonne partie de leur raison d'être: leurs harangues racistes devenaient superflues à compter du moment où «la race» n'avait plus besoin d'eux pour sa survivance. Aussi bien ces politiciens combattirent la Charte à cor et à cri, et s'ingénièrent à trouver un stratagème qui soustrairait la province de Québec à son empire: quelques années allaient s'écouler avant qu'ils n'inventassent «la société distincte» comme formule d'interprétation de la Charte et ne nous affligeassent d'un Premier ministre canadien qui l'accepterait.

Mais cela, c'est une autre histoire...

IV
La Charte: forces et faiblesses

Dans les pages qui précèdent, j'ai présenté la Charte comme l'aboutissement d'une démarche politique qui cherchait à renforcer l'unité canadienne par la poursuite d'une société juste basée sur la liberté et l'égalité.

Ce n'est pas mon affaire ici de faire le bilan de cette démarche qui s'est échelonnée sur 16 longues années. Dussé-je le tenter, j'aurais souvent recours à la défense de saint Thomas: «Ce qui est premier dans l'ordre d'intention est dernier dans l'ordre d'exécution.» Mais le lecteur qui aura lu tous les chapitres de ce livre et qui en aura étudié les données devra se faire sa propre idée sur cette question. Et même lui — «hypocrite lecteur, mon semblable, mon frère» — se butera inévitablement à l'insoluble problème: comment l'histoire se serait-elle déroulée *si* un autre gouvernement avait été au pouvoir durant ces années?

On ne peut pas juger l'histoire en la comparant à ce qui aurait pu être; on peut seulement se demander si les acteurs qui font l'histoire ont bien réagi aux défis créés par les événements.

Fort bien, répondra-t-on. En lisant les chapitres qui précèdent, on a pu voir un Gouvernement animé du désir de rechercher la justice dans l'égalité des chances; et en étudiant les tableaux et les bilans divers contenus dans cet ouvrage, on pourrait formuler éventuellement un jugement sur la part respective des succès et des insuccès. Mais dans une large mesure tout cela s'est passé *avant* la Charte et indépendamment d'elle: en quoi donc la Charte est-elle nécessaire dans une société juste? Et comment peut-elle garantir en même temps la liberté et l'égalité, puisque l'exercice sans entraves de la liberté chez les uns produit invariablement l'inégalité chez les autres? Et puis la Charte n'est-elle pas rendue caduque par l'existence de la clause dérogatoire, le fameux «nonobstant» (clause 33)? Mais surtout comment la Charte pourra-t-elle renforcer l'unité canadienne quand sa poursuite aura causé tant de discorde?

Le paradoxe est réel selon lequel la liberté des uns nuit à l'égalité des autres, et il a été l'objet de beaucoup de discours philosophiques. Dans le cas présent, le problème se présente comme suit. La clause 2 de la Charte garantit que «chacun a les libertés fondamentales». Or comment empêcher que les plus forts n'usent de leur supériorité pour créer des conditions économiques, sociales et institutionnelles telles que les faibles n'y trouvent pas des chances égales?

La réponse est donnée en partie par la clause 36(1) dans laquelle «les gouvernements fédéraux et provinciaux s'engagent à [...] promouvoir l'égalité des chances de tous les Canadiens [... et à] favoriser le développement économique pour réduire l'inégalité des chances». Or les lois et les politiques qui sont faites pour donner suite à ces objectifs doivent s'appliquer également à tous (clauses 15(1) et

28). Et précisément pour empêcher que les plus riches ou les plus nombreux ou les plus intelligents n'abusent de leur liberté, la clause 15(2) intervient: le principe de l'égalité devant la loi «n'a pas pour effet d'interdire les lois, programmes ou activités destinés à améliorer la situation d'individus ou de groupes défavorisés».

Et voilà qui va au cœur du problème. La Charte existe pour empêcher les abus de pouvoir (par les gouvernements ou par les individus privilégiés qui se trouveraient en position d'autorité), afin que toute personne puisse s'épanouir librement au sein de la société civile. Mais elle n'a pas pour fonction de rendre les gouvernements plus intelligents ou mieux avisés, ni de leur insuffler une quelconque orientation idéologique. Cela, c'est l'affaire des élus et de ceux qui les élisent.

Notre Charte, comme d'ailleurs notre Constitution, présuppose et garantit l'exercice de choix démocratiques par les électeurs. Mais c'est à ces derniers qu'il revient d'élire des gouvernements qui feront «les lois, programmes ou activités destinés à améliorer la situation d'individus ou de groupes défavorisés» et à favoriser «le développement économique pour réduire l'inégalité des chances» (clauses 15(2) et 36 (1)(b).

Et c'est ici qu'apparaît l'importance de la clause première de la Charte, permettant aux gouvernements de restreindre les libertés «dans des limites qui soient raisonnables et dont la justification puisse se démontrer dans le cadre d'une société libre et démocratique».

Loin que d'abâtardir la Charte, comme certains l'ont prétendu, cette clause résout le dilemme qui était posé plus haut: si les libertés sont fondamentales et inaliénables, comment et pourquoi peuvent-elles être restreintes?

La réponse c'est qu'elles peuvent être restreintes par un recours à la clause première de la Charte, précisément parce qu'étant fondamentales les libertés doivent être à la portée de tous et de chacun. L'État a donc le droit de restreindre l'exercice d'une liberté par les uns dans la mesure où cet exercice amène la négation de la liberté pour les autres. Autrement dit, l'État peut limiter la liberté d'un individu dans la mesure où cela est nécessaire (économiquement, socialement, linguistiquement...) pour permettre aux autres individus de jouir de leurs droits. Et c'est ainsi que les notions collectives de société et de bien commun sont introduites dans l'application d'une Charte essentiellement axée sur la liberté et l'égalité des personnes.

Dans d'autres pays démocratiques qui jouissent d'une charte des libertés, les tribunaux ont dû se donner eux-mêmes le rôle que joue chez nous la clause première, et prendre l'initiative de tempérer par le bon sens l'interprétation d'une liberté dont l'application par trop littérale aurait des conséquences ridicules ou même néfastes. Oliver Wendell Holmes de la Cour suprême des États-Unis admettait il y a fort longtemps que la liberté de parole que garantit l'article premier du *Bill of Rights* ne permet pas de crier inopinément Au feu! dans un théâtre bondé de monde.

La supériorité de notre clause première réside en ceci qu'elle ne s'en remet pas tout bonnement à la sagesse des juges pour valider une loi restrictive de libertés: elle oblige explicitement celui qui invoque une telle loi à faire la démonstration devant les tribunaux que la restriction est raisonnable et justifiée dans une société libre et démocratique. Autrement dit, le législateur qui veut restreindre une liberté garantie par la Charte doit pouvoir s'appuyer en quelque sorte sur la sagesse des nations. Règle qui évoque un peu celle qui permettait de définir les dogmes en chrétienté: *quod semper, quod ubique, quod ab omnibus*[10]...

Il est donc inexact de prétendre que l'existence d'une Charte est en contradiction avec la suprématie parlementaire, et qu'elle remplace les élus du peuple par des juges nommés à vie. Car la clause première en appelle à une «société libre et démocratique», c'est-à-dire une société où la souveraineté est exercée par les élus. Et puis, la Charte elle-même est l'œuvre des parlementaires; de la même façon que ceux-ci se sont imposé des restrictions à eux-mêmes (clauses 4 et 5), ils en ont aussi imposé aux juges (clauses 7 à 14). Il n'y a donc rien d'étrange à ce que ces mêmes parlementaires aient voulu qu'on fixe des limites à leur pouvoir de déroger aux libertés fondamentales, et qu'ils aient aussi accepté qu'on leur rappelle ces limites lorsqu'ils tenteraient de restreindre une de ces libertés.

Cela m'amène à parler de la clause 33, qui permet au législateur d'adopter une loi qui limite certaines libertés garanties par la Charte, en déclarant que cette loi prendra effet nonobstant la clause 2 et les clauses 7 à 15.

Je me dois de déclarer d'emblée qu'à mon avis cette clause se pose en flagrante contradiction avec l'essence et l'existence même de la Charte. Je sais bien que nombre de juristes respectables s'accommodent fort bien de cette clause dite «dérogatoire», et qu'ils la justifient par la nécessité de rétablir l'autorité des lois faites par les élus du peuple sur les lois «faites» par les juges.

Ce n'est pas ici l'endroit pour vider ce débat. Je dirai seulement que ce que j'ai écrit aux paragraphes précédents relativement aux clauses 1 et 15(2) de la Charte explique bien en quoi je reconnais que le législateur doive en certaines circonstances faire prévaloir son autorité sur celles de la Charte et des juges. Mais je ne puis accepter l'idée qu'il le fasse d'une façon purement arbitraire, à la manière d'un diktat, comme l'autorise la clause 33 de la Charte.

Toute la malignité de cette clause a éclaté au grand jour à la fin de décembre 1988 quand le Premier ministre Bourassa l'a invoquée pour valider la loi 178 interdisant l'affichage dans une des deux langues officielles du Canada, se vantant par surcroît d'avoir piétiné une des libertés fondamentales du pays.

Il n'est pas inutile de rappeler que les tribunaux se sont maintes fois servis de la clause 1 pour déclarer valides des mesures qui limitaient des libertés fondamentales (même dans la loi 101, introduite par le gouvernement péquiste pour promouvoir la langue française). Les juges demandaient simplement que la preuve soit faite que cela fût raisonnable et justifiable. Le gouvernement de Robert Bourassa n'ayant pas su ou voulu faire cette preuve, il a accepté de recourir à l'arbitraire pur.

Le gouvernement que je dirigeais s'était battu depuis 1968 jusqu'en 1982 pour incorporer les éléments d'une charte des droits et libertés dans la Constitution canadienne, sans que jamais nous n'ayons envisagé la possibilité d'y insérer une clause dérogatoire. Et Jean Chrétien, comme ministre de la Justice, a lutté loyalement pour faire accepter notre Charte à des gouvernements provinciaux qui s'y opposaient avec férocité. Certains de ces gouvernements (et notamment celui de Allan Blakeney de la Saskatchewan) se disaient prêts cependant à accepter une charte qui contiendrait une clause dérogatoire; et le fameux Consensus du Château rédigé par le Québec et présenté par le Groupe des huit provinces avait mentionné la possibilité d'une telle clause.

C'est ainsi qu'en novembre 1981, plutôt que de renoncer complètement à l'idée d'une charte, j'ai cédé aux exigences de ces provinces et ai consenti à ce qu'elle fût grevée d'une clause dérogatoire, à condition cependant que cette clause ne puisse servir pour déroger au principe de l'égalité linguistique (clauses 16 à 23)[11], ni au principe de l'égalité des chances économiques (clauses 6 et 36), principes qui étaient au cœur même de mon engagement de 1968.

Il m'apparaissait en effet évident qu'il serait infiniment plus difficile d'amender une Constitution (rapatriée sans charte) pour y incorporer une Charte dans un avenir incertain, que d'amender une Constitution (déjà rapatriée avec une charte) pour en abroger la clause dérogatoire.

J'ai donc accepté cette clause la mort dans l'âme et en exhortant qui voulait m'entendre de faire pression sur les provinces pour que nous puissions nous en débarrasser lors de négociations futures. (À mon avis, la suppression de cette clause ne nécessiterait pas l'unanimité des provinces; mais évidemment il reviendra aux tribunaux de trancher la question.)

Le malheur voulut qu'au cours de ces futures négociations, lorsqu'elles eurent lieu au lac Meech en avril 1987, on fit d'énormes concessions aux provinces mais sans exiger en retour l'abolition de la clause dérogatoire. Et comble d'irresponsabilité, le même Premier ministre qui avait claironné sa victoire constitutionnelle au lac Meech déclarait en Chambre des communes que cette même Constitution «ne valait pas le papier sur lequel elle était écrite» parce qu'elle était affublée d'une clause dérogatoire[12]!

Que n'y avait-il pensé avant de signer l'accord du lac Meech! Du reste, le caractère grotesque de cette hyperbole est suffisamment établi par le fait que depuis l'adoption de la *Loi constitutionnelle de 1982*, la réalité juridique au Canada a été transformée de fond en comble. Les membres du barreau et de la magistrature ont été les premiers à comprendre l'importance du nouveau départ que signalait la Charte pour l'ensemble de la réalité politique et sociale. Et dès le mois d'octobre 1985, «le juge en chef Dickson déclarait [...] que la Charte canadienne des droits et libertés constitue le plus grand défi de l'histoire de la Cour suprême du Canada[13]». Cela ne jette-t-il pas un peu de discrédit sur ceux qui croient que la Charte est sans valeur dans la poursuite de la société juste, et sur ceux qui affirment qu'il eût mieux valu renoncer à la Charte que de la voir grevée de la clause nonobstant?

V
L'identité nationale

Reste enfin à discuter de la grande question posée au début de la section précédente de ce chapitre: comment la Charte pourra-t-elle renforcer l'identité canadienne quand sa poursuite aura causé tant de discorde?

Ou pour élargir le débat: «Vous êtes entré en politique en 1965 en prétendant travailler à l'unité nationale; à la suite de toutes vos conférences fédérales-provinciales sur la Constitution, n'avez-vous pas laissé en 1984 un pays plus divisé que jamais?»

Reconnaissons d'abord que durant mes mandats comme Premier ministre on me reprochait souvent de donner trop de place aux débats constitutionnels — mais on m'a reproché également d'avoir complètement négligé la question entre 1971 et 1975!

L'on dira sans doute aussi que le présent chapitre s'est trop penché sur les questions constitutionnelles. Heureusement que les autres chapitres sont là pour rappeler au lecteur qu'au cours de nos mandats nous avons aussi abordé plusieurs autres petits problèmes...

Mais pour l'essentiel je prévoyais le reproche. Aussi bien, dès l'hiver de 1965, ayant analysé les forces telluriques qui agissaient dans le sens d'une plus grande décentralisation de la fédération, je concluais: «Je doute que d'authentiques hommes d'État... en arrivent à la conclusion qu'il faille actuellement bouleverser profondément notre régime constitutionnel[14].» Entré en politique à la fin de la même année, j'exprimai à nouveau l'opinion qu'il ne fallait pas ouvrir le débat constitutionnel car c'était «un panier de crabes».

J'étais à l'époque professeur de droit constitutionnel à l'Université de Montréal et j'enseignais à mes étudiants (dont plusieurs militants séparatistes) que — sauf pour le pouvoir fiscal exclusif — la province de Québec possédait d'ores et déjà la totalité des compétences constitutionnelles nécessaires pour mettre en œuvre le programme séparatiste mis de l'avant par leur maître à penser Marcel Chaput aux pages 98 et 99 de son livre *Pourquoi je suis séparatiste*[15]. Comme professeur j'étais aussi payé pour savoir par quelles quantités énormes de hargne et de temps perdu s'étaient soldées les conférences constitutionnelles, depuis que Mackenzie King en 1927 avait convoqué les provinces pour chercher avec elles le moyen de rapatrier d'Angleterre la Constitution canadienne, et s'était buté à l'impossibilité de les mettre toutes d'accord sur la formule d'amendement constitutionnelle.

Une quarantaine d'années et quatre Premiers ministres plus tard, malgré une série innombrable de rencontres fédérales-provinciales aux niveaux politique et bureaucratique, le problème restait toujours insoluble.

Par ailleurs les gouvernements à tous les niveaux ne manquaient pas d'autres questions à traiter en priorité: l'économie, les problèmes sociaux, les disparités régionales, la fiscalité, l'infrastructure, l'environnement, la politique étrangère, tout cela et bien d'autres choses réclamaient l'attention des politiciens et des fonctionnaires canadiens à l'heure où l'interdépendance des peuples et la rapidité des communications créaient pour le Canada des défis à sa mesure[16]!

Mais il était trop tard pour éviter la maladie. Le Québec souffrait déjà de constitutionite aiguë; comme je l'ai dit plus haut, les députés provinciaux avaient en mai 1963 voté à l'unanimité en faveur de «la révision du régime constitutionnel canadien», le gouvernement de Jean Lesage ayant déjà opté pour le «statut particulier» et Daniel Johnson pour «l'égalité ou l'indépendance».

Plusieurs autres provinces, enhardies par la prospérité d'après-guerre, commençaient aussi à ruer dans les brancards. Et j'ai rappelé plus haut — changeant de métaphore — comment le bal fut ouvert par les provinces qui convoquèrent la conférence constitutionnelle de 1967. Malgré mes réticences comme ministre de la Justice du temps, le Premier ministre Pearson comprit que nous n'avions plus le choix: le gouvernement fédéral était forcé d'entrer dans la ronde.

J'étais convaincu qu'une fois le débat ouvert il devait être mené à terme. Le Canada était le seul pays souverain au monde qui ne fût pas maître de sa Constitution: 100 ans après sa création comme pays et 36 ans après que le Statut de Westminster eut marqué formellement la fin de son ère coloniale et sa naissance comme nation souveraine, le Canada devait encore demander à Londres d'amender pour lui sa Constitution. Les Premiers ministres King, Bennett, Saint-Laurent, Diefenbaker et Pearson avaient tenté de mettre fin à un tel anachronisme et avaient convoqué de nombreuses conférences fédérales-provinciales à cet effet. Toutes s'étaient soldées par un échec.

Or la problématique n'avait pas changé d'un iota depuis la conférence fédérale-provinciale de 1927. La souveraineté du Canada émanait-elle d'un peuple doté d'un vouloir-vivre collectif, poursuivant un bien commun à l'ensemble du pays, et se gouvernant sous une Constitution à forme fédérative? Ou le Canada était-il la créature de 10 provinces (deux nations diraient certains), dépendant d'elles pour exister, et gouverné par un consensus dégagé entre ses 11 gouvernements — 10 provinciaux et 1 fédéral?

Ces deux points de vue devaient se durcir, se cristalliser et se heurter tout au long de la série de conférences constitutionnelles qui débuta avec la réunion interprovinciale de 1967 et se termina lors de la conférence fédérale-provinciale de novembre 1981.

Dans l'ensemble, l'objectif des provinces était de s'assurer d'une plus grande dévolution des pouvoirs constitutionnels; et leur stratégie consistait à refuser de consentir au rapatriement de la Constitution tant que leur soif de pouvoir ne serait pas étanchée.

L'objectif du gouvernement que je dirigeais était d'en arriver à un partage plus fonctionnel des compétences, cédant certains pouvoirs aux provinces mais exigeant en retour les pouvoirs devenus essentiels pour faire du Canada une entité économique sans frontières internes, tandis que notre stratégie était de mettre le peuple de notre côté en lui proposant un ensemble de mesures destinées à renforcer la souveraineté populaire, et partant l'unité nationale: une Constitution libérée de la tutelle britannique, une formule d'amendement constitutionnel prévoyant un recours à un référendum et une Charte des droits et libertés (y compris l'égalité linguistique et régionale) commune à l'ensemble du pays.

Le Canada était déjà, avec la Suisse, le pays le plus décentralisé de la terre du point de vue des compétences législatives et de la fiscalité[17]. Mais les deux pays n'étant pas de la même taille, le Canada exigeait des liens plus solides pour rattacher les parties au tout.

Une longue histoire avait aussi développé chez les Suisses un sentiment d'appartenance nationale qui, bien qu'elle fût composée de quatre nationalités distinctes, permettait de parler sans sourciller de «la nation suisse». Le Canada au contraire n'avait achevé de rassembler son territoire qu'en 1949; et ses écrivains aussi bien que ses politiciens étaient encore à la recherche de son identité nationale. Edward Blake et Henri Bourassa, deux des plus brillants parlementaires que le Canada ait connus, avaient tous deux déploré — à quatre décennies de distance — l'absence d'un sentiment national canadien[18]. Et encore sept décennies plus tard, les Premiers ministres provinciaux rejetteraient un projet de préambule à la Constitution parce qu'ils jugeaient inacceptables les expressions «peuple canadien» et «nation canadienne»!

À mon avis, la plus grande décentralisation constitutionnelle que demandaient les provinces mettrait en danger la survie du Canada comme pays, et j'étais résolu à y résister.

Les stratégies fédérale et provinciales devaient être mises à rude épreuve tout au long de la période de 1968 à 1982. D'innombrables escarmouches, quelques batailles rangées, la fatigue des combattants, l'arrivée de renforts à la suite d'élections, rien de cela ne laissait cependant présager comment et quand se terminerait le conflit.

La position provinciale atteignit son apogée le 12 septembre 1980 quand par le «Consensus du Château» les 10 provinces unanimes me proposèrent un transfert de pouvoirs en leur faveur si massif que la fédération canadienne eût été transformée en une confédération lâche et balkanisée, après quoi, moyennant d'autres discussions, un jour, peut-être, la Constitution aurait pu être rapatriée... La position des provinces était telle que le Premier ministre René Lévesque crut pouvoir abandonner sans péril les demandes d'un «statut particulier» et d'un droit de veto constitutionnel pour le Québec (exigences qui avaient été au cœur des réclamations nationalistes québécoises depuis 20 ans) et accepter sans ambages le principe de l'égalité de toutes les provinces entre elles. Sans doute estimait-il avec raison qu'un Canada issu du Consensus du Château serait tellement anémique que l'accession du Québec à l'indépendance deviendrait tôt ou tard (et plutôt l'un que l'autre!) une simple formalité. Je crois bien que ce fut ce jour du 12 septembre que les combattants acceptèrent la lutte à finir[19].

Face à de telles propositions provinciales, je répondis qu'il n'en était pas question et que le gouvernement fédéral procéderait au rapatriement sans le consentement des provinces. C'est alors que le Premier ministre du Manitoba, Sterling Lyon, m'avertit solennellement qu'une telle action «*would tear the country apart*». Je rétorquai sèchement que si le pays devait éclater parce qu'après 113 ans d'existence et 53 ans de discussions stériles notre gouvernement rapatriait la Constitution en y ajoutant une Charte des droits et libertés, eh bien! ce serait signe que ce pays ne méritait pas d'exister. J'étais convaincu que le temps était venu pour le Canada de choisir d'être ou de ne pas être.

Le 10 octobre 1980, notre gouvernement proposa au Parlement canadien un projet de résolution demandant au Parlement de Westminster de canadianiser la Constitution canadienne et d'y ajouter une formule d'amendement et une Charte des droits, toutes deux définies dans la résolution.

Trois provinces cependant en appelèrent aux tribunaux pour faire déclarer anticonstitutionnelle notre résolution.

Le 28 septembre 1981, la Cour suprême devait se prononcer: la proclamation constitutionnelle nécessiterait un accord «substantiel»; ce qui finit par vouloir dire le consentement de plus que 2 mais de moins que 10 gouvernements provinciaux[20]. Nous dûmes donc retourner à la table des négociations.

La rencontre décisive eut lieu le 4 novembre 1981. Pour débloquer l'embâcle, je proposai aux provinces un rapatriement immédiat de la Constitution, suivi deux ans plus tard (s'il y avait toujours désaccord) d'un référendum pour permettre au peuple canadien de dire: premièrement, s'il voudrait d'une Charte des droits et libertés, et deuxièmement, quelle formule d'amendement il préférerait.

Comme au jeu de Marienbad, je savais que je pourrais perdre, mais que je ne perdrais jamais. Plusieurs des provinces parmi les plus influentes (le Québec compris) s'étaient déjà donné des chartes, et il leur siérait mal de faire une campagne référendaire pour empêcher le Canada de s'en donner une. Quant à la formule d'amendement, celle des provinces postulait que toutes les provinces étaient égales, alors que la nôtre postulait que tous les citoyens l'étaient; en effet la formule provinciale privilégierait les gouvernements provinciaux sans égard au nombre des citoyens de chaque province, alors que la nôtre grouperait les provinces par régions sénatoriales (une forme de division qui remontait au début de la Confédération), ce qui tendait à donner à chaque citoyen un poids plus égal; au demeurant notre formule avait pour effet de donner un droit de veto constitutionnel au Québec et à l'Ontario, à cause précisément du plus grand nombre de leurs citoyens.

Le Premier ministre Lévesque accepta mon défi référendaire «l'espace d'un matin», ce qui ne manquait pas de courage puisqu'il venait de perdre un référendum au Québec; mais se voyant abandonné par tous ses alliés provinciaux soudainement emportés par la colère, il retira son aval et battit précipitamment en retraite. Les neuf autres provinces en effet n'avaient aucune envie de faire une campagne référendaire dans les circonstances susdites, surtout en alliance avec un gouvernement indépendantiste.

La solidarité interprovinciale s'étant effondrée, le conflit se termina sur une paix négociée: un accord fut conclu avec les neuf autres provinces, qui acceptèrent le rapatriement assorti d'une Charte des droits, pourvu que cette dernière contînt une clause dérogatoire («nonobstant»), que la formule d'amendement constitutionnel se rapprochât de la proposition provinciale, et que certaines compétences relativement à la taxation indirecte et au commerce des ressources naturelles fussent transférées aux provinces.

Dans les semaines qui suivirent, on fit des efforts pour amener le gouvernement québécois à définir les conditions qui lui permettraient de reprendre les négociations[21], mais ce fut peine perdue.

Notre stratégie avait réussi pour l'essentiel: la nation canadienne aurait enfin sa Constitution bien à elle, et celle-ci enchâsserait une Charte des droits et libertés commune à tous les Canadiens. Les fondements solides d'une identité nationale avaient été jetés.

VI
L'unité canadienne et l'avenir

Il y avait cependant quelques ombres au tableau… Le gouvernement du Québec n'avait pas signé l'accord constitutionnel, mais il était néanmoins lié par lui. Sans doute continuerait-il de regimber et de faire faute au reste du pays de ce que lui-même avait si piètrement joué ses cartes. Mais une majorité des députés élus par le Québec (au fédéral et au provincial) avait voté en faveur de l'accord constitutionnel; et l'opinion populaire semblait avoir entériné l'affaire[22].

Pour le moment, le public était las des affrontements constitutionnels et souhaitait que les gouvernements se tournent vers autre chose. Dans un avenir plus ou moins lointain, des hommes politiques plus sages que nous oseraient sans doute reprendre le débat constitutionnel. Dès lors que la langue française aurait été un peu mieux respectée ailleurs au Canada, des gouvernements québécois moins sur la défensive accepteraient le défi d'un Canada pluraliste. On discuterait d'un partage de compétences plus fonctionnel et on voudrait en même temps corriger certaines anomalies. Par exemple, des gouvernements provinciaux plus ouverts et confiants reconnaîtraient que la clause «nonobstant» est incompatible avec une authentique Charte des droits et ils la feraient sauter. En retour l'arbitraire n'étant plus nécessaire contre l'arbitraire, le gouvernement fédéral n'aurait plus à invoquer son pouvoir de réserve ou de désaveu pour invalider des lois provinciales qui dérogeraient à la Charte, et proposerait d'extirper de la Constitution ces usages désuets.

Et nous serions heureux jusqu'à la fin du monde, lon-la? Oh! que non; mes rêves pour l'avenir devraient patienter encore quelque peu… Revenons donc à la question: quand je quittai la politique en juin 1984, le Canada était-il plus uni ou plus divisé qu'il ne l'avait été en 1968?

Je confie aux historiens le plaisir d'en discuter. Mais on ne me refusera peut-être pas le droit de verser au dossier quelques considérations basées sur la lecture des divers chapitres de ce livre aussi bien que sur mes impressions et mes souvenirs.

Mes années à la tête du Gouvernement m'avaient-elles rendu moins sensible aux injustices qui fractionnaient la société canadienne? J'ose espérer que non. Mais d'une façon générale il me semble que la contestation était devenue moins stridente qu'elle ne l'avait été à la fin des années soixante.

Sur le plan social, l'incidence de la pauvreté au Canada s'était abaissée. (Voir Jim Coutts, au chapitre 7.) Les minorités visibles et les groupes défavorisés avaient vu leurs droits affirmés par la Charte et, se groupant en communautés d'intérêt, ils veillaient au respect de ces droits. Les Métis avaient été reconnus comme autochtones, et ensemble, avec les Indiens et les Inuit, ils étaient engagés dans la négociation de diverses formes de *self-government*. La peine de mort avait été abolie, et pour le moment on ne nous pressait pas de rouvrir le débat. La loi sur l'avortement continuait de tenir le coup. Le chômage était toujours trop élevé chez les jeunes, mais des programmes de recyclage avaient été mis en place, et des organisations comme Katimavik et Jeunesse Canada Monde attiraient les plus hardis. (Voir Jacques Hébert, au chapitre 5.)

Sur le plan économique le Canada avait passé à travers les deux crises du pétrole et les défis de la stagflation (inflation accompagnée de croissance zéro) avec une performance parmi les meilleures des sept nations les plus industrialisées. (Voir Ian Stewart, au chapitre 4.) La plupart les gros brasseurs d'affaires prétendaient toujours souffrir sous le joug d'un gouvernement «socialiste»; mais celui-ci n'avait exproprié aucune banque ni aucune autre entreprise, et avait au contraire volé à la rescousse de maintes institutions capitalistes en difficulté! (Voir Joel Bell, au chapitre 3.) Les disparités régionales existaient toujours, mais la situation s'était quelque peu améliorée. (Voir Lloyd Axworthy, au chapitre 10.)

Sur le plan politique une trêve avait été signée avec neuf provinces, mettant fin à des chicanes constitutionnelles quasi ininterrompues depuis 1927: le Canada avait enfin une Constitution bien à lui et une Charte des droits et libertés commune à tous les Canadiens. La dispute créée par la crise du pétrole entre les provinces productrices de pétrole et les provinces consommatrices avait été réglée par une entente négociée avec les premières par le gouvernement fédéral. (Voir Marc Lalonde, au chapitre 2.)

Les structures politiques furent également transformées en fonction d'une démocratie dite «de participation»: d'une part, on ouvrit les portes du Parti libéral fédéral toutes grandes aux Canadiens de tous les milieux et de toutes les régions; d'autre part, des réformes parlementaires et de nettes améliorations dans les conditions de travail des députés rendirent plus efficace et plus juste la démocratie représentative au Canada. (Voir Lorna Marsden, au chapitre 11.)

La politique de l'environnement favorisa aussi le rapprochement des Canadiens entre eux par-dessus les frontières provinciales, ainsi que la collaboration entre les divers niveaux de gouvernement. À cette fin, le Conseil canadien des ministres des ressources et de l'environnement joua un rôle important dès le début des années soixante-dix. (Voir John Roberts, au chapitre 6.)

En politique internationale, deux contentieux qui avaient divisé les Canadiens depuis des années avaient été réglés par la reconnaissance diplomatique de la Chine et du Vatican. Et une identité canadienne plus forte et plus distincte se dégagea par suite de nos politiques vis-à-vis des États-Unis, de l'Europe et du Pacifique, en même temps que de nos actions relativement à la francophonie et aux relations Nord-Sud et Est-Ouest. (Voir Thomas Axworthy, au chapitre premier.)

La *Loi sur les langues officielles* n'était plus contestée que par quelques députés; et même dans l'ouest du pays où cette loi avait rencontré les plus vives résistances, le respect de la langue française était démontré par la multiplication des classes «d'immersion» en langue française. (Voir Gérard Pelletier, au chapitre 8, et aussi les statistiques données dans l'introduction à la troisième partie du présent volume.) Une incompréhension aussi hargneuse que celle provoquée par l'affaire des Gens de l'air semblait désormais extrêmement peu probable. Et chez la plupart des Québécois, l'aliénation ressentie vis-à-vis d'Ottawa avait été exorcisée par la présence au Parlement fédéral d'un contingent de députés et de ministres parmi les mieux vus et les plus influents; de fait le parti gouvernemental recevait l'appui de la quasi-totalité des comtés à majorité francophone au pays.

Au Québec, que s'était-il passé? Le mouvement séparatiste, endormi depuis la fin des années trente, avait recommencé à prendre vie après le départ de Louis Saint-Laurent de la scène fédérale en 1957 et avec la Révolution tranquille de Jean Lesage en 1960; René Lévesque lui avait donné son expression politique en fondant le Parti québécois en 1968. Le Parti ne manqua ni d'adhérents ni de candidats talentueux. Mais aussi longtemps que ces derniers demandèrent d'être élus pour faire l'indépendance du Québec, ils subirent de cuisantes défaites aux élections provinciales de 1970 et de 1973. (Seulement sept, puis six députés élus.) Forcés de constater que les Québécois ne voulaient pas voter contre leur appartenance canadienne, les Péquistes embrassèrent la politique d'étapette: la première étape consista à mettre l'indépendance en veilleuse et à se présenter devant l'électorat comme un parti de «bon gouvernement». En conséquence leur parti prit le pouvoir en 1976 à la place du mauvais gouvernement de Robert Bourassa, celui-ci ayant prématurément déclenché les élections en demandant un mandat pour s'opposer «aux visées constitutionnelles de Trudeau».

Trois ans plus tard, ce Trudeau avait perdu le pouvoir et s'apprêtait à abandonner la politique. Les Péquistes en profitèrent pour annoncer leur référendum longtemps différé; sentant toutefois que les Québécois n'étaient toujours pas prêts à se séparer du Canada, ils rédigèrent une question référendaire passablement alambiquée qui ne proposait pas l'indépendance pure et simple, mais demandait plutôt l'autorité de négocier une forme d'association avec le reste du Canada, étant entendu qu'à la suite de ces négociations il y aurait un autre référendum. J'oubliais d'ajouter que la question eut la prudence de préciser que le dollar canadien continuerait d'être la devise de ce Québec quelque peu indépendant[23]!

Aucune de ces précautions n'y fit. Le Québec vota contre le projet péquiste avec une solide majorité. Entre-temps, le même Trudeau avait repris le pouvoir à Ottawa et il annonça la réforme constitutionnelle dont le présent chapitre a longuement traité et sur laquelle je ne reviendrai pas ici.

Le Québec était-il plus éloigné du Canada en 1984 qu'en 1968? Sans doute qu'à l'intérieur du Québec l'apparition sur la scène politique d'un parti séparatiste avait cristallisé l'opposition à l'appartenance canadienne et l'avait rendue mieux structurée et plus visible. Mais chaque fois que l'électorat québécois avait eu à se prononcer, il avait rejeté l'indépendance en tant que telle, et les séparatistes purs et durs se maintenaient toujours au même niveau d'impopularité dans les sondages, leur cote bon an mal an plafonnant autour de 15 p. 100. Dans ses dernières années au pouvoir, le Premier ministre Lévesque commençait à parler du «beau risque du fédéralisme», sans doute oublieux du fait que c'était exactement le thème que j'avais proposé aux Québécois lors de ma campagne à la direction du Parti libéral en 1968…

Force m'est donc de conclure que le morcellement du Canada devait attendre l'élection de Brian Mulroney comme Premier ministre canadien à l'automne 1984. Il avait été élu grâce à l'appui des Premiers ministres provinciaux, à qui il avait promis «la réconciliation nationale», c'est-à-dire le règlement de toutes les disputes fédérales-provinciales à la satisfaction des provinces: aux provinces de l'Ouest la politique du pétrole, aux provinces atlantiques les fonds marins, à l'Ontario la fin du tamisage des investissements étrangers, au Québec l'invitation de coprésider les réunions internationales — toujours la politique de grandeur!

Et comme au Québec le Parti conservateur canadien avait mal survécu à 43 ans de gouvernements libéraux fédéraux (avec seulement deux interruptions longues au total de 6 ans), M. Mulroney se fit élire avec l'aide des séparatistes et de la machine électorale du Parti québécois. Donnant, donnant, il fut amené à placer ces alliés au sein de son gouvernement et à rouvrir le débat constitutionnel pour satisfaire «les demandes du Québec», c'est-à-dire de la gent nationaliste. Survint alors Robert Bourassa, élu Premier ministre québécois en 1985, qui ne cherchait pas mieux que d'allonger ses cinq demandes. M. Mulroney lui donna satisfaction sur sept, et pour la bonne bouche en fit presque autant pour les autres provinces.

Tout cela s'était tramé dans le secret d'une profonde nuit, au bord d'un joli petit lac québécois du nom de Meech. Le Canada n'a jamais été aussi divisé que depuis cette nuit[24].

D'un côté, le pays légal, c'est-à-dire un Premier ministre fédéral prêt à troquer l'âme canadienne contre un succès électoral, et 10 Premiers ministres provinciaux avides d'accroître leurs pouvoirs par la spoliation de l'État canadien, tout ce monde appuyé comme de bien entendu par le fretin des oppositions parlementaires craintives d'encourir la réprobation de la pensée officielle québécoise.

De l'autre côté le pays réel, c'est-à-dire l'informe coalition de citoyens et de groupes épars[25] pour qui le Canada représente plus qu'un ramassis de provinces gouverné par maquignonnage. Pour ces Canadiens, le Canada constitue une nation véritable, animée par un idéal de compassion et de justice, et qui veut se gouverner démocratiquement dans la liberté et l'égalité.

Au fur et à mesure qu'ils comprirent la signification profonde de l'Accord du lac Meech, ces gens ne pardonnèrent pas à leurs gouvernements d'avoir signé un accord qui risquait de démantibuler leur pays, d'affaiblir la Charte de 1982 et de couper l'herbe sous le pied aux programmes sociaux à frais partagés.

En même temps les anglophones du Québec et les francophones des autres provinces comprirent que la mentalité des signataires du lac Meech laissait présager bien des malheurs pour leurs minorités: ils n'eurent pas long à attendre. Coup sur coup, les francophones de la Saskatchewan et de l'Alberta furent dépouillés par les signataires mêmes du lac Meech de droits linguistiques qu'ils avaient détenus avant même les débuts de la fédération. Et bientôt les anglophones du Québec se virent également privés d'un droit d'affichage qu'ils avaient possédé depuis toujours et dont ils n'avaient été privés que temporairement par la loi 101[26]. Comble de disgrâce, le gouvernement du Québec s'allia au gouvernement de l'Alberta pour nier aux francophones de cette province leur demande de droits scolaires élargis.

C'est dans un pareil climat que furent déclenchées au Québec les élections provinciales du 25 septembre 1989. L'électorat, ayant à choisir entre un fédéraliste douteux, Robert Bourassa, et un séparatiste véritable, Jacques Parizeau, donna à ce dernier 40 p. 100 des votes, soit le plus haut pourcentage jamais reçu par le Parti québécois lors d'élections où il demandait un mandat clair pour faire l'indépendance. (En 1970 et en 1973, les seules autres élections analogues, le Parti québécois avait recueilli 23 et 30 p. 100 des votes.)

Effectivement, sous le couvert de la réconciliation nationale, le Premier ministre Mulroney était en train de démanteler le Canada au profit des provinces; et sous le noble prétexte de «réconcilier» le Québec, il était en voie de créer exactement la sorte de dualisme dont rêvent les séparatistes: un Canada exclusivement anglophone à côté d'un Québec exclusivement francophone.

Bien plus, le louable objectif de promouvoir une plus grande liberté des échanges avait débouché sur un marché de dupes aux termes duquel le gouvernement canadien cédait aux États-Unis d'Amérique de larges tranches de sa souveraineté sur l'économie et sur les ressources naturelles, en échange d'avantages que le Canada possédait déjà ou qu'il était en bonne voie d'obtenir par l'opération du GATT. (Voir Joel Bell, au chapitre 3.)

Il était devenu évident, hélas! qu'à moins d'un vigoureux et improbable coup de barre, notre Grand Timonier pilotait le Canada vers la réconciliation et la paix, celles précisément qu'on trouve dans les cimetières marins.

Notes

Introduction

1. Carl Becker, cité par Peter Gay dans *Style in History*, New York, W.W. Norton and Co., 1974, p. 197.
2. Gérard Pelletier, *Les Années d'impatience: 1950-1960*, Montréal, Stanké, 1983 et *Le Temps des choix: 1960-1968*, Montréal, Stanké, 1986.
3. Arthur M. Schlesinger fils, *The Cycles of American History*, Boston, Houghton Mifflin Co., 1986, p. xi.
4. Henry Adams, *The Education of Henry Adams*, New York, The Modern Library, 1918, p. 193.
5. Voir A.D. Taylor, *Bismarck: The Man and the Statesman*, New York, Vintage Books, 1955, p. 70.
6. Jean-Paul Desbiens, cité par Gérard Pelletier dans *Le Temps des choix: 1960-1968, op. cit.*, p. 270.
7. Pierre Elliott Trudeau, *Les Cheminements de la politique*, Montréal, Éditions du Jour, 1970, p. 133.
8. Georg Wilhelm Friedrich Hegel, *The Philosophy of History*, New York, Dover Publications, Inc., 1956, p. 8.
9. Lord Acton, *Essays in the Study and Writing of History*, vol. II, ed. J. Rufus Fears, Indianapolis, Liberty Classics, 1985, p. 506.

Première partie: Transformations à l'échelle planétaire

1. Canada, Statistique Canada, *Loi sur les déclarations des corporations et des syndicats ouvriers*, Ottawa, Ministère des Approvisionnements et Services, 1988, p. 74.
2. De 1966 à 1973, la croissance réelle du produit intérieur brut fut en moyenne de 5,5 p. 100 au Canada, comparativement à 3,9 p. 100 aux États-Unis; de 1974 à 1979, ces chiffres étaient respectivement de 3,2 p. 100 et de 2,8 p. 100; de 1980 à 1984, le Canada connut une croissance moyenne de son PIB de 1,5 p. 100, contre 2,1 p. 100 aux États-Unis. Voir Stephen Brooks, *Public Policy in Canada*, Toronto, McClelland and Stewart, 1989, pp. 182-183.
3. Canada, Conseil national du bien-être social, *Progrès de la lutte contre la pauvreté*, Ottawa, avril 1988, p. 86.
4. Ian Drummond, «Economic History and Canadian Economic Policy since the Second World War», *Post-War Macroeconomic Developments*, Toronto, University of Toronto Press, 1986, vol. 20 de la série d'études commandées par la Commission royale sur l'union économique et les perspectives de développement du Canada, p. 25.

5. Sandra Burt, «Women's Issues and the Women's Movement in Canada since 1970», *The Politics of Canada, Ethnicity and Change in Canada,* Toronto, University of Toronto Press, 1986, vol. 34 de la série d'études commandées par la Commission royale sur l'union économique et les perspectives de développement du Canada, p. 118.

6. Canada, Commission royale sur l'union économique et les perspectives de développement du Canada, vol. 12, Ottawa, Ministère des Approvisionnements et Services, 1985, p. 16.

7. Drummond, «Economic History», *op. cit.,* pp. 25-26.

8. Charles de Gaulle, *Mémoires d'espoir: le renouveau,* (1958-1962), Paris, Plon, 1970, p. 171.

CHAPITRE PREMIER: Une politique extérieure

1. Voir le dialogue entre les Athéniens et les Méliens dans Thucydide, *Histoire de la guerre du Péloponnèse, Livre V,* Paris, Collection des Universités de France, 1953-1972. C'est Von Rochau qui, en 1853, forgea l'expression «Realpolitik» par allusion à l'échec de l'Assemblée libérale de Francfort, en 1848.

2. *Ibid.*

3. Thomas Hobbes, *Leviathan,* Harmondsworth, Middlesex, Penguin Books Ltd., 1981, p. 185.

4. Cité par Henry Kissinger dans «The White Revolutionary: Reflections on Bismarck», *Daedalus,* été 1968, p. 907.

5. Emmanuel Kant, *Vers la paix perpétuelle,* Paris, PUF, 1958, pp. 145-151. (Résumé et traduction libre de l'appendice I.)

6. *Ibid.*

7. *Ibid.*

8. Cité par A.J.P. Taylor dans *The Troublemakers: Dissent over Foreign Policy,* Londres, Panther Books, 1969, p. 31.

9. Voir Michael W. Doyle, «Kant, Liberal Legacies and Foreign Affairs», *Philosophy and Public Affairs,* été-automne 1983, pp. 205-235.

10. Cité par Taylor dans *The Troublemakers,* p. 49.

11. John Bright, *Selected Speeches,* Londres, J.M. Dent, 1907, p. 221.

12. Cité par E.H. Carr dans *The Twenty Years Crisis,* Londres, The Macmillan Press Ltd., 1939, p. 8.

13. Cité par Michael Howard, *The Causes of War,* Cambridge, Ma., Harvard University Press, 1984, p. 229.

14. Pierre Elliott Trudeau, *Le Fédéralisme et la Société canadienne-française,* Montréal, Éditions HMH, 1967, p. v.

15. «Positions sur la présente guerre», *Cité libre,* mai 1951, p. 1. Cet article ne fut pas signé, M. Trudeau œuvrant alors au bureau du Conseil privé.

16. *Ibid.,* p. 11.

17. Voir les articles des numéros suivants de *Cité libre:* janvier 1957, février 1957, mai 1958, avril 1960, décembre 1961 et avril 1963. Entre mai 1948 et avril 1949, le jeune Trudeau se rendit en Allemagne, en Autriche, en Tchécoslovaquie, en Hongrie, en Pologne, en Yougoslavie, en Bulgarie, au Liban, en Cisjordanie, en

Syrie, en Iraq, en Turquie, en Afghanistan, au Pakistan, en Inde, en Birmanie, en Thaïlande, en Indochine, en Chine et au Japon. Il parcourut presque toute l'Afrique en 1951, l'Union soviétique en 1952, le Pakistan, l'Inde, Ceylan, l'Indonésie, l'Australie et la Nouvelle-Zélande en 1955, le Niger, le Ghana et le Togo en 1957, le Japon et le Viêt-nam en 1959 et de nouveau la Chine en 1960.

18. Jacques Hébert et Pierre Elliott Trudeau, *Deux innocents en Chine rouge,* Montréal, Éditions de l'Homme, 1961, p. 9.

19. Cité par John Saywell, dir., dans *The Canadian Annual Review for 1968,* Toronto, University of Toronto Press, 1969, p. 23.

20. Canada, Bureau du Premier ministre, transcription de la conférence de presse du 7 avril 1968.

21. Canada, Bureau du Premier ministre, énoncé de politique «Le Canada et le monde», 29 mai 1968.

22. Cité par Arthur Schlesinger fils dans *The Cycles of American History,* Boston, Houghton Mifflin, 1986, p. 122.

23. Cité par Bruce Thordarson, *Trudeau and Foreign Policy: A Study in Decision Making,* Toronto, Oxford Univesity Press, 1972, p. 69.

24. Canada, Bureau du Premier ministre, transcription d'une entrevue réalisée par Charles Templeton, du réseau CTV, le 18 décembre 1968.

25. Cité par Taylor, *The Troublemakers, op. cit.,* p. 19.

26. Canada, Chambre des communes, *Débats,* 15 juin 1981, p. 1059.

27. «Economic Summitry Reaches Time of Testing in London», *International Perspectives,* septembre-octobre 1977, p. 33. Alex I. Inglis est d'avis que la contribution du Premier ministre Trudeau au Sommet de Porto Rico en 1976 a été si efficace que la question de l'admission du Canada dans ce club ne se posa plus à compter de 1977. Lorsque la France avait lancé des invitations au premier sommet, tenu en 1975, le Canada avait été tenu à l'écart.

28. John W. Holmes, «Most Safely in the Middle», *International Journal,* printemps 1984, p. 379.

29. Arnold Wolfers, *Discord and Collaboration,* Baltimore, The Johns Hopkins Press, 1962, p. 24.

30. John Kirton, «Managing Canadian Foreign Policy», *Canada among Nations: 1984 A Time of Transition,* dir. Brian W. Tomlin et Maureen Molot, Toronto, Lorimer, 1985, pp. 14-29. Cet article constitue certes l'une des meilleures évaluations de l'héritage légué par M. Trudeau en matière de politique étrangère. Mon résumé s'appuie fortement sur la description concise de M. Kirton.

31. Walter Lippman, *U.S. Foreign Policy: Shield of the Republic,* Boston, Little, Brown and Co., 1943, p. 9.

32. Canada, Bureau du Premier ministre, «Le Canada et le monde», énoncé de politique du 29 mai 1968.

33. Voir Dale C. Thomson, *Vive le Québec libre,* Toronto, Deneau, 1988 et Claude Morin, *L'Art de l'impossible: la diplomatie québécoise depuis 1960,* Montréal, Boréal, 1987.

34. Cité par Thomson dans *Vive le Québec libre, op. cit.,* p. 114.

35. René Lévesque, *Attendez que je me rappelle...,* Montréal, Québec-Amérique, 1985, p. 278.

36. Cité par Thomson dans *Vive le Québec libre, op. cit.,* p. 276.

37. Max Weber, «Politics as a Vocation», *Max Weber: Essays in Sociology*, éd. H.H. Gerth et C.W. Mills, New York, Oxford University Press, 1958, pp. 77-128.

38. Morin, *L'Art de l'impossible*, *op. cit.*, p. 389.

39. Le spectacle de ces deux délégations se querellant ne manquait pas d'un certain humour. En 1969, au cours de la première conférence à Niamey, la célèbre chanteuse Pauline Julien interrompit le discours de Gérard Pelletier en reprenant le «Vive le Québec libre» du général de Gaulle. M. Pelletier lui répliqua sur un ton laconique qu'elle avait déjà possédé une plus belle voix.

40. Holmes, «Most Safely in the Middle», *op. cit.*, pp. 376-377.

41. Pour un examen détaillé du processus qui mena à la politique d'avril 1970 concernant l'Arctique, voir John Kirton et Don Munton, «The *Manhattan* Voyages and Their Aftermath», *Politics of the North West Passage*, éd. Franklyn Griffiths, Montréal, McGill-Queen's University Press, 1987, pp. 95-96.

42. Cité par D.M. McRae dans «Arctic Waters and Canadian Sovereignty», *International Journal*, été 1983, p. 477.

43. Cité par Dale C. Thomson et Roger F. Swanson dans *Canadian Foreign Policy: Options and Perspectives*, Toronto, McGraw-Hill Ryerson, 1971, p. 126.

44. Trudeau, *Le Fédéralisme et la Société canadienne-française*, *op. cit.*, p. ix.

45. Mitchell Sharp, «Canada-U.S. Relations: Options for the Future», *International Perspectives*, automne 1972, p. 1.

46. Cité par Michael Tucker dans *Canadian Foreign Policy: Contemporary Issues and Themes*, Toronto, McGraw-Hill Ryerson, 1980, p. 86.

47. Sharp, «Canada-U.S. Relations», *op. cit.*, p. 4.

48. Statistique Canada, *Loi sur les déclarations des corporations et des syndicats ouvriers*, Ottawa, Ministère des Approvisionnements et Services, 1988, p. 74.

49. Gouvernement du Canada, *Les Canadiens et l'énergie au seuil du XXIe siècle*, Ottawa, Ministère des Approvisionnements et Services, 1988, p. 96.

50. Alan M. Rugman, *Outward Bound: Canadian Direct Investment in the United States*, Toronto, Institut C.D. Howe, 1987, p. 5.

51. Pierre Elliott Trudeau, «À propos de domination économique», *Cité libre*, mai 1958, p. 8.

52. Cité par Thomson et Swanson dans *Canadian Foreign Policy: Options and Perspectives*, *op. cit.*, p. 8.

53. John Halstead, «Implications for Canada», *International Perspectives*, juillet-août 1973, p. 12.

54. Tucker, *Canadian Foreign Policy: Contemporary Issues and Themes*, *op. cit.*, p. ix.

55. Kim Richard Nossal, *The Politics of Canadian Foreign Policy*, Scarborough, Prentice-Hall Canada, 1985, p. 97.

56. Pierre Elliott Trudeau, «Positions sur la présente guerre», *Cité libre*, mai 1951, p. 10.

57. Citation de Pierre Elliott Trudeau à la célébration du 60e anniversaire de l'université de l'Alberta, le 13 mai 1968, dans *Lifting the Shadow of War*, éd. C. David Crenna, Edmonton, Hurtig, 1987, p. 10.

58. Pierre Elliott Trudeau, «La guerre! La guerre!», *Cité libre*, décembre 1961, p. 1.

59. Harold von Reikhoff et John Sigler, «The Trudeau Peace Initiative: The Politics of Reversing the Arms Race», *Canada among Nations: 1984*, éd. Tomlin et Molot, p. 50.

60. Cité par John Kirton dans «Concerted Principals and Common Principles: The Peace Initiative of Prime Minister Trudeau», article soumis à la Société internationale de psychologie politique, Toronto, 25 juin 1984, p. 17.

61. Geoffrey Pearson, «Reflections on the Trudeau Peace Mission», *International Perspectives,* mars-avril 1985, p. 5.

CHAPITRE 2: Énergie: la traversée du désert

1. Pour un aperçu détaillé du Programme énergétique national et des luttes qui ont mené à son adoption, voir G. Bruce Doern et Glen Toner, *The Politics of Energy: The Development and Implementation of the NEP,* Agincourt, Methuen, 1985.

2. Pour en savoir plus long sur l'achat de Syncrude, voir Larry Pratt, *The Tar Sands: Syncrude and the Politics of Oil,* Edmonton, Hurtig, 1976.

3. Extrait de «Notes pour un discours par le très honorable P.E. Trudeau», Board of Trade de Halifax, Halifax, Nouvelle-Écosse, 25 janvier 1980. Un important document eut une influence sur le développement du Programme énergétique national: il s'agit d'un rapport soumis par James E. Gander et Fred W. Belaire au ministère de l'Énergie, des Mines et des Ressources, et intitulé *Les Lendemains énergétiques des Canadiens,* Ottawa, Ministère des Approvisionnements et Services, 1978.

4. Conférence de presse donnée par le Premier ministre Peter Lougheed et M. Mervin Leitch le 1er septembre 1981.

5. *Daily Oil Bulletin,* 17 juillet 1988 et *Financial Post,* 18 juillet 1988.

CHAPITRE 4: Une nouvelle politique économique

1. Je me suis rendu compte de ce fait grâce à un travail sur la petite histoire des années qui ont précédé le règne de Pierre Elliott Trudeau auquel je participe actuellement à Ottawa. Il m'avait toujours semblé que plus une circonstance, une personne ou un événement était propre à un contexte politique particulier, plus il serait difficile pour un observateur ou un historien d'en démêler l'écheveau. Il m'apparaît maintenant qu'un certain recul permet de jeter un regard plus objectif sur les événements passés.

2. Pour une vision néo-keynésienne de ce problème, voir Alan S. Blinder, *Economic Policy and Economic Science: the Case of Macroeconomics.* Il s'agit d'un document préparé pour la conférence «Perspective 2000» organisée par le Conseil économique du Canada, qui a eu lieu à Ottawa en décembre 1988 (à paraître).

3. On trouvera une discussion plus approfondie de certains des avis exprimés dans le présent essai dans «Consensus, Flexibility and Equity», *Analyse de politiques,* vol. XII, n° 2, 1986; ou encore dans *Consensus and Economic Development,* document préparé pour la conférence «Perspective 2000» organisée par le

Conseil économique du Canada, qui a eu lieu à Ottawa en décembre 1988 (à paraître).

4. Voir les *Cinquième* et *Sixième exposés annuels* du Conseil économique du Canada, Imprimeur de la Reine, Ottawa, 1968 et 1969, et Canada, *Rapport du Comité spécial du Sénat sur la pauvreté*, Ottawa, Information Canada, 1971.

5. Canada, *Rapport de la Commission royale d'enquête sur la fiscalité*, Ottawa, Imprimeur de la Reine, 1966.

6. Canada, Ministère de l'Énergie, des Mines et des Ressources, *Politique canadienne de l'énergie*, Ottawa, Énergie, Mines et Ressources Canada, 1973.

7. Canada, Ministère de la Santé nationale et du Bien-être social, *Document de travail sur la réforme de la sécurité sociale au Canada*, Ottawa, Information Canada, 1973.

8. Les propositions de la Commission Carter furent suivies de la publication de: Canada, Ministère des Finances, *Propositions de réforme fiscale*, Ottawa, Imprimeur de la Reine, 1969, et de: Canada, Ministère des Finances, *Résumé du projet de loi sur la réforme fiscale, 1971*, Ottawa, Ministère des Finances, 1971.

9. Pour une liste détaillée de toutes les réformes fiscales entreprises au cours des années Trudeau, voir: Canada, Ministère des Finances, *Le Déficit fédéral mis en perspective*, Ottawa, Ministère des Finances, 1983.

10. Canada, Gouvernement du Canada, *La Voie à suivre*, Ministère des Approvisionnements et Services, Ottawa, 1977.

11. Pour un exemple de ce point de vue, voir David A. Wolfe, *The Politics of the Deficit*, coordonné par Bruce G. Doern pour la Commission royale sur l'union économique et les perspectives de développement du Canada, Ministère des Approvisionnements et Services, 1985. Pour un aperçu critique et facile à lire de la fiscalité et des réformes fiscales de cette époque, voir Linda McQuaig, *Behind Closed Doors*, Toronto, Penguin Books Canada Ltd., 1987.

12. Canada, Ministère de l'Énergie, des Mines et des Ressources, *Le Programme énergétique national*, Ministère des Approvisionnements et Services, Ottawa, 1980.

13. Voir Canada, Ministère de l'Énergie, des Mines et des Ressources, *Le Programme énergétique national: mise à jour 1982*, Ministère des Approvisionnements et Services, Ottawa, 1982.

14. Voir Canada, Ministère des Finances, *Les Relations fiscales fédérales-provinciales dans les années 80*, Ministère des Finances, 1981, et Canada, Chambre des communes du Parlement, *Le Fédéralisme fiscal au Canada*, Rapport du Groupe de travail parlementaire sur les accords fiscaux entre le gouvernement fédéral et les provinces, Ottawa, Ministère des Approvisionnements et Services, 1981.

15. Voir Canada, Ministère des Finances, *Analyse des dépenses fédérales destinées aux particuliers*, Ottawa, Ministère des Finances, 1981.

16. Voir Canada, Ministère d'État chargé du Développement économique, *Le Développement économique au Canada dans les années quatre-vingt*, Ministère des Approvisionnements et Services, Ottawa, 1981.

17. Albert Hirschman, *Shifting Involvements*, Princeton, N.J., Princeton University Press, 1982.

DEUXIÈME PARTIE: Une société en ébullition

1. Pour une discussion détaillée des budgets fédéraux des deux dernières décennies, voir Douglas D. Purvis et Constance Smith, «Fiscal Policy in Canada: 1963-84», *Fiscal and Monetary Policy,* Toronto, University of Toronto Press, 1986, vol. 21 de la série d'études préparées pour la Commission royale sur l'union économique et les perspectives de développement du Canada. Pour une description détaillée de la politique fiscale du gouvernement Mulroney, voir Linda McQuaig, *Behind Closed Doors,* Toronto, Penguin Books Canada Limited, 1987.
2. Canada, Statistique Canada, *Répartition du revenu au Canada selon la taille du revenu,* 1969, cat. n° 79, tableau 85; 1987, cat. n° 13207, tableau 72.
3. Canada, Conseil national du bien-être social, *Profil de la pauvreté 1988,* Ottawa, Ministère des Approvisionnements et Services, avril 1988, p. 117.

CHAPITRE 5: Le législateur au service de la liberté

1. Discours prononcé au Congrès d'orientation politique du Parti libéral, à Ottawa, le 20 novembre 1970. *Trudeau en direct,* Montréal, Éditions du Jour, 1972, p. 66.
2. Recensement de 1986.
3. Jean R. Burnet et Howard Palmer, *Coming Canadians,* Toronto, McClelland and Stewart, 1988.
4. Association du barreau canadien, *Mémoire sur le projet de loi C-61,* Procès-verbaux et témoignages, 24 février 1982.
5. Edmonton, le 4 juin 1968.
6. Rapport Hugessen, 1972; Rapport Goldenberg, 1974; Rapport MacGuigan, 1977.
7. Cité dans *Trudeau,* Ottawa, Deneau Publishers, 1984.

CHAPITRE 7: Des politiques sociales novatrices

1. Débats du congrès libéral de 1919.
2. Discours d'ouverture du Premier ministre à la Conférence fédérale-provinciale de novembre 1963 à Ottawa.
3. Al Johnson, *Social Policy in Canada: The Past as it Conditions the Present,* colloque canado-britannique sur l'avenir des régimes de sécurité sociale organisé par l'Institut de recherches politiques, lac Meech, 16 octobre 1986.
4. Canada, Ministère de la Santé nationale et du Bien-être social, *Document de travail sur la réforme de la sécurité sociale au Canada,* Ottawa, Information Canada, 1973.
5. *Ibid.*

TROISIÈME PARTIE: Le défi du fédéralisme

1. Cité par Robert Shepard et Michael Valpy dans *The National Deal: The Fight for a Canadian Constitution,* Toronto, Fleet Books, 1982, p. 39.

2. Canada, Chambre des communes, *Débats,* 10 juin 1980, p. 1977.

3. Canada, Ministère des Finances, *Revue économique trimestrielle,* juin 1989, tableaux 49-52.

4. Cité par Peter Leslie dans *Federal State, National Economy,* Toronto, University of Toronto Press, 1987, p. 88.

5. Données de 1971 calculées d'après: Bureau fédéral de la statistique, *Revenus des familles,* cat. n° 13-538, janvier 1972, tableau 2, p. 13; données de 1984 tirées de Statistique Canada, *Répartition du revenu selon la taille du revenu,* 1984, tableau 10, p. 61.

6. Canada, Statistique Canada, *Estimations annuelles post-censitaires de la population suivant l'état matrimonial, l'âge, le sexe et composantes de l'accroissement, Canada, provinces et territoires au 1er juin 1984,* vol. 2, 2e édition, mai 1985, cat. n° 91-210, tableau 8, p. 51.

7. Donald J. Savoie, *Regional Economic Development: Canada's Search for Solutions,* Toronto, University of Toronto Press, 1986, p. 117.

Chapitre 8: 1968: l'humeur du Québec et la politique des langues

1. Bureau du Conseil privé, rapport préliminaire de la Commission royale d'enquête sur le bilinguisme et le biculturalisme, Ottawa, 1965, p. 127. Reproduit avec la permission du ministre des Approvisionnements et Services, Canada, 1990.

2. Voir à ce sujet: «Histoire du développement industriel au Québec», d'Albert Faucher et Maurice Lamontagne, suivi d'un commentaire de O.J. Firestone, dans *Essais sur le Québec contemporain,* Québec, Presses de l'Université Laval, 1953.

3. *Ibidem,* p. 219.

4. Rapport préliminaire déjà cité, p. 69.

5. Cette commission avait pour mandat d'étudier la situation créée au Canada par la dualité linguistique et l'existence de deux cultures dominantes.

6. C'est également ce qu'André Laurendeau avait réclamé, dans son éditorial du *Devoir* qui fut à l'origine de la Commission royale qu'il coprésida avec Davidson Dunton. Il écrivait: «Après un siècle ou presque de Confédération, personne ne sait ce que pourrait signifier dans les faits un *État tout à fait bilingue* [...] Personne ne se fait une idée claire de ce que devrait et pourrait être le *bilinguisme de l'État.*» (Les italiques sont de moi.) Montréal, *Le Devoir,* 20 janvier 1962, p. 4.

7. Gwyn, Richard, *Le Prince* (traduction, par Claire Dupond, de l'anglais *The Northern Magus*), Montréal, France-Amérique, 1981, p. 266. Reproduit avec la permission de l'éditeur canadien, McClelland and Stewart.

8. *Ibidem,* p. 270.

9. Il est intéressant d'observer que le nombre de ces opposants, tous conservateurs et en majorité issus de l'Ouest, ne change guère. Quinze ans plus tard, à l'automne de 1988, ils étaient toujours une quinzaine à voter contre des amendements à la *Loi sur les langues officielles* (C-72), proposés cette fois par leur propre parti.

CHAPITRE 9: L'évolution du système fiscal

1. C'est Maurice Duplessis lui-même qui formula une telle demande au cours des discussions fédérales-provinciales de décembre 1950.
2. Comité fédéral-provincial sur la structure de la fiscalité, Ottawa, 1961. Déclaration de l'Honorable Mitchell Sharp, ministre des Finances.

CHAPITRE 10: Le développement régional: l'exemple de l'Ouest

1. Extrait de la réponse du Très Honorable Pierre Elliott Trudeau au discours du Trône, Débats de la Chambre des communes, Hansard, 16 septembre 1968.
2. Outre ce projet, 250 millions de dollars furent affectés au Fonds de développement économique des autochtones, créé pour promouvoir l'esprit d'entreprise au sein du peuple autochtone.
3. Howard Darling, *The Politics of Freight Rates,* Toronto, McClelland and Stewart, 1980. Voir notamment le chapitre 4, «The Twenties: Setting the Pattern of Freight Rate Protest».

QUATRIÈME PARTIE: Le cadre institutionnel

1. Thucydide, *Histoire de la guerre du Péloponnèse, Livre II,* Paris, Collection des Universités de France, 1953-1972.
2. Cité par Donald Johnston, éd., dans *With a Bang, Not a Whimper: Pierre Elliott Speaks Out,* Toronto, Stoddart Publishing Company Limited, 1988, p. 23.

CHAPITRE 11: Le Parti libéral et le Parlement

1. Voir John B. Stewart, *The Canadian House of Commons: Procedure and Reform,* Montréal, McGill-Queen's University Press, 1977.
2. *Ibid.,* pp. 83 s.
3. Les députés consacrent une bonne partie de leur temps à aider leurs électeurs aux prises avec des problèmes d'immigration, de citoyenneté, de passeport, d'assurance-chômage, d'accessibilité à certains programmes fédéraux ou qui éprouvent diverses autres difficultés qui n'ont rien à voir avec le menu législatif des Communes. Pour bien jouer ce rôle, il est essentiel qu'ils disposent d'un personnel qualifié. Quant à la tâche proprement législative qui attend le député en Chambre et dans les différents comités, elle exige également l'assistance d'un personnel qualifié doté d'un esprit analytique.
4. Pour une distinction claire et nette entre un «parti au service de la cour» et un «parti au service du pays», voir John B. Stewart, «Strenghtening the Commons», *Journal of Canadian Studies,* 14, n° 2, été 1979, pp. 35-47.
5. J'exprime ici toute ma reconnaissance à M. Jack Stilborn, du Service de recherche de la bibliothèque du Parlement, qui m'a fourni un résumé des réformes parlementaires instituées au cours des années Trudeau.
6. Jeffrey Simpson, «The Two Trudeaus: Federal Patronage in Quebec, 1968-1984», *Journal of Canadian Studies,* 22, n° 2, été 1987.

7. M. Gordon Dryden, ex-membre de la Commission Barbeau, a aimablement accepté de me faire un compte rendu des origines, des travaux et des objectifs de la Commission.

8. Comme cela fut souvent mentionné, c'est le Nouveau Parti démocratique, dont le nombre de donateurs du milieu de la grande entreprise a toujours été plutôt restreint, qui bénéficia le plus de cette réforme. Les différents partis durent par ailleurs s'ingénier à inventer de nouvelles méthodes de persuasion afin d'amener les citoyens à contribuer à leur caisse électorale. Contrairement à ses habitudes, le Parti libéral connut un excédent de ses revenus sur ses dépenses entre 1974 et 1983. Au moment de l'élection du nouveau chef, en 1984, le parti n'avait pas de dettes. Selon les documents du Parti libéral et ceux fournis par le directeur général des élections, le parti récolta 1,8 million de dollars de plus qu'il n'en dépensa entre 1974 et 1979; pour la période comprise entre 1980 et 1983, il récolta 2,7 millions de dollars de plus qu'il n'en dépensa; au cours de 1984, qui fut une année de transition, il y eut un déficit de 400 000 $ pour l'année et un déficit de 4,9 millions de dollars pour les seules élections. La *Loi sur les dépenses d'élection* continuait donc d'avoir son utilité. Voir Thomas Axworthy, «The Government in Opposition: Is the Liberal Century Over?», *Party Politics in Canada*, 6e éd., Hugh G. Thorburn (à paraître).

9. Les changements survenus dans la structure et dans l'organisation du Parti libéral ont été passablement complexes. En novembre 1970, son nom passa de Fédération libérale nationale à celui de Parti libéral du Canada. Dans chaque province, il existe soit une organisation libérale comprenant un chef au niveau fédéral et un chef au niveau provincial, soit deux partis distincts, l'un fédéral et l'autre provincial. Dans le premier cas, la carte de membre stipule que son détenteur est membre des ailes fédérale et provinciale du parti. Dans le second cas, de plus en plus fréquent, les membres se joignent à chaque organisation séparément. Les structures de financement sont également distinctes, en partie à cause des lois fédérales et provinciales qui régissent les dépenses électorales. Dans certaines provinces, l'aile fédérale du parti s'appelle «le Parti libéral du Canada (nom de la province)». L'aile provinciale du parti s'appelle alors «le Parti libéral de (nom de la province)». Il est impossible de mentionner tous les changements survenus au sein du Parti libéral fédéral entre les années 1968 et 1984, mais les plus importants d'entre eux sont décrits dans le présent chapitre.

10. Richard Stanbury, président de la Fédération libérale de 1968 à 1973, identifie quant à lui trois instances: le parti, le caucus et le Cabinet. Nos divergences à cet égard sont fonction de nos conceptions respectives des liens qui existent entre ces instances et le chef de parti, et de l'importance qu'elles ont les unes par rapport aux autres et par rapport au chef du parti. Pour mieux comprendre la conception qu'a M. Stanbury de ces instances, voir Joseph Wearing, *The L Shaped Party: The Liberal Party of Canada, 1958-1980,* Toronto, McGraw-Hill Ryerson, 1981, p. 148.

11. Lors d'une conversation qui eut lieu entre M. Trudeau et moi au cours des années soixante-dix, celui-ci exprima le désir d'avoir un «parti de masse» aussi démocratique que possible et qui accueillerait tous ceux qui partageaient le credo libéral. M. Trudeau serait sans doute d'accord avec moi pour affirmer que la base constitue l'instance la plus importante du parti.

12. Il est à noter que, à l'exception de Norman MacLeod, chacun de ces présidents avait fait partie du caucus parlementaire. Iona Campagnolo avait été membre du Cabinet et les autres avaient été sénateurs.

13. Pour un récit détaillé de ces événements, voir Joseph Wearing, *The L Shaped Party, op. cit.;* Christina McCall-Newman, *Grits: An Intimate Portrait of the Liberal Party,* Toronto, Macmillan, 1982; Keith Davey, *The Rainmaker: A Passion for Politics,* Toronto, Stoddart, 1986.

14. Voir Joseph Wearing, *The L Shaped Party, op. cit.,* pour une description des souvenirs de M. Stanbury.

15. Cette disposition et celle en vertu de laquelle chacun des ministres devait rendre compte de ses activités au cours du congrès national furent supprimées lors des «réformes» de 1986. Les dispositions selon lesquelles le président et les autres membres de l'exécutif du parti devaient justifier leurs actions au cours du congrès avaient été incluses dans la constitution du parti avant les congrès de 1980 et de 1982.

16. Au temps de Mackenzie King, le parti avait donné ce titre à un magazine. Le nom fut utilisé de nouveau lorsque le parti décida de publier un magazine en 1975. Mais, dans le cas présent, il s'appliquait à un journal.

17. Thomas Axworthy démantela ces bureaux régionaux après les élections de 1980. Cette réorganisation du bureau du Premier ministre visait à la fois à faire taire les mécontents et à répondre aux nouvelles exigences du caucus et du Gouvernement.

18. Les documents qui ont servi à cette réunion furent préparés sous la présidence de feu le sénateur Maurice Lamontagne, qui représentait le caucus, et de moi-même, qui représentais le parti.

19. Placé sous la direction de Blair Williams et composé de quelques amis qui réfléchissaient surtout à l'aspect doctrinal du libéralisme, le groupe se réunissait une fois par année sur l'île Grindstone et passait tout un week-end à débattre amicalement de diverses questions. Même s'il n'a jamais fait partie de l'appareil du parti et est ouvertement dénoncé par ceux qui qualifient ses membres de dissidents, le groupe Grindstone est désormais considéré comme le lieu privilégié pour débattre ouvertement de nombreuses questions.

20. Ces propositions sont contenues dans un document intitulé *The Liberal Party and the Critical Choices of the 1980s,* daté du 16 novembre 1979 et adressé aux membres de l'exécutif national, qui fut publié à l'occasion de la réunion annuelle du Parti libéral du Canada — section Ontario.

21. Il faut noter que les changements que réclamait l'exécutif national en échange de son appui avaient déjà été proposés par M. Trudeau en 1979. À cause de l'aigreur qui persistait à l'endroit du caucus et du bureau du Premier ministre, on peut considérer que cette rencontre donna lieu à une forme de marchandage.

22. La personne qui réussit à mettre ces changements en place fut Thomas Axworthy, secrétaire principal adjoint de 1978 à 1981 et premier secrétaire de 1981 à 1984.

23. Les commissions sur les femmes et sur les jeunes remplacèrent la Fédération nationale des femmes libérales du Canada, la Fédération des jeunes libéraux et la Fédération canadienne des étudiants libéraux. Le financement de la Fédération des femmes cessa en 1971 et un groupe de travail présidé par Esther Greenglass,

professeur de psychologie, fut mis sur pied. Au congrès national de 1973, on créa la nouvelle Commission libérale féminine nationale et le comité national de la jeunesse. Ce dernier comité a plus tard été rebaptisé Jeunes Libéraux du Canada.

24. Une fois le nouveau chef du parti élu en 1984 et peu avant le déclenchement des élections générales, on fit appel au comité d'orientation. Mais les nouveaux venus au sein du parti voyaient mal ce que l'établissement d'un programme électoral impliquait au niveau de l'organisation, des objectifs et de la structure du parti. Le comité se réunit et soumit des propositions mais il n'était bienvenu ni dans le bureau du chef ni au comité de la campagne électorale, composé de nouveaux membres qui ne voyaient pas l'utilité d'un comité d'orientation. Pour ces raisons-là, l'idée d'un comité d'orientation perdit de son importance. Aux élections de 1988, on revint à la bonne vieille méthode des conférences à travers le Canada et on s'en remit aux travaux d'un comité délibérant placé sous la présidence de Patrick Johnston et de Manon Vennat. Malgré l'efficacité de ces méthodes, il leur manquait le caractère de spontanéité qui se dégageait d'un comité d'orientation mis sur pied immédiatement après l'annonce du déclenchement des élections. Ainsi, le caucus ne put mettre la main sur le programme électoral de 1988 qu'après les militants du parti et le comité de la campagne électorale ne se sentit pas lié par le programme, comme cela avait été le cas en 1979 et en 1980.

CHAPITRE 12: L'épopée du rapatriement de la Constitution

1. Claude Morin, *Lendemains piégés*, Montréal, Boréal, 1988, pp. 282-283.

2. Ma traduction. Texte original: «Our reaction is one of great relief. They did not emasculate the Charter. The process is a rather ingenious marriage of a Bill of Rights notion and a parliamentary democracy. The result is a strong Charter with an escape value for the legislatures. The notwithstanding clause will make it politically difficult for a government to override the Charter. Political difficulty is a reasonable safeguard for the Charter.»

3. Ma traduction. Texte original: «The interpretation shall be a generous rather than a legalistic one, aimed at fulfilling the purpose of the guarantee and procuring for individuals the full benefit of the Charter's protection.»

CHAPITRE 13: La Révolution tranquille, tournant révolutionnaire?

1. Linteau-Durocher-Robert-Ricard, *Histoire du Québec contemporain. Le Québec depuis 1930,* Montréal, Boréal Express, 1986, II, pp. 725s.

2. Marcel Rioux et Yves Martin (dir.), *The French Canadian Society,* Toronto, McClelland and Stewart, 1964, 405 p.

3. Fernand Ouellet, «La question sociale au Québec, 1880-1930. Perspectives historiographiques et critiques», dans Ginette Kurgan-Van Henteryk (dir.), *La Question sociale en Belgique et au Canada, XIXe-XXe siècle,* Bruxelles, Université libre de Bruxelles, 1988, p. 54.

4. Jean-Charles Falardeau (dir.), *Les Essais sur le Québec contemporain,* Québec, PUL, 1953, 257 p.; Pierre Elliott Trudeau, *La Grève de l'amiante,* Montréal, Éditions Cité Libre, 1956, pp. 2-91. Voir aussi la revue *Cité libre.*

5. Falardeau, *op. cit.,* p. 32.

6. Québec, Ministère de l'Industrie et du Commerce, 1961, 657 p.

7. Recensements du Canada, 1851-1852.

8. Ouellet, «Ruralization, Regional Development and Industrial Growth before 1850», à paraître.

9. Ouellet, *Le Bas-Canada, 1791-1840. Changements structuraux et crise,* Ottawa, EUO, 1976, pp. 247-290.

10. Mandement du 12 mars 1839. *Mandements, lettres pastorales et autres documents publiés dans le diocèse de Montréal,* Québec, Imprimerie générale A. Côté, 1888, pp. 48s.

11. Mgr Lartigue à l'évêque de Québec (28 mars 1836), *RAPQ,* 1944-1945, pp. 185s.

12. Louis-Edmond Hamelin, «Évolution numérique séculaire du clergé catholique dans le Québec», *Recherches sociographiques,* II, 1961, pp. 189-241.

13. Paul Lemieux, «L'évolution numérique du clergé québécois, 1756-1810». Thèse de M.A., 1986, Université d'Ottawa.

14. Gérald Bernier et Robert Boily (dir.), *Le Québec en chiffres de 1850 à nos jours,* Montréal, ACFAS, 1986, p. 219.

15. Jean Hamelin, *Histoire du catholicisme québécois. Le XXe siècle de 1940 à nos jours,* Montréal, Boréal Express, 1984, II, pp. 245-247.

16. Hamelin-Gagnon, *Histoire du catholicisme québécois. Le XXe siècle, 1898-1940,* Montréal, Boréal Express, 1984, I, pp. 123-125.

17. Ouellet, «La question sociale...», *op. cit.,* p. 72.

18. Ouellet, «La condition féminine et le mouvement des femmes dans l'historiographie», *Histoire sociale / Social History,* XXI, 1988, pp. 337-342.

19. Ouellet, *ibid.,* p. 329.

20. *Rapport Parent,* V, p. 216.

21. André Labarrère-Paulé, *Les Instituteurs laïques au Canada français. 1836-1900,* Québec, PUL, 1965, pp. 149-193; *Annuaire statistique de la province de Québec,* 1914; *Rapport Parent,* V, p. 53.

22. Micheline Dumont et Nadia Fahmy-Eid, *Les Couventines. L'éducation des filles au Québec dans les congrégations religieuses enseignantes,* Montréal, Boréal Express, 1986, p. 264.

23. À ce sujet, voir quelques œuvres publiées entre 1962 et 1964 par le recteur de l'Université Laval de l'époque: *Communauté universitaire,* Québec, PUL, 1963, 121 p.; *Apostolat de l'universitaire catholique,* Québec, PUL, 85 p.; *Vérité et liberté,* Québec, PUL, 1962, 71 p.; *Responsabilité collective des universitaires,* Québec, PUL, 1963, 85 p.; *Progrès de l'université et consentement populaire,* Québec, 1964, 190 p.

24. Calculs faits à partir des chiffres de Bernard Denaut et de Benoît Lévesque, *Éléments pour une sociologie des communautés religieuses au Québec,* Montréal/Sherbrooke, PUM, 1975, p. 43.

25. Marie Lavigne et Yolande Pinard (dir.), *Travailleuses et féministes. Les femmes dans la société québécoise,* Montréal, Boréal Express, 1983, p. 286.

26. Trudeau, *op. cit.,* 420 p.

27. A. Raynauld, *La Propriété des entreprises au Québec. Les années 1960,* Montréal, PUM, 1974; *Bâtir le Québec. Énoncé de politique économique,*

Québec, Éditeur officiel, 1979; André Raynauld et François Vaillancourt, *L'Appartenance des entreprises. Le cas du Québec en 1978*, Québec, Éditeur officiel, 1985.

28. Gagnon-Montcalm, *Quebec Beyond the Quiet Revolution*, Scarborough, Nelson Canada, 1989, pp. 106-126.

CHAPITRE 14: «Je n'ai jamais pensé que je pourrais être aussi fier...»

1. *Le Devoir*, Montréal, 17 juillet 1980.
2. René Lévesque, «Quebec's Economic Future», *The Montreal Star, Seminar on Quebec*, Montréal, 1963, p. 78.
3. Albert Breton, «The Economics of Nationalism», *Journal of Political Economy*, 72, août 1964, pp. 376-386.
4. Jacques Lazure, *La Jeunesse du Québec en révolution*, Montréal, Presses de l'Université du Québec, 1970, pp. 23-62.
5. Cité par Gérard Bergeron dans *Notre miroir à deux faces*, Montréal, Québec-Amérique, 1985, p. 42.
6. Cité par Gérard Pelletier, *Les Années d'impatience: 1950-1960*, Montréal, Stanké, 1983, p. 49.
7. *Ibid.*, pp. 50-51.
8. Gérard Pelletier, *Le Temps des choix: 1960-1968*, Montréal, Stanké, 1986, p. 214.
9. Pierre Elliott Trudeau, *Le Fédéralisme et la Société canadienne-française*, Montréal, Éditions HMH, 1967, pp. 187-188. Pour plus de détails au sujet des idées développées par Pierre Elliott Trudeau, voir Reg Whitaker, «Reason, Passion and Interest: Pierre Trudeau's Eternal Liberal Triangle», *Canadian Journal of Policical and Social Theory*, 4, hiver 1980, pp. 5-32, et Ramsay Cook, *The Maple Leaf Forever*, Toronto, Macmillan, 1977, pp. 22-44.
10. René Lévesque, *Option Québec*, Montréal, Éditions de l'Homme, 1968, p. 19.
11. Jacques Guay, «Comment René Lévesque est devenu indépendantiste», *Le Magazine Maclean*, février 1969, p. 27.
12. Jean Provencher, *René Lévesque: portrait d'un Québécois*, Montréal, La Presse, 1973, p. 33.
13. René Lévesque, *Attendez que je me rappelle*, Montréal, Québec-Amérique, 1986, p. 74. (René Lévesque n'aide pas beaucoup sa cause en écrivant que «l'État-nation a fait son temps» et qu'«on ne peut qu'être fédéraliste. Mondialement parlant...», p. 156.
14. Cité par Jean-Louis Rioux, «Radio-Canada, 1959», *En grève*, Montréal, Éditions du Jour, 1963, p. 265. Il est intéressant de noter que l'éditeur du quotidien nationaliste *Le Devoir*, Gérard Filion, rejeta les prétentions de René Lévesque en écrivant sur un ton sarcastique: «... quand l'honneur est perdu il ne reste plus rien, sauf la honte.» *Ibid*, p. 265.
15. *La Presse*, 2 novembre 1967.
16. René Lévesque, «For an Independent Quebec», *Foreign Affairs*, 54, 1976, pp. 742, 737.
17. Pierre Elliott Trudeau, «L'ascétisme en canot», *JEC*, 6, juin 1944, p. 5.
18. Borden Spears, dir., *Wilderness Canada*, Toronto et Vancouver, Clarke, Irwin, 1970, p. 5.

19. Pierre Elliott Trudeau, *La Grève de l'amiante,* Montréal, Éditions du Jour, 1970, p. 41.

20. *Ibid.,* p. 404.

21. «Manifeste pour une politique fonctionnelle», *Cité libre,* mai 1964.

22. Cité par Pelletier, *Le Temps des choix, op. cit.,* p. 222; Dorval Brunelle, *Les Trois Colombes: essai,* Montréal, VLB, 1985, p. 18.

23. Trudeau, *Le Fédéralisme et la Société canadienne-française, op. cit.,* p. 225.

24. *Ibid.,* p. 39.

25. Bergeron, *Notre miroir à deux faces, op. cit.,* p. 124.

26. Pierre Elliott Trudeau, «La consolidation du Canada passe par le renforcement organique de la fédération», *Le Devoir,* 2 avril 1984, p. 8.

27. Hubert Aquin, «L'existence politique», *Liberté,* 21, mars 1962, p. 69. Voir également Elie Kedourie, *Nationalism,* Londres, Hutchinson University Library, 1960, p. 101: «Ces mouvements sont dirigés ostensiblement contre l'étranger, l'autre, mais ils sont également la manifestation d'une espèce de conflit social entre les générations; les mouvements nationalistes sont des croisades pour enfants...» Brunelle, dans *Les Trois Colombes,* aborde également ce thème des conflits de générations. Mais personne n'a systématiquement appliqué cette théorie à la situation du Québec, pour la bonne raison que Trudeau et Lévesque étaient de la même génération.

28. Bergeron, *Notre miroir à deux faces, op. cit.*

29. *Le Devoir,* 16 novembre 1976.

30. *Le Devoir,* 22 mai 1980.

SIXIÈME PARTIE: Des valeurs d'une société juste

1. Gérard Pelletier, *Les Années d'impatience: 1950-1960,* Montréal, Stanké, 1983.

2. Dans un séminaire tenu à Londres. On retrouve la formule dans «Les séparatistes: des contre-révolutionnaires», *Cité libre,* n° 67, mai 1964, p. 4.

3. Dans *Les Droits de l'homme et la Loi naturelle,* New York, éd. Maison Française, 1942, p. 53, Maritain cite saint Thomas commentant Aristote: «L'égalité est au terme de la justice, et elle est au principe et à l'origine de l'amitié.»

4. «Pelletier et Trudeau s'expliquent», *Cité libre,* n° 80, octobre 1965, p. 4.

5. P. E. Trudeau, *Le Fédéralisme et la Société canadienne-française,* Montréal, éd. HMH, 1967, p. IX.

6. *Ibid.,* p. 47. Les dépenses «finales» incluent celles qui sont faites à même des fonds reçus d'un autre niveau de gouvernement.

7. Ces droits peuvent cependant être limités dans leur exercice par la nécessité d'en garantir aussi l'exercice aux autres membres de la société: ce sera la fonction de la clause 1 de la Charte dont je parlerai plus loin.

8. La famille elle-même, cette communauté naturelle de base, n'a d'autorité que celle qui tend vers le bien de ses membres.

9. *Le Fédéralisme et la Société canadienne-française, op. cit.,* pp. 9-10. Ces lignes ont été écrites en 1965; mais à mesure que les Canadiens français «de vieille souche» diminuent en importance au sein de la population québécoise, la pensée

nationaliste tend plus volontiers à définir le Québec en fonction de la langue que de l'ethnie. Mais il n'est pas sûr que l'intolérance s'en porte moins bien: voir l'épisode de la loi 178 dont je parlerai plus loin.

10. Ce qui a été accepté «toujours, partout et par tous».

11. Comme je l'ai dit plus haut, la clause dérogatoire ne s'applique que contre les clauses 2 et 7 à 15. La loi 178 limitant l'affichage en langue anglaise s'appuyait sur une dérogation à la clause 2 (liberté d'expression).

12. *House of Commons Debates*, 6 avril, 1989, p. 153: «... is not worth the paper it is written on.»

13. Cité en septembre 1988 par Beaudoin et Ratushny, *Charte canadienne des droits et libertés*, 2e éd., Montréal, Wilson Lafleur, 1989, p. III. Dans ce volume de plus de 1000 pages, «vingt et un auteurs venant de toutes les parties du pays [...] ont analysé les cinquante arrêts rendus par la Cour suprême sur la *Charte canadienne des droits et libertés* ainsi qu'un grand nombre d'arrêts rendus par les autres tribunaux du pays». *(ibid.)*
   Voir aussi Neil Finkelstein, *Laskin's Canadian Constitutional Law*, 5e éd.,Toronto, Carswell, 1986. Cet ouvrage couvre 1500 pages dont à peu près 30 p. 100 sont consacrées à la Charte.
   On notera aussi que dans toutes les facultés de droit du pays, l'enseignement accorde une importance sans cesse grandissante à la Charte.

14. *Le Fédéralisme...*, *op. cit.*, p. 44.

15. *Ibid.*, pp. 162 et 189, pour des références au livre de M. Chaput, publié à Montréal en 1961.

16. Je disais de la Constitution à peu près ce que je répondais à ceux qui me demandaient de m'attaquer à la monarchie: le système marche à peu près bien; ouvrir le débat à l'heure actuelle diviserait les Canadiens entre eux et créerait d'énormes acrimonies sans résoudre le problème...

17. En 1985, les revenus de la Confédération suisse comptaient pour 43 p. 100 du total, comparé à 57 p. 100 pour les cantons. Les dépenses de la Confédération pour 44 p. 100, contre 56 p. 100 pour les cantons.

18. Cités dans P. E. Trudeau, *Le Temps d'agir*, Gouvernement du Canada, 1978, p. 4.

19. Je traite du Consensus du Château dans Don Johnston, *Lac Meech – Trudeau parle*, Montréal, éd. HMH, 1989, pp. 65 et 66.

20. Jugement de la Cour suprême du 6 décembre 1982.

21. Le 1er décembre 1981, j'écrivis au Premier ministre Lévesque à ce sujet.

22. Voir l'appendice A de Don Johnston, *Lac Meech – Trudeau parle*, *op. cit.*, p. 141.

23. Pour une discussion intéressante de la question référendaire, voir Maurice Lamontagne, *The Double Deal*, Montréal, Optimum Publishing Co., 1980, p. 87 sqq.

24. *La Presse* de Montréal, en date du 27 novembre 1989, publiait les résultats d'un sondage Gallup sous le titre: «Une majorité de Canadiens ne savent rien du lac Meech». Le sondage révélait que seulement 25 p. 100 des Canadiens appuient l'Accord, contre 31 p. 100 qui «estiment que l'entente ne sera pas une bonne chose pour le Canada». Et le 27 décembre 1989, une dépêche de la Presse canadienne rapportait: «Un sondage de fin d'année fait par Decima Research indique

que plus de la moitié des Canadiens estiment que leur pays est devenu plus divi-sé ces dernières années.»

25. On peut trouver un échantillonnage de ces citoyens et de ces groupes dans «Appendix A», *With a Bang not a Whimper,* Don Johnston, dir., Toronto, Stoddart, 1988, pp. 111-135.

26. Jugement de la Cour suprême du 15 décembre 1988.

TABLE DES MATIÈRES

Achevé   Imprimerie
d'imprimer Gagné Ltée
au Canada Louiseville